Steuerliche Missbrauchsvermeidung im Europäischen Binnenmarkt

Europäische Hochschulschriften

European University Studies

Publications Universitaires Européennes

Reihe II **Rechtswissenschaft**

Series II Law

Série II Droit

Band/ Volume **5992**

Anselm Prusko

Steuerliche Missbrauchsvermeidung im Europäischen Binnenmarkt

PETER LANG

Bibliografische Information der Deutschen Nationalbibliothek
Die Deutsche Nationalbibliothek verzeichnet diese Publikation in der Deutschen Nationalbibliografie; detaillierte bibliografische Daten sind im Internet über http://dnb.d-nb.de abrufbar.

Zugl.: Köln, Univ., Diss., 2017

D 38
ISSN 0531-7312
ISBN 978-3-631-74620-2 (Print)
E-ISBN 978-3-631-74871-8 (E-PDF)
E-ISBN 978-3-631-74872-5 (EPUB)
E-ISBN 978-3-631-74873-2 (MOBI)
DOI 10.3726/b13485

Peter Lang – Berlin · Bern · Bruxelles · New York · Oxford · Warszawa · Wien

Diese Publikation wurde begutachtet.

www.peterlang.com

Vorwort

Die vorliegende Abhandlung wurde im Sommersemester 2017 von der Juristischen Fakultät der Universität zu Köln zur Promotion angenommen. Schrifttum und Rechtsprechung wurden bis Oktober 2016 berücksichtigt.

Ich danke Frau Prof. Dr. Johanna Hey für die Betreuung der Dissertation und die Anfertigung des Erstgutachtens. Ihre eigenen Forschungen zu steuerlichen Missbrauchsbekämpfungsvorschriften hatten diese Arbeit maßgeblich inspiriert. Herrn Prof. Dr. Christian Dorenkamp danke ich für die Zweitbegutachtung. Großer Dank gebührt auch den Kollegen der Kanzlei Flick Gocke Schaumburg am Berliner Standort, namentlich Herrn Dr. Florian Kutt, die mein Dissertationsvorhaben stets unterstützt haben und mir für wertvolle fachliche Diskussionen zur Verfügung standen.

Ich danke meinem Vater Herrn Dietmar Prusko, meinem Bruder Herrn Dr. Wolfram Prusko und meinem Freund Herrn Achim Stehle, die als Diskussionspartner und kritische Manuskriptleser zur Entstehung maßgeblich beigetragen haben.

Gleichwohl wäre die Arbeit ohne die Unterstützung meiner Ehefrau Zuzanna wohl nie entstanden. Sie bot mir während meiner gesamten beruflichen Ausbildung den Rückhalt, den ich brauchte, und stand mir stets mit Rat und Tat zur Seite, um die Arbeit zu vollenden. Für die vorbehaltlose Unterstützung, die ich auch in dieser Lebensphase erfahren durfte, danke ich besonders meinen Eltern, meinen beiden Geschwistern mit ihren Familien und meinen Freunden.

Berlin, im November 2017 *Anselm Prusko*

Inhaltsübersicht

Einleitung 1

1. Teil Die ökonomischen und rechtlichen Grundlagen der Vermeidung steuerlichen Missbrauchs in der Europäischen Union 5

Kap. 1. Das Regelungsdilemma der spezialgesetzlichen Missbrauchsvermeidung im internationalen Ertragsteuerrecht 7

1.1. Der Begriff der Missbrauchsvermeidung im internationalen Steuerrecht 7

1.2. Die Zielkonflikte des internationalen Steuerrechts und Unionsrechts 18

1.3. Die Kompetenzverteilung zwischen Europäischer Union und den Mitgliedstaaten als Weichenstellung der Missbrauchsbekämpfung 20

1.4. Zusammenfassende Thesen 24

Kap. 2. Die Missbrauchsvermeidung im Europäischen Steuerrecht – eine Bestandsaufnahme 27

2.1. Die Vorbehalte zur Missbrauchsbekämpfung im sekundären Unionsrecht 27

2.2. Die Einordnung der Missbrauchsverhinderung in der Systematik des Primärrechts 34

2.3. Die Richtlinie 2016/1164/EU vom 12. Juli 2016 zur Bekämpfung von Steuervermeidungspraktiken 65

2.4. Zusammenfassende Thesen des unionsrechtlichen Rechtsrahmens zur Missbrauchsverhinderung 70

Kap. 3. Die Funktion der Missbrauchsvermeidung im steuer-ökonomischen Kontext der Europäischen Union 73

3.1. Zum Wert ökonomischer Argumentation im Europäischen Recht 73

3.2. Die ökonomische Theorie zur Koordination des Steuerrechts der Mitgliedstaaten 74

3.3. Das Modell der Harmonisierung der Steuersysteme 75
3.4. Das Modell des internationalen Steuerwettbewerbs 81
3.5. Ökonomische Kritik am Steuerwettbewerb als Rechtfertigung einer gesetzgeberischen Marktintervention 87
3.6. Die Reflektion ökonomischer Kritikpunkte des Steuerwettbewerbs im Unionsrecht 97
3.7. Zusammenfassende Thesen zur Funktion der Missbrauchsvermeidung im steuer-ökonomischen Grundgefüge der Europäischen Union 103

2. Teil Die Merkmale des Missbrauchs in der Rechtsprechung des EuGH 107

Kap. 4. Die Evolution des Missbrauchsbegriffs in der Rechtsprechung des Europäischen Gerichtshofs 109

4.1. Die Ursprünge der Missbrauchsvermeidung in Bezug auf das Primärrecht 109
4.2. Die Entwicklung hin zu einem generalisierten Missbrauchsbegriff 121
4.3. Die Begriffsmerkmale der Missbrauchsvermeidung nach der Rechtsprechung des EuGH 134
4.4. Die Bewertung eines einheitlichen unionsrechtlichen Verständnisses zur Vermeidung steuerlichen Missbrauchs 156
4.5. Zusammenfassende Thesen zur Evolution des Missbrauchsbegriffs und dessen Stellenwert im Unionsrecht 162

Kap. 5. Das mitgliedstaatliche Recht zur Typisierung von Missbrauch 165

5.1. Typisierungsbefugnis der Mitgliedstaaten nach Rechtsprechung des EuGH 165
5.2. Das Erfordernis der Entlastungsmöglichkeit durch den Steuerpflichtigen 168
5.3. Die Struktur typisierender Normen zur Missbrauchsverhinderung 173
5.4. Zusammenfassende Thesen zur Typisierungsbefugnis der Mitgliedstaaten 174

3. Teil Die Vorgaben des unionsrechtlichen Missbrauchsbegriffs auf Maßnahmen des BEPS-Projekts der OECD 175

Kap. 6. Die Maßnahmen der BEPS-Aktionspläne ohne unmittelbaren Bezug zum Missbrauchsbegriff des EuGH 177

6.1. Die Bekämpfung von Hybrid Mismatches 178
6.2. Die Vermeidung von Abkommensmissbrauch 186
6.3. Die Vermeidung von Gewinnverschiebung mittels Transferpreisen 195
6.4. Zusammenfassende Thesen zur Relevanz des Missbrauchs für Maßnahmen der BEPS-Aktionspläne 200

Kap. 7. Das Zwischenschalten von Rechtsträgern 203

7.1. Charakterisierung des Missbrauchspotentials von Zwischengesellschaften 203
7.2. Die Vorgaben des Unionsrechts zu CFC-Regelungen 206
7.3. Die Anforderungen zur Bestimmung des personellen Anwendungsbereichs von CFC-Regelungen 217
7.4. Das Merkmal der Niedrigbesteuerung 228
7.5. Die Bestimmung der hinzuzurechnenden Einkünfte 231
7.6. Die Beweislastverteilung zur Rechtfertigung einer Einkünftehinzurechnung 240
7.7. Zusammenfassende Thesen zum Missbrauch mittels zwischengeschalteter Rechtsträger 243

Kap. 8. Der Missbrauch der Finanzierungsart 247

8.1. Charakterisierung des Missbrauchspotentials von Finanzierungsgestaltungen 247
8.2. Die Empfehlungen der OECD zur Bekämpfung der Gewinnverlagerung durch Zinsaufwendungen 249
8.3. Die Vorgaben des Unionsrechts für mitgliedstaatliche Zinsabzugsbeschränkungen 252
8.4. Die Zinsabzugsbeschränkung der Anti-BEPS-Richtlinie 270

8.5. Zusammenfassende Thesen zum Missbrauch der Finanzierungsart ... 275

Schlussbetrachtung ... 277

Inhaltsverzeichnis

Einleitung 1

1. Teil Die ökonomischen und rechtlichen Grundlagen der Vermeidung steuerlichen Missbrauchs in der Europäischen Union 5

Kap. 1. Das Regelungsdilemma der spezialgesetzlichen Missbrauchsvermeidung im internationalen Ertragsteuerrecht 7

1.1. Der Begriff der Missbrauchsvermeidung im internationalen Steuerrecht 7
- 1.1.1. Missbrauchsvermeidung nach Verständnis des bundesdeutschen Gesetzgebers 7
- 1.1.2. Das unionsrechtliche Begriffsverständnis des steuerlichen Gestaltungsmissbrauchs 10
  - 1.1.2.1. Die Abgrenzung des Missbrauchs von der Steuerhinterziehung und des Steuerbetrugs 12
  - 1.1.2.2. Steuerlicher Gestaltungsmissbrauch als Subkategorie der Steuerumgehung 14
  - 1.1.2.3. Zwischenfazit 17

1.2. Die Zielkonflikte des internationalen Steuerrechts und Unionsrechts 18

1.3. Die Kompetenzverteilung zwischen Europäischer Union und den Mitgliedstaaten als Weichenstellung der Missbrauchsbekämpfung 20
- 1.3.1. Die Bereichsausnahme Steuern zur Verwirklichung des Binnenmarkts 20
- 1.3.2. Harmonisierungsmaßnahmen im Bereich der Steuern 21
- 1.3.3. Die Grundfreiheiten und das europäische Beihilfenrecht als Basis für Harmonisierung? 23

1.4. Zusammenfassende Thesen 24

Kap. 2. Die Missbrauchsvermeidung im Europäischen Steuerrecht – eine Bestandsaufnahme 27

2.1. Die Vorbehalte zur Missbrauchsbekämpfung im sekundären Unionsrecht 27

2.1.1. Die Mutter-Tochter-Richtlinie und die Einführung einer *de minimis*-Vorschrift zur Missbrauchsvermeidung 27
2.1.2. Die Fusionsrichtlinie und ihr Vorbehalt eines mitgliedstaatlichen Motivtests 30
2.1.3. Die Zins-/Lizenzgebühren-Richtlinie und die doppelte Missbrauchsklausel 31
2.1.4. Der Missbrauchsvorbehalt der Mehrwertsteuersystemrichtlinie 32
2.1.5. Bewertung der sekundärrechtlichen Missbrauchsvorbehalte 32
2.2. Die Einordnung der Missbrauchsverhinderung in der Systematik des Primärrechts 34
2.2.1. Die Vorprüfung der Anwendbarkeit der Grundfreiheiten 35
2.2.1.1. Das Erfordernis einer wirtschaftlichen Tätigkeit 35
2.2.1.2. Der Grenzübertritt als Anwendungsfilter der Grundfreiheiten 35
2.2.1.3. Die Sperrwirkung der Totalharmonisierung für die Überprüfbarkeit an Primärrecht 38
2.2.2. Die tatbestandliche Reichweite der Grundfreiheiten in ihrer Dimension als Gleichheits- und Freiheitsrechte 39
2.2.2.1. Der Schutz vor direkten und mittelbaren Diskriminierungen 39
2.2.2.2. Die Grundfreiheiten als Beschränkungsverbote und ihre Relevanz bezüglich direkter Steuern 42
2.2.2.3. Fehlende Vergleichbarkeit als tatbestandsausschließendes Element 44
2.2.2.4. Das Sonderproblem unterschiedslos anwendbarer Normen 46
2.2.2.5. Der Missbrauch von Grundfreiheiten als tatbestandsauschließendes Element? 50
2.2.3. Die Vermeidung steuerlichen Missbrauchs als Rechtfertigung 58
2.2.3.1. Die zwingenden Gründe des Allgemeinwohls nach der *Cassis de Dijon*-Rechtsprechung 58
2.2.3.2. Die Korrelation der Rechtfertigungsgründe des Territorialitätsprinzips, der angemessenen Aufteilung der Besteuerungsgrundlagen und der Vermeidung doppelter Verlustberücksichtigung zum Rechtfertigungsgrund der Verhinderung des steuerlichen Missbrauchs 61

2.3. Die Richtlinie 2016/1164/EU vom 12. Juli 2016 zur Bekämpfung von Steuervermeidungspraktiken 65
2.3.1. Von der Richtlinie 2016/1164/EU aufgegriffene Problemfelder 65
2.3.2. Kompetenzgrundlage 66
2.3.3. Wahl des Instruments 67
2.3.4. Anwendungsbereich 68
2.3.5. Zu erwartende Auswirkungen der Anti-BEPS-Richtlinie auf die Missbrauchsvermeidung im Europäischen Steuerrecht 69
2.4. Zusammenfassende Thesen des unionsrechtlichen Rechtsrahmens zur Missbrauchsverhinderung 70

Kap. 3. Die Funktion der Missbrauchsvermeidung im steuer-ökonomischen Kontext der Europäischen Union 73

3.1. Zum Wert ökonomischer Argumentation im Europäischen Recht 73
3.2. Die ökonomische Theorie zur Koordination des Steuerrechts der Mitgliedstaaten 74
3.3. Das Modell der Harmonisierung der Steuersysteme 75
3.3.1. Das ökonomische Ideal der Neutralität der Besteuerung 75
3.3.2. Die (Teil-) Neutralität nach dem Konzept von Musgrave 76
3.3.3. Bewertung der unionsrechtlichen Harmonisierungen unter Aspekten der Steuerneutralität 77
3.3.3.1. Das Neutralitätspostulat als Harmonisierungsziel der Mehrwertsteuer 78
3.3.3.2. Allokationseffizienz als untergeordneter Gesichtspunkt der Teilharmonisierung der direkten Steuern 79
3.4. Das Modell des internationalen Steuerwettbewerbs 81
3.4.1. Die Grundthesen zum Steuerwettbewerb von *Tiebouts* 81
3.4.2. Die Auswirkung des Steuerwettbewerbs auf das internationale Steuersystem 82
3.4.3. Beeinflussung des Steuerwettbewerbs durch Vorgaben des Unionsrechts 84
3.4.4. Schlussfolgerung zur ökonomischen Einordnung des unionsrechtlichen Steuersystems 86
3.5. Ökonomische Kritik am Steuerwettbewerb als Rechtfertigung einer gesetzgeberischen Marktintervention 87
3.5.1. Die gegen Steuerwettbewerb vorgetragenen Kritikpunkte 87

3.5.1.1. Der Arbeitsauftrag und die Ergebnisse des Ruding-Komitees 87
3.5.1.2. Die Stellungnahmen des ECOFIN-Rates aus dem Jahr 1997 zu schädlichem Steuerwettbewerb 89
3.5.1.3. Der Blickwinkel der OECD auf die Erscheinungsformen schädlichen Steuerwettbewerbs 90
3.5.1.4. Bewertung 92
3.5.2. Die Erscheinungsformen von schädlichem Steuerwettbewerb 93
3.5.2.1. Die *„race to the-bottom“*-These oder die Fehlallokation hinsichtlich des Investitionslandes 94
3.5.2.2. Die Attraktion passiver Einkunftsquellen oder die Fehlallokation hinsichtlich des Investitionsobjektes 95
3.5.2.3. Die Attraktion ausländischer Unternehmen oder die Fehlallokation hinsichtlich des Investitionssubjektes 96
3.6. Die Reflektion ökonomischer Kritikpunkte des Steuerwettbewerbs im Unionsrecht 97
3.6.1. Die Ansichten der GA Léger, Gelhoed und Mengozzi 97
3.6.2. Die Aufnahme ökonomischer Erwägungen in die Rechtsprechung des EuGH 98
3.6.3. Die Richtlinie 2016/1164/EU zur Bekämpfung von Steuervermeidungspraktiken 100
3.6.4. Stellungnahme 101
3.7. Zusammenfassende Thesen zur Funktion der Missbrauchsvermeidung im steuer-ökonomischen Grundgefüge der Europäischen Union 103

2. Teil Die Merkmale des Missbrauchs in der Rechtsprechung des EuGH 107

Kap. 4. Die Evolution des Missbrauchsbegriffs in der Rechtsprechung des Europäischen Gerichtshofs 109

4.1. Die Ursprünge der Missbrauchsvermeidung in Bezug auf das Primärrecht 109
4.1.1. Die *van Binsbergen*-Entscheidung als Grundstein der Rechtsprechung zum Missbrauch der Dienstleistungsfreiheit 109
4.1.2. Analyse der *van Binsbergen*-Rechtsprechung durch GA Lenz 111
4.1.3. Die Übertragung der Rechtsprechung auf die Niederlassungsfreiheit 112

4.1.3.1. Die Legitimierung steuerlicher Wegzugsbeschränkungen durch die Rechtssache *Daily Mail* 113
4.1.3.2. Die Bestimmung des Missbrauchs anhand der Ziele der Grundfreiheiten nach der Entscheidung *Centros* 115
4.1.4. Die Missbrauchsvermeidung bezüglich der Warenverkehrs-, Kapital- und Zahlungsverkehrsfreiheit 116
4.1.5. Die Erstreckung des Missbrauchsgrundsatzes auf das sekundäre Gemeinschaftsrecht 117
4.1.5.1. Die Grundaussagen zum Missbrauch im Sekundärrecht aus der Rechtssache *Cremer* 117
4.1.5.2. Der Missbrauch im harmonisierten Steuerrecht 119
4.1.6. Zwischenfazit 120
4.2. Die Entwicklung hin zu einem generalisierten Missbrauchsbegriff 121
4.2.1. Die *Emsland-Stärke*-Entscheidung als Ausgangspunkt 121
4.2.2. Der Missbrauchsgrundsatz im harmonisierten Umsatzsteuerrecht gemäß der *Halifax*-Entscheidung 123
4.2.2.1. Die Schlussanträge des GA Maduro 124
4.2.2.2. Die Würdigung durch den EuGH 125
4.2.2.3. Stellungnahme 127
4.2.3. Die *Cadbury Schweppes*-Entscheidung und die nicht harmonisierten Bereiche der direkten Steuern 128
4.2.4. Die Rechtssache *Kofoed* als Bestätigung der Missbrauchsrechtsprechung in Bezug auf harmonisierte direkte Besteuerung 130
4.2.5. Die abweichende Diktion des EuGH bei missbräuchlicher Inanspruchnahme von primärrechtlichen Garantien 133
4.3. Die Begriffsmerkmale der Missbrauchsvermeidung nach der Rechtsprechung des EuGH 134
4.3.1. Die Terminologie zur Missbrauchsvermeidung im Primär- und Sekundärrecht 135
4.3.1.1. Der Missbrauchsbegriff im primären Unionsrecht 135
4.3.1.2. Der Missbrauchsbegriff im Sekundärrecht 136
4.3.2. Die teleologische Bestimmung des objektiven Merkmals 137
4.3.2.1. Die zu berücksichtigenden Ziele im Falle des Missbrauchs des Primärrechts 137
4.3.2.2. Die zu Berücksichtigenden Ziele im Falle des Missbrauchs von sekundärem Gemeinschaftsrecht 140
4.3.3. Die Berücksichtigung der individuellen Vorgänge über das sog. subjektive Merkmal 147

4.3.3.1. Die Rechtsprechung des EuGH zur Erforderlichkeit eines subjektiven Merkmals im Primär- und Sekundärrecht ... 147
4.3.3.2. Das subjektive Merkmal als sog. business purpose test ... 150
4.3.3.3. Das subjektive Merkmal im Rahmen der neugefassten Missbrauchsregelung der Mutter-Tochter-Richtlinie und der Anti-BEPS-Richtlinie ... 152
4.3.4. Die doppelte Bedeutung der Verhältnismäßigkeit ... 153
4.3.4.1. Die Prüfung der Verhältnismäßigkeit auf Tatbestandsebene ... 153
4.3.4.2. Erwägungen zur Verhältnismäßigkeit auf Rechtsfolgenebene ... 155
4.4. Die Bewertung eines einheitlichen unionsrechtlichen Verständnisses zur Vermeidung steuerlichen Missbrauchs ... 156
4.4.1. Die uneinheitliche Rechtslage der Mitgliedstaaten als Ausschluss eines Rechtsprinzips? ... 156
4.4.2. Die uneinheitliche Handhabung des Missbrauchsbegriffs durch den EuGH? ... 157
4.4.3. Die Teleologie als Differenzierungsmerkmal ... 160
4.5. Zusammenfassende Thesen zur Evolution des Missbrauchsbegriffs und dessen Stellenwert im Unionsrecht ... 162

Kap. 5. Das mitgliedstaatliche Recht zur Typisierung von Missbrauch ... 165

5.1. Typisierungsbefugnis der Mitgliedstaaten nach Rechtsprechung des EuGH ... 165
5.2. Das Erfordernis der Entlastungsmöglichkeit durch den Steuerpflichtigen ... 168
5.2.1. Der Entlastungsbeweis in der Rechtsprechung zu den direkten Steuern ... 168
5.2.2. Der Beweislast der individuellen Motivation in der neugefassten Mutter-Tochter-Richtlinie und der Anti-BEPS-Richtlinie ... 170
5.2.3. Die Sonderrolle des europäischen Mehrwertsteuerrechts ... 171
5.2.4. Rechtsfolge eines erkannten Missbrauchs ... 172
5.3. Die Struktur typisierender Normen zur Missbrauchsverhinderung ... 173
5.3.1. Typisierung des objektiven Merkmals ... 173
5.3.2. Der Entlastungsbeweis der individuellen Motivation ... 173

5.4. Zusammenfassende Thesen zur Typisierungsbefugnis der Mitgliedstaaten 174

3. Teil Die Vorgaben des unionsrechtlichen Missbrauchsbegriffs auf Maßnahmen des BEPS-Projekts der OECD 175

Kap. 6. Die Maßnahmen der BEPS-Aktionspläne ohne unmittelbaren Bezug zum Missbrauchsbegriff des EuGH 177

6.1. Die Bekämpfung von Hybrid Mismatches 178
6.1.1. Die Erscheinungsformen von Hybrid Mismatches 178
6.1.2. Das Missbrauchspotential von Hybrid Mismatches unter Berücksichtigung von BEPS-Aktionspunkt 2 179
6.1.3. Hybrid Mismatches unter dem Missbrauchsverständnis des EuGH 180
6.1.3.1. Die Augangsthese der gegenseitigen Anerkennung von Rechtsbeziehungen im Binnenmarkt 181
6.1.3.2. Die Missbrauchsbetrachtung des EuGH zu Hybrid Mismatches im harmonisierten Umsatzsteuerrecht 181
6.1.3.3. Die Missbrauchsbetrachtung des EuGH zu Hybrid Mismatches im Recht der direkten Steuern 183
6.1.4. Zusammenfassende Stellungnahme zum Missbrauchscharakter von Hybrid Mismatches 185

6.2. Die Vermeidung von Abkommensmissbrauch 186
6.2.1. Die Charakteristika des Abkommensmissbrauchs und deren Vermeidungsstrategien nach BEPS-Aktionspunkt 6 187
6.2.2. Das Missbrauchsverständnis des EuGH in Bezug auf die Bekämpfung von Abkommensmissbrauch 189
6.2.2.1. Unionsrechtliche Bewertung abkommensrechtlicher Normen zur Verhinderung deren missbräuchlicher Inanspruchnahme 189
6.2.2.2. Unionsrechtliche Bewertung nationaler Normen zur Verhinderung des Abkommensmissbrauchs 192
6.2.3. Zwischenergebnis 194

6.3. Die Vermeidung von Gewinnverschiebung mittels Transferpreisen 195
6.3.1. Die Zielvorgaben des BEPS-Aktionspunkts 8–10 in Bezug auf Transferpreisregelungen 195

6.3.2. Das Missbrauchsverständnis des EuGH in Bezug auf die Vermeidung von Gewinnverschiebungen mittels Transferpreiskorrekturen 196
6.3.2.1. Die Schutzbereichsbestimmung für Transferpreisregelungen 197
6.3.2.2. Die Missbrauchsvermeidung als Rechtfertigung von Transferpreiskorrekturen? 198
6.3.3. Zwischenergebnis 199
6.4. Zusammenfassende Thesen zur Relevanz des Missbrauchs für Maßnahmen der BEPS-Aktionspläne 200

Kap. 7. Das Zwischenschalten von Rechtsträgern 203
7.1. Charakterisierung des Missbrauchspotentials von Zwischengesellschaften 203
7.2. Die Vorgaben des Unionsrechts zu CFC-Regelungen 206
7.2.1. Die Beschränkung der Grundfreiheiten 207
7.2.1.1. Der Ausgangsthese des liberalen Verständnisses vom Binnenmarkt 207
7.2.1.2. Bestimmung der einschlägigen Grundfreiheit und deren Beschränkung 208
7.2.1.3. Die Missbrauchsvermeidung als Rechtfertigungsgrund für CFC-Regelungen 211
7.2.2. Der Eingriff in den Regelungsbereich der Mutter-Tochter-Richtlinie 213
7.2.3. Die CFC-Regelungen im Entwurf der Anti-BEPS-Richtlinie 216
7.3. Die Anforderungen zur Bestimmung des personellen Anwendungsbereichs von CFC-Regelungen 217
7.3.1. Die Empfehlungen des BEPS-Aktionspunkts 3 217
7.3.1.1. Der von CFC-Regelungen zu erfassende Gesellschaftstypus 217
7.3.1.2. Die Kontrollmöglichkeit des ausländischen Rechtsträgers 218
7.3.2. Die Leitlinien der personellen Voraussetzungen nach dem Missbrauchsverständnis des EuGH 220
7.3.2.1. Der Gesellschaftstypus und die erforderliche Kontrollmöglichkeit der Muttergesellschaft 220
7.3.2.2. Vorgaben der EuGH-Rechtsprechung zu niedrigbesteuerten Betriebsstätten 221

7.3.3. Die personelle Reichweite der CFC-Regelung in der Anti-BEPS-Richtlinie ... 224
7.3.3.1. Tatbestandliche Anforderungen an das ausländische Unternehmen oder die ausländische Betriebsstätte ... 224
7.3.3.2. Die erforderliche Kontrollmöglichkeit der Muttergesellschaft ... 226
7.3.4. Kritische Vergleichsbetrachtung der personellen Anforderungen ... 227
7.3.4.1. Die Charakterisierung des Missbrauchsrisikos ... 227
7.3.4.2. Die der Hinzurechnung unterliegenden ausländischen Rechtsträger ... 227
7.4. Das Merkmal der Niedrigbesteuerung ... 228
7.4.1. Niedrigbesteuerung nach dem Verständnis des BEPS-Aktionspunktes 3 ... 228
7.4.2. Niedrigbesteuerung nach dem Missbrauchsverständnis des EuGH ... 229
7.4.3. Die Niedrigbesteuerung in der Anti-BEPS-Richtlinie ... 230
7.4.4. Vergleichsbetrachtung des Merkmals der Niedrigbesteuerung ... 230
7.5. Die Bestimmung der hinzuzurechnenden Einkünfte ... 231
7.5.1. Die Vorgaben des BEPS-Aktionspunktes 3 zu den hinzuzurechnenden Einkünften ... 231
7.5.1.1. Identifikation von CFC-Einkünften dem Grunde nach ... 231
7.5.1.2. Bestimmung von CFC-Einkünften der Höhe nach ... 232
7.5.2. Der Hinzurechnung unterliegende Einkünfte nach dem Missbrauchsverständnis des EuGH ... 233
7.5.2.1. Die Identifikation von CFC-Einkommen anhand der vorhandenen wirtschafltlichen Substanz ... 233
7.5.2.2. Die Vorgaben zur Höhe der hinzuzurechnenden Einkünfte ... 236
7.5.3. Die Bestimmung der hinzuzurechnenden Einkünfte nach der Anti-BEPS-Richtlinie ... 237
7.5.3.1. Die Identifikation von CFC-Einkünften dem Grunde nach ... 237
7.5.3.2. Die Bestimmung der Hinzurechnung der Höhe nach ... 239
7.5.4. Kritische Vergleichsbetrachtung ... 239
7.6. Die Beweislastverteilung zur Rechtfertigung einer Einkünftehinzurechnung ... 240
7.6.1. Vorgaben zur Beweislastverteilung aus OECD-Aktionspunkt 3 ... 240
7.6.2. Die EuGH-Rechtsprechung zur Beweislastverteilung ... 241

7.6.3. Die Frage der Beweislast in der Anti-BEPS-Richtlinie 242
7.6.4. Kritische Vergleichsbetrachtung 243

7.7. Zusammenfassende Thesen zum Missbrauch mittels zwischengeschalteter Rechtsträger 243

Kap. 8. Der Missbrauch der Finanzierungsart 247

8.1. Charakterisierung des Missbrauchspotentials von Finanzierungsgestaltungen 247

8.2. Die Empfehlungen der OECD zur Bekämpfung der Gewinnverlagerung durch Zinsaufwendungen 249
8.2.1. Identifikation des Adressatenkreises 249
8.2.2. Identifikation des steuerlich abziehbaren Zinsaufwands 251

8.3. Die Vorgaben des Unionsrechts für mitgliedstaatliche Zinsabzugsbeschränkungen 252
8.3.1. Keine Beeinträchtigung der Sekundärrechtsakte durch Zinsabzugsbeschränkungen 252
8.3.2. Die Bestimmung der von Zinsabzugsbeschränkungen betroffenen Grundfreiheiten 253
8.3.3. Der Eingriff in Grundfreiheiten durch Zinsabzugsbeschränkungen 255
8.3.3.1. Keine Beschränkung von Grundfreiheiten durch unterschiedslos anwendbare Zinsabzugsbeschränkungen 255
8.3.3.2. Die Beschränkung von Grundfreiheiten durch Zinsabzugsbeschränkungen mit Ausrichtung auf grenzüberschreitende Zahlungen 256
8.3.4. Unionsrechtliche Rechtfertigungsgründe für Zinsabzugsbeschränkungen 260
8.3.4.1. Die Rechtfertigungsaspekte nach Ansicht von GA Kokott in der Rechtssache Masco Denmark und Damixa 260
8.3.4.2. Die Bewertung der von GA Kokott herangezogenen Rechtfertigungsgründe 261
8.3.4.3. Rechtfertigung unter dem Gesichtspunkt der Vermeidung steuerlichen Missbrauchs 262
8.3.5. Die Leitlinien für nationale Zinsabzugsbeschränkungen nach dem unionsrechtlichen Missbrauchsverständnis 264
8.3.5.1. Die Typisierung missbräuchlicher Gestaltungen 264
8.3.5.2. Die Umsetzung des subjektiven Elements 268

8.3.6. Zwischenergebnis zur Unionsrechtskonformität von Zinsabzugsbeschränkungen 269
8.4. Die Zinsabzugsbeschränkung der Anti-BEPS-Richtlinie 270
8.4.1. Der Adressatenkreis der Zinsabzugsbeschränkung 271
8.4.2. Der sachliche Anwendungsbereich der Zinsabzugsbeschränkung 272
8.4.3. Stellungnahme zur Primärrechtswidrigkeit der „Umsetzung“ der OECD-Empfehlungen in der Anti-BEPS-Richtlinie 273
8.5. Zusammenfassende Thesen zum Missbrauch der Finanzierungsart ... 275

Schlussbetrachtung 277

Einleitung

„Le droit cesse où l'abus commence."
Marcel Ferdinand Planiol (1900)[1]

Entsprechend des angeführten Zitats des französischen Zivilrechtswissenschaftlers *Planiol* endet das Recht dort, wo der Missbrauch beginnt. Danach verhalte sich das Recht eigentlich widersprüchlich, indem die Ausübung eines Rechts als Missbrauch desselben angesehen wird.[2]

Die Vermeidung des Missbrauchs ist eine Aufgabe, derer sich jegliche Rechtsordnung zu stellen hat. Die Definition dessen, was als Missbrauch von rechtlichen Freiheiten anzusehen ist, ist maßgeblich deshalb mit großen Schwierigkeiten verbunden, da sich die Grenzen des Missbrauchs eben nicht aus dem geschriebenen Recht selbst herauslesen lassen. Ob sich ein Verhalten innerhalb des Spielraums bewegt, der ihm durch das Recht zugestanden wird, bedarf darüber hinaus einer weiteren, viel schwieriger zu erschließenden Wertungsebene.

Ob auch dem Recht der Europäischen Union eine derartige Wertungsebene immanent ist, ist eine seit Gründung der Europäischen Gemeinschaften diskutierte Fragestellung, deren Beantwortung maßgeblich von dem Zusammentreffen der Vielzahl nationaler Rechtsordnungen erschwert wurde.[3] Der Beantwortung dieser Grundfrage kommt über die rein dogmatische Fragestellung hinaus auch eine bedeutende praktische Bedeutung für die nationalen Rechtsordnungen der Mitgliedstaaten der Europäischen Union zu. Denn gemäß Art. 4 Abs. 3 EUV[4] sind sowohl die mitgliedstaatliche Verwaltung, als auch die nationale Gesetzgebung zur Wahrung des Unionsrechts verpflichtet.[5] Für das Verständnis des nationalen Steuerrechts ist diese Frage umso bedeutender, da nach mittlerweile gefestigter

---

1 *Planiol*, Traité élémentaire de droit civil, tome I (1900), n°871, zitiert nach *Fleischer*, JZ 2003, S. 865 (865).

2 Vgl. *Parquet*, Introduction générale au droit (2007), S. 81.

3 Vgl. *Cerioni*, EBLR 2010, S. 783 (784 ff.); *de la Feria*, CMLR 2008, S. 395 (398 ff.); *Englisch*, StuW 2009, S. 3 ff.; *Monès/Durand/Mandelbaum, et al.*, ECTR 2010 S. 85; *Monès/Durand/Mandelbaum, et al.*, ECTR 2010, S. 123 ff.; *Schön*, in: Kirchhof/Nieskens (Hrsg.), FS Reiss (2008), S. 571 ff.

4 Fassung aufgrund des am 01.12.2009 in Kraft getretenen Vertrages von Lissabon, ABl. EG Nr. C 115 v. 09.05.2008, S. 13, zuletzt geändert durch die Akte über die Bedingungen des Beitritts der Republik Kroatien und die Anpassungen des Vertrags über die Europäische Union, des Vertrags über die Arbeitsweise der Europäischen Union und des Vertrags zur Gründung der Europäischen Atomgemeinschaft, ABl. EU L 112/21 v. 24.4.2012 m.W.v. 1.7.2013.

5 *Obwexer*, in: von der Groeben/Schwarze/Hatje, Europäisches Unionsrecht (2015), Art. 4 EUV Rn. 59 ff.; *von Bogdany/Schill*, in: Grabitz/Hilf/Nettesheim, Das Recht der Europäischen Union, Art. 4 EUV Rn. 67 ff.

Rechtsprechung des EuGH das Unionsrecht tief in die nationalen Vorschriften zu den direkten Steuern hineinreicht.[6] Der Frage nach der Wertungsebene des Missbrauchs im Unionsrecht kommt hierdurch unmittelbare Bedeutung für die Rechtssetzung der Mitgliedstaaten zu.

Gegenstand der vorliegenden Untersuchung sind Normen des nationalen Ertragsteuerrechts, die auf typisierende Art und Weise missbräuchliches Verhalten festlegen. Hier obliegt es dem Steuergesetzgeber selbst, den von *Planiol* aufgezeigten Widerspruch aufzulösen: Die Wertung, ob ein Verhalten als Missbrauch des Rechts anzusehen ist, soll nicht dem Rechtsanwender verbleiben, sondern die Rechtsordnung eines Staates selbst definiert in typisierter Form unangemessene Verhaltensweisen. Sofern der nationale Gesetzgeber jedoch die ausschließlich nationale Regelungsmaterie überschreitet, wird die vom nationalen Recht getroffene Wertung vom Unionsrecht als einer weiteren Rechtsebene überlagert. Dieses Spannungsfeld ist bei Fragen grenzüberschreitender Besteuerung umso stärker aufgeladen, da mittels der Vorschriften des internationalen Steuerrechts letztlich Besteuerungshoheiten der Nationalstaaten gegeneinander abgesteckt werden. Das Unionsrecht gibt auf diese Weise den nationalen Rechtsordnungen Vorgaben dahin gehend, welche Wertungen sie der Entscheidung zugrunde zu legen haben, inwiefern ein Verhalten als Missbrauch eines Rechts angesehen werden kann.

Was im Bereich der grenzüberschreitenden Besteuerung zwar den wörtlichen Anwendungsbereich des Rechts erfüllt, jedoch den Boden des rechtlich Angemessenen verlassen hat, hat das Projekt der OECD- und G20-Staaten zum Thema „Gewinnverkürzung und Gewinnverlagerung"[7] in den Mittelpunkt der internationalen Aufmerksamkeit gerückt.[8] Es läge daher allem Anschein nach nahe, die Bemühungen im Rahmen des BEPS-Projekts mit der Verhinderung missbräuchlicher Verhaltensweisen auf Unionsebene gleichzusetzen.

Die vorliegende Arbeit verfolgt das Ziel herauszuarbeiten, welche Vorgaben aus dem unionsrechtlichen Verständnis des Missbrauchs auf nationale Vorschriften abgeleitet werden können, die der Umsetzung von den auf das BEPS-Projekt zurückzuführenden Entwicklungen im internationalen Steuerrecht dienen. Zur Konkretisierung des Themenbereichs fokussiert sich die Arbeit dahin gehend auf den Bereich der direkten Besteuerung, maßgeblich die Ertragsteuern. Bezüge zum Recht der indirekten Steuern, maßgeblich dem Umsatzsteuerrecht, finden sich dann im Verlauf der Arbeit, wenn sie zum Verständnis des betreffenden Abschnittes, oder der Abgrenzung zum Recht der direkten Steuern beitragen.

Die folgende Darstellung skizziert in grober Struktur den Gang der Untersuchung:

---

6 Richtungsweisend EuGH Rs. C-270/83 (*avoir fiscal*) v. 28.01.1986, Slg. 1986, 273 (Rn. 24); EuGH Rs. C-279/93 (*Schumacker*) v. 14.02.1995, Slg. 1995, I-225 (Rn. 21).

7 Nachfolgend entsprechend der allgemeinen Verwendung als ***„BEPS-Projekt"*** bezeichnet, das sich von dem englischen *Base Erosion and Profit Shifting* ableitet.

8 Vgl. *OECD*, BEPS Erläuterung (2015), S. 5.

Im ersten Teil werden die ökonomischen und rechtlichen Grundentscheidungen des Unionsrechts für die Vermeidung steuerlichen Missbrauchs dargestellt. Dazu wird einleitend das begriffliche Grundverständnis des Missbrauchs gelegt und das Regelungsdilemma der Missbrauchsvermeidung im Kontext des internationalen Steuerrechts vor dem Hintergrund der Kompetenzverteilung in der Europäischen Union erarbeitet. Daran anschließend wird der status quo der Vorgaben zur Missbrauchsvermeidung des Unionsrechts aufgearbeitet und die Funktion derartiger Normen, die sich gegen den Missbrauch richten, in den steuer-ökonomischen Kontext der Europäischen Union eingeordnet.

Der zweite Teil setzt sich mit den rechtsprechungsgeprägten Vorgaben des EuGH bezüglich der nationalstaatlichen Missbrauchsvermeidung auseinander. Dabei wird zunächst die Evolution des Begriffs des Missbrauchs in der Rechtsprechung des EuGH mit besonderem Fokus auf seine Auswirkungen auf das Recht der direkten Steuern nachgezeichnet. Die Rechtsprechung wird dahingehend untersucht, inwiefern sie auf einen einheitlichen Kern zusammengeschmolzen werden kann. Davon ausgehend wird erarbeitet, ob den Mitgliedstaaten hieraus das Recht zugeschrieben werden kann, mittels typisierender Regelungen gegen missbräuchliche Gestaltungen vorzugehen.

Der dritte Teil überträgt die gewonnenen Erkenntnisse auf die Vorgaben und Vorschläge des BEPS-Projekts für Maßnahmen zur Bekämpfung von Gewinnverschiebung. Hierbei wird zunächst analysiert, welche der BEPS-Maßnahmen überhaupt entsprechend des unionsrechtlichen Verständnisses des Missbrauchs hierzu in Bezug gesetzt werden können. Die Vorgaben des BEPS-Projekts zu den Problemfeldern der Zwischenschaltung von Gesellschaften und des Missbrauchs der Finanzierungsart werden daraufhin auf ihre Kompatibilität zum Unionsrecht unter Berücksichtigung der Vorgaben des Sekundärrechts untersucht.

Die vorliegende Arbeit schließt mit einer zusammenfassenden Darstellung der wesentlichen Arbeitsergebnisse.

1. Teil
Die ökonomischen und rechtlichen Grundlagen der Vermeidung steuerlichen Missbrauchs in der Europäischen Union

„Wo liegt die Grenze zwischen Steueroptimierung und Steuermissbrauch?“[9], mit dieser Frage leitet ein international besetztes Autorengremium eine Studie über die unterschiedlichen Konzepte zur Verhinderung von Steuermissbrauch in den Mitgliedstaaten der Europäischen Union ein. Begrifflich korreliert der steuerliche Gestaltungsmissbrauch, oder schlicht Steuermissbrauch, unmittelbar mit den Missbrauchsvermeidungsnormen. Schließlich sind es derartige Missbrauchsvermeidungsnormen die gleichsam als „Waffe des Staates“ erlaubte Steueroptimierung vom geächteten Steuermissbrauch trennen. Für die Besteuerung des Einzelfalles hat es daher höchste Relevanz, ob eine Gestaltung die Grenze dessen, was als Missbrauch angesehen wird, überschreitet.

Um den Interessenkonflikt, sowie die Handlungsspielräume im Hinblick auf die Absicherung des nationalen Steuersubstrats zu verstehen, geht der vorliegende erste Teil von einer Analyse des begrifflichen Verständnisses von Normen aus, die auf spezifizierende Weise Missbrauch verhindern sollen, um im Anschluss die Kompetenzverteilung zwischen der Europäischen Union und ihren Mitgliedstaten zum Erlass derartiger Normen zu beleuchten. Daran anschließend wird der bisherige unionsrechtliche Rechtsrahmen zur Missbrauchsvermeidung unter Berücksichtigung der aktuellen Richtlinie 2016/1164/EU vom 12. Juli 2016 aufgezeigt. Zu einem vertieften Verständnis spezialgesetzlicher Normen, die der Missbrauchsverhinderung im Unionsrecht dienen, bedarf es zudem einer Einordnung ihrer ökonomischen Funktion im europäischen Binnenmarkt. Hiermit einher geht die Frage, ob es einer Korrekturbewegung auf Ebene der Europäischen Union bedarf und welche Kritikpunkte dem internationalen Besteuerungssystem der direkten Steuern entgegengebracht werden. Inwiefern das bestehende Rechtssystem der Europäischen Union die durch das BEPS-Projekt angestoßene Entwicklungen aufnehmen kann, entscheidet sich letztendlich dadurch, auf welche Art und Weise das von der Rechtsprechung des EuGH geprägte Primärrecht diese Kritikpunkte reflektieren kann.

---

9 Im englischen Original: „*Where is the line between tax optimization and tax abuse?*“, *Monès/Durand/Mandelbaum, et al.*, ECTR 2010 S. 85 (85).

Kap. 1. Das Regelungsdilemma der spezialgesetzlichen Missbrauchsvermeidung im internationalen Ertragsteuerrecht

1.1. Der Begriff der Missbrauchsvermeidung im internationalen Steuerrecht

Der vorliegenden Untersuchung liegt ein unionsrechtlich geprägtes Verständnis davon zugrunde, was unter Normen zu verstehen ist, die der Verhinderung oder Vermeidung des steuerlichen Missbrauchs dienen. Der Begriff des steuerlichen Missbrauchs wird im Zuge der Untersuchung gleichbedeutend zum steuerlichen Gestaltungsmissbrauch oder, verkürzt, dem Missbrauch verwendet.

Eine begriffliche Abgrenzung dieser Verwendung des steuerlichen Missbrauchs ist über den Inhalt der vorliegenden Arbeit schon deshalb von Bedeutung, da nur mittels eines eindeutigen Sprachgebrauchs der entsprechende Bedeutungsinhalt in Bezug genommen werden kann. Die Verwendung des Begriffs des „steuerlichen Missbrauchs" im Unionsrecht eignet sich als Paradebeispiel für die Verwirrung, die von einer uneinheitlichen Verwendung ausgehen kann.[10] Häufig werden hiermit die Begriffe der Steuerumgehung, der Steuerhinterziehung oder des Steuerbetrugs vermengt. Um eine inhaltliche Einordnung und Abgrenzung des unionsrechtlichen Verständnisses zu ermöglichen, ist es jedoch erforderlich, zunächst das Begriffsverständnis nach deutschem Rechtsverständnis zu analysieren, das den Normen zur Vermeidung steuerlichen Missbrauchs zugrunde liegt.

1.1.1. Missbrauchsvermeidung nach Verständnis des bundesdeutschen Gesetzgebers

Das Verständnis des steuerlichen Missbrauchs ist im deutschen Rechtsverständnis normativ geprägt. § 42 AO[11] enthält eine Generalnorm zur Verhinderung des steuerlichen Gestaltungsmissbrauchs. In § 42 Abs. 1 S. 1 AO wird der Programmsatz aufgestellt, dass durch den Missbrauch von Gestaltungsmöglichkeiten Steuergesetze nicht umgangen werden können. § 42 Abs. 2 AO definiert den Missbrauch als vom Steuerpflichtigen gewählte unangemessene rechtliche Gestaltung, die beim Steuerpflichtigen oder einem Dritten im Vergleich zu einer angemessenen Gestaltung zu einem gesetzlich nicht vorgesehenen Steuervorteil führt. Begrifflich statuiert § 42

---

10 *Cerioni*, EBLR 2010, S. 783 (783); *de la Feria*, CMLR 2008, S. 395 (396); *Lohse*, in: Kirchhof/Nieskens (Hrsg.), FS Reiss (2008), S. 645 (645 ff.).

11 In der Fassung nach dem JStG 2008, Gesetz v. 20.12.2007, BGBl. I 2007, 3150.

Abs. 1 S. 1 AO damit das Verhältnis der wertungsneutralen Steuerumgehung zum unzulässigen Steuermissbrauch.[12] Als Unterfall der steuerlich zulässigen Variante der Umgehung hat sich der Begriff der Steuervermeidung etabliert.[13] Von Steuervermeidung wird überwiegend dann gesprochen, wenn bereits ein steuerlicher Tatbestand nicht erfüllt wird, im Gegensatz zum Missbrauch ergibt sich auch nach dem Normtelos kein einschlägiger Besteuerungsvorgang.[14] Steuervermeidung und Steuermissbrauch eint aber im Sinne der Steuerumgehung, dass der verwirklichte Sachverhalt den Tatbestand einer steuerlichen Norm nicht erfüllt. Demgegenüber spricht man von Steuerhinterziehung oder auch Steuerbetrug, wenn zwar der Tatbestand einer Norm erfüllt ist, der staatliche Steuerzugriff aber daran scheitert, dass den Steuerbehörden die Tatsachen eines verwirklichten Tatbestandes bewusst verschwiegen oder verfälscht wiedergegeben werden.[15]

Zur Beschreibung gesetzlicher Regelungen, die den Missbrauchsvorwurf per Gesetzesanordnung spezifizieren, findet sich seit Neufassung des § 42 AO mit dem JStG 2008[16] eine begriffliche Umschreibung in § 42 Abs. 1 S. 2 AO. Dieser, an sich das Verhältnis der speziellen zur allgemeinen Missbrauchsregelung auf Rechtsfolgenseite betreffend, spricht von einem *„Tatbestand einer Regelung in einem Einzelsteuergesetz [erfüllt], die der Verhinderung von Steuerumgehungen dient [...].“* Da die Begriffsdefinition der allgemeinen Steuerumgehung darauf fußt, dass der Tatbestand einer steuerlichen Norm gerade nicht erfüllt wird, kann sie nicht uneingeschränkt auf spezialgesetzliche Missbrauchsnormen übersetzt werden. Denn gerade die Anwendung der Missbrauchsnorm selbst verhindert die Gesetzesumgehung. Letztendlich kommt es somit gerade nicht zu einer Umgehung eines steuerlichen Tatbestandes.

Spezialgesetzlichen Missbrauchsnormen ist gemein, dass nicht der Rechtsanwender die Umgehung von Steuergesetzen feststellt, sondern es der generalisierenden Einschätzung des Gesetzgebers obliegt, welche Gestaltung eine Umgehung darstellt. Ist eine spezialgesetzliche Missbrauchsnorm tatbestandlich einschlägig, bedarf es daher – anders als bei der Anwendung der Generalnorm des § 42 Abs. 1 S. 1 AO – keiner Feststellung eines Missbrauchs nach § 42 Abs. 2 AO.[17] Um als spezialgesetzliche Missbrauchsnorm im Sinne des § 42 Abs. 1 S. 2 AO zu gelten, müssen Tatbestand und Rechtsfolge der Norm die gesetzliche Missbrauchsprävention zum Ausdruck

12 *Lohse* sieht dagegen in der Steuerumgehung den zulässigen Gegenpart zum Steuermissbrauch, *Lohse*, in: Kirchhof/Nieskens (Hrsg.), FS Reiss (2008), S. 645 (647). Dieser sollte aufgrund der Verwendung in § 42 AO besser durch den Begriff der Steuervermeidung ersetzt werden.

13 Der Begriff taucht insb. regelmäßig im Zusammenhang der Steuerplanung multinationaler Konzerne auf, vgl. OECD (2014), Aktionsplan zur Bekämpfung der Gewinnverkürzung und Gewinnverlagerung, S. 9, 35.

14 *Böing*, Steuerlicher Gestaltungsmissbrauch in Europa (2006), S. 12; *Fischer*, in: Hübschmann/Hepp/Spitaler, AO/FGO, § 42 AO Rn. 71.

15 *Lohse*, in: Kirchhof/Nieskens (Hrsg.), FS Reiss (2008), S. 645 (651 f.).

16 Jahressteuergesetz 2008, Gesetz v. 20.12.2007, BGBl. I 2007, 3150.

17 Vgl. BT-Drs. 16/7036, S. 33.

bringen, indem für einen in sachlicher, persönlicher oder zeitlicher Sicht konkretisieren Sachverhalt per Gesetzesbefehl bestimmte Steuerfolgen ausgeschlossen oder angeordnet werden.[18] Der dogmatische Streitpunkt, ob sich der Missbrauch aus einer methodischen Auslegung der Steuernorm im Sinne der Innentheorie ergebe, oder ob es gemäß der Außentheorie dem Normanwendungsbefehl des § 42 AO braucht,[19] ist insofern ohne Relevanz, da vom Rechtsanwender kein Missbrauchsurteil gefällt werden muss.

Der Gesetzgeber schreibt typisierend die Unangemessenheit einer zivilrechtlichen Gestaltung vor dem Ziel fest, den wirtschaftlichen Belastungsgrund eines Steuergesetzes genauer zu umschreiben.[20] *Fischer* nimmt Bezug auf den von *Hensel* eingeführten Begriff des „Wirtschaftstatbestands" einer Norm, welcher mittels systematischer und teleologischer Auslegung zu ermitteln sei und den eigentlichen, die Besteuerung rechtfertigenden Belastungsgrund darstelle.[21] Aufgrund der damit auch § 42 AO immanenten wirtschaftlichen Betrachtungsweise bezeichnet *Hey* derartige Nomen zutreffend als Fiskalzwecknormen, die eine in anderen Steuergesetzen getroffene Belastungsentscheidung zwar flankieren, aber keine eigenständige Belastungsentscheidung treffen.[22]

Aus Sicht des Gesetzgebers dient die hierdurch erzielte materielle Typisierung der Entlastung der Finanzverwaltung.[23] Umstritten ist, ob der Typisierung auch eine Wirkung zugunsten des Steuerpflichtigen im Sinne eines sog. *„Safe Haven"* zukommt, wodurch mittels Typisierung des Missbrauchs in spezieller Sicht der Anwendungsbereich des allgemeinen Missbrauchsverbots gesperrt würde. Nach Lesart des Gesetzgebers bei Einführung des § 42 Abs. 1 S. 3 AO kommt speziellen Vorschriften keine Abschirmwirkung hinsichtlich der Anwendung der Generalnorm des § 42 Abs. 1 AO zu.[24] In der Literatur wird den speziellen Missbrauchsnormen dennoch, zumindest in Teilbereichen, eine Abschirmwirkung zugesprochen. *Fischer* legt überzeugend dar, dass kein Raum für die Inanspruchnahme eines gesetzlich

18 *Hey*, StuW 2008, S. 167 (171).

19 Zum Streitstand m.w.N. *Fischer*, in: Hübschmann/Hepp/Spitaler, AO/FGO, § 42 AO Rn. 71 ff.; zur Rolle des Theorienstreits auf die Neufassung des § 42 AO zuletzt *Hüttemann*, DStR 2015, S. 1146 (1147 f.).

20 *Hey*, in: Hüttemann (Hrsg.), DStJG Bd. 33 (2010), S. 139 (149).

21 *Fischer*, in: Kirchhof/Nieskens (Hrsg.), FS Reiss (2008), S. 621 (628), mit Bezugnahme auf *Hensel*, Zur Dogmatik des Begriffs „Steuerumgehung", in Festgabe für Ernst Zillmann, 1923, S. 217 f.

22 *Hey*, in: Hüttemann (Hrsg.), DStJG Bd. 33 (2010), S. 139 (146).

23 So auch *Hey*, in: Hüttemann (Hrsg.), DStJG Bd. 33 (2010), S. 139 (147), nach deren Auffassung der Vereinfachung auf Seiten der Finanzverwaltung durch Schwierigkeiten in der Anwendung aus Sicht des Steuerpflichtigen aufgrund der vielfach anzutreffenden Komplexität und der Verwendung unbestimmter Rechtsbegriffe aufgewogen wird.

24 BT-Drs. 16/6290, S. 81; eine inhaltliche Vorprägung durch die Spezialnorm verneint ebenso *König*, in: König, AO, § 42 Rn. 15.

nicht vorgesehenen Steuervorteils bleibt, wenn die spezielle Norm die gesetzliche Typologisierung der Unangemessenheit i.S.d. § 42 Abs. 2 AO vornimmt.[25] Offensichtlich ist die Rechtsfolge spezieller Missbrauchsnormen als *Safe Haven* im Falle von gesetzlichen Sperrfristen und Beteiligungsgrenzen.[26] Für einen neben die Spezialnorm tretenden Vorwurf des Rechtsmissbrauchs kann dagegen keine abschirmende Wirkung bejaht werden.[27] Anders als vom Gesetzgeber beim Erlass des § 42 Abs. 1 S. 3 AO beabsichtigt,[28] bleiben spezialgesetzliche Missbrauchsnormen damit nicht ohne Einfluss auf die Anwendung des allgemeinen Missbrauchsverbots.[29] In der Wirkungsweise ist den spezialgesetzlichen Missbrauchsnormen daher letztendlich ein Lenkungszweck zuzusprechen.[30]

1.1.2. Das unionsrechtliche Begriffsverständnis des steuerlichen Gestaltungsmissbrauchs

Aufgrund der Supranationalität des Europäischen Recht, die aus nationaler Sicht in Art. 24 Abs. 1 GG und aus unionsrechtlicher Sicht in Art. 4 Abs. 3 EUV Niederschlag findet, ist der unionsrechtliche Begriff des Missbrauchs im Ausgangspunkt unabhängig von der nationalen Definition auszulegen.

Im Sekundärrecht findet das Konzept der Verhinderung steuerlichen Missbrauchs an verschiedenen Stellen Erwähnung. Art. 1 Abs. 2 der Mutter-Tochter-Richtlinie 2011/96/EU[31] beschränkte sich auf den Verweis auf *„Bestimmungen zur Verhinderung*

25 *Fischer*, in: Hübschmann/Hepp/Spitaler, AO/FGO, § 42 AO Rn. 292; ebenso *Hey*, StuW 2008, S. 167 (173).

26 *Hey*, in: Hüttemann (Hrsg.), DStJG Bd. 33 (2010), S. 139 (147 f.).

27 BMF v. 14.05.2004, BStBl. I 2004, Sondernummer 1/2004, S. 3 Tz. 7.0.2 Nr. 3; *Fischer*, in: Hübschmann/Hepp/Spitaler, AO/FGO, § 42 AO Rn. 293 ff.

28 Anlass für die Einfügung des § 42 Abs. 1 S. 3 AO wurde maßgeblich in der Rechtsprechung des BFH gesehen, der sich für eine Abschirmwirkung der §§ 7 ff. AStG zur Anwendung von § 42 AO betreffend Basisgesellschaften aussprach, BFH v. 20.03.2002 – I R 63/99, BStBl. II 2003, 50; ebenso BFH v. 20.11.2007 – I R 85/05, BStBl. II 2013, 287 zur Anwendung des § 42 AO auf Sachverhalte des Dividendenstrippings neben § 50c EStG a.F.

29 So auch *Fischer*, in: Hübschmann/Hepp/Spitaler, AO/FGO, § 42 Rn. 292; *Ratschow*, in: Klein, AO, § 42 Rn. 91; *Drüen*, Ubg 2008, S. 31 (32 ff.); *Füllbier*, BB 2012, S. 1769 (1774 f.) zur Anwendung von § 42 AO auf die Wertpapierleihe neben § 8b Abs. 10 KStG; a.A. *Koenig*, in: König, AO, § 42 Rn. 15.

30 Vgl. *Hey*, in: Hüttemann (Hrsg.), DStJG Bd. 33 (2010), S. 139 (147 f.).

31 RL 2011/96/EU des Rates v. 30.11.2011 über das gemeinsame Steuersystem der Mutter- und Tochtergesellschaften verschiedener Mitgliedstaaten, ABl. 2011 Nr. L 345, 8; geändert durch die RL 2013/13/EU, ABl. EU 2013 Nr. L 141, 30. Einen vergleichbaren Verweis enthält auch die Neufassung der Mutter-Tochter-Richtlinie 2015/121/EU in Art. 1 Abs. 4. RL 2015/121/EU wird im Folgenden als „**Mutter-Tochter-Richtlinie**“ bezeichnet.

von Steuerhinterziehungen und Missbräuchen".[32] Eine nahezu identische Formulierung greift Art. 5 Abs. 1 der Zins-/ Lizenzgebühren-Richtlinie[33] auf, spricht aber von *„Bestimmungen zur Verhinderung von Betrug und Missbrauch"*.[34] Art. 5 Abs. 2 der Zins-/ Lizenzgebühren-Richtlinie wiederum spricht von *„Steuerhinterziehung, [...] Steuerumgehung oder [...] Missbrauch"* als Beweggrund einer Transaktion, während Art. 15 Abs. 1 Fusionsrichtlinie[35] gleichfalls Beweggründe in den Mittelpunkt stellt, aber diese ohne Bezug auf Missbrauch mit *„Steuerhinterziehung oder -umgehung"* beschreibt.[36]

Der europäische Normgeber hat im Rahmen der Neufassung des Art. 1 Abs. 2 und Abs. 3 der Mutter-Tochter-Richtlinie[37] die explizite Definition einer *„unangemessenen Gestaltung"* mit aufgenommen. Diese kennzeichnet das Erzielen eines steuerlichen Vorteils, der dem Ziel oder Zweck der Richtlinie zuwiderläuft. Beschränkt man den Blick auf die Ausformulierung der Norm, erscheint als hätte der europäische Gesetzgeber letztlich im Jahr 2015 in Worte gefasst, was steuerlicher Missbrauch im Rahmen der Mutter-Tochter-Richtlinie darstellt.

Keineswegs entledigt die Neufassung der Mutter-Tochter-Richtlinie jedoch einer Untersuchung, ob sich damit in der europäischen Rechtsdiktion insgesamt ein *common understanding* zum steuerlichen Missbrauch durchgesetzt hat. Denn noch heute stehen allein im deutschen Sprachgebrauch schon den Wortfassungen der Richtlinien nach die Begrifflichkeiten der Steuerhinterziehung, des Steuerbetrugs, der Steuerumgehung und des Steuermissbrauchs nebeneinander. Vergleichbar zum Wirrwarr der Begriffe vermengte auch der EuGH in seiner Rechtsprechung oftmals die Begrifflichkeiten, ohne eine konsistente Rechtsprechungslinie zu begründen.[38]

32 Zur inhaltlichen Diskussion im Folgenden unter Kap. 2.1.1.

33 RL 2003/49/EG v. 03.06.2003 über eine gemeinsame Steuerregelung für Zahlungen von Zinsen und Lizenzgebühren zwischen verbundenen Unternehmen verschiedener Mitgliedstaaten, ABl. EU 2003, L 157/49 ff. i.d.F. der RL 2013/13/EU v. 13.05.2013, ABl. L 141 vom 28.05.2013, S. 30 f.; im Folgenden als „**Zins-/Lizenzgebühren-Richtlinie**" bezeichnet.

34 Zur inhaltlichen Diskussion im Folgenden unter Kap. 2.1.3.

35 RL 2009/133/EG v. 19.10.2009 über das gemeinsame Steuersystem für Fusionen, Spaltungen, Abspaltungen, die Einbringung von Unternehmensteilen und den Austausch von Anteilen, die Gesellschaften verschiedener Mitgliedstaaten betreffen, sowie für die Verlegung des Sitzes einer Europäischen Gesellschaft oder einer Europäischen Genossenschaft von einem Mitgliedstaat in einen anderen Mitgliedstaat, ABl. EU 2009 Nr. L 310/34 ff.; geändert durch die RL 2013/13/EU, ABl. EU 2013 Nr. L 141/30 ff.; im Folgenden als „**Fusionsrichtlinie**" bezeichnet.

36 Zur inhaltlichen Diskussion im Folgenden unter Kap. 2.1.2.

37 In der Fassung RL 2015/121/EU, ABl. L 21 v. 28.01.2015, S. 1 ff.

38 Stellvertretend für den deutschen Sprachgebrauch spricht *Bergmann* von einer babylonischen Sprachverwirrung, *Bergmann*, SWI 2010, S. 477 (477 f.); ebenso *Lohse*, in: Kirchhof/Nieskens (Hrsg.), FS Reiss (2008), S. 645 (655 ff.); sowie für den englischen Sprachgebrauch: *Piantavigna*, ECTR 2011, S. 134 (136); *Pistone*, in: de la Feria/Vogenauer (Hrsg.), Abuse of Law in the Context of Indirect Taxation (2011), S. 381 (385).

Die Ursache der fehlenden begrifflichen Konsistenz ist insbesondere in den unterschiedlichen Sprachfassungen der europäischen Rechtsakte und der Rechtsprechung des EuGH zu suchen, als auch in dem oftmals divergierenden nationalen Verständnis, welches den Begriffen zugrunde liegt.[39]

Die Auslegung von Begriffen im Europäischen Recht setzt – wie im nationalen Recht auch – an deren Wortbedeutung an.[40] Da gemäß Art. 55 EUV sämtliche Sprachfassungen europäischer Rechtsakte gleichwertig sind, bemüht der EuGH vielfach den Vergleich der unterschiedlichen Sprachfassungen.[41] Um den Untersuchungsgegenstand des steuerlichen Missbrauchs begrifflich zu definieren, werden im Folgenden ergänzend zur deutschen Wortbedeutung die Begriffsverwendung der in der EU federführenden Sprachen Französisch und Englisch skizziert.[42] Da die jeweiligen Wortbedeutungen stark rechtlich aufgeladen sind, soll sich der Blick dabei in erster Linie auf das durch den jeweiligen Gesetzgeber zum Ausdruck gebrachte Begriffsverständnis beschränken. Dabei ist allen verwendeten Begriffen im Kern die Reduzierung der steuerlichen Belastung gemein.[43]

1.1.2.1. Die Abgrenzung des Missbrauchs von der Steuerhinterziehung und des Steuerbetrugs

Letztlich klar fällt die Abgrenzung des steuerlichen Gestaltungsmissbrauchs von den Begriffen der Steuerhinterziehung und des Steuerbetrugs aus. Den steuerlichen Missbrauch als Unterfall der Steuerumgehung kennzeichnet, dass der verwirklichte Sachverhalt den Tatbestand einer steuerlichen Norm nicht erfüllt.[44] Ist der Tatbestand der Norm dagegen erfüllt, und scheitert der staatliche Steuerzugriff daran, dass den Steuerbehörden die Tatsachen eines verwirklichten Tatbestandes bewusst verschwiegen oder verfälscht wiedergegeben werden, ist von Steuerhinterziehung oder auch Steuerbetrug zu sprechen.[45] Bezüglich der Steuerhinterziehung folgt dies

39 *De la Feria*, CMLR 2008, S. 395 (395 f.); *Lohse*, in: Kirchhof/Nieskens (Hrsg.), FS Reiss (2008), S. 645 ff; *Piantavigna*, ECTR 2011, S. 134 (136).

40 Vgl. EuGH Rs. C-397/98 (*Scheuten Solar Technology*) v. 21.07.2011, Slg. 2011, I-6433 (Rn. 29).

41 Vgl. EuGH Rs. C-283/94, C-291/94, C-292/94 (*Denkavit, VITIC, Voormeer*) v. 17.10.1996, Slg. 1996, I-5063 (Rn. 25); die weiteren Auslegungsmethoden sollen an dieser Stelle nicht weiter behandelt werden.

42 Rechtsvergleichend untersucht *Böing* für den europäischen Sprachraum die Differenzierungen des Steuermissbrauchs von den Begrifflichkeiten der Steuerhinterziehung und der Steuervermeidung: *Böing*, Steuerlicher Gestaltungsmissbrauch in Europa (2006), S. 8 ff.

43 *Böing*, Steuerlicher Gestaltungsmissbrauch in Europa (2006), S. 8.

44 *Dourado*, Intertax 2015, S. 42 (43).

45 *Bergmann*, StuW 2010, S. 246 (248); *Lohse*, in: Kirchhof/Nieskens (Hrsg.), FS Reiss (2008), S. 645 (651 f.); in den Urteilen *Etablissements Rimbaud* und *X und Y* untersuchte der EuGH die Gefahr der Steuerhinterziehung als Rechtfertigungsgrund, vermengte in der inhaltlichen Argumentation dann fälschlicher Weise die Vermei-

nach deutschem Verständnis bereits aus § 370 Abs. 1 AO. Der Begriff des Steuerbetrugs ist dagegen nicht nationalrechtlich „vorbelastet". Die Bedeutungsgleichheit zur Steuerhinterziehung zeigt sich daraus, dass beide Begriffe im Richtlinienrecht jeweils als Übersetzung des englischen *tax fraud* bzw. des französischen *fraude fiscale* dienen.[46]

Als *fraude fiscal* bezeichnet das französische Recht den strafrechtlich relevanten Vorwurf, beispielsweise durch vorsätzliche Nichterklärung von Einnahmen, dem Vortäuschen einer Zahlungsunfähigkeit oder dem Verheimlichen von Buchungsunterlagen.[47] Sachverhalte des Steuerbetrugs und der Steuerhinterziehung, die eine nicht korrekte Wiedergabe des steuerlichen Sachverhalts kennzeichnet, werden in der britischen Rechtssprache mit *tax evasion, tax fraud* bzw. *fraudulent tax evasion* wiedergegeben.[48]

Bemerkenswert ist, dass sich der unionsrechtliche Begriff damit inhaltlich an die Strafbewehrung eines Verhaltens klammert. Verweist das Unionsrecht auf nationale Vorschriften, die der Verhinderung von Steuerbetrug oder -hinterziehung dienen, darf die Auslegung oder die Umsetzung des Richtlinienrechts jedoch grundsätzlich der einheitlichen und autonomen Auslegung des unionsrechtlichen Begriffs wegen nicht von der Auslegung der nationalen Straftatbestände abhängig gemacht werden.[49] Die hier erläuterten Begriffe decken sich aber insoweit, als dass – trotz materieller Verwirklichung eines Steuertatbestands – die Besteuerung aufgrund eines dem Steuerpflichtigen zuzurechnenden Verhaltens unterbleibt.[50] Die Begriffe der Steuerhinterziehung und des Steuerbetrugs gleichen sich damit im unionsrechtlichen Sprachgebrauch und sind deshalb austauschbar. Im Französischen sind sie, dem strafrechtlichen Vorwurf entsprechend, mit *fraude fiscale* und im englischen Sprachgebrauch mit *tax evasion* wiedergegeben.

---

dung steuerlich missbräuchlicher Gestaltungen, EuGH Rs. C-72/09 (*Etablissements Rimbaud*) v. 28.10.2010, Slg. 2010, I-10700 (Rn. 34); EuGH Rs. C-436/00 (*X und Y*) v. 21.11.2002, Slg. 2002, I-10829 (Rn. 60).

46 Vgl. *Bergmann*, SWI 2010, S. 477 (478); *Lohse*, in: Kirchhof/Nieskens (Hrsg.), FS Reiss (2008), S. 645 (652).

47 Article 1741 Code générale des impôts; vgl. *Monès/Durand/Mandelbaum, et al.*, ECTR 2010 S. 85 (87).

48 *Böing*, Steuerlicher Gestaltungsmissbrauch in Europa (2006), S. 9 f; *Dourado*, Intertax 2015, S. 42 (43); *Monès/Durand/Mandelbaum, et al.*, ECTR 2010, S. 123 (133); *Lohse* stellt im englischen Sprachgebrauch der EU insbesondere auf den Begriff *evasion* ab, *Lohse*, in: Kirchhof/Nieskens (Hrsg.), FS Reiss (2008), S. 645 (647); vgl. ebenfalls die abgrenzende Verwendung der OECD im Rahmen der Definition von BEPS, *OECD*, BEPS Action 11 Final Report (2015), S. 82.

49 *Lohse*, in: Kirchhof/Nieskens (Hrsg.), FS Reiss (2008), S. 645 (661); *Gille*, IStR 2007, S. 194 (194, insb. Fn. 7).

50 Im Ergebnis ebenso *Bergmann*, StuW 2010, S. 246 (248) *Lohse*, in: Kirchhof/Nieskens (Hrsg.), FS Reiss (2008), S. 645 (651 f.).

1.1.2.2. Steuerlicher Gestaltungsmissbrauch als Subkategorie der Steuerumgehung

Missbrauchsvermeidung stellt im Allgemeinen einen Unterfall des Verbots der Gesetzesumgehung dar.[51] Das Wesen der Gesetzesumgehung ist, dass der Rechtsanwender die Anwendbarkeit einer Norm dadurch umgeht, indem er mittels Gestaltung verhindert, dass der Tatbestand der Norm formal erfüllt wird, tatsächlich aber das identische Ziel erreicht wird, das bei normativer Wertung jenes Tatbestands erfasst ist.[52] Begrifflich grenzt im deutschen Sprachgebrauch § 42 Abs. 1 S. 1 AO das Verhältnis der wertungsneutralen Steuerumgehung zum unzulässigen Steuermissbrauch ab.[53] Als Unterfall der steuerlich zulässigen Variante der Umgehung hat sich der Begriff der Steuervermeidung respektive der Steuergestaltung etabliert.[54] Von Steuervermeidung wird überwiegend dann gesprochen, wenn bereits ein steuerlicher Tatbestand nicht erfüllt wird, im Gegensatz zum Missbrauch ergibt sich auch nach dessen Normtelos kein einschlägiger Besteuerungsvorgang.[55]

Das französische Steuerverfahrensrecht enthält mit Art. L 64 des *livre des procédure fiscales* (LPF) eine Generalnorm zur steuerlichen Missbrauchsvermeidung. Der gesetzliche Wortlaut verwendet hierfür den Begriff *abus de droit.*[56] Das Gesetz definiert diesen als eine Gestaltung, die nach wortgerechter Anwendung einem günstigen Steuergesetz, Urteil oder einer Verfügung unterliegt, aber den hiermit verfolgten Zielen entgegensteht. Der Gestaltung dürfen keine anderen Motive als die Steuervermeidung oder -erleichterung zugrunde liegen. Zudem ist festzustellen,

---

51 *Teichmann,* Die Gesetzesumgehung (1962), S. 71 ff.; *von Lackum,* Die Gesetzesumgehung im Europarecht (2009), S. 3; *Fischer,* in: Hübschmann/Hepp/Spitaler, AO/FGO, § 42 AO Rn. 135; *Englisch,* in: Tipke/Lang, Steuerrecht (2015), § 5 Rn. 116.

52 *Fischer,* in: Kirchhof/Nieskens (Hrsg.), FS Reiss (2008), S. 621 (624); *Teichmann,* Die Gesetzesumgehung (1962), S. 33 ff.

53 *Lohse* sieht dagegen in der Steuerumgehung den zulässigen Gegenpart zum Steuermissbrauch, *Lohse,* in: Kirchhof/Nieskens (Hrsg.), FS Reiss (2008), S. 645 (647). Dieser sollte m. E. aufgrund der Verwendung in § 42 AO besser durch den Begriff der Steuervermeidung ersetzt werden.

54 Der Begriff taucht insb. regelmäßig im Zusammenhang der Steuerplanung multinationaler Konzerne auf, vgl. *OECD,* BEPS-Aktionsplan (2014), S. 9, 35.

55 *Böing,* Steuerlicher Gestaltungsmissbrauch in Europa (2006), S. 12; *Fischer,* in: Hübschmann/Hepp/Spitaler, AO/FGO, § 42 AO Rn. 71.

56 In der Fassung LOI n°2008–1443 du 30 décembre 2008 – art. 35 (V). Die französische Originalfassung lautet: *„Afin d'en restituer le véritable caractère, l'administration est en droit d'écarter, comme ne lui étant pas opposables, les actes constitutifs d'un abus de droit, soit que ces actes ont un caractère fictif, soit que, recherchant le bénéfice d'une application littérale des textes ou de décisions à l'encontre des objectifs poursuivis par leurs auteurs, ils n'ont pu être inspirés par aucun autre motif que celui d'éluder ou d'atténuer les charges fiscales que l'intéressé, si ces actes n'avaient pas été passés ou réalisés, aurait normalement supportées eu égard à sa situation ou à ses activités réelles."*.

dass die Gestaltung unter normalen Umständen nicht auf die fragliche Weise durchgeführt worden wäre.[57] Seit Einführung der erläuterten Generalnorm ist der *abus de droit (fiscal)* deckungsgleich mit dem in der Rechtsprechung entwickelten Konzept des *fraude à la loi*.[58] Vergleichbar der im deutschen wertungsfreien „Steuerumgehung" wird in der französischen Diktion *évasion fiscale* für ein Ausnutzen steuerlicher Lücken verwendet; *habilité fiscal* oder *gestion fiscale* bezeichnet die zulässige Steuergestaltung.[59]

Mit Wirkung zum 17. Juli 2013 führte auch das Vereinigte Königreich eine Generalnorm zur Steuervermeidung ein, die sog. *General Anti-Abuse Rule*[60], die insbesondere auf Einkommen-, Körperschaft- und Kapitalertragsteuer Anwendung findet.[61] Die britische Generalnorm beschränkt sich auf zwei Tatbestandsmerkmale: *tax arrangements*, die das Merkmal *abusive* erfüllen.[62] Ein *tax arrangement* liegt nach der gesetzlichen Definition vor, wenn nach angemessener Betrachtung die Erzielung von Steuervorteilen in Ansehung der Umstände das oder eines der Hauptziele einer Steuergestaltung ist.[63] Derartige Gestaltungen erfüllen das Merkmal *abusive*, wenn der Abschluss angesichts der einschlägigen Norm des Steuerrechts nicht als angemessene Vorgehensweise angesehen werden kann. Namentlich ist hiervon auszugehen, wenn (i) das materielle Ziel der Vereinba-

---

57 Darüber hinaus bezieht sich die französische Regelung auch auf eine rein fiktive Transaktion, die im Deutschen als Scheingeschäfte bezeichnet werden und steuerlich in § 41 Abs. 2 AO geregelt sind.

58 *Monès/Durand/Mandelbaum, et al.*, ECTR 2010 S. 85 (87) betonen zudem, dass die genannte Diktion des Steuerverfahrensrechts von der des Steuerstrafrechts zu differenzieren ist. Im strafrechtlichen Zusammenhang bezeichnet *fraude fiscale* ein Verhalten, um eine Steuerzahlung willentlich und arglistig zu vermeiden, bspw. durch Nichterklärung einer Steuer oder durch Kaschieren oder Nichtführen der Buchhaltung.

59 *Böing*, Steuerlicher Gestaltungsmissbrauch in Europa (2006), S. 14 f. unter Verweis auf *Masson*, Le notion d'evasion fiscale, S. 39 f.; die französische Sprachfassung des Aktionsplans der OECD-Berichts zu BEPS verwendet dagegen als Pendant zur Steuergestaltung im Deutschen den Begriff der *planification fiscale*, Plan d'action concernant l'érosion de la base d'imposition et le transfert de bénéfices, S. 8, http://dx.doi.org/10.1787/9789264203242-fr (zuletzt abgerufen am 28.09.2016).

60 Nachfolgend verkürzt auch als „**GAAR**" bezeichnet.

61 Finance Act 2013, Part 5, Ziff. 206 (3), abrufbar unter http://www.legislation.gov.uk/ukpga/2013/29/pdfs/ukpga_20130029_en.pdf (zuletzt abgerufen am 28.09.2016), daneben findet die GAAR aber auch Anwendung auf Erbschaftsteuer, Grunderwerbsteuer, eine spezifische Wohnungssteuer, sowie der Körperschaftsteuer gleichgestellte Besteuerung wie z. B. Hinzurechnungsbesteuerung.

62 Finance Act 2013, Part 5, Ziff. 206 (1).

63 Finance Act 2013, Part 5, Ziff. 207 (1), im englischen Original: *"Arrangements are 'tax arrangements' if, having regard to all the circumstances, it would be reasonable to conclude that the obtaining of a tax advantage was the main purpose, or one of the main purposes, of the arrangements."*

rung nicht mit den Grundsätzen oder politischen Zielvorgaben der Norm übereinstimmt, (ii) die Zielerreichung auf einem oder mehreren gekünstelten oder unüblichen Schritten beruht, oder (iii) die Vereinbarung eine Gesetzeslücke der entsprechenden Norm gezielt ausnutzt.[64] Gleichbedeutend zu dem, im Rahmen der neuerlichen Kodifikation verwendeten Begriff *abusive tax arrangements,* wird im britischen Sprachgebrauch auch die Begrifflichkeit *tax avoidance* gebraucht.[65] Ist eine Steuergestaltung dagegen nicht missbräuchlich, finden sich für die zulässige Steuervermeidung die Ausdrücke *tax mitigation* oder *tax planning.*[66]

Lässt man die Einbeziehung des Scheingeschäfts unter die französische Generalklausel des *abus de droit* außen vor, sind im französischen und britischen Recht sowohl der Normzusammenhang, wie auch die Rechtsfolge sehr ähnlich zu dem aus § 42 AO abgeleiteten deutschen Rechtsverständnis. Das britische Recht gibt zwar sehr viel detailliertere Vorgaben an die Feststellung eines *abusive tax arrangements,* dessen Rückbezug auf die Teleologie der Norm oder einer künstlichen Gestaltung der Auslegung des § 42 AO aber ebenso sehr nahekommt.[67] Die britische Norm geht über das deutsche Verständnis noch hinaus, indem sie das bewusste Ausnutzen einer gesetzlichen Regelungslücke sanktioniert.

---

64 Sog. „double reasonableness test", Finance Act 2013, Part 5, Ziff. 207 (2): im englischen Original: *"Tax arrangements are 'abusive' if they are arrangements the entering into or carrying out of which cannot reasonably be regarded as a reasonable course of action in relation to the relevant tax provisions, having regard to all the circumstances including – (a) whether the substantive results of the arrangements are consistent with any principles on which those provisions are based (whether express or implied) and the policy objectives of those provisions, (b) whether the means of achieving those results involves one or more contrived or abnormal steps, and (c) whether the arrangements are intended to exploit any shortcomings in those provisions.".*

65 Vgl. *Freedman,* BTR 2012, S. 22 ff., bemerkenswert ist, dass die Autorin selbst Teil der Kommission war, die den Vorschlag der britischen GAAR entwarf, selbst aber von *General Anti-Avoidance Rule* spricht; ebenso *Dourado,* Intertax 2015, S. 42 (43); *Hilling,* Intertax 2013, S. 294 (294, Fn. 10); *Monès/Durand/Mandelbaum, et al.,* ECTR 2010, S. 123 (133 ff.).

66 Vgl. englische Sprachfassung des Aktionsplans der OECD zu BEPS, Action Plan on Base Erosion and Profit Shifting, http://dx.doi.org/10.1787/9789264202719-en (zuletzt abgerufen am 28.09.2016), S. 8; *Böing,* Steuerlicher Gestaltungsmissbrauch in Europa (2006), S. 13 f.

67 *Fischer* bezieht sich bei der Auslegung des § 42 AO maßgeblich auf den von *Hensel* eingeführten Begriff des „Wirtschaftstatbestands" einer Norm, welcher mittels systematischer und teleologischer Auslegung zu ermitteln sei und den eigentlichen, die Besteuerung rechtfertigenden Belastungsgrund darstelle, *Fischer,* in: Kirchhof/Nieskens (Hrsg.), FS Reiss (2008), S. 621 (628), mit Bezugnahme auf *Hensel,* Zur Dogmatik des Begriffs „Steuerumgehung", in Festgabe für Ernst Zillmann (1923), S. 217 f.; zum Umgehungsgeschäft *Fischer,* in: Hübschmann/Hepp/Spitaler, AO/FGO, § 42 AO Rn. 356 ff.

Einheitlich wird der steuerliche Missbrauch dadurch charakterisiert, dass sich, anders als bei der Steuerhinterziehung, der Steuerpflichtige zwar innerhalb des Wortlauts einer Norm bewegt, die Gestaltung sich aber im Widerspruch zum Telos der Norm verhält.[68] Letztendlich ist das rechtliche Verständnis des *abus de droit* im Französischen, sowie des *abusive tax arrangement* und der *tax avoidance* im Englischen dem steuerlichen Gestaltungsmissbrauch sehr ähnlich. Bei Auslegung europäischer Rechtsakte und der Rechtsprechung des EuGH kann diese Parallele daher zum Zwecke der Bedeutungsanalyse herangezogen werden.

1.1.2.3. Zwischenfazit

Im Sprachgebrauch des EuGH wurden bislang die Begrifflichkeiten des Steuermissbrauchs, der Steuerumgehung und des Steuerbetrugs häufig nebeneinander und ohne erkenntliche Differenzierung verwendet. *Pistone* kritisiert dies aufgrund der Feststellung, dass Steuerbetrug im Sinne von Steuerhinterziehung einen sehr viel bedeutenderen Eingriff in das binneneuropäische Steuerrecht bedeute.[69] Eine Vermengung der Begrifflichkeiten sollte sowohl auf europäischer Rechtssetzungsebene, als auch in der Rechtsprechung des EuGH vermieden werden.

Die Begriffe lassen sich insofern abgrenzen, als dass strafrechtlich sanktioniertes Fehlverhalten mit „Steuerbetrug“ oder „Steuerhinterziehung“ bezeichnet wird.[70] Normgemäßes Verhalten ist unter den Begriffen der „Steuerumgehung“ oder „Steuerplanung“ zu verstehen.[71] Wie Letztere erfüllt eine Gestaltung, die als steuerlicher Gestaltungsmissbrauch zu bezeichnen ist, zwar nicht nach wortgetreuer Anwendung den Steuertatbestand einer Norm, die Besteuerungsfolge wird jedoch im Falle des Missbrauchs aufgrund einer teleologischen Beurteilung des Steuertatbestands als angemessene Rechtsfolge erachtet.[72]

---

68 Vgl. Mitteilung der Kommission an das Europäische Parlament und den Rat über Steuertransparenz als Mittel gegen Steuerhinterziehung und Steuervermeidung v. 18.03.2012, COM 2015/0136 (final).

69 *Pistone*, in: de la Feria/Vogenauer (Hrsg.), Abuse of Law in the Context of Indirect Taxation (2011), S. 381 (391).

70 Im Englischen insbesondere *tax evasion*, vgl. *Dourado*, Intertax 2015, S. 42 (43); im Französischen *fraude fiscale*, vgl. *Bergmann*, SWI 2010, S. 477 (478); *Lohse*, in: Kirchhof/Nieskens (Hrsg.), FS Reiss (2008), S. 645 (652).

71 Im Englischen insbesondere *tax planning*, vgl. *Dourado*, Intertax 2015, S. 42 (43); im Französischen *évasion fiscale*, *Böing*, Steuerlicher Gestaltungsmissbrauch in Europa (2006), S. 14 f.

72 Im Englischen insbesondere *tax avoidance* oder auch *abuse*, vgl. *Dourado*, Intertax 2015, S. 42 (43); im Französischen *abus de droit*, vgl. *Monès/Durand/Mandelbaum, et al.*, ECTR 2010 S. 85 (87).

1.2. Die Zielkonflikte des internationalen Steuerrechts und Unionsrechts

Im Zuge des BEPS-Projekts ist zwischen den hieran beteiligten OECD- und G20-Staaten der Konsens entstanden, dass es zwar weiterhin der Kompetenz der Einzelstaaten obliegt, sich gegen sog. aggressive Steuerplanung international tätiger Unternehmen zur Wehr zu setzen. Erstmalig wurde jedoch in dieser Breite verabredet, dass hieraus für die Einzelstaaten neben der Kompetenz auch eine entsprechende Aufgabe erwachse. Aus politischer Sicht scheint sich insofern die Überzeugung durchgesetzt zu haben, dass Alleingänge von Einzelstaaten die Ursache international abschmelzender steuerlicher Bemessungsgrundlagen in den Industrienationen und die steigenden, praktisch unversteuerten Barreserven globaler Unternehmen in Staaten, die als Steuerparadiese gelten, nicht wirksam eindämmen können.[73] Die Initiative zum BEPS-Projekt beruhte daher maßgeblich auf der Erkenntnis, dass das internationale Steuerrecht auf überkommenen Grundfesten aufbaut, die vor über einhundert Jahren entwickelt wurden und der realwirtschaftlichen Entwicklung nicht mehr entsprechen.[74]

Allen politischen Willens zum Trotz stehen die Empfehlungen des BEPS-Projekts dabei oftmals in einem potentiellen Kollisionsverhältnis zu den Grundentscheidungen des Europäischen Rechts.[75] Denn die mit dem BEPS-Projekt bekämpfte internationale Verlagerung von Gewinnen wurde ihrerseits durch die wirtschaftlichen Freiheiten in der Europäischen Union maßgeblich erleichtert. Während die Resultate des BEPS-Projekts Empfehlungen für spezifizierte Maßnahmen formulieren, die eine als gerechtfertigt erachtete Absicherung des nationalen Steuersubstrats bewirken, steht die Mobilität des Wirtschaftsverkehrs im Mittelpunkt des unionsrechtlich garantierten Binnenmarkts. Unilaterale Maßnahmen der Mitgliedstaaten, die spezifizierend Gestaltungen entgegentreten, die eine als ungerechtfertigt erachtete grenzüberschreitenden Steuerplanung enthalten, begrenzen daher definitionsgemäß den freien Transfer von Gütern, Waren und Dienstleistungen im Binnenmarkt. Die im BEPS-Projekt formulierten Empfehlungen und Mindeststandards für einzelstaatliche Regelungen stehen zum Unionsrecht damit ihrer Grundaussage nach in einem Spannungsverhältnis. Das Verhältnis des BEPS-Projekts zur Europäischen Union ist umso ambivalenter, als auch die Europäische Union selbst als Staatenbund der OECD angehört und somit selbst auch Auftraggeber des BEPS-Projekts ist.[76]

Die aktuelle Diskussion bietet damit Anlass das Verhältnis des vom gemeinsamen Binnenmarkt geprägten Unionsrechts zu den nunmehr gewonnenen Überzeugungen des internationalen Steuerrechts zu überdenken. Die vorliegende Arbeit geht dabei dem Verständnis des steuerlichen Gestaltungsmissbrauchs nach. Dieser

---

73 *OECD*, BEPS Erläuterung (2015), S. 5.
74 *OECD*, BEPS Erläuterung (2015), S. 5.
75 *Kreienbaum*, IStR 2014, S. 721 (722).
76 *Kreienbaum*, IStR 2014, S. 721 (722).

Aspekt hatte es den Mitgliedstaaten über die vergangenen Jahrzehnte durch seine Verankerung im Primär- und Sekundärrecht ermöglicht, der nicht gerechtfertigten Inanspruchnahme des europäischen Binnenmarkts entgegen zu treten. Mit den Worten des unmittelbar am BEPS-Prozess beteiligten Vertreters des Bundesfinanzministeriums, *Martin Kreienbaum*, gesprochen, steht, trotz des politischen Willens aller Beteiligten, eine entscheidende Weichenstellung noch bevor: Müssen sich die Empfehlungen des BEPS-Projekts in das bestehende System des Unionsrechts einfügen, oder stehen auch althergebrachte Überzeugungen des Europäischen Binnenmarkts auf dem Prüfstand, um eine weitreichendere Umsetzung der Empfehlungen erzielen zu können?[77]

Das klassische Verständnis des steuerlichen Gestaltungsmissbrauchs setzt an einem zweiseitigen Verhältnis zwischen dem Steuersubjekt und dem Steuerstaat (A) an: Mittels einer besonderen Gestaltung kommt der Steueranspruch des Staats (A) gegenüber dem Steuersubjekt nicht zur Anwendung. Im Rahmen von steuerlichen Gestaltungen im internationalen Kontext wird die Anzahl der Beteiligten noch um einen weiteren, um den Steueranspruch konkurrierenden Staat (B) erweitert. Die Gestaltung des Steuersubjekts kann damit unterschiedliche Ziele verfolgen: Der Steueranspruch des Staats (A) soll zugunsten des Staats (B) nicht zur Anwendung kommen, oder sowohl der Steueranspruch des Staats (A) und des Staats (B) sollen nicht oder nicht vollumfänglich zur Anwendung kommen. *Hey* spricht daher zurecht davon, dass die Missbrauchsbekämpfung im internationalen Kontext in einem „tripolaren Rechtsverhältnis“ stattfinde.[78]

Will man die Gemeinsamkeit spezialgesetzlicher Missbrauchsvorschriften im internationalen Steuerrecht analysieren, ist nach dem wirtschaftlichen Belastungsgrund der Normen zu differenzieren. Gesetzlich spezifiziert wird ein grenzüberschreitender Sachverhalt, die Missbrauchstypisierung erfolgt damit in sachlicher Hinsicht. Keine spezifischen grenzüberschreitenden Situationen betreffen damit all jene Missbrauchsnormen, die eine Missbrauchstypisierung in rein zeitlicher oder persönlicher Hinsicht vornehmen. Da sich derartige Gestaltungen ebenfalls im rein nationalen Kontext darstellen lassen, liegt deren Kern des Missbrauchsvorwurfs nicht im internationalen Steuerrecht. Der spezifische Missbrauchsvorwurf im internationalen Steuerrecht knüpft sich daher an die zwischenstaatliche Verschiebung von Besteuerungssubstrat. Dies kann – aus fiskalischer Sicht Deutschlands – dadurch erfolgen, dass (i) Unternehmensgewinne oder sonstige Einkünfte dem Besteuerungszugriff des deutschen Fiskus entzogen werden, (ii) im Ausland angefallene Verluste zur Verminderung der Besteuerungsgrundlage im Inland herangezogen werden, oder (iii) durch missbräuchliches Ausnutzen von Doppel-

77 *Kreienbaum*, IStR 2014, S. 721 (722).

78 *Hey*, in: Lüdicke (Hrsg.), Forum der Internationalen Besteuerung Bd. 35 (2009), S. 137 (139).

besteuerungsabkommen oder europäischen Richtlinien dem nationalen Besteuerungsrecht gänzlich entzogen wird.[79]

1.3. Die Kompetenzverteilung zwischen Europäischer Union und den Mitgliedstaaten als Weichenstellung der Missbrauchsbekämpfung

Eine Steuerrechtsverfassung im eigentlichen Sinne enthält das Unionsrecht nicht.[80] Das unionsrechtliche Steuersystem beruht im Wesentlichen auf drei ineinandergreifenden Determinanten: Den Kompetenzregelungen des AEUV[81] unter Berücksichtigung des Subsidiaritätsgrundsatzes, der Anwendung der Grundfreiheiten und den Regelungen des Beihilferechts.

1.3.1. Die Bereichsausnahme Steuern zur Verwirklichung des Binnenmarkts

Art. 5 Abs. 1 und Abs. 2 EUV formulieren den Grundsatz der begrenzten Einzelermächtigung des Unionsrechts. Hiernach darf die Europäische Union nur auf Basis der im AEUV vorgesehenen Befugnisse tätig werden. Die europäische Gesetzgebung darf sich daher nur innerhalb der Grenzen abspielen, die die Mitgliedstaaten als „Herren der Verträge" auf die Union übertragen haben.[82] Liegt eine derartige Ermächtigung nicht vor, verbleibt es bei der Zuständigkeit der Mitgliedstaaten, wie Art. 5 Abs. 2 S. 2 EUV ausdrücklich klarstellt.

Kompetenzrechtlich entzieht Art. 114 Abs. 2 AEUV der EU das Gebiet der Steuern von ihrem in Art. 114 Abs. 1 AEUV formulierten generellen Handlungsauftrag in Bezug darauf, die Errichtung und das Funktionieren des europäischen Binnenmarkts zu gewährleisten. Die Folge dieser Bereichsausnahme ist, dass sich Handlungen der Union auf dem Gebiet der Steuern auf spezifische Ermächtigungen, oder – in Ermangelung dieser – auf die Bestimmung des Art. 115 AEUV stützen müssen. Der praktische Unterschied der Ermächtigungsnorm des Art. 115 AEUV zu Art. 114

---

79 *Drüen*, in: Tipke/Kruse, AO/FGO, § 42 AO Rn. 98 ff; *König*, in: König, AO, § 42 AO Rn. 78 ff; *Hey*, in: Lüdicke (Hrsg.), Forum der Internationalen Besteuerung Bd. 35 (2009), S. 137 (139 ff.).

80 *Schaumburg*, in: Schaumburg/Englisch, Europäisches Steuerrecht (2015), Rn. 1.20.

81 Vertrag über die Arbeitsweise der Europäischen Union, Fassung aufgrund des am 01.12.2009 in Kraft getretenen Vertrages von Lissabon, Konsolidierte Fassung bekannt gemacht am 09.05.2008, ABl. EG Nr. C 115 S. 47; zuletzt geändert durch die Akte über die Bedingungen des Beitritts der Republik Kroatien und die Anpassungen des Vertrags über die Europäische Union, des Vertrags über die Arbeitsweise der Europäischen Union und des Vertrags zur Gründung der Europäischen Atomgemeinschaft vom 24.04.2012, ABl. EU L 112/21.

82 *Kadelbach*, in: von der Groeben/Schwarze/Hatje, Europäisches Unionsrecht (2015), Art. 5 EUV Rn. 4.

Abs. 1 AEUV besteht insbesondere darin, dass stets ein einstimmiges Vorgehen der Mitgliedstaaten im sog. besonderen Gesetzgebungsverfahren gemäß Art. 289 Abs. 2 AEUV erforderlich ist.[83] Die Einstimmigkeit im Rat erfordern nach Art. 192 Abs. 2 lit. a AEUV und Art. 194 Abs. 3 AEUV auch Maßnahmen mit überwiegend steuerlichem Charakter. Wegen seines allgemeinen Charakters erfasst der Begriff der Steuern nach der Auslegung durch den EuGH *„nicht nur die Bestimmungen über die Steuerpflichtigen, die steuerbaren Umsätze, die Besteuerungsgrundlage sowie die Sätze der direkten und indirekten Steuern und die Befreiungen von ihnen, sondern auch diejenigen über die Modalitäten der Beitreibung dieser Steuern.“*[84] Der EuGH sieht damit sowohl steuerverfahrensrechtliche Normen, wie auch materiell-rechtliche Normen einschließlich der Festlegung der Besteuerungsgrundlagen dem Harmonisierungsauftrag des Art. 114 Abs. 1 AEUV entzogen.[85]

1.3.2. Harmonisierungsmaßnahmen im Bereich der Steuern

Eine Ausnahme hierzu regelt Art. 113 AEUV: Dieser erteilt dem Rat ausdrücklich einen Auftrag zur Harmonisierung der Umsatzsteuern, der Verbrauchsabgaben und sonstiger indirekter Steuern, soweit die Harmonisierung für die Errichtung und die Funktion des Binnenmarktes, sowie für die Vermeidung von Wettbewerbsverzerrungen notwendig ist. Seit Formulierung des Harmonisierungsauftrags mit Neufassung des Art. 99 EWG im Rahmen der sog. Einheitlichen Europäischen Akte im Jahre 1987 wurde von der Harmonisierungskompetenz ausgiebig Gebrauch gemacht.[86] Neben der fortschreitenden Harmonisierung des Europäischen Umsatzsteuerrechts, dessen Bemühungen bis ins Jahr 1967 zurückreichen,[87] wurden unter der Kompetenzregelung vor allem eine Harmonisierung von Verbrauchssteuern

83 Im Rahmen der Gesetzgebung nach Art. 114 Abs. 1 AEUV genügt nach dem ordentlichen Gesetzgebungsverfahren i.S.d. Art. 289 Abs. 1, 294 AEUV die Mehrheit der abgegebenen Stimmen im Europäischen Parlament und die qualifizierte Mehrheit im Rat zur Annahme eines Rechtsakts.

84 EuGH Rs. C-338/01 (*Kommission/Rat*), Slg. 2004, I-4829 Rn. 67, zur RL 2001/44/EG (ABl. 2001 L 175, S. 17) betreffend Änderungen bei Vorschriften über die gegenseitige Unterstützung der nationalen Verwaltungen bei der Beitreibung u. a. von Steuern.

85 *Classen*, in: von der Groeben/Schwarze/Hatje, Europäisches Unionsrecht (2015), Art. 114 AEUV Rn. 98.

86 Einheitliche Europäische Akte v. 28.02.1986, ABl. 1987 L 169, S. 1, in Kraft seit dem 01.07.1987, ABl. L 169, S. 29; vgl. Art. 17 des Gesetzes zur Einheitlichen Europäischen Akte, BGBl. II 1986, S. 1102 (1107 f.).

87 1. Umsatzsteuerrichtlinie RL 67/227/EWG des Rates vom 11.04.1967 zur Harmonisierung der Rechtsvorschriften der Mitgliedstaaten über die Umsatzsteuer, ABl. 1967 L 71, S. 1301; aktuelle Fassung der RL 2006/112/EG des Rates v. 29.11.2006 über das gemeinsame Mehrwertsteuersystem, ABl. Nr. L 347 S. 1, ber. ABl. Nr. L 335 S. 60, zuletzt geändert durch Art. 1 ÄndRL 2013/61/EU v. 17.12.2013, ABl. Nr. L 353 S. 5; im Folgenden: „**MwStSystRL**“.

und gewisser Versicherungssteuern erreicht.[88] Die umfangreiche Harmonisierung dieser Steuerarten rechtfertigt sich in erster Linie damit, dass die Angleichung eine Wettbewerbsverzerrung im grenzüberschreitenden Warenverkehr verhindert, die andernfalls aufgrund der unmittelbaren Preisrelevanz der indirekten Steuern und Verbrauchssteuern auf den vom Verbraucher zu zahlenden Warenendpreis drohte.[89]

Trotz der beschränkten Gesetzgebungskompetenz der Europäischen Union finden sich – wenn auch spärlich gesät – Richtlinien, die sich auf die Kompetenzgrundlage des Art. 115 AEUV (bzw. ex Art. 94 EGV, resp. Art. 100 EWG) stützen:

Dies betrifft die Mutter-Tochter-Richtlinie[90], die Zins-/Lizenzgebühren-Richtlinie[91], die Zinsrichtlinie[92], sowie die Fusionsrichtlinie[93]. Mit Ausnahme der Zinsrichtlinie[94] war das den Richtlinien übergeordnete Ziel, die Funktionsfähigkeit des europäischen Binnenmarktes zu sichern.[95] Da, wie der EuGH selbst festgestellt hat, die Maßnahmen im Bereich der direkten Steuern keine umfassenden Harmonisierungen zur Folge haben, erfassen die Richtlinien nur den jeweils spezifischen Regelungsbereich, ohne dass für die Mitgliedstaaten darüber hinaus Verpflichtungen abgeleitet werden könnten.[96]

---

88 Zum Überblick über die harmonisierten Verbrauchssteuern und die hierzu erlassenen Richtlinien sowie die harmonisierten sonstigen indirekten Steuern, vgl. *Classen*, in: von der Groeben/Schwarze/Hatje, Europäisches Unionsrecht (2015), Art. 113 AEUV Rn. 72 ff. und Rn. 90 ff.

89 *Waldhoff*, in: Calliess/Ruffert, EUV/AEUV, Art. 113 AEUV Rn. 1.

90 RL 2011/96/EU des Rates v. 30.11.2011 über das gemeinsame Steuersystem der Mutter- und Tochtergesellschaften verschiedener Mitgliedstaaten, ABl. 2011 Nr. L 345, 8; geändert durch die RL 2013/13/EU, ABl. EU 2013 Nr. L 141, 30.

91 RL 2003/49/EG v. 03.06.2003 über eine gemeinsame Steuerregelung für Zahlungen von Zinsen und Lizenzgebühren zwischen verbundenen Unternehmen verschiedener Mitgliedstaaten, ABl. EU 2003, L 157/49 ff. i.d.F. der RL 2013/13/EU v. 13.05.2013, ABl. L 141 vom 28.05.2013, S. 30–31.

92 RL 2003/48/EG v. 03.06.2003, ABl. EU 2003, L 157, 38; geändert durch RL 2006/98/EG v. 20.11.2006, ABl. EU 2006 Nr. L 363, 19, im Folgenden bezeichnet als **„Zinsrichtlinie“**.

93 RL 2009/133/EG vom 19.10.2009, ABl. EU 2009 Nr. L 310, 34; geändert durch die RL 2013/13/EU, ABl. EU 2013 Nr. L 141, 30.

94 Die Zinsrichtlinie regelt in erster Linie den Informationsaustausch der Mitgliedstaaten über Kapitaleinkünfte. Auch wenn sie nach ihrer Rechtsgrundlage der Richtlinie Art. 94 EGV (nunmehr Art. 115 AEUV) primär der Errichtung des Binnenmarkts dient, so ist das Ziel der Richtlinie wohl zuvorderst die Verhinderung von Steuerhinterziehung, vgl. *Fehling*, in: Schaumburg/Englisch, Europäisches Steuerrecht (2015), Rn. 19.25.

95 Zur Fusionsrichtlinie vgl. *Fehling*, in: Schaumburg/Englisch, Europäisches Steuerrecht (2015), Rn. 17.4; zur Mutter-Tochter-Richtlinie und Zins-/Lizenzgebühren-Richtlinie vgl. *Kofler*, in: Schaumburg/Englisch, Europäisches Steuerrecht (2015), Rn. 14.3 und Rn. 15.1.

96 EuGH Rs. C-352/08 (*Modehuis A. Zwijnenburg*) v. 20.05.2010, Slg. 2010, I-4303 (Rn. 49–52).

Im Übrigen verbleibt es auf dem Gebiet der direkten Steuern beim Grundsatz des Art. 5 Abs. 3 EUV, der das Tätigwerden der Europäischen Union nur nach den Grundsätzen der Subsidiarität und Verhältnismäßigkeit zulässt. Mit *Vogel* muss daher noch immer jede europäische Harmonisierungsmaßnahme notwendig sein ein legitimes Regelungsziel der EU auf Unionsebene besser erreichen zu können, als dies durch Rechtssetzung auf Ebene der Mitgliedstaaten erfolgen könnte.[97]

1.3.3. Die Grundfreiheiten und das europäische Beihilfenrecht als Basis für Harmonisierung?

Gleichwohl wirkt das Unionsrecht auf die Steuergesetzgebung der Mitgliedstaaten über das allgemeine Diskriminierungsverbot (Art. 18 AEUV) und die Grundfreiheiten: der Freiheit des Warenverkehrs (Art. 34 f. AEUV), der Niederlassungsfreiheit als Ausformung der allgemeinen Personenfreizügigkeit (Art. 49, 54 AEUV), der Dienstleistungsfreiheit (Art. 56 AEUV), sowie der Freiheit des Kapital- und Zahlungsverkehrs (Art. 63 AEUV). Diese garantieren in erster Linie jedem Marktteilnehmer den freien Zutritt zu Märkten innerhalb der EU.[98] Der EuGH hat durch zunehmend strenge Anwendung der Grundfreiheiten auf dem Gebiet der direkten Steuern jedoch verdeutlicht, dass die Mitgliedstaaten aufgrund des Geltungsbereichs der Grundfreiheiten keine faktischen Diskriminierung oder Beschränkung ausländischer wirtschaftlicher Tätigkeiten durch steuerliche Maßnahmen errichten dürfen.[99] Die Grundfreiheiten geben der EU selbst aber keine Kompetenz zu konstruktiver Gesetzgebung auf.[100]

Die Grundfreiheiten werden auf europäischer Ebene durch das Beihilfenrecht ergänzt, um wirtschaftlichen Verzerrungen durch Maßnahmen der Mitgliedstaaten entgegenwirken zu können. Als Startpunkt dieser Entwicklung wird die sog. ECOFIN-Entschließung aus dem Jahr 1997 angesehen, die auf Grundlage der bis dato spärlichen Rechtsprechung des EuGH Kriterien zur beihilferechtlichen Prüfung steuerlicher Sachverhalte vorgab.[101] Als Beihilfe gemäß Art. 107 Abs. 1 AEUV

97 *Vogel*, StuW 1993, S. 380 (385); vgl. ebenso Art. 5 des Protokolls über die Anwendung der Grundsätze der Subsidiarität und der Verhältnismäßigkeit v. 13.12.2007, ABl. Nr. C 306 S. 150; *Hey* befürwortet ein weitgehenderes Verständnis des Subsidiaritätsprinzips, indem sie eine Handlungsbefugnis auf Gemeinschaftsebene, trotz ausreichender Möglichkeiten der nationalen Gesetzgeber zum Abbau der Beeinträchtigungen der Grundfreiheiten, bereits bei einer tatsächlichen Weigerung der Mitgliedstaaten befürwortet, *Hey*, Harmonisierung der Unternehmensbesteuerung in Europa (1997), S. 100.

98 *Schön*, ECTR 2000, S. 90 (97).

99 EuGH Rs. C-270/83 (*avoir fiscal*) v. 28.01.1986, Slg. 1986, 273; *Schön*, ECTR 2000, S. 90 (97).

100 *Ehlers*, Europäische Grundrechte und Grundfreiheiten (2014), § 7 Rn. 42.

101 Europäische Kommission, Bericht des ECOFIN-Rats vom 01.12.1997 zur Steuerpolitik, OJ 98/C2/1 (5), ABl. C 2/01 v. 6.1.1998, 1; vgl. *Englisch*, in: Schaumburg/Englisch, Europäisches Steuerrecht (2015), Rn. 9.5.

qualifizieren auch steuerliche Entlastungen, die eine Begünstigung eines Unternehmens mit staatlichen Mitteln bewirken.[102] Allerdings stellen sog. allgemeine Maßnahmen, die allen Wirtschaftsteilnehmern zugutekommen, keine Beihilfen dar.[103] Der Vorwurf der verbotenen Beihilfe nach Art. 107 ff. AEUV erfüllt eine mitgliedstaatliche Maßnahmen daher nur, wenn diese selektiv wirkt, indem sie z. B. nur einem bestimmten Unternehmen oder Produktionszweig dient, und damit das Wettbewerbsgefüge zwischen den Steuersubjekten zu beeinträchtigen vermag.[104] Vergleichbar den Grundfreiheiten knüpft auch das europäische Beihilferecht an eine mitgliedsstaatliche Maßnahme an. Ein Anknüpfungspunkt für einen über die Einzelfallentscheidung hinausgehenden Harmonisierungsauftrag an die EU ist auch dem Beihilferecht nicht zu entnehmen.

1.4. Zusammenfassende Thesen

- Die Europäische Union ist vom Gedanken des gemeinsamen Binnenmarkts getragen. Während dieser eine freie Fluktuation des Handels mit Waren, des Kapitalverkehrs, von Dienstleistungen und Arbeitnehmern befördert, hat sich maßgeblich durch das BEPS-Projekt der OECD die Überzeugung durchgesetzt, dass nationale Steuersysteme die ungewollte Verschiebung von Besteuerungssubstrat absichern müssen. Die im Rahmen des BEPS-Projekts vorgeschlagenen Maßnahmen für die Mitgliedstaaten zur Absicherung des nationalen Steuersubstrats stehen damit definitorisch in einem Zielkonflikt zu den Freiheiten des europäischen Binnenmarkts.
- Bei der begrifflichen Verwendung des steuerlichen Gestaltungsmissbrauchs ist klar zu differenzieren. In der Vergangenheit wurde gerade auf europäischer Ebene nicht eindeutig zwischen den Begriffen des Steuerbetrugs, der Steuerumgehung und des steuerlichen Missbrauchs unterschieden. Die reinen Sprachschwierigkeiten im multilinguistischen Unionsrecht können nicht darüber hinwegtäuschen, dass das Unionsrecht und die Rechtsprechung des EUGH auch inhaltlich nicht deutlich differenzierten.
- Der Begriff der Steuerumgehung lässt sich in die zulässige Variante der Steuervermeidung, sowie die unzulässige Variante des steuerlichen Gestaltungsmissbrauchs aufspalten. Beiden Varianten der Steuerumgehung ist gemeinsam, dass der Tatbestand einer steuerlichen Norm seinem Wortlaut nach nicht erfüllt ist. In den Fällen des steuerlichen Gestaltungsmissbrauchs folgt letztlich aus teleolo-

---

102 Grundlegend EuGH Rs. C-387/92 (*Banco Exterior de España*) v. 15.03.1994, Slg. 1994, I-877 (Rn. 13 f.).

103 *Triantafyllou*, in: von der Groeben/Schwarze/Hatje, Europäisches Unionsrecht (2015), Art. 107 AEUV Rn. 170.

104 *Hey*, Wettbewerb der Rechtsordnungen oder Europäisierung des Steuerrechts (2007), S. 295 (298 f.); *Kliemann*, in: von der Groeben/Schwarze/Hatje, Europäisches Unionsrecht (2015), Art. 107 AEUV Rn. 44.

gischen Erwägungen, dass die Gestaltung dennoch den Besteuerungstatbestand einer Norm erfüllt.

- Dementgegen ist im Rahmen des Steuerbetrugs respektive der Steuerhinterziehung der tatbestandliche Anwendungsbereich eine Norm erfüllt. Die Subsumtion unter den steuerlichen Tatbestand ergibt sich nicht erst aus der Anwendung einer außertatbestandlichen Wertung, sondern bereits durch die Auslegung der Norm innerhalb ihrer Wortlautgrenzen. Zwar unterbleibt auch hier die steuerliche Belastungswirkung, doch scheitert der Besteuerungszugriff auf einer Nicht- oder Falscherklärung des Sachverhalts durch den Steuerpflichtigen.
- Die Kompetenz der EU zur Verwirklichung des Binnenmarkts erstreckt sich, gemäß dem Ausgangspunkt des Art. 114 AEUV, grundsätzlich nicht auf Maßnahmen im Bereich der direkten Besteuerung. Anders als im Bereich der indirekten Steuern, die als unmittelbar binnenmarktrelevant erachtet wurden, können sich Maßnahmen die direkten Steuern betreffend nur auf Art. 115 AEUV stützen. Sie bedürfen stets des einstimmigen Beschlusses aller Mitgliedstaaten im Rat. Aus Primärrecht, namentlich den Grundfreiheiten oder dem Beihilferecht, lässt sich kein Auftrag zur Harmonisierung des Rechts der direkten Steuern ableiten.

Kap. 2. Die Missbrauchsvermeidung im Europäischen Steuerrecht – eine Bestandsaufnahme

Die Weichenstellung für die Frage, welche Möglichkeiten der Verhinderung steuerlichen Missbrauchs von Seiten der Europäischen Union bestehen, bildet die Kompetenzverteilung zwischen der Europäischen Union und den Mitgliedstaaten. Ausgehend hiervon werden die Rahmenbedingungen der Missbrauchsbekämpfung im bisherigen europäischen Sekundärrecht (Ziff. 2.1) und im europäischen Primärrecht (Ziff. 2.2) dargestellt.[105] Diese bisherige Kompetenzverteilung wird überlagert und neu definiert von der aktuellen Richtlinie 2016/1164/EU vom 12. Juli 2016 zur Bekämpfung von Steuervermeidungspraktiken mit unmittelbaren Auswirkungen auf das Funktionieren des Binnenmarkts. Um die Verschiebungen im Vergleich zu dem bisherigen unionsrechtlichen Missbrauchskonzept zu verdeutlichen, wird diese Neuentwicklung anschließend behandelt (Ziff. 2.3).

2.1. Die Vorbehalte zur Missbrauchsbekämpfung im sekundären Unionsrecht

Der Kompetenzverteilung zwischen der Europäischen Union und den Mitgliedstaaten folgend obliegt der Union das Recht zur Definition des Gestaltungsmissbrauchs in den harmonisierten Steuerbereichen.

2.1.1. Die Mutter-Tochter-Richtlinie und die Einführung einer *de minimis*-Vorschrift zur Missbrauchsvermeidung

Die Mutter-Tochter-Richtlinie[106] koordiniert die Besteuerungsrechte bei grenzüberschreitenden Ausschüttungen innerhalb von Unternehmensgruppen für sämtliche EU-Mitgliedstaaten. Im deutschen Steuerrecht wurde die Regelung maßgeblich in

---

105 Dem sog. Tertiärrecht der EU kommt dagegen keine Relevanz bezüglich der vorliegend untersuchten Missbrauchsverhinderung zu. Die dem Tertiärrecht zuzurechnenden Durchführungsrechtsakte nach Art. 291 Abs. 2 AEUV (insb. die MwSt-Durchführungsverordnung), sowie die delegierten Rechtsakte nach Art. 290 AEUV haben keine Regelungswirkung im Bereich der direkten Steuern; zum Tertiärrecht vgl. *Englisch*, in: Schaumburg/Englisch, Europäisches Steuerrecht (2015), Rn. 3.15 ff.

106 RL 2011/96/EU i.d.F. RL 2015/121/EU v. 27.01.2015 über das gemeinsame Steuersystem der Mutter- und Tochtergesellschaften verschiedener Mitgliedstaaten, ABl. L 21 v. 28.01.2015, S. 1–3.

§§ 43b, 44a EStG umgesetzt[107], spezifische Regelungen finden sich jedoch beispielsweise auch in der Neufassung des § 8 Abs. 1 S. 2 KStG[108].

Um den europäischen Binnenmarkt nicht zu behindern stellt die Mutter-Tochter-Richtlinie Dividendenzahlungen von Tochtergesellschaften an ihre Muttergesellschaften von dem Abzug der Quellensteuer frei (Art. 5 Mutter-Tochter-Richtlinie). Darüber hinaus sind die Mitgliedstaaten verpflichtet, die Gewinne aus den Dividendenzahlungen auf Ebene der Muttergesellschaft entweder freizustellen (Art. 4 Abs. 1 lit. a) Mutter-Tochter-Richtlinie) oder alternativ die von der Tochtergesellschaft auf den Ausschüttungsbetrag entrichtete Steuer auf die von der Muttergesellschaft geschuldete Steuer anzurechnen (Art. 4 Abs. 1 lit. b) Mutter-Tochter-Richtlinie). Die Muttergesellschaft muss mit mindestens 10 % am Kapital der Tochtergesellschaft beteiligt sein (Art. 3 Abs. 1 lit. a) i) Mutter-Tochter-Richtlinie), wenn nicht bilateral zwischen den betreffenden Mitgliedstaaten das Stimmrechtsverhältnis als ausschlaggebend vereinbart wurde (Art. 3 Abs. 2 lit. a) Mutter-Tochter-Richtlinie). Der Tochtergesellschaft stehen Enkelgesellschaften gleich, an denen wiederum eine Tochtergesellschaft mit mindestens 10 % am Kapital bzw. den Stimmrechten beteiligt ist (Art. 3 Abs. 2 lit. b) Mutter-Tochter-Richtlinie).

Im Ergebnis werden Gewinne, die eine Tochter- oder Enkelgesellschaft innerhalb der Europäischen Union erzielt, im Mitgliedstaat der Ansässigkeit dieser Gesellschaft oder der Belegenheit ihrer Betriebsstätte einmalig voll besteuert. Die „Hochschleusung" der Gewinne auf die Ebene der Muttergesellschaft verbleibt – abgesehen von der nach Art. 4 Abs. 3 UAbs. 2 Mutter-Tochter-Richtlinie zulässigen „Schachtelstrafe" i.H.v. 5 % – steuerfrei.

Die Änderungen der Mutter-Tochter-Richtlinie durch die Richtlinie 2015/121/EU vom 27.01.2015 erfolgten ausdrücklich mit dem Ziel, die missbräuchliche Inanspruchnahme von Vorteilen der Richtlinie zu verhindern.[109] Die hierzu vorgenommene Anpassung der Richtlinie ist vor dem Hintergrund der Vorgängervorschrift zu sehen. Art. 1 Abs. 2 der Richtlinie 2011/96/EU beschränkte sich darauf, den Mitgliedstaaten Maßnahmen zur Missbrauchsverhinderung mittels einer sog. Öffnungsklausel[110] überhaupt zu erlauben:[111]

> *„Die vorliegende Richtlinie steht der Anwendung einzelstaatlicher oder vertraglicher Bestimmungen zur Verhinderung von Steuerhinterziehungen und Missbräuchen nicht entgegen."*

---

107 Vgl. EuGH Rs. C-283/94 (*Denkavit*) v. 17.10.1996, Slg. 1996, I-5063 (Rn. 6); *Kempf/Gelsdorf*, IStR 2011, S. 173 (173 ff.).
108 I.d.F. des Art. 3 Nr. 1 lit. a) des Gesetzes v. 30.06.2013, BGBl. I 2013, S. 1809.
109 Vgl. Erwägungsgrund (2) der RL 2015/121/EU.
110 *Florstedt*, FR 2016, S. 1 (4).
111 Art. 1 Abs. 2 der RL 2011/96/EU.

Diese Regelung geht bereits auf die Vorgängerrichtlinie 90/435/EWG[112] zurück; eine Definition der Begriffe der Steuerhinterziehung oder des Missbrauchs enthielten die Richtlinienfassungen nicht.

Eine Neujustierung der Missbrauchsvermeidung enthält die Mutter-Tochter-Richtlinie durch die Neufassung der Richtlinie 2015/121/EU. In deren Art. 1 Abs. 4 geht zwar auch die Öffnungsklausel der vorangehenden Richtlinienfassungen auf. Zusätzlich wurde die Richtlinie jedoch um die folgenden Absätze, nunmehr Art. 1 Abs. 2 und Abs. 3 Mutter-Tochter-Richtlinie, erweitert:

> *„(2) Liegt – unter Berücksichtigung aller relevanten Fakten und Umstände – eine unangemessene Gestaltung oder eine unangemessene Abfolge von Gestaltungen vor, bei der der wesentliche Zweck oder einer der wesentlichen Zwecke darin besteht, einen steuerlichen Vorteil zu erlangen, der dem Ziel oder Zweck dieser Richtlinie zuwiderläuft, so gewähren die Mitgliedstaaten Vorteile dieser Richtlinie nicht.*
> *Eine Gestaltung kann mehr als einen Schritt oder Teil umfassen.*
> *(3) Für die Zwecke von Absatz 2 gilt eine Gestaltung oder eine Abfolge von Gestaltungen in dem Umfang als unangemessen, wie sie nicht aus triftigen wirtschaftlichen Gründen vorgenommen wurde, die die wirtschaftliche Realität widerspiegeln."*

Die Neuregelung stellt eine *de-minimis*-Norm zur Missbrauchsbekämpfung dar, um einerseits die vorhandenen nationalen Missbrauchsnormen der Mitgliedstaaten auf einen kohärenten Mindeststandard anzuheben und andererseits die Staaten zur Einführung einer entsprechenden Missbrauchsnorm zu verpflichten, die bislang über gar keine oder jedenfalls keine einschlägige nationale Missbrauchsnorm verfügten.[113]

Als eine typisierende Regelung zur Verhinderung von Gestaltungsmissbrauch wird die Möglichkeit der Mitgliedstaaten angesehen, die Vorteile der Richtlinie an eine Mindestbesitzzeit in Bezug auf die Beteiligung an der Tochtergesellschaft von zwei Jahren zu knüpfen (Art. 3 Abs. 2 lit. b) Mutter-Tochter-Richtlinie).[114] Die Richtlinie gibt den Mitgliedstaaten keine Vorgaben dahin gehend, ob im Falle der Unterschreitung der Mindesthaltedauer dem Steuerpflichtigen im Einzelfall eine Entlastungsmöglichkeit für Sachverhalte verbleiben muss, die nach Sinn und Zweck dem Regelungsgehalt der Richtlinie zu unterliegen hätten. Art. 2 lit. a) und lit. b) Mutter-Tochter-Richtlinie beugt in doppelter Hinsicht dem Missbrauch der Richtlinie vor: Einerseits dient die steuerliche Ansässigkeit der Gesellschaft respektive

---

112 RL 90/435/EWG v. 23.07.1990 über das gemeinsame Steuersystem der Mutter- und Tochtergesellschaften verschiedener Mitgliedstaaten, ABl. EG 1990 Nr. L 225/6; der Vorbehalt wurde im Rahmen der Beratungen des Rats im Jahre 1988 und 1989 in die ursprüngliche, noch ohne Missbrauchsvorbehalt formulierte Entwurfsfassung aus dem Jahr 1969 eingefügt, vgl. *Bergmann*, StuW 2010, S. 246 (246).

113 Vgl. Erwägungsgründe (3)-(5) der RL 2015/121/EU.

114 *Bergmann*, StuW 2010, S. 246 (260); *Englisch*, StuW 2009, S. 3 (14 f.); *Kahle/Biebinger/Wildermuth*, Ubg 2014, S. 285 (292); *Kärgel*, Steuerrechtliche Anti-Missbrauchs-Regeln in Konflikt mit Europäischem Gemeinschaftsrecht (2003), S. 135.

die Steuerpflicht der Betriebsstätte der Vermeidung einer doppelten Nichtbesteuerung.[115] Der Ausschluss von Gesellschaften respektive Betriebsstätten, die aufgrund eines Doppelbesteuerungsabkommens als in einem Drittstaat ansässig oder steuerpflichtig gelten, dient der Begrenzung der Privilegierungen der Richtlinie auf den europäischen Binnenmarkt. Der Quellensteuerabzug wird deshalb nicht ausgeschlossen, sofern er effektiv Drittstaaten zu Gute käme.[116] Ohne Relevanz für die Zuordnung des Steuervorteils ist nach Konzeption der Richtlinie jedoch die Frage, welchem Steuerniveau die Muttergesellschaft in ihrem Ansässigkeitsstaat unterliegt.[117]

2.1.2. Die Fusionsrichtlinie und ihr Vorbehalt eines mitgliedstaatlichen Motivtests

Die Fusionsrichtlinie[118] ermöglicht grenzüberschreitende Unternehmensumstrukturierungen. Die Zielvorgabe der Richtlinie gibt der schlichte Programmsatz in Art. 4 Abs. 1 Fusionsrichtlinie wieder, nachdem die Fusion, Spaltung oder Abspaltung keine Besteuerung eines Veräußerungsgewinns auslösen darf, der sich aus dem Unterschied zwischen dem tatsächlichen Wert des übergegangenen Vermögens zu dessen steuerlichem Wert ergibt. Mit anderen Worten kommt es zu keiner Besteuerung der stillen Reserven auf Gesellschaftsebene im Umwandlungszeitpunkt.

Geht im Rahmen der Umwandlungsmaßnahme eine vormals bestehende Beteiligung der übernehmenden Gesellschaft unter, dürfen etwaige Übernahmegewinne der übernehmenden Gesellschaft nach Art. 7 Abs. 1 Fusionsrichtlinie nicht besteuert werden. Abweichendes dürfen die Mitgliedstaaten lediglich festlegen, wenn die Beteiligung der übernehmenden Gesellschaft unter 10 % betrug, Art. 7 Abs. 2 Fusionsrichtlinie. Für die Ebene der Gesellschafter sieht Art. 8 Abs. 1 Fusionsrichtlinie vor, dass sich die Steuerneutralität der Umwandlungsmaßnahme auch auf die gehaltenen Anteile erstreckt.

Auch die Fusionsrichtlinie enthält in Art. 15 Abs. 1 zugunsten mitgliedstaatlicher Maßnahmen zur Missbrauchsvermeidung eine Öffnungsklausel:[119]

---

115 Zur vergleichbaren Vorgängernorm des Art. 2 Abs. 1 lit. c) RL 90/435/EG, *Kofler*, in: Hüttemann (Hrsg.), DStJG Bd. 33 (2010), S. 213 (221).

116 Zur vergleichbaren Vorgängernorm des Art. 2 Abs. 1 lit. b) Richtlinie 90/435/EG, *Bergmann*, StuW 2010, S. 246 (260 f.); *Kofler*, in: Hüttemann (Hrsg.), DStJG Bd. 33 (2010), S. 213 (221), die DBA-Ansässigkeit im Drittstaat wird irrtümlich mit Art. 2 Abs. 1 lit. c in Bezug genommen.

117 *Kofler*, in: Hüttemann (Hrsg.), DStJG Bd. 33 (2010), S. 213 (221).

118 RL 2009/133/EG v. 19.10.2009, ABl. EU 2009 Nr. L 310/34 ff.; geändert durch die RL 2013/13/EU, ABl. EU 2013 Nr. L 141/30 ff.

119 Art. 15 Abs. 1 lit. a) Fusionsrichtlinie; daneben enthält Art. 15 Abs. 1 lit. b) einen Vorbehalt für die missbräuchliche Entledigung einer Arbeitnehmervertretung, der im hiesigen Kontext keine Bedeutung zukommt.

„Ein Mitgliedstaat kann die Anwendung der [vorstehenden Artikel] ganz oder teilweise versagen oder rückgängig machen, wenn einer der [Umwandlungs-] Vorgänge
a) als hauptsächlichen Beweggrund oder als einen der hauptsächlichen Beweggründe die Steuerhinterziehung oder – umgehung hat; vom Vorliegen eines solchen Beweggrundes kann ausgegangen werden, wenn der Vorgang nicht auf vernünftigen wirtschaftlichen Gründen – insbesondere der Umstrukturierung oder der Rationalisierung der beteiligten Gesellschaften – beruht; [...].“

Ein wortgleicher Missbrauchsvorbehalt findet sich bereits in der Vorgängerregelung des Art. 11 Abs. 1 lit. a) der Richtlinie 90/434/EWG[120].

2.1.3. Die Zins-/Lizenzgebühren-Richtlinie und die doppelte Missbrauchsklausel

Die Zins-/Lizenzgebühren-Richtlinie, die in ihrer Entstehung die jüngste der steuerlichen Direktiven zu den direkten Steuern ist, regelt die Freistellung von Zins- und Lizenzzahlungen zwischen verbundenen Unternehmen.[121] Derartige Zahlungen werden beim Zahlungsempfänger von der Quellenbesteuerung befreit, sofern der Nutzungsberechtigte dieser Zahlungen ein in einem anderen Mitgliedstaat ansässiges Unternehmen oder eine dort belegene Betriebsstätte ist, vgl. Art. 1 Abs. 1 Zins-/Lizenzgebühren-Richtlinie. Ziel ist es, entsprechende Zahlungen im Ergebnis, gleichgültig ob innerstaatlich oder grenzüberschreitend, steuerlich gleichzustellen und andererseits die Einmalbesteuerung beim Empfänger sicherzustellen.[122]

Eine allgemeine Regelung zur Verhinderung von Missbräuchen enthält darüber hinaus Art. 5 Zins-/Lizenzgebühren-Richtlinie, die sich an dem bekannten Muster der Öffnungsklauseln orientiert:

„(1) Diese Richtlinie steht der Anwendung einzelstaatlicher oder vertraglicher Bestimmungen zur Verhinderung von Betrug und Missbrauch nicht entgegen.
(2) Die Mitgliedstaaten können im Fall von Transaktionen, bei denen der hauptsächliche Beweggrund oder einer der hauptsächlichen Beweggründe die Steuerhinterziehung, die Steuerumgehung oder der Missbrauch ist, den Rechtsvorteil dieser Richtlinie entziehen bzw. die Anwendung dieser Richtlinie verweigern.“

Nähere Definitionen der verwendeten Rechtsbegriffe enthält auch die Zins-/Lizenzgebühren-Richtlinie nicht.

---

120 RL 90/434/EWG v. 23.07.1990, ABl. EG 1990, L 225/1 ff.

121 RL 2003/49/EG v. 03.06.2003, ABl. EU 2003, L 157/49 ff. i.d.F. der RL 2013/13/EU v. 13.05.2013, ABl. L 141 vom 28.05.2013, S. 30 f.

122 Bericht der Kommission an den Rat entsprechend Art. 8 der RL 2003/49/EG v. 23.04.2009, KOM 2009, 179 S. 3.

2.1.4. Der Missbrauchsvorbehalt der Mehrwertsteuersystemrichtlinie

Im Unterschied zur nunmehr überholten Sechsten MWSt-Richtlinie[123], bei der die Bezugnahmen auf die Vermeidung von Missbräuchen auf eine Vielzahl von einzelnen Vorschriften verteilt war[124], wurde im Rahmen der Mehrwertsteuersystemrichtlinie[125] eine allgemeine Regelung zur Missbrauchsbekämpfung zu Beginn des IX. Titels in Art. 131 MwStSyst-Richtlinie aufgenommen:

> *„Die Steuerbefreiungen der Kapitel 2 bis 9 werden unbeschadet sonstiger Gemeinschaftsvorschriften und unter den Bedingungen angewandt, die die Mitgliedstaaten zur Gewährleistung einer korrekten und einfachen Anwendung dieser Befreiungen und zur Verhinderung von Steuerhinterziehung, Steuerumgehung oder Missbrauch festlegen."*

Die Regelung soll erreichen, den Missbrauch maßgeblich dadurch zu verhindern, dass Steuerbefreiungen der Richtlinie, beispielsweise für gemeinwohldienende Tätigkeiten, im Rahmen des innergemeinschaftlichen Erwerbs, bei Einfuhr oder bei Ausfuhr[126] versagt werden können.

Welche Vorstellung der europäische Gesetzgeber jedoch den Begriffen der Steuerhinterziehung, Steuerumgehung und des Missbrauchs zugrunde legt, wird im Rahmen der Richtlinie nicht konkretisiert.

2.1.5. Bewertung der sekundärrechtlichen Missbrauchsvorbehalte

Die Sekundärrechtsakte im Bereich der direkten Steuern eint, dass die steuerentlastende Wirkung im Falle eines Missbrauchs durch mitgliedstaatliche Vorbehalte entzogen werden kann. In der Formulierung unterscheiden sich die Vorgaben in den Richtlinien jedoch signifikant voneinander.

Die ursprüngliche Fassung der Mutter-Tochter-Richtlinie spricht in Art. 1 Abs. 2 Richtlinie 90/435/EWG von einer *„Bestimmung zur Verhinderung von Steuerhinterziehung und Missbräuchen"* und beschränkt sich damit auf eine abstrakte Bezugnahme

---

123 Sechste RL 77/388/EWG des Rates zur Harmonisierung der Rechtsvorschriften der Mitgliedstaaten über die Umsatzsteuern – Gemeinsames Mehrwertsteuersystem: einheitliche steuerpflichtige Bemessungsgrundlage, v. 17.05.1977, ABl. Nr. L 145 S. 1, ber. Nr. L 157 S. 23, Nr. L 173 S. 27, Nr. L 242 S. 22 und Nr. L 262 S. 44.

124 Vgl. hierzu *Suchowerskyj*, Der Begriff des Missbrauchs im europäischen Steuerrecht (2007), S. 61 ff.

125 RL 2006/112/EG v. 28.11.2006 über das gemeinsame Mehrwertsteuersystem, ABl. L 347 vom 11.12.2006, S. 1–118 i.d.F. der RL 2013/61/EU v. 17.12.2013, ABl. L 353 v. 28.12.2013, S. 5 f.; nachfolgend als „**MwStSyst-Richtlinie**" bezeichnet.

126 Eine vergleichbare Regelung sieht Art. 158 Abs. 2 MwStSyst-Richtlinie auch für Steuerbefreiung von Ausfuhren zu privaten Zwecken vor.

auf die entsprechenden nationalen Vorschriften.[127] Dagegen nimmt Art. 15 Abs. 1 lit. a) Fusionsrichtlinie ausdrücklich auf den Beweggrund des Steuerpflichtigen Bezug, und zielt damit auf ein subjektives Element des betroffenen Steuerpflichtigen im Rahmen der konkreten Umwandlungsmaßnahme ab. Zur Beweiserleichterung wird die Vermutung des Fehlens wirtschaftlicher Erwägungen zugelassen, die vom Steuerpflichtigen widerlegt werden kann. Eine Unterscheidung, die verwundert, wenn man berücksichtigt, dass die Ursprungsfassungen beider Direktiven[128] am 23. Juli 1990 verabschiedet wurden, und der abweichende Wortlaut trotz zwischenzeitlich mehrmaliger Änderungen der Richtlinien beibehalten wurde. Art. 5 der Zins-/Lizenzgebühren-Richtlinie kombinierte dann die Ansätze der beiden vorangegangenen Richtlinien: Während Abs. 1 den objektivierten Ansatz aus Art. 1 Abs. 2 Mutter-Tochter-Richtlinie 90/435/EWG enthält, entlehnt Abs. 2 den subjektiven Ansatz der Fusionsrichtlinie mit Bezug auf die der Transaktion zugrundeliegenden Beweggründe des Steuerpflichtigen. Eine Vermutungsregelung mit Bezug auf fehlende wirtschaftliche Gründe wird gleichwohl nicht vorgesehen.

Diese Richtlinienfassungen waren aufgrund ihrer Unbestimmtheit starker Kritik ausgesetzt. *Kofler* veranlasste dies, Art. 1 Abs. 2 der Richtlinie 90/435/EWG gar als „hochgradig undefiniert" zu bezeichnen, da sich seine Bedeutung auch nicht aus der Rechtsentwicklung erschließe.[129] Ebenso wenig justiziabel aus ihrer Wortbedeutung heraus stellen sich die Bedeutungen der „Umstrukturierung" oder „Rationalisierung" dar, deren Nachweis gemäß Art. 15 Abs. 1 Fusionsrichtlinie zur Entkräftung des Missbrauchsvorwurfs dienen kann. Vom schlichten Austausch von Gesellschaftsmänteln abgesehen, die eine identische Beteiligungsstruktur vor wie nach der Umstrukturierung ergibt, erscheint vom Richtlinienwortlaut jegliche Argumentation des Steuerpflichtigen Tür und Tor eröffnet. Verunsicherung löst auch die unterschiedliche Anknüpfung der Missbrauchsvorbehalte an einen objektivierten Ansatz einerseits, und einen Bezug auf die subjektiven Beweggründe des Steuerpflichtigen respektive die Kombination dieser beiden Elemente andererseits aus.

Eine ebenso pauschale Bezugnahme auf die Begriffe der Steuerhinterziehung, der Steuerumgehung und des Steuermissbrauchs enthält die MwStSyst-Richtlinie nunmehr in deren Art. 131. Danach steht die Gewährung von Steuerbefreiungen generell unter einem Vorbehalt der Feststellung eines derartigen Verhaltens. Eine inhaltliche Konkretisierung, was unter den verwendeten Begriffen verstanden werden kann, findet sich indes nicht.

Der Kritik eines unbestimmten Verständnisses von steuerlichem Missbrauch entgegnete der europäische Gesetzgeber durch die Aufnahme einer Definition im Rahmen der Anpassung der Mutter-Tochter-Richtlinie durch die Richtlinie 2015/112/EU. Hierin gibt der europäische Gesetzgeber erstmalig eine tatbestandliche Defi-

127 *Bergmann*, StuW 2010, S. 246 (256).

128 Fusionsrichtlinie RL 90/434/EWG, sowie Mutter-Tochter-Richtlinie RL 90/435/EWG.

129 *Kofler*, in: Hüttemann (Hrsg.), DStJG Bd. 33 (2010), S. 213 (218 f.).

nition der missbräuchlichen Inanspruchnahme der Richtlinie, indem er beschreibt, welche Art von Gestaltungen als unangemessen gelten sollen. Damit nimmt die Mutter-Tochter-Richtlinie innerhalb der europäischen Vorgaben zum materiellen Steuerrecht eine Sonderrolle ein. Dem EuGH lag diese Neufassung bislang jedoch noch nicht zur Entscheidung vor.

2.2. Die Einordnung der Missbrauchsverhinderung in der Systematik des Primärrechts

Die nach der geschilderten bisherigen Kompetenzverteilung wesentlichen Einwirkungen auf das System der direkten Steuern gehen damit auf die Garantien der europäischen Grundfreiheiten zurück. In ständiger Rechtsprechung betont der EuGH, dass zwar *„der Bereich der direkten Steuern als solcher beim gegenwärtigen Stand des Gemeinschaftsrechts nicht in die Zuständigkeit der Gemeinschaft fällt, die Mitgliedstaaten die ihnen verbliebenen Befugnisse jedoch unter Wahrung des Gemeinschaftsrechts ausüben müssen.“*[130]

Um den Ansatzpunkt des Unionsrechts auf die Vermeidung steuerlichen Missbrauchs in diesem Zusammenhang besser umreißen zu können, bedarf es einer knappen Analyse des Systems und der wesentlichen Garantien der Grundfreiheiten. Der Schwerpunkt soll dabei auf den Gemeinsamkeiten der Grundfreiheiten hinsichtlich ihres Anwendungsbereichs und der Einschränkbarkeit liegen.[131] Da der EuGH eine Konvergenz der einzelnen Grundfreiheiten zueinander anstrebt und – abgesehen vom sachlichen Anwendungsbereich – bemüht ist, die Merkmale einheitlich auszulegen[132], kann die folgende Darstellung insoweit einheitlich erfolgen.

Die Grundfreiheiten schützen als Kernstück der wirtschaftlichen Integration Europas[133] die Einrichtung und Verwirklichung eines europäischen Binnenmarkts, indem der freie Warenverkehr (Art. 28 ff. AEUV), die Arbeitnehmerfreizügigkeit (Art. 45 ff. AEUV), die Niederlassungsfreiheit (Art. 49 ff. AEUV) die Dienstleistungsfreiheit (Art. 56 ff. AEUV), sowie die Kapitalverkehrsfreiheit (Art. 63 ff. AEUV) garantiert werden. Zur Einhaltung verpflichtet sind die Institutionen der Europäischen Union selbst, sowie die Mitgliedstaaten mit allen staatlichen Stellen.[134]

---

130 Grundlegend EuGH Rs. C-279/93 (*Schumacker*) v. 14.02.1995, Slg. 1995, I-225 (Rn. 21); zuvor EuGH Rs. C-270/83 (*avoir fiscal*) v. 28.01.1986, Slg. 1986, 273 (Rn. 24).

131 Aufgrund des umfassenden Charakters des sachlichen Anwendungsbereichs der Grundfreiheiten wird an dieser Stelle auf eine diesbezügliche Darstellung verzichtet. Eine inhaltliche Differenzierung erfolgt im Nachfolgenden, sofern erforderlich.

132 *Jarass*, EuR 2000, S. 705 (705 ff.).

133 Vgl. Art. 26 Abs. 2 AEUV.

134 *Frenz*, Handbuch Europarecht Band 1 (2012), Kap. 3 Rn. 313 ff. und 333 ff. jeweils m.w.N.; zur noch immer umstrittene Drittwirkung der Grundfreiheiten unter Bindung auch Privater (wie z.B. Verbände), vgl. *Frenz*, Handbuch Europarecht Band 1 (2012), Kap. 3 Rn. 346 ff.

2.2.1. Die Vorprüfung der Anwendbarkeit der Grundfreiheiten

2.2.1.1. Das Erfordernis einer wirtschaftlichen Tätigkeit

Aufgrund des Sicherungszwecks des Binnenmarkts bedarf es im Ansatzpunkt einer wirtschaftlichen Tätigkeit, die einen grenzüberschreitenden Bezug aufweist.[135] Diesen Rückbezug auf den Anwendungsbereich der Grundfreiheiten bemühte der EuGH explizit auch für die Prüfung des unionsrechtlichen Missbrauchsvorbehalts:[136]

> *„Schließlich ist jedenfalls festzustellen, dass es im Unionsrecht keinen allgemeinen Grundsatz gibt, aus dem sich eine Verpflichtung der Mitgliedstaaten, missbräuchliche Praktiken im Bereich der direkten Besteuerung zu bekämpfen, herleitete und der der Anwendung einer Vorschrift wie der des Ausgangsverfahrens entgegenstünde, wenn sich der steuerbare Vorgang aus solchen Praktiken ergibt* ***und das Unionsrecht nicht betroffen*** *ist."*

Dem Ursprung der Europäischen Verträge zur Sicherung einer wirtschaftlichen Integration nach bedarf es also einer wirtschaftlichen Tätigkeit des Steuerpflichtigen, um eine potentielle Betroffenheit der Grundfreiheiten zu prüfen.[137]

2.2.1.2. Der Grenzübertritt als Anwendungsfilter der Grundfreiheiten

Aufgrund des Regelungszusammenhangs der Grundfreiheiten mit dem europäischen Binnenmarkt verlangt die Anwendbarkeit der Grundfreiheiten zudem nach einem grenzüberschreitenden Bezug der wirtschaftlichen Aktivität.[138]

Da die Grundfreiheiten in erster Linie als bereichsspezifizierte Konkretisierungen des allgemeinen Diskriminierungsverbots „aus Gründen der Staatsangehörigkeit" gemäß Art. 18 AEUV entworfen waren, ist zu fragen, ob der grenzüberschreitende Bezug aller Grundfreiheiten von einer an der Person anknüpfenden Betrachtung abhängig zu machen ist.[139]

Sehr weitreichend wird vom EuGH der grenzüberschreitende Bezug im Rahmen der Kapitalverkehrsfreiheit beurteilt. Trotz der rein sachlichen Bezugnahme auf das Verbot *„alle[r] Beschränkungen des Kapitalverkehrs"* in Art. 63 Abs. 1 AEUV, entscheidet über den grenzüberschreitenden Bezug, ob ein sachlicher Anknüpfungs-

---

135 Dies ergibt sich bereits aus dem Wortlaut der Art. 30, 34, 35, 49, 56 Abs. 1 und 63 Abs. 1 AEUV; bezüglich der Arbeitnehmerfreizügigkeit ergibt sich dies aus Art. 45 Abs. 2 i.V.m. Art. 45 Abs. 3 lit. c) AEUV, vgl. *Frenz*, Handbuch Europarecht Band 1 (2012), Kap. 4 Rn. 411.

136 EuGH Rs. C-417/10 (*3M Italia*) v. 29.03.2012, ECLI: EU:C:2012:184 (Rn. 32, Hervorhebungen vom Verfasser).

137 *Piantavigna*, ECTR 2011, S. 134 (139).

138 *Reimer*, in: Schaumburg/Englisch, Europäisches Steuerrecht (2015), Rn. 7.30.

139 Vgl. hierzu auch *Cordewener*, Europäische Grundfreiheiten und nationales Steuerrecht (2002), § 11, der die Frage am Schutzkonzept der Grundfreiheiten als Inländergleichbehandlung aufhängt und die schrittweise Loslösung der EuGH-Rechtsprechung weg von der Abhängigkeit der Staatsangehörigkeit aufzeigt.

punkt des Kapitalverkehrs über eine Grenze hinweg reicht.[140] Ein Grenzübertritt in der Form, dass tatsächlich ein Kapital- oder Zahlungsverkehrsfluss über die Grenze stattzufinden habe, wird dagegen nicht verlangt.[141] Der EuGH grenzt vielmehr negativ nur solche Transaktionen aus dem Anwendungsbereich der Kapitalverkehrsfreiheit aus, *„die mit keinem ihrer wesentlichen Elemente über die Grenzen eines Mitgliedstaats hinausweisen."*[142]

Diese Formulierung wählte der Gerichtshof – soweit ersichtlich – erstmalig in der Entscheidung *van Hilten-van der Heijden*[143], unterließ es aber bislang die genannten *„wesentlichen Elemente der Transaktion"* zu spezifizieren.[144] Als ausreichend erachtet wurde beispielsweise in einer Frage der niederländischen Vermögensübergangssteuer, dass Erblasser und Erben in Italien ansässig waren, während das betreffende Vermögen – eine niederländische Immobilie – sich naturgemäß nicht über die Grenze bewegte.[145]

Benachteiligende Ungleichbehandlungen rein innerstaatlicher Vorgänge gegenüber solchen mit grenzüberschreitendem Bezug, die namentlich aufgrund der unmittelbaren Wirkung von Unionsrecht entstehen kann (sog. Inländerdiskriminierung), vermag das Unionsrecht dagegen nicht zu verhindern.[146] Diesen spricht der EuGH die Berührung zum Unionsrecht ab:[147]

> *„Insoweit ist daran zu erinnern, dass diese Bestimmung [Anm.: Art. 48 EWG, entspricht im Wesentlichen Art. 45 AEUV;...] in Anwendung des in Art. 7 enthaltenen allgemeinen Grundsatzes [Anm.: Art. 18 AEUV] darauf abzielt, aus den Rechtsvorschriften der Mit-*

---

140 Hierzu findet sich insb. Rechtsprechung des EuGH zu Sachverhalten der Erbschaft- und Schenkungsteuer: EuGH C-513/03 (*van Hilten-van der Heijden*) v. 23.02.2006, Slg. 2006, I-1957 Rn. 42; EuGH Rs. 256/06 (*Jäger*) v. 17.01.2008, Slg. 2008, I-123 (Rn. 26); EuGH Rs. C-318/07 (*Persche*) v. 27.01.2009, Slg. 2009, I-359 (Rn. 27).

141 *Sedlaczek/Züger*, in: Streinz, EUV/AEUV (2012), Art. 63 Rn. 26.

142 EuGH C-513/03 (*van Hilten-van der Heijden*) v. 23.02.2006, Slg. 2006, I-1957 Rn. 42.

143 EuGH C-513/03 (*van Hilten-van der Heijden*) v. 23.02.2006, Slg. 2006, I-1957 Rn. 42; seitdem st. Rspr. vgl. EuGH Rs. C-11/07 (*Eckelkamp*) v. 11.09.2008, Slg. 2008, I-6845 (Rn. 39); EuGH Rs. C-318/07 (*Persche*) v. 27.01.2009, Slg. 2009, I-359 (Rn. 27); EuGH Rs. C-510/08 (*Mattner*) v. 22.04.2010, Slg. 2010, I-3553 (Rn. 20).

144 Das vom EuGH selbst zitierte Urteil *Barbier* (Rn. 58) weist die zitierte Formulierung dagegen nicht auf: EuGH Rs. C-364/01 (*Barbier*) v. 11.12.2003, Slg. 2003, I-15013 (Rn. 59 ff.).

145 EuGH Rs. C-43/07 (*Arens-Sikken*) v. 11.09.2008, Slg. 2008, I-6887 (Rn. 31); ebenso zum reduzierten Freibetrag bei beschränkter Steuerpflicht nach § 16 Abs. 2 ErbStG: EuGH Rs. C-510/08 (*Mattner*) v. 22.04.2010, Slg. 2010, I-3553 (Rn. 21).

146 Vgl. EuGH Rs. 98/86 (*Ministère Public/Mathot*) v. 18.02.1987, Slg. 1987, 1227 (Rn. 12); *Frenz*, Handbuch Europarecht Band 1 (2012), Kap. 3 Rn. 274 f.; eine davon unabhängig zu beantwortende Frage ist, ob das nationale Verfassungsrecht einer derartigen Ungleichbehandlung im Wege steht, vgl. *Riese/Noll*, NVwZ 2007, S. 516 (520 f.).

147 EuGH Rs. C-180/83 (*Moser*) v. 28.06.1984, Slg. 1984, 2539 (Rn. 14, 15).

gliedstaaten diejenigen Bestimmungen zu entfernen, die in Bezug auf Beschäftigung, Entlohnung und sonstige Arbeitsbedingungen Arbeitnehmer, die Staatsangehörige eines anderen Mitgliedsstaats sind, strenger behandeln oder sie gegenüber eigenen Staatsangehörigen, die sich in derselben Lage befinden, rechtlich oder tatsächlich benachteiligen. Die Bestimmungen des Vertrags über die Freizügigkeit der Arbeitnehmer, insbesondere Art. 48 [Anm.: Art. 45 AEUV], können deshalb nicht auf Sachverhalte angewandt werden, die einen Mitgliedstaat rein intern betreffen, das heißt, denen jeglichen [sic!] Bezug zu irgendeinem der Tatbestände fehlt, die das Gemeinschaftsrecht regelt."

Auch Inländer können sich dagegen gegenüber ihrem Herkunftsstaat auf die Garantien der Grundfreiheiten berufen, wenn sich auch ein Gebietsfremder bei vergleichbarer Interessenlage auf die Grundfreiheiten berufen könnte.[148] So entschied der EuGH jüngst zugunsten der Anwendbarkeit von Art. 63 AEUV im Fall *Miljoen*, indem ein niederländischer Staatsangehöriger sich gegen eine ihn benachteiligende Steuerfestsetzung aufgrund seines Wohnsitzes in Belgien wehrte.[149]

Restriktiver hatte der EuGH noch im Jahre 1993 im Fall *Werner* die Anwendbarkeit der Grundfreiheiten bewertet: Hier urteilte der EuGH zulasten eines deutschen Staatsangehörigen, der aufgrund eines Wohnsitzwechsels von Deutschland in die Niederlande seinen Status als unbeschränkt Steuerpflichtiger verlor. Demzufolge konnte er bezüglich seiner Einkünfte aus einer selbstständigen Arztpraxis in Deutschland weder den Grundfreibetrag, noch außergewöhnliche Belastungen geltend machen.[150] Der EuGH lehnte die Anwendbarkeit von Art. 52 EWG bzw. Art. 49 AEUV ab und begründete dies damit, dass der Kläger ein deutscher Staatsangehöriger sei, der sämtliche Berufsqualifikationen in Deutschland erworben hatte und auch dort der Beschäftigung nachging. Das einzige über den nationalen Kontext hinausreichende Merkmal sei sein Wohnsitz im Ausland, an den das deutsche Recht aber zulässigerweise eine höhere Besteuerungsfolge knüpfen dürfe.[151]

An jener Bewertung kann auf Basis der jüngeren EuGH-Rechtsprechung nicht mehr festgehalten werden. Im Grunde entsprach die Ausgangssituation dem jüngsten Urteil *Miljoen* insofern, als dass der Heimatstaat aufgrund eines ausländischen Wohnsitzes eines Steuerpflichtigen eine im Heimatstaat belegene Steuerquelle einer ungünstigeren Besteuerung unterwirft. Damit liegt gerade eine vergleichbaren Interessenlage zu einem Gebietsfremden vor, der einer wirtschaftlichen Tätigkeit im Aufnahmestaat aufnimmt und genügt damit den in nun ständiger Rechtsprechung wiederholten Kriterien zur Anwendbarkeit der Grundfreiheiten auf Inländer.[152]

148 Vgl. EuGH Rs. 115/78 (*Knoors*) v. 07.02.1979, Slg. 1979, 399 (Rn. 24); EuGH C-107/94 (*Asscher*) v. 27.06.1996, Slg. 1996, I-3089 (Rn. 32).

149 EuGH Rs. C-10/14, C-14/14 und C-17/14 (*Miljoen u.a.*) v. 17.09.2015, ECLI:EU:C:2015:608 (Rn. 44).

150 EuGH Rs. 112–91 (*Werner*) v. 26.01.1993, Slg. 1993, I-429.

151 EuGH Rs. 112–91 (*Werner*) v. 26.01.1993, Slg. 1993, I-429 (Rn. 17).

152 *Terra/Wattel*, European Tax Law (2012), S. 27 ff. begründen dies mit dem Inkrafttreten des EGV i.d.F. der Verträge von Maastricht zum 01.11.1993 und der darin

Auch nach *Cordewener* könne der grenzüberschreitende Bezug nicht an dem personellen Status als Inländer festgemacht werden, soweit der Sachverhalt in sachlicher Hinsicht einen die territoriale Dimension eines Mitgliedstaats sprengenden Bezugspunkt vorweist.[153]

Obschon Grundfreiheiten damit den rein inländischen Sachverhalt nicht berühren, wird vom EuGH eine großzügige Bewertung dahingehend zugelassen, dass schon eine geringfügige Anknüpfung „über die Grenze" den Anwendungsbereich der Grundfreiheiten eröffnet.

2.2.1.3. Die Sperrwirkung der Totalharmonisierung für die Überprüfbarkeit an Primärrecht

Nationales Recht kann dann nicht an den Vorgaben der Grundfreiheiten überprüft werden, wenn es auf einer Harmonisierungsmaßnahme beruht und das einschlägige Sekundärrecht diesen Rechtsbereich abschließend regelt, sprich das nationale Recht auf eine Totalharmonisierung zurückgeht.[154] Hintergrund ist eine vom EuGH intendierte gestufte Prüfung: Während der nationale Umsetzungsakt ausschließlich an den Vorgaben der Richtlinie zu messen ist, bleibt die Richtlinie selbst, trotz Totalharmonisierung, anhand des Primärrechts überprüfbar.[155] Die Unvereinbarkeit des Sekundärrechtsakts mit Primärrecht wird vom EuGH aber nur geprüft, wenn dies spezifisch angegriffen wird.[156]

Ob dem Sekundärrecht eine totalharmonisierende Wirkung zuzusprechen ist, ist durch Auslegung anhand des Wortlauts, des Ziels und des Schutzzwecks der Richtlinie zu bestimmen.[157] Eine derart durchgreifende Harmonisierung wurde vom EuGH

---

eingeführten EU-Bürgerschaft einschließlich der Garantien des Art. 20 u. 21 EGV/Art. 23 u. 24 AEUV.

153 *Cordewener*, Europäische Grundfreiheiten und nationales Steuerrecht (2002), S. 190 f.

154 EuGH Rs. 5/77 (*Tedeschi*) v. 05.10.1977, Slg. 1977, 1555 (Rn. 33/35); EuGH Rs. C-190/87 (*Moormann*) v. 20.09.1988, Slg. 1988, 4689 (Rn. 10); EuGH Rs. 251/78 (*Denkavit*) v. 08.11.1979, Slg. 1979, 3369 (Rn. 14); EuGH Rs. C-37/92 (*Vanacker & Lesage*) v. 12.10.1993, Slg. 1993, I-4947 (Rn. 8 f.); vgl. *Sypris*, CMLR 2015, S. 461 (464); *Szudoczky*, The Sources of EU Law and Their Relationships (2014), S. 205 ff.

155 EuGH C-37/92 (*Vanacker & Lesage*) v. 12.10.1993, Slg. 1993, I-4947, Rn. 9; EuGH Rs. C-210/03 (*Swedish March*) v. 14.12.2004, Slg. 2004, I-11893 (Rn. 59–61); EuGH Rs. C-324/99 (*DaimlerChrysler*) v. 13.12.2001, Slg. 2001, I-9897 (Rn. 32); vgl. *Streinz*, ZLR 2005, S. 427 (431).

156 Vgl. EuGH Rs. C-210/03 (*Swedish March*) v. 14.12.2004, Slg. 2004, I-11893 (Rn. 59–61); EuGH Rs. C-324/99 (*DaimlerChrysler*) v. 13.12.2001, Slg. 2001, I-9897; auf die missverständliche Formulierung des EuGH hinweisend *Szudoczky*, The Sources of EU Law and Their Relationships (2014), S. 208 f.

157 EuGH Rs. 251/78 (*Denkavit*) v. 08.11.1979, Slg. 1979, 3369 (Rn. 15 ff.); zu den erforderlichen Prüfungsschritten zur Annahme einer Totalharmonisierung, vgl. *Frenz*, Handbuch Europarecht Band 1 (2012), Kap. 4 Rn. 384.

bislang insbesondere für Bereiche des Gesundheits-, Verbraucher,- oder Umweltschutzes festgestellt.[158] In allen übrigen Rechtsbereichen, deren Harmonisierungsgrad nicht derart weitreichend ist, sei es dass die Richtlinie nicht einen gesamten Rechtsbereich abschließend zu regeln beabsichtigt, die Richtlinie lediglich Mindeststandards vorgibt oder dem nationalen Gesetzgeber Umsetzungsspielräume belässt, sind mitgliedstaatliche Maßnahmen neben dem einschlägigen Sekundärrecht auch an den Grundfreiheiten zu messen.[159]

Letzteres gilt auch für steuerliche Harmonisierungsmaßnahmen. Im Bereich der direkten Steuern fehlt der Europäischen Union zu einer Totalharmonisierung bereits die Kompetenz. Die Harmonisierung des Mehrwertsteuersystems sowie der übrigen Verbrauchssteuern dient primär der Verwirklichung des Binnenmarkts, weder Wortlaut, Ziel und Schutzzweck fordern eine Auslegung der Richtlinien als Totalharmonisierung. Letztlich müssen sich daher auch im Anwendungsbereich der steuerlichen Richtlinien mitgliedstaatliche Maßnahmen komplementär an Grundfreiheiten messen lassen.

2.2.2. Die tatbestandliche Reichweite der Grundfreiheiten in ihrer Dimension als Gleichheits- und Freiheitsrechte

2.2.2.1. Der Schutz vor direkten und mittelbaren Diskriminierungen

In ihrer Grundauslegung als bereichsspezifische Konkretisierungen des allgemeinen Diskriminierungsverbots nach Art. 18 AEUV schützen die Grundfreiheiten den Berechtigten vor Diskriminierungen.[160] Zunächst ist zu bestimmen, welche Diskriminierungen vor dem Aspekt des steuerlichen Missbrauchs gerechtfertigt werden können. Maßgeblich zeigt sich hierzu die vom EuGH vorgenommene Differenzierung, ob das nationale Recht eine offene oder eine versteckte Diskriminierung bewirkt. Denn nach der Rechtsprechung des EuGH stehen nur denjenigen mitgliedstaatlichen Maßnahmen, die eine versteckte Diskriminierung zur Folge haben, die vom EuGH entwickelten ungeschriebenen Rechtfertigungsgründe offen.[161]

Eine sog. direkte[162] Diskriminierung liegt immer dann vor, wenn eine mitgliedstaatliche Maßnahme eine Schlechterstellung des grenzüberschreitenden Sachverhalts an dem Vorliegen eines grenzüberschreitenden Kriteriums festmacht.[163]

158 Vgl. *Frenz*, Handbuch Europarecht Band 1 (2012), Kap. 4 Rn. 383.

159 *Streinz*, ZLR 2005, S. 427 (432); *Sypris*, CMLR 2015, S. 461 (464); *Szudoczky*, The Sources of EU Law and Their Relationships (2014), S. 211 ff.

160 *Haratsch*, in: Isensee/Kirchhof, Handbuch des Staatsrechts (2013), Band X, § 210 Rn. 12.

161 Vgl. *Frenz*, Handbuch Europarecht Band 1 (2012), Kap. 4 Rn. 546 ff., sowie *Terra/Wattel*, European Tax Law (2012), S. 59 m.w.N.

162 Oftmals auch als offene oder unmittelbare Diskriminierung bezeichnet.

163 *Haratsch*, in: Isensee/Kirchhof, Handbuch des Staatsrechts (2013), Band X, § 210 Rn. 12.

Das heißt, dass eine vorteilhafte Rechtsposition an die Staatsangehörigkeit – bei Einschlägigkeit der Arbeitnehmer-, Dienstleistungs-, Niederlassungs- sowie der Kapitalverkehrsfreiheit – geknüpft ist, oder – im Falle der Warenverkehrsfreiheit – sich ausdrücklich nach der Herkunft einer Ware richtet.[164]

Eine sog. versteckte oder mittelbare Diskriminierung ist anzunehmen, wenn die Maßnahme das Merkmal der Staatsangehörigkeit oder der Herkunft der Waren zwar nicht explizit in Bezug nimmt, die mitgliedstaatliche Rechtslage jedoch anhand eines dem Anschein nach neutralen Merkmals differenziert, das überwiegend Staatsangehörige anderer Mitgliedstaaten bzw. Waren anderer Herkunft betrifft und diese im Ergebnis deshalb ebenso benachteiligt.[165]

Da die steuerliche Behandlung natürlicher Personen im europäischen Rechtsraum stets an der Ansässigkeit anknüpft, existieren mangels Relevanz des Merkmals „Staatsangehörigkeit" im Recht der direkten Steuern praktisch keine an diesem Merkmal anknüpfende Differenzierungen.[166] Auf Inkonsistenzen in der EuGH-Rechtsprechung hinsichtlich der Qualifikation von Diskriminierungen im Zusammenhang mit juristischen Personen weisen *Terra/Wattel*[167] hin: In den Entscheidungen *avoir fiscal*[168] und *Royal Bank of Scotland*[169] gehe der EuGH offenbar von einer direkt diskriminierenden Maßnahme aus und prüfe demzufolge nicht die Möglichkeit einer Rechtfertigung der nationalen Maßnahme auf Basis ungeschriebener Rechtfertigungsgründe. Die nationalen Regelungen hatten eine steuerliche Begünstigung jeweils davon abhängig gemacht, ob eine Zweigniederlassung oder Agentur einer Gesellschaft mit Sitz im Inland oder einer Gesellschaft mit Sitz im Ausland zuzuordnen war.

Diese von *Terra/Wattel* bemühte Auslegung des Art. 54 AEUV führt meines Erachtens zu einem Wertungswiderspruch verglichen mit der Beurteilung natürlicher Personen: Die Niederlassungsfreiheit schützt die Teilnahme von Selbstständigen am europäischen Binnenmarkt.[170] Zugunsten einer selbstbestimmten

---

164 Zur Beschränkung der Dienstleistungsfreiheit aufgrund der Staatsangehörigkeit *Müller-Graff*, in: Streinz, EUV/AEUV (2012), Art. 49 AEUV Rn. 44; sowie *Müller-Graff*, in: Streinz, EUV/AEUV (2012), Art. 56 Rn. 74; zur Warenverkehrsfreiheit aufgrund der Verbringung der Ware über die Grenze *Kamann*, in: Streinz, EUV/AEUV (2012), Art. 30 Rn. 23.

165 *Frenz*, Handbuch Europarecht Band 1 (2012), Kap. 4 Rn. 496; *Haratsch*, in: Isensee/Kirchhof, Handbuch des Staatsrechts (2013), Band X, § 210 Rn. 12; so auch die Definition der mittelbaren Diskriminierung in Art. 2 Abs. 2 lit b) der Richtlinie 2000//78/EG zur Verwirklichung der Gleichbehandlung in Beschäftigung und Beruf.

166 Vgl. *Kokott/Henze*, in: Lüdicke (Hrsg.), Forum der Internationalen Besteuerung Bd. 30 (2005), S. 67 (93).

167 Vgl. *Terra/Wattel*, European Tax Law (2012), S. 59 ff.

168 EuGH Rs. C-270/83 (*Avoir fiscal*) v. 28.01.1986, Slg. 1986, 273 (Rn. 4).

169 EuGH Rs. C-311/97 (*Royal Bank of Scotland*) v. 29.03.1999, Slg. 1999, I-2651.

170 *Müller-Graff*, in: Streinz, EUV/AEUV (2012), Art. 49 Rn. 5.

Standortentscheidung stellt Art. 49 AEUV als Differenzierungsmerkmal folgerichtig auf die Staatsangehörigkeit ab. Die Bezugnahme in Art. 54 AEUV auf den satzungsmäßigen Sitz, den Ort der Hauptverwaltung oder der Hauptniederlassung verfolgt damit den Zweck der „Inländerbestimmung" und tritt damit zur Bestimmung der Unionsverknüpfung an die Stelle der Staatsangehörigkeit natürlicher Personen.[171]

Die vom EuGH in den Entscheidungen *avoir fiscal* und *Royal Bank of Scotland* geprüften Vorschriften knüpfen im Kern jedoch nicht an der „Inländereigenschaft" einer Gesellschaft an, sondern definieren über den Sitz der Gesellschaft deren steuerliche Ansässigkeit.[172] Nach der Formulierung des Art. 54 AEUV läge zwar eine direkte Diskriminierung vor.[173] Mit dem Sitz der Gesellschaft bestimmen die gegenständlichen Normen aber die steuerliche Ansässigkeit mithilfe eines Kriteriums, das Art. 54 AEUV zur Bestimmung der „Inländereigenschaft" der Gesellschaft verwendet.[174] Ein steuerlicher Tatbestand, der an die steuerliche Ansässigkeit juristischer Personen anknüpft, würde in letzter Konsequenz eine direkte Diskriminierung von Gesellschaften vornehmen. Dagegen würde der identische Tatbestand, der an die steuerliche Ansässigkeit natürlicher Personen anknüpft, lediglich eine mittelbare Diskriminierung nach sich ziehen.[175]

Der EuGH selbst stellt die Art der festgestellten Diskriminierung nicht explizit fest. Der Schluss kann nur indirekt daraus gezogen werden, ob ungeschriebene Rechtfertigungsgründe geprüft werden, da nur diese zur Rechtfertigung mittelbarer Diskriminierungen herangezogen werden.[176] Der EuGH hat jedoch in jüngeren Entscheidungen derartige an der steuerlichen Ansässigkeit von Gesellschaften anknüpfende Normen auch am Maßstab der ungeschriebenen Rechtfertigungsgründen

---

171 *Ehlers*, Europäische Grundrechte und Grundfreiheiten (2014), § 2 Rn. 2293.

172 GA Alber spricht im Schlussantrag zur Rs. *Royal Bank of Scotland* zwar einerseits von einer „offenen Ungleichbehandlung" (Rn. 35), zieht aber weiter den Vergleich der Besteuerung von Gebietsansässigen und Gebietsfremden als Anknüpfung einer mittelbaren Diskriminierung (Rn. 46), erachtet eine Entscheidung über die Art der Diskriminierung als über das Entscheidungsgesuch hinausgehend (Rn. 44): Schlussanträge des *GA Albert*, EuGH Rs. C-311/97 (*Royal Bank of Scotland*) v. 19.11.1998, ECLI:EU:C:1998:557.

173 So auch *Sedlaczek/Züger*, in: Streinz, EUV/AEUV (2012), Art. 65 AEUV Rn. 6.

174 In *Royal Bank of Scotland* lässt auch der EuGH die Anknüpfung an die steuerliche Ansässigkeit anklingen: EuGH Rs. C-311/97 (*Royal Bank of* Scotland) v. 29.03.1999, Slg. 1999, I-2651 (Rn. 29); im Urteil *Avoir fiscal* knüpft bereits die streitgegenständliche Regelung hinsichtlich natürlicher Personen an den Wohnsitz und damit die steuerliche Ansässigkeit: EuGH Rs. C-270/83 (*Avoir fiscal*) v. 28.01.1986, Slg. 1986, 273 (Rn. 4, 16); vgl. *Panayi*, European Union Corporate Tax Law (2013), S. 172.

175 Zur Diskussion über die Vergleichbarkeit der Situation beschränkt steuerpflichtiger natürlicher Personen zu beschränkt steuerpflichtigen Gesellschaften, *Cordewener*, Europäische Grundfreiheiten und nationales Steuerrecht (2002), S. 657 f.

176 *Englisch*, in: Schaumburg/Englisch, Europäisches Steuerrecht (2015), Rn. 7.202.

geprüft.[177] Im Rückschluss hieraus ergibt sich, dass auch der EuGH derartige Normen „nur" als mittelbare Diskriminierung erachtet.

Steuerrelevante Anknüpfungspunkte, die als versteckte bzw. mittelbare Diskriminierung einzustufen sind, stellen demzufolge die Unterscheidung der unbeschränkten zur beschränkten Steuerpflicht am Wohnsitz bzw. dem gewöhnlichen Aufenthaltsort einer natürlichen Person (§§ 8, 9 AO) oder dem Sitz bzw. der Geschäftsleitung einer juristischen Person abhängt (§§ 10, 11 AO) dar.[178] Sofern nationales Steuerrecht die Ungleichbehandlung eines Sachverhalts an den Anknüpfungspunkt der steuerlichen Ansässigkeit stützt, liegt im Ergebnis (nur) eine mittelbare Diskriminierung vor, die der Rechtfertigung anhand der ungeschriebenen Rechtfertigungsgründe nach dem Verständnis des EuGH zugängig ist.

2.2.2.2. Die Grundfreiheiten als Beschränkungsverbote und ihre Relevanz bezüglich direkter Steuern

In seiner Rechtsprechung zur Warenverkehrsfreiheit hat der EuGH erstmalig die sog. *Dassonville-Formel* und damit das Verständnis einer unterschiedslos anwendbaren Norm geprägt, die gleichwohl in eine Beschränkung von Grundfreiheiten mündet: Eine Maßnahme gleicher Wirkung i.S.d. Art. 34 AEUV sei demnach

> *„jede Handelsregelung der Mitgliedstaaten, die geeignet ist, den innergemeinschaftlichen Handel unmittelbar oder mittelbar, tatsächlich oder potentiell zu behindern."*[179]

Eine derartige Ausweitung der grundfreiheitlichen Garantien kann sich ebenfalls auf den Wortlaut der Grundfreiheiten berufen. Das Verbot der Beschränkung geben explizit Art. 56 Abs. 1 AEUV für den Dienstleistungsverkehr, Art. 63 Abs. 1 AEUV für den freien Kapitalverkehr, sowie Art. 49 AEUV für die Niederlassungsfreiheit vor. Art. 45 Abs. 1 AEUV schützt – über die nach Abs. 2 angesprochene Benachteili-

---

177 Vgl. EuGH Rs. C-513/04 (*Kerckhaert-Morres*) v. 14.11. 2006, Slg. 2006, I-10967 (Rn. 19); EuGH Rs. C-446/04 (*Test Claimants in the FII Group Litigation*) v. 12.12.2006, Slg. 2006, I-11753 (Rn. 33, 40, 46); EuGH Rs. 128/08 (*Damseaux*) v. 16.07.2009, Slg. 2009, I-6823 (Rn. 13, 27, 56); EuGH Rs. C-264/96 (*ICI*) v. 16.07.1998, Slg. 1998, I-4695 (Rn. 23 f.).

178 Vgl. EuGH Rs. C-107/94 (*Asscher*) v. 27.06.1996, Slg. 1996, I-3089 (Rn. 39); EuGH Rs. C-234/01 (*Gerritse*) v. 12.06.2003, Slg. 2003, I-5933 (Rn. 27 f.); EuGH Rs. C-169/03 (*Wallentin*) v. 01.07.2004, Slg. 2004, I-6443 (Rn. 20); dem Begriff nach als Beschränkung qualifiziert die beschränkte Steuerpflicht dagegen, EuGH Rs. C-168/01 (*Bosal*) v. 18.09.2003, Slg. 2003, I-9409 (Rn. 27); EuGH Rs. C-319/02 (*Manninen*) v. 07.09.2004, Slg. 2004, I-7477 (Rn. 22 ff.); auf eine Praxis uneinheitliche Formulierungen des EuGH teils als (mittelbare) Diskriminierung, teils als Beschränkung weisen *Kokott/Henze* hin. Zu berücksichtigen sei, dass jeder Diskriminierung auch ein Beschränkungselement innewohne, *Kokott/Henze*, in: Lüdicke (Hrsg.), Forum der Internationalen Besteuerung Bd. 30 (2005), S. 67 (92 f.).

179 EuGH Rs. C-8/74 (*Dassonville*) v. 11.07.1974, Slg. 1974, 837 (Rn. 5).

gung aufgrund Staatsangehörigkeit hinaus – auch die Freizügigkeit der Arbeitnehmer als solche. Konsequenterweise werden daher inzwischen alle Grundfreiheiten vom EuGH als Beschränkungsverbote interpretiert.[180] Diese Ausdehnung hat der EuGH maßgeblich mit der sog. *Gebhard-Formel* bescheinigt, nach der *„nationale Maßnahmen, die die Ausübung der durch den Vertrag garantierten grundlegenden Freiheiten behindern oder weniger attraktiv machen können"* einer unionsrechtlichen Rechtfertigung bedürfen.[181]

Terra/Wattel überprüfen die These, inwiefern der EuGH in Urteilen zu direkten Steuern überhaupt das Merkmal der Beschränkung bemüht.[182] Als wesentliches Indiz für eine derartige „Selbstbeschränkung" des EuGH auf Fälle direkter Diskriminierungen führen die Autoren an, dass dieser in Sachverhalten der rechtlichen Doppelbesteuerung keine unzulässige Beschränkung von Grundfreiheiten erkenne.[183] Die freiheitsrechtliche Interpretation der Grundfreiheiten als Beschränkungsverbote unterstreicht der EuGH jedoch auch selbst in seinem Urteil zur deutschen Regelung des § 6b EStG, der die Neutralisierung eines steuerlichen Veräußerungsgewinns durch Übertragung stiller Reserven auf ein Ersatzwirtschaftsgut erlaubt:[184]

> *„Auch wenn die Bestimmungen des AEU-Vertrags über die Niederlassungsfreiheit nach ihrem Wortlaut die Inländerbehandlung im Aufnahmemitgliedstaat sicherstellen sollen, verbieten sie es ebenfalls, dass der Herkunftsmitgliedstaat die Niederlassung eines seiner Staatsangehörigen oder einer nach seinem Recht gegründeten Gesellschaft in einem anderen Mitgliedstaat behindert. Als Beschränkungen der Niederlassungsfreiheit sind alle Maßnahmen anzusehen, die die Ausübung dieser Freiheit unterbinden, behindern oder weniger attraktiv machen."*

Die umfassende Prüfung der deutschen Regelung unter einem Beschränkungsaspekt begründete der EuGH damit unter unmittelbarer Bezugnahme auf die *Gebhard-Formel.* Denselben Prüfungsmaßstab bemühte der Gerichtshof darüber hinaus in weiteren jüngeren Urteilen.[185] In den von *Terra/Wattel* als Indiz für die Absagung an das Beschränkungsverbot vorgebrachten Entscheidungen ging es dagegen spezifisch um die Verhinderung von Doppelbesteuerung.[186] Die mangelnde Prüfung

---

180 Vgl. *Ehlers*, Europäische Grundrechte und Grundfreiheiten (2014), § 7 Rn. 31; a.A. *Kingreen*, in: Calliess/Ruffert, EUV/AEUV, Art. 34–36 Rn. 66 ff.

181 EuGH Rs. 55/94 (*Gebhard*) v. 30.11. 1995, Slg. 1995, I-4165 (Rn. 37).

182 *Terra/Wattel*, European Tax Law (2012), S. 61.

183 *Terra/Wattel*, European Tax Law (2012), S. 63 und S. 458.

184 EuGH Rs. C-591/13 (*Kommission/Deutschland*) v. 16.04.2015, ECLI:EU:C:2015:230 (Rn. 56).

185 EuGH Rs. C-471/04 (*Keller Holding*) v. 23.02.2006, Slg. 2006, I-2107 (Rn. 34, 35); EuGH Rs. C-293/06 (*Deutsche Shell*) v. 28.02.2008, Slg. 2008, I-1129 (Rn. 29); EuGH Rs. C-686/13 (*X*) v. 10.06.2015, ECLI:EU:C:2015:375 (Rn. 29).

186 Vgl. EuGH Rs. C-513/04 (*Kerckhaert-Morres*) v. 14.11.2006, Slg. 2006, I-10967; EuGH Rs. 128/08 (*Damseaux*) v. 16.07.2009, Slg. 2009, I-6823; EuGH Rs. C-67/08 (*Block*) v. 12.02.2009, Slg. 2009, I-883.

ist daher darauf zurückzuführen, dass das europäische Recht – abgesehen von den erfolgten Harmonisierungsmaßnahmen – keinerlei Kriterien für die Verteilung der Besteuerungskompetenzen zwischen den Mitgliedstaaten vorgibt und dem EuGH nach Art. 267 AEUV die Prüfung von Abkommensrecht nicht obliegt.[187] Die fehlende Bereitschaft des EuGH zur Prüfung einer Beschränkung beruht damit auf einem Konflikt zweier Rechtssysteme. Eine generelle Tendenz des EuGH direkte Steuern nicht unter dem Aspekt der Beschränkung von Grundfreiheiten zu prüfen, lässt sich damit nicht begründen.[188]

2.2.2.3. Fehlende Vergleichbarkeit als tatbestandsausschließendes Element

Eine gewisse Ähnlichkeit zur Frage, ob dem Beschränkungsverbot weiterhin Bedeutung zukommt, weist die Diskussion um das Merkmal der Vergleichbarkeit auf.[189]

GA Kokott erkannte es in ihren Schlussanträgen in der Rechtssache *Nordea Bank* als erforderlich, eine Vergleichbarkeitsprüfung vorzunehmen. Sie sah das Merkmal der Vergleichbarkeit in seiner Funktion neben der Feststellung einer Beschränkung als zusätzliches tatbestandsausschließendes Merkmal.[190] In ihren Schlussanträgen verdeutlichte GA Kokott die systematische Einordnung als Tatbestandsausschluss, indem sie das Merkmal explizit von den Rechtfertigungsgründen, die ebenfalls der Verhältnismäßigkeitsprüfung unterliegen, abgrenzte.[191] Gleichwohl stellte GA Kokott das Kriterium der Vergleichbarkeit mit deutlichen Worten in Frage:[192]

> *„Das Erfordernis der objektiven Vergleichbarkeit kann als ein dogmatisches Überbleibsel gesehen werden aus der Zeit, als der Gerichtshof im Bereich der Niederlassungsfreiheit nur ausdrücklich im Vertrag vorgesehene Rechtfertigungsgründe akzeptierte. Viele Gründe, die aus der Sicht eines Mitgliedstaats für eine unterschiedliche Behandlung inländischer*

---

187 EuGH Rs. C-513/04 (*Kerckhaert-Morres*) v. 14.11.2006, Slg. 2006, I-10967 (Rn. 22); EuGH Rs. 128/08 (*Damseaux*) v. 16.07.2009, Slg. 2009, I-6823 (Rn. 22, 27); EuGH Rs. C-67/08 (*Block*) v. 12.02.2009, Slg. 2009, I-883 (Rn. 30).

188 Zur Sonderfrage unterschiedslos anwendbarer Normen bei Inkonsistenzen zweier Rechtsordnungen vgl. sogleich unter Kap. 2.2.2.4.

189 Vgl. EuGH Rs. C-379/92 (*Peralta*) v. 14.07.1994, Slg. 1994, I-3453 (Rn. 47); EuGH Rs. C-384/93 (*Alpine Investments*) v. 10.05.1995, Slg. 1995, I-1141 (Rn. 27); *Müller-Graff*, in: Streinz, EUV/AEUV (2012), Art. 56 Rn. 71: *„Vergleichsmaßstab in der Frage der Diskriminierung ist allein die Rechtsordnung des betroffenen Staates, nicht der Vergleich des Regelungsniveaus zwischen verschiedenen Staaten.“*; *Szudoczky*, The Sources of EU Law and Their Relationships (2014), S. 529.

190 Schlussanträge der *GA Kokott*, EuGH Rs. C-48/13 (*Nordea Bank*) v. 13.03.2014, IStR 2014, 257 (Rn. 19 f.

191 Schlussanträge der *GA Kokott*, EuGH Rs. C-48/13 (*Nordea Bank*) v. 13.03.2014, IStR 2014, 257 (Rn. 27 f.).

192 Schlussanträge der *GA Kokott*, EuGH Rs. C-48/13 (*Nordea Bank*) v. 13.03.2014, IStR 2014, 257 (Rn. 23 f.); diese Kritik unterstützend *Englisch*, IStR 2014, S. 561 (561).

> *und grenzüberschreitender Sachverhalte geltend gemacht wurden, konnten somit nur im Rahmen der objektiven Vergleichbarkeit der Situationen erörtert werden.*
> *Mit der Anerkennung auch ungeschriebener Rechtfertigungsgründe durch den Gerichtshof ist jedoch eine neue Situation entstanden. Die Gründe, die für eine Ungleichbehandlung sprechen, werden nunmehr regelmäßig im Rahmen der Prüfung der diversen anerkannten – oder unter Umständen zukünftig noch anzuerkennenden – Rechtfertigungsgründe abgewogen. Es überrascht daher nicht, dass der Gerichtshof in den Fällen, in denen er die Prüfung der objektiven Vergleichbarkeit der Situationen ernst nimmt, im Wesentlichen dasselbe untersucht, was er später noch einmal unter dem Aspekt der Rechtfertigung prüft.*"

Trotz der deutlichen Kritik hielt der EuGH jedoch auch in der hierauf ergangenen Entscheidung an der Vergleichsbetrachtung fest.[193] Bemerkenswert ist, dass der EuGH, wie auch von GA Kokott analysiert, sich zunächst auf die Feststellung der reinen Ungleichbehandlung beschränkte und im Anschluss das Merkmal der Vergleichbarkeit nachgelagert zur Feststellung der Beschränkung prüft.[194]

Auch wenn an dem Merkmal der Vergleichbarkeit als solchem festzuhalten ist, so ist doch die Prüfungssystematik des EuGH in Frage zu stellen. *Terra/Wattel* beschreiben die Funktion des Vergleichbarkeitskriteriums mit den folgenden Worten:[195]

> *"[...] the comparability criterion [the Court] uses is the extent to which a Member State has assumed taxing jurisdiction over the cross-border position as compared to the domestic position."*

Die Autoren sehen das Merkmal der Vergleichbarkeit damit als Grundlage dafür, eine Diskriminierung respektive eine Beschränkung feststellen zu können. Die vom Tatbestand der Beschränkung isolierte Prüfung der Vergleichbarkeit, die – so *Englisch* – *„bei der Kapitalverkehrsfreiheit [als] Verlegenheitslösung zur Begründung der vermeintlich nur deklaratorischen Bedeutung des Art. 65 Abs. 1 Buchst. a AEUV begann*", gestalte sich als dogmatische Fehlentwicklung.[196]

---

193 EuGH Rs. C-48/13 (*Nordea Bank*) v. 17.07.2014, ECLI:EU:C:2014:2087 (Rn. 23 f.); ebenso EuGH Rs. C-388/14 (*Timac Agro Deutschland*) v. 17.12.2015, ECLI:EU:C:2015:829 (Rn. 26–28, sowie Rn. 63–65); EuGH Rs. C-39/13 u.a. (*SCA Group Holding*) v. 12.06.2014, ECLI:EU:C:2014:1758 (Rn. 29–31); EuGH Rs. C-47/12 (*Kronos International Inc.*) v. 11.09.2014, ECLI:EU:C:2014:2200 (Rn. 69); zur Kritik hieran vgl. *Englisch*, IStR 2014, S. 561 (561).

194 EuGH Rs. C-388/14 (*Timac Agro Deutschland*) v. 17.12.2015, ECLI:EU:C:2015:829 (Rn. 26–28, sowie Rn. 63–65); EuGH Rs. C-48/13 (*Nordea Bank*) v. 17.07.2014, ECLI:EU:C:2014:2087 (Rn. 23 f.); EuGH Rs. C-39/13 u. a. (*SCA Group Holding*) v. 12.06.2014, ECLI:EU:C:2014:1758 (Rn. 28); EuGH Rs. C-18/11 (*Philips Electronics*) v. 06.09.2012, ECLI:EU:C:2012:532 (Rn. 17).

195 *Terra/Wattel*, European Tax Law (2012), S. 460.

196 *Englisch*, IStR 2014, S. 561 (562); *Englisch*, Intertax 2010, S. 197 (202); im Ergebnis ebenso *Hilling*, Intertax 2013, S. 294 (295).

Dieser Kritik ist zuzustimmen. Die Grundfreiheiten sind letztlich Ausdruck des Prinzips der Gleichbehandlung innerhalb des europäischen Binnenmarkts.[197] Ein grundfreiheitlicher Eingriff definiert sich letztlich nicht als dessen schlichte Ungleichbehandlung, sondern als Diskriminierung oder Beschränkung eines grenzüberschreitenden Sachverhalts.[198] Die Diskriminierung oder Beschränkung des grenzüberschreitenden Sachverhalts, und damit seine Schlechterstellung, kann letztlich nur aus dem Vergleich zu einem innerstaatlichen Sachverhalt gezogen werden. Dem EuGH ist damit zuzusprechen, dass die Vergleichbarkeit tatbestandsausschließend ist, der dogmatische Ansatz muss jedoch in der Feststellung einer Diskriminierung respektive einer Beschränkung der Grundfreiheit als solcher liegen.[199]

Von großer Bedeutung ist daher, woran die jeweils einschlägige Grundfreiheit den grenzüberschreitenden Bezugspunkt des zu prüfenden Komplementärsachverhalts bemisst. Hierin unterscheiden sich die Grundfreiheiten. Die Arbeitnehmer-, Dienstleistungs- und Niederlassungsfreiheit stellen in den Art. 45 Abs. 2, Art. 49 Abs. 1 und Abs. 2 und Art. 56 Abs. 1 AEUV ausdrücklich auf die Staatsangehörigkeit natürlicher bzw. die Ansässigkeit juristischer Personen zur Abgrenzung des Begünstigtenkreises ab. Trotz der an sich sachbezogenen Schutzdefinition der Kapitalverkehrsfreiheit bemisst sich die Diskriminierung nach der Rechtsprechung des EuGH nach der Herkunft der Anleger, und nicht nach der Belegenheit des transferierten Vermögens.[200] Bei einer sachbezogenen Anknüpfung verbleibt es in Bezug auf die Warenverkehrsfreiheit: Die Frage einer etwaigen Schlechterstellung ist hierbei nach der Herkunft der Ware zu bestimmen.[201] Eine der Kapitalverkehrsfreiheit vergleichbare personelle Interpretation erfolgt demnach nicht. Der gewählte Vergleichsansatz gestaltet sich insofern konsistent mit der Bewertung des grenzüberschreitenden Bezugs.[202]

2.2.2.4. Das Sonderproblem unterschiedslos anwendbarer Normen

Den Grundfall unterschiedslos anwendbarer Normen bietet die EuGH-Entscheidung in der Rechtssache *Keck*, in der die Differenzierung zwischen produkt- und vertriebsbezogenen Maßnahmen begründet wurde.[203] Keine Beeinträchtigung der

---

197 *Szudoczky*, The Sources of EU Law and Their Relationships (2014), S. 523.

198 Vgl. vorstehend unter Kap. 2.2.2.1 bzw. Kap. 2.2.2.2.

199 In diesem Sinne prüfte der EuGH die Vergleichbarkeit teils auch selbst, Vgl. EuGH Rs. C-324/00 (*Lankhorst-Hohorst*) v. 12.12.2002, Slg. 2002, I-11779 (Rn. 28).

200 Sehr eingängig zuletzt EuGH Rs. C-10/14, C-14/14 und C-17/14 (*Miljoen*) v. 17.09.2015, ECLI:EU:C:2015:608 (Rn. 44); sowie EuGH Rs. C-463/00 (*Goldene Aktie IV*) v. 13.05.2003, Slg. 2003, I-4581 (Rn. 61); EuGH Rs. C-98/01 (*Goldene Aktie V*) v. 13.05.2003, Slg. 2993, I-4641 (Rn. 47) EuGH Rs. C-171/08 () v. 08.07.2010, Slg. 2010, I-6817 (Rn. 67).

201 EuGH Rs. C-267/91 und C-268/91 (*Keck*) v. 24.11.1993, Slg. 1993, I-6097 (Rn. 15 f.); EuGH Rs. C-384/93 (*Alpine Investments*) v. 10.05.1993, Slg. 1995, I-1141 (Rn. 37).

202 Hierzu vorstehend unter Kap. 2.2.1.2.

203 EuGH Rs. C-267/91 u. C-268/91 (*Keck*) v. 24.11.1993, Slg. 1993, I-6097 (Rn. 17), zur Übertragbarkeit der Rechtsprechung auf die übrigen Grundfreiheiten, vgl. *Frenz*, Handbuch Europarecht Band 1 (2012), Kap. 4 Rn. 452 ff.

Warenverkehrsfreiheit stellen demnach nationale Maßnahmen dar, die Verkaufsmodalitäten einer Ware für inländische und ausländische Waren gleichermaßen betreffen (*Neutralitätskriterium*) und für alle Wirtschaftsteilnehmer gleichermaßen gelten (*Universalitätskriterium*).[204] Diese Eingrenzung unterscheidet sich zu der in der Rechtssache *Cassis de Dijon* entwickelten Rechtfertigungsdoktrin darin, dass die tatbestandliche Reichweite der Grundfreiheiten reduziert wird.[205]

Im Anwendungsbereich der direkten Steuern ergibt sich aus der Besteuerungssouveränität der Mitgliedstaaten eine Kollision des Besteuerungsanspruchs von Quellen- und Ansässigkeitsstaat. Eine Doppelbesteuerung durch den beidseitigen Zugriff ist zweifelsohne geeignet grenzüberschreitende Tätigkeiten im Vergleich zu rein nationalen Sachverhalten zu behindern, obwohl keine der beiden Mitgliedstaaten Maßnahmen eine diskriminierende Wirkung trifft.[206] Aus Sicht des Steuerpflichtigen können diesen unterschiedslose nationale Maßnahmen auf zweierlei Arten behindern: (i) die nationale Maßnahme geht einher mit einer größeren Belastung, als dies für einen vergleichbaren Sachverhalt in einem anderen Staat zuträfe, oder (ii) durch das Zusammenwirken zweier Rechtsordnungen gestaltet sich die Rechtslage für den Betroffenen schlechter, als dies bei Anwendung nur einer Rechtsordnung der Fall wäre.

Den ersten Fall einer Ungleichheit nationaler Regelungen entzog der EuGH bereits dem Anwendungsbereich der Grundfreiheiten:[207]

> *„Außerdem kann [...] die Anwendung nationaler Rechtsvorschriften nicht allein deshalb als Verstoß gegen den Grundsatz der Nichtdiskriminierung angesehen werden, weil andere Mitgliedstaaten weniger strenge Vorschriften anwenden."*

Über den zweiten Fall der Ungleichheit von Rechtssystemen hatte der EuGH in der Rechtssache *Schempp* zu urteilen:[208] Der in Deutschland unbeschränkt steuerpflichtige Herr Schempp leistete seiner geschiedenen Ehefrau Unterhaltszahlungen, die entsprechend der deutschen Regelung bei ihm als Sonderausgaben unter der Voraussetzung steuerlich absetzbar waren, dass die Ehefrau sie als Einnahmen versteuerte. Nach Umzug der Ehefrau nach Österreich wurde der Sonderausgabenabzug versagt, da das österreichische Steuersystem Unterhaltszahlungen weder auf Einnahmen- noch auf Ausgabenseite steuerlich berücksichtigte. Der EuGH wies zwar den Einwand der deutschen und niederländischen Regierungen zurück, der

---

204 Vgl. *Ehlers*, Europäische Grundrechte und Grundfreiheiten (2014), § 7 Rn. 99; *Frenz*, Handbuch Europarecht Band 1 (2012), Kap. 6 Rn. 908.

205 *Ehlers*, Europäische Grundrechte und Grundfreiheiten (2014), § 7 Rn. 98.

206 *Kingston*, CMLR 2007, S. 1321 (1330); bereits eine Besteuerung als solche würde nach der weiten Definition eine Beschränkung begründen, so *Kokott/Henze*, in: Lüdicke (Hrsg.), Forum der Internationalen Besteuerung Bd. 30 (2005), S. 67 (97).

207 EuGH Rs. C-379/92 (*Peralta*) v. 14.07.1994, Slg. 1994, I-3453 (Rn. 48); ebenso EuGH Rs. C-518/06 (*Kommission/Italien*) v. 28.04.2009, Slg. 2009, I-3491 (Rn. 63); EuGH Rs. C-384/93 (*Alpine Investments*) v. 10.05.1995, Slg. 1995, I-1141 (Rn. 27).

208 EuGH Rs. C-403/03 (*Schempp*) v. 12.07.2005, Slg. 2005, I-6421.

Sachverhalt weise keinerlei grenzüberschreitenden Bezug auf,[209] verneinte aber eine Beeinträchtigung der Freizügigkeit nach Art. 21 AEUV mangels Garantie einer einheitlichen Besteuerung in den Mitgliedstaaten.[210] Während eine Schlechterstellung im Falle der (erlaubten) Ungleichheit bei grenzüberschreitenden Sachverhalten auf der Anwendung der nationalen Vorschriften mehrerer Staaten beruht, liegt einer (verbotenen) Ungleichbehandlung der unilateralen Anwendung eines nationalen Rechtsregimes zugrunde.[211]

Die Anwendungsprobleme der zweiten Fallgruppe und die Abgrenzung zu diskriminierenden Regelungen illustrieren das Urteil *Kerckhaert-Morres*[212]: Dem Urteil lag die Besteuerung jeglicher Dividenden in Belgien zugrunde, die von den in Belgien ansässigen Eheleuten Kerckhaert-Morres erzielt wurden. Infolge einer Gesetzesänderung in Belgien konnten die Eheleute Quellensteuer, die auf Dividendenerträge aus französischer Quelle in Frankreich einbehalten wurde, nicht mehr von ihrer Steuer in Belgien abziehen, was eine juristische Doppelbesteuerung zur Folge hatte. Der Gerichtshof distanzierte sich zunächst von seinen Entscheidungen *Verkoojen*[213], *Lenz*[214] und *Manninen*[215], in denen nationale Rechtsvorschriften eine im Ergebnis verbotene Schlechterstellung dadurch bewirkten, dass Einkünfte aus einer inländischen Quelle günstiger besteuert wurden als Einkünfte aus ausländischer Quelle.[216] In der infrage stehenden belgischen Regelung erkannte der EuGH dagegen keine verbotene Differenzierung zwischen Dividenden aus Belgien und Dividenden aus ausländischer Quelle.[217] Da die belgische Regelung Dividendenerträge mit einem einheitlichen Steuersatz besteuerte, erkannte der EuGH darin auch keine unzulässige Anwendung der gleichen Regelung auf der Sache nach zu unterscheidende Sachverhalte.[218] Der EuGH entschied:[219]

> *„Das Gemeinschaftsrecht schreibt bei seinem gegenwärtigen Stand und in einer Situation wie der des Ausgangsverfahrens in Bezug auf die Beseitigung der Doppelbesteuerung innerhalb der Gemeinschaft keine allgemeinen Kriterien für die Verteilung der Kompetenzen der Mitgliedstaaten untereinander vor. Abgesehen von der [Mutter-Tochter-] Richtlinie 90/435/EWG [...], dem Übereinkommen vom 23. Juli 1990 über die Beseitigung der Doppelbesteuerung im Falle von Gewinnberichtigungen zwischen verbundenen Unternehmen [...]und der [Zins-/Lizenzgebühren-] Richtlinie 2003/48/EG [...] ist bis*

209 EuGH Rs. C-403/03 (*Schempp*) v. 12.07.2005, Slg. 2005, I-6421 (Rn. 21 ff.).
210 EuGH Rs. C-403/03 (*Schempp*) v. 12.07.2005, Slg. 2005, I-6421 (Rn. 45).
211 In diesem Sinne *Terra/Wattel*, European Tax Law (2012), S. 63 f.
212 EuGH Rs. C-513/04 (*Kerckhaert-Morres*) v. 14.11.2006, Slg. 2006, I-10967.
213 EuGH Rs. C-35/98 (*Verkoojen*) v. 06.06.2000, Slg. 2000, I-4071.
214 EuGH Rs. C-315/02 (*Lenz*) v. 15.07.2004, Slg. 2004, I-7063.
215 EuGH Rs. C-319/02 (*Manninen*) v. 07.09.2004, Slg. 2004, I-7477.
216 EuGH Rs. C-513/04 (*Kerckhaert-Morres*) v. 14.11.2006, Slg. 2006, I-10967 (Rn. 16).
217 EuGH Rs. C-513/04 (*Kerckhaert-Morres*) v. 14.11.2006, Slg. 2006, I-10967 (Rn. 17).
218 EuGH Rs. C-513/04 (*Kerckhaert-Morres*) v. 14.11.2006, Slg. 2006, I-10967 (Rn. 18 f.).
219 EuGH Rs. C-513/04 (*Kerckhaert-Morres*) v. 14.11.2006, Slg. 2006, I-10967 (Rn. 22 f.).

heute im Rahmen des Gemeinschaftsrechts keine Maßnahme der Vereinheitlichung oder Harmonisierung zum Zweck der Beseitigung von Doppelbesteuerungstatbeständen erlassen worden.
Folglich ist es Sache der Mitgliedstaaten, die erforderlichen Maßnahmen zu treffen, um Situationen wie die im Ausgangsverfahren in Rede stehende zu vermeiden, indem u. a. die in der internationalen Besteuerungspraxis befolgten Verteilungskriterien verwendet werden."

Auch im Fall *Kaerckheart-Morres* entzog der EuGH den Sachverhalt schon dem Schutzbereich der Grundfreiheiten. Einer Doppelbesteuerung könnte entweder durch Maßnahmen der Mitgliedstaaten selbst mittels eines Doppelbesteuerungsabkommens oder – wenn unionsrechtlich – dann aufgrund einer sekundärrechtlichen Harmonisierungsmaßnahme begegnet werden. Dem Primärrecht könne ein derartiger Auftrag aber nicht entnommen werden.

Kokott/Henze sehen eine Tendenz in der EuGH-Rechtsprechung, für unterschiedslos anwendbare Normen einen Tatbestandsausschluss anzunehmen, sofern von der Norm nicht ausnahmsweise eine prohibitive Wirkung ausgehe.[220] *Cordewener* sieht in der Regulierung desselben Sachverhalts durch mehrere Mitgliedstaaten ein dem nicht harmonisierten Bereich systemimmanentes Problem, aus deren „Inkompabilität" heraus es zu Systemstörungen komme.[221] Schon allein aufgrund dieser Inkompabilität der Rechtsordnungen komme es bei unterschiedslos anwendbaren Rechtsnormen zur Ungleichbehandlung grenzüberschreitender Vorgänge.[222]

Auch eine unterschiedslos anwendbare Norm beschränkt die Grundfreiheiten aber tatbestandlich, wenn sie den Marktzugang von Unternehmen aus anderen Mitgliedstaaten regelt und damit den Handel im Binnenmarkt behindert.[223] Insoweit kann der Vergleich zur *Keck*-Rechtsprechung gezogen werden: Wird der Marktzutritt behindert, ist dies mit einer „produktbezogenen" Regelung vergleichbar, während anderweitige Maßnahmen das „level-playing-field", also den Rechtsrahmen der wirtschaftlichen Tätigkeit innerhalb des Mitgliedstaats betreffen, die sich der Beurteilungssphäre des EuGH entziehen.[224] Mit *Cordewener* ist der Ansatz der EuGH-Rechtsprechung insoweit folgerichtig, den Anwendungsbereich der Grund-

220 *Kokott/Henze*, in: Lüdicke (Hrsg.), Forum der Internationalen Besteuerung Bd. 30 (2005), S. 67 (98 f.).

221 *Cordewener*, Europäische Grundfreiheiten und nationales Steuerrecht (2002), S. 264.

222 *Cordewener*, Europäische Grundfreiheiten und nationales Steuerrecht (2002), S. 266.

223 EuGH Rs. C-518/06 (*Kommission/Italien*) v. 28.04.2009, Slg. 2009, I-3491 (Rn. 64); EuGH C-400/08 (*Kommission/Spanien*) v. 24.03.2011, Slg. 2011, I-1915 (Rn. 64).

224 *Terra/Wattel*, European Tax Law (2012), S. 62 folgern insbesondere aus den Entscheidungen *D vs. Inspecteuer* (Rs. C-376/03) und *Truck Centre* (Rs. C-282/07): *"This approach (no discrimination, no breach) is, as observed, a Keck-like exception for indiscriminate modes of taxation"*.

freiheiten nach der Keck-Rechtsprechung als funktionell auf die Verwirklichung des Binnenmarkts und den Abbau von Handelshemmnissen zwischen den Mitgliedstaaten zu fokussieren.[225] In Bezug auf unterschiedslos anwendbare Normen des nationalen Rechts ist im Ergebnis ein tatbestandlicher Ausschluss des Anwendungsbereichs der Grundfreiheiten vorzunehmen.

2.2.2.5. Der Missbrauch von Grundfreiheiten als tatbestandsauschließendes Element?

Zum Teil umstritten ist die Frage, ob ein dem Steuerpflichtigen vorzuwerfender Missbrauch bereits den tatbestandlichen Anwendungsbereich der Grundfreiheiten ausschließt. Die entsprechende Frage warf der EuGH in der Entscheidung *Cadbury Schweppes* auf, indem er einerseits auf Tatbestandsebene formulierte:[226]

> *„[...] ob es einen Missbrauch der Niederlassungsfreiheit darstellt, wenn eine Gesellschaft mit Sitz in einem Mitgliedstaat Gesellschaften in einem anderen Mitgliedstaat zu dem alleinigen Zweck gründet und mit Kapital ausstattet, in den Genuss eines dort geltenden günstigeren Steuersystems zu gelangen."*

Auch auf Ebene der Rechtfertigung leitet das Gericht die Prüfung wie folgt ein:[227]

> *„Eine nationale Maßnahme, die die Niederlassungsfreiheit beschränkt, kann jedoch gerechtfertigt sein, wenn sie sich speziell auf rein künstliche Gestaltungen bezieht, die darauf ausgerichtet sind, der Anwendung der Rechtsvorschriften des betreffenden Mitgliedstaats zu entgehen."*

Augenscheinlich beleuchtet der EuGH in der Entscheidung *Cadbury Schweppes* die Frage des Missbrauchs auf beiden Ebenen: Während auf Rechtfertigungsebene nach einer rein künstlichen Gestaltung gefragt wird, prüft das Gericht auf Tatbestandsebene, ob das Verhalten des Steuerpflichtigen ein „Erschleichen" der grundfreiheitlichen Garantien darstellt. Letzteres bedeutet, dass von den Grundfreiheiten nur deshalb Gebrauch gemacht wird, um sich auf dieser Weise eine günstigere Rechtsposition zu verschaffen.[228] Stellt sich eine Gestaltung als ein derartiger „Missbrauch des Unionsrecht"[229] dar, genieße sie danach keinen grundfreiheitlichen Schutz. Diese Feststellung ist von großer Bedeutung, da mitgliedsstaatliche Maßnahmen, die eine missbräuchliche Inanspruchnahme des Unionsrechts zu verhindern versuchen, in

---

225 So auch *Cordewener*, Europäische Grundfreiheiten und nationales Steuerrecht (2002), S. 264.

226 EuGH Rs. C-196/04 (*Cadbury Schweppes*) v. 12.09.2006, Slg. 2006, I-7995 (Rn. 34).

227 EuGH Rs. C-196/04 (*Cadbury Schweppes*) v. 12.09.2006, Slg. 2006, I-7995 (Rn. 51).

228 *Böing*, Steuerlicher Gestaltungsmissbrauch in Europa (2006), S. 259.

229 *Böing* bezeichnet diese Art des Missbrauchs mit dem Begriff „Normenflucht", *Böing*, Steuerlicher Gestaltungsmissbrauch in Europa (2006), S. 259.

der Folge nicht am Maßstab der ansonsten auf Rechtfertigungsebene obligatorischen Prüfung der Verhältnismäßigkeit des Eingriffs gemessen werden können.[230]

In seiner Zitierung zur Tatbestandsebene berief sich der EuGH auf seine Urteile *Knoors*[231], *Bouchoucha*[232] sowie *Centros.*[233] Exemplarisch an Letzterem sei gezeigt, dass der Gerichtshof auch hier bei der Beurteilung der Missbrauchsfrage die Tatbestandsebene klar von der Rechtfertigungsebene[234] trennt:[235]

> *„Zwar können die nationalen Gerichte unter solchen Umständen im Einzelfall das missbräuchliche oder betrügerische Verhalten der Betroffenen auf der Grundlage objektiver Kriterien in Rechnung stellen, um ihnen gegebenenfalls die Berufung auf das einschlägige Gemeinschaftsrecht zu verwehren, sie haben jedoch bei der Würdigung eines solchen Verhaltens die Ziele der fraglichen Bestimmungen zu beachten [...].“*

Das missbräuchliche Berufen auf den grundfreiheitlich gewährten Schutz prüft der EuGH ebenfalls in seinem Urteil *X und Y*[236] unter Bezugnahme auf die *Centros*-Entscheidung als tatbestandsausschließendes Element. In den Urteilen *Centros* sowie *X und Y* geht es dem EuGH also auf Tatbestandsebene um das Erschleichen des grundfreiheitlichen Schutzes. Die Inanspruchnahme der unionsrechtlich garantierten Grundfreiheiten als solche könne jedoch nach Ansicht des Gerichts keinen Missbrauch begründen.[237] In der Rechtssache *X und Y* lehnte das Gericht

---

230 Zu den Folgen der missverstandenen Auslegung des Missbrauchs als tatbestandsausschließend in der britischen Rechtsprechung vgl. *Ghosh*, in: de la Feria/Vogenauer (Hrsg.), Prohibition of Abuse of Law (2011), S. 459 (465 ff.).

231 Verweis auf EuGH Rs. 115/78 (*Knoors*) v. 07.02.1979, Slg. 1979, 399 (Rn. 25).

232 Verweis auf EuGH Rs. C-61/89 (*Bouchoucha*) v. 03.10.1990, Slg. 1990, I-3551: Der französischer Staatsangehörige Herr Bouchoucha erwarb in Großbritannien ein Diplom in Osteopathie und praktizierte hiermit in Frankreich. Nach dem geltenden französischen Recht hätte er hierfür eine Zulassung als Arzt benötigt. Ein französisches Gericht verurteilte Herrn Bouchoucha zu einer Geldstrafe. Das Berufungsgericht legte dem EuGH die Frage vor, ob das französische Recht namentlich mit der Niederlassungsfreiheit vereinbar sei. Letztendlich prüfte der EuGH auch hierin die Frage das missbräuchliche Erschleichen eines Vorteils mittels des Europarechts (Rn. 14).

233 Verweis auf EuGH Rs. C-212/97 (*Centros*) v. 09.03.1999, Slg. 1999, I-1459 (Rn. 24).

234 Zur Rechtfertigung: EuGH Rs. C-212/97 (Centros) v. 09.03.1999, Slg. 1999, I-1459 (Rn. 34).

235 EuGH Rs. C-212/97 (*Centros*) v. 09.03.1999, Slg. 1999, I-1459 (Rn. 25); unter Berufung hierauf lehnt der EuGH auch in der Rs. Cadbury Schweppes einen tatbestandsausschließenden Missbrauch ab, da einem Gemeinschaftsangehörigen *„nicht schon allein deshalb die Möglichkeit, sich auf die Bestimmungen des Vertrages zu berufen, genommen werden, weil er beabsichtigt hat, von der in einem anderen Mitgliedstaat als dem seiner Ansässigkeit geltenden vorteilhaften Steuerrechtslage zu profitieren“*, EuGH Rs. C-196/04 (*Cadbury Schweppes*) v. 12.09.2006, Slg. 2006, I-7995 (Rn. 36).

236 EuGH Rs. C-436/00 (*X und Y*) v. 21.11.2002, Slg. 2002, I-10829 (Rn. 41–45).

237 EuGH Rs. C-212/97 (*Centros*) v. 09.03.1999, Slg. 1999, I-1459 (Rn. 26–29); EuGH Rs. C-436/00 (*X und Y*) v. 21.11.2002, Slg. 2002, I-10829 (Rn. 44 f.).

die Eingrenzung des Schutzbereichs mit der Begründung ab, ein kategorischer und verallgemeinernder Ausschluss der geprüften Steuervergünstigung erlaube den nationalen Gerichten keine Prüfung anhand der Besonderheiten des Einzelfalles.[238]

Englisch spricht insofern vom institutionellen Missbrauch von Grundfreiheiten, wenn eine Rechtsfolge herbeigeführt wird, die den Zwecken des Rechtsinstituts widerspricht.[239] Wenn das grundfreiheitliche Recht nur pro forma ausgeübt würde, das zugrunde liegende Binnenmarktziel jedoch verfehlt werde, sei die angemessene Reaktion des Gemeinschaftsrechts, derartigen Gestaltungen bereits die Berufung auf das Gemeinschaftsrecht zu versagen.[240] *Englisch* zieht hieraus den Schluss, dass Maßnahmen, die auf die Abwehr eines Gemeinschaftsrechtsmissbrauchs gerichtet sind, bereits auf Basis einer teleologischen Reduktion des Tatbestandes zulässig seien.[241] Eine Verhältnismäßigkeitsprüfung, die ihrem Telos nach einen Eingriff in Grundfreiheiten voraussetze, sei dagegen nur dann notwendig, wenn der nationale Gesetzgeber eine gesetzliche Typisierung vornehme.[242]

a. *Dogmatisch unpassende Verlagerung der Verhältnismäßigkeitsprüfung auf Tatbestandsebene*

Diese Rechtsprechungstendenz zur tatbestandlichen Reduktion der Grundfreiheiten im Falle des Missbrauchs kann schon aus dogmatischer Sicht nicht überzeugen. Unabhängig von der Zulässigkeit von Missbrauchsabwehr im Konkreten kann die Inanspruchnahme einer durch den Binnenmarkt eröffneten Freiheit für sich genommen keinen Missbrauch begründen. Denn eine Schutzbereichsbegrenzung im Missbrauchsfall würde dieses Recht vollständig negieren.[243] Die dogmatische Fehlplatzierung geht besonders deutlich aus der Entscheidung *X und Y* hervor, bei der der EuGH den Gesichtspunkt der Verhältnismäßigkeit der nationalen Regelung inzident auf Tatbestandsebene prüft. Die gleiche Tendenz weist bereits die *Centros*-Entscheidung auf, bei der das Gericht die legitimen Ziele nationaler Missbrauchsvermeidung in Bezug nimmt, die dogmatisch korrekt einen Aspekt der Verhältnismäßigkeit auf Ebene der Rechtfertigung darstellen.[244]

---

238 EuGH Rs. C-436/00 (*X und Y*) v. 21.11.2002, Slg. 2002, I-10829 (Rn. 43).
239 *Englisch*, StuW 2009, S. 3 (6).
240 *Englisch*, StuW 2009, S. 3 (6).
241 *Englisch*, StuW 2009, S. 3 (6).
242 *Englisch*, StuW 2009, S. 3 (6).
243 Vgl. *Frenz*, Handbuch Europarecht Band 1 (2012), Kap. 4 Rn. 461 f., der ebenfalls die Prüfung der nationalen Maßnahme im Einzelfall auf Rechtfertigungsebene als zwingend erachtet; a.A. *Hey*, die sich für einen Tatbestandsausschluss bei rein künstlichen Gestaltungen ausspricht, jedoch einschränkend die Nachweismöglichkeit außersteuerlicher Gründe als erforderlich erachtet, *Hey*, in: Lüdicke (Hrsg.), Forum der Internationalen Besteuerung Bd. 35 (2009), S. 137 (165 f.).
244 *Frenz*, Handbuch Europarecht Band 1 (2012), Kap. 4 Rn. 589 ff.

Hahn sieht in der Prüfung des EuGH in der Rechtssache *Cadbury Schweppes* einen logischen Bruch: Der Tatbestandsausschluss hätte zur Folge, dass sich nationale Missbrauchsvermeidungsnormen außerhalb des Anwendungsbereichs des Unionsrechts bewegten; im Ergebnis würde die EuGH-Rechtsprechung eine Abwägung der Interessen des nationalen Gesetzgebers gegen das Unionsrecht verbieten, die im Urteil aber dennoch erfolgt.[245] Letztendlich prüft der EuGH auf Rechtfertigungsebene, ob es das einzige Ziel der grenzüberschreitenden Gestaltung sei, im Inland fällige Steuern zu vermeiden.[246] Hierbei knüpft er de facto an dieselben Erwägungen an wie schon zur Frage des Tatbestandsausschlusses.[247]

Wie sich am Beispiel der zitierten Entscheidungen zeigen lässt, kann nach dogmatischen Erwägungen der Aspekt des Missbrauchs der Grundfreiheiten nicht schon dem Schutzbereich entzogen werden.[248] Unterstützt wird diese Einschätzung durch jüngere EuGH-Entscheidungen, bei denen der EuGH zwar den Gesichtspunkt der Umgehung von nationalem Recht mithilfe der unionsrechtlichen Garantien auf Tatbestandsebene thematisierte. Dies betraf aber durchweg Entscheidungen zu europäischen Sekundärrechtsakten, deren Anwendungsbereich wegen Missbrauchs potentiell auszuschließen war.[249]

Dagegen zeigt sich aus den jüngeren Urteilen des EuGH im Rahmen des Primärrechts, dass die Missbrauchsprüfung auf Ebene der Rechtfertigung zu erfolgen hat.[250] Erwägungen zur Zulässigkeit der Einschränkung von Grundfreiheiten haben

---

245 *Hahn*, IStR 2006, S. 667 (669).

246 EuGH Rs. C-196/04 (*Cadbury Schweppes*) v. 12.09.2006, Slg. 2006, I-7995 (Rn. 59).

247 *Englisch*, in: Schaumburg/Englisch, Europäisches Steuerrecht (2015), Rn. 7.254; *Axer*, IStR 2007, S. 162 (164).

248 In diesem Sinne *Böing*, Steuerlicher Gestaltungsmissbrauch in Europa (2006), S. 257; *Englisch*, in: Schaumburg/Englisch, Europäisches Steuerrecht (2015), Rn. 7.254; *Frenz*, Handbuch Europarecht Band 1 (2012), Kap. 4 Rn. 461; *Kärgel*, Steuerrechtliche Anti-Missbrauchs-Regeln in Konflikt mit Europäischem Gemeinschaftsrecht (2003), S. 115.

249 Ausschluss des Tatbestands wegen Missbrauchs: zur MwStSysRL: vgl. EuGH C-255/02 (*Halifax*) v. 21.02.2006, Slg. 2006, I-1609 (Rn. 71); EuGH Rs. C-32/03 (*Fini H*) v. 03.03.2005, Slg. 2005, I-1599 (Rn. 32 f.); EuGH Rs. C-131/12 u. a. (*Kommission/Niederlande*) v. 18.12.2014, ECLI:EU:C:2014:2455 (Rn. 41 ff.); zur VO betreffend Zollrecht: EuGH C-515/03 (*Eichsfelder Schlachtbetrieb*) v. 21.07.2005, Slg. 2005, I-7355 (Rn. 38 ff.); EuGH Rs. C-155/13 (*SICES*) v. 13.03.2014, ECLI:EU:C:2014:145 (Rn. 29 ff.); EuGH Rs, C-607/13 (*Cimmino*) v. 09.07.2015, ECLI:EU:C:2015:448 (Rn. 58–70); zur VO Nr. 2730/79 betreffend die gemeinsamen Vorschriften der Ausfuhrerstattungen: EuGH Rs. C-110/99 (*Emsland-Stärke*) v. 14.12.2000, Slg. 2000, I-11569 (Rn. 36 ff.).

250 Missbrauch als Erwägung der Rechtfertigung: EuGH Rs. C-524/04 (*Test Claimants in the Thin Cap Group Litigation*) v. 13.03.2007, Slg. 2007, I-2107 (Rn. 72 und 74); EuGH C-182/08 (*Glaxo Wellcome*) v. 17.09.2009, Slg. 2007, I-8591 (Rn. 89); EuGH Rs. C-383/10 (*Kommission/Belgien*) v. 06.06.2013, ECLI:EU:C:2013:364 (Rn. 62–64); EuGH Rs. C-282/12 (*Itelcar*) v. 03.10.2013, ECLI:EU:C:2013:629 (Rn. 34); ebenso *Cordewener/Kofler/van Thiel*, CMLR 2009, S. 1951 (1976 f.); *Dourado*, Intertax 2015,

schon aus Gründen der einzelfallspezifischen Abwägung auf Rechtfertigungsebene zu erfolgen. Der tatbestandliche Ausschluss eines sekundärrechtlich eingeräumten Vorteils im Falle eines missbräuchlichen Erschleichens ist in der Prüfungsdogmatik nicht zur Prüfungsdogmatik der Grundfreiheiten vergleichbar.

b. Das Erfordernis einer genuinen wirtschaftlichen Tätigkeit

Überdies attestiert *Englisch* der EuGH-Rechtsprechung einen *„Mangel an rechtsdogmatischer Ausdifferenzierung"* insofern, als dass Gestaltungen, die im Sinne der EuGH-Rechtsprechung wirtschaftlich substanzlos sind, tatsächlich schon nicht den Gewährleistungsgehalt der Grundfreiheiten tangierten.[251] *Englisch* bestärkt damit die Forderung nach einer *„grenzüberschreitenden wirtschaftlichen Tätigkeit"*, um den tatbestandlichen Anwendungsbereich der Grundfreiheiten zu erschließen. Der Begründungsansatz, wonach derartige Gestaltungen schon als tatbestandlich nicht schützenswert zu betrachten seien, geht danach auf den Zweck der Grundfreiheiten zur Sicherung des Binnenmarkts zurück.[252] Unter dieser teleologischen Erwägung sieht auch *Hey* rein künstliche Gestaltungen, die von keinen außersteuerlichen Gründen getragen werden, dem Tatbestand der Grundfreiheiten entzogen.[253]

Der EuGH adressierte, und das kritisiert *Englisch*[254], die Frage nach der wirtschaftlichen Tätigkeit in der *Cadbury-Schweppes*-Entscheidung erst auf Rechtfertigungsebene:[255]

> *„Dementsprechend sind die Rechtsvorschriften über beherrschte ausländische Gesellschaften nur dann gemeinschaftsrechtskonform, falls die von ihnen vorgesehene Besteuerung ausgeschlossen ist, wenn die Gründung einer beherrschten ausländischen Gesellschaft ungeachtet des Vorhandenseins von Motiven steuerlicher Art mit einer wirtschaftlichen Realität zusammenhängt.*
> *Diese Gründung muss mit einer tatsächlichen Ansiedlung zusammenhängen, deren Zweck darin besteht, wirklichen wirtschaftlichen Tätigkeiten im Aufnahmemitgliedstaat nachzugehen, wie aus der in den Randnummern 52 bis 54 des vorliegenden Urteils erwähnten Rechtsprechung hervorgeht."*

Einen anderen Ansatzpunkt hatte der EuGH dagegen noch in vorgehenden Urteilen gewählt, indem er es als Frage der tatbestandlichen Anwendung der Grundfreihei-

---

S. 42 (45); *Ghosh*, in: de la Feria/Vogenauer (Hrsg.), Prohibition of Abuse of Law (2011), S. 459 (468); *Jiménez*, BIT 2012, S. 270 (272); *Terra/Wattel*, European Tax Law (2012), S. 475 f.; *Thömmes*, in: Gocke/Gosch/Lang (Hrsg.), FS Wassermeyer (2005), S. 207 (215, 222).

251 *Englisch*, in: Schaumburg/Englisch, Europäisches Steuerrecht (2015), Rn. 7.254.

252 Vgl. hierzu zuvor unter Kap. 2.2.1.2.

253 *Hey*, in: Lüdicke (Hrsg.), Forum der Internationalen Besteuerung Bd. 35 (2009), S. 137 (165 f.).

254 *Englisch*, in: Schaumburg/Englisch, Europäisches Steuerrecht (2015), Rn. 7.254.

255 EuGH Rs. C-196/04 (*Cadbury Schweppes*) v. 12.09.2006, Slg. 2006, I-7995 (Rn. 65 f.).

ten ansah, ob die Handlung Ausdruck einer wirtschaftlichen Tätigkeit darstellte.[256] Aus dem Kurswechsel in *Cadbury-Schweppes* wird daher zum Teil gefolgert, der Anwendungsbereich der Grundfreiheiten erfordere nunmehr keine genuine wirtschaftliche Tätigkeit.[257]

Die Frage hängt – mit den Begrifflichkeiten des EuGH gesprochen – davon ab, ob das tatbestandliche Merkmal der genuinen wirtschaftlichen Tätigkeit[258] mit dem Merkmal der rein künstlichen Gestaltung[259] gleichgesetzt werden kann. Die als „Kurswechsel" interpretierte *Cadbury Schweppes*-Rechtsprechung ist letztlich auf die unterschiedlichen Urteilsgegenstände zurück zu führen. Prüfungsgegenstand des EuGH im Rahmen der genuinen wirtschaftlichen Tätigkeit ist, ob die Gesellschaft in den Markt eines Mitgliedstaats integriert ist.[260] Dies setzt eine stabile und kontinuierliche Teilnahme am wirtschaftlichen Leben im betreffenden Mitgliedstaat und die Nutzenziehung hieraus voraus.[261] Als ausreichende Verknüpfung zum Mitgliedstaat wird das eigene Anbieten, aber auch das Nachfragen von wirtschaftlichen Leistungen angesehen.[262] Das Merkmal beschreibt demnach, ob es sich überhaupt um eine Gesellschaft i.S.d. Art. 54 AEUV handelt, also ob sie nach dem Recht eines Mitgliedstaats gegründet wurde und ihren Sitz, ihre Hauptverwaltung oder ihre Hauptniederlassung innerhalb der Europäischen Union hat.[263] Dementsprechend fallen die Anforderungen an die wirtschaftliche Ausstattung einer Gesellschaft gering aus, um sich auf den Geltungsbereich des Art. 54 AEUV berufen zu können.[264]

Damit sich aus Sicht eines Mitgliedstaates eine steuerrelevante Problemstellung ergibt, bedarf es einer beschränkten oder unbeschränkten Steuerpflicht. Im Falle der üblichen Kriterien der unbeschränkten Steuerpflicht, dem Wohnsitz oder tatsächlichen Aufenthalt natürlicher Personen, respektive dem Sitz oder der Geschäftsleitung einer juristischen Person im Inland, ist ein tatsächlicher Bezug zum Inlandsmarkt

---

256 EuGH Rs. C-221/89 (*Factortame u.a.*) v. 25.07.1991, Slg. 1991, I-3905 (Rn. 20–22); sowie die Schlussanträge des *GA Mischo,* EuGH Rs. C-221/89 (*Factortame u.a.*) v. 13.03.1991, Slg. 1991, I-3905 Rn. 44.

257 *Jiménez*, BIT 2012, S. 270 (272).

258 Im Englischen: *„genuine economic activity"*.

259 Im Englischen: *„wholly artificial arrangement"*.

260 *Bergmann*, StuW 2010, S. 246 (257); *Chalmers/Davies/Monti,* European Union Law (2014), S. 853 f.; *Schön*, in: Kirchhof/Nieskens (Hrsg.), FS Reiss (2008), S. 571 (587 f.).

261 EuGH Rs. C-196/04 (*Cadbury Schweppes*) v. 12.09.2006, Slg. 2006, I-7995 (Rn. 53).

262 EuGH Rs. C-196/04 (*Cadbury Schweppes*) v. 12.09.2006, Slg. 2006, I-7995 (Rn. 67); unschädlich ist sogar, wenn die Dienstleistung nur innerhalb des eigenen Konzerns erbracht wird, vgl. Schlussanträge des GA Léger, EuGH Rs. C-196/04 (*Cadbury Schweppes*) v. 02.05.2006, Slg. 2006, I-7995 (Rn. 50–55); ebenso *Bergmann*, StuW 2010, S. 246 (257); *Schön*, in: Kirchhof/Nieskens (Hrsg.), FS Reiss (2008), S. 571 (588).

263 Im Urteil *Factortame* ging es letztlich um die Frage, ob die Tatsache der Registrierung eines Fischerbootes in einem Mitgliedsstaat bereits für die Begründung einer Niederlassung ausreiche, *GA Mischo*, EuGH Rs. C-221/89 (*Factortame u.a.*) v. 13.03.1991, Slg. 1991, I-3905 Rn. 38; ebenso *Poulsen*, Intertax 2013, S. 230 (245).

264 *Poulsen*, Intertax 2013, S. 230 (245).

schon definitorische Voraussetzung.[265] Stellt sich eine steuerliche Frage im Zusammenhang mit einer beschränkten Steuerpflicht, folgt ein wirtschaftlicher Sachverhalt schon aus dem besteuerungspflichtigen Umstand.[266] Die – richtigerweise auf Ebene der Rechtfertigung angesetzte – Frage des Missbrauchs bezieht sich darauf, eine spezifische steuerliche Rechtsfolge zu bewirken und nicht die Existenz der Gesellschaft als solche zu negieren.

Auch wenn die wörtlich zitierte Passage des *Cadbury Schweppes*-Urteils[267] eine große Nähe des Missbrauchsgedankens – also der rein künstlichen Gestaltung – zum Tatbestandserfordernis der genuinen wirtschaftlichen Tätigkeit vermuten lässt, ist aus den späteren EuGH–Urteilen *Test Claimants in the Thin Cap Group Litigation* und *Oy AA* eine stärkere Konturierung des Missbrauchsbegriffs und damit auch eine bessere Abgrenzung zu entnehmen:[268]

> *„[...] Verhaltensweisen, die darin bestehen, rein künstliche, jeder wirtschaftlichen Realität bare Gestaltungen zu dem Zweck zu errichten, die Steuer zu umgehen, die normalerweise für Gewinne aus inländischen Tätigkeiten geschuldet wird, können nämlich das Recht der Mitgliedstaaten zur Ausübung ihrer Steuerzuständigkeit für diese Tätigkeiten gefährden und so die Ausgewogenheit der Aufteilung der Besteuerungsbefugnis zwischen den Mitgliedstaaten beeinträchtigen[...]“.*

In den Urteilen wurde letztlich die Frage nach einer genuinen wirtschaftlichen Tätigkeit nicht thematisiert, der EuGH zieht den Geltungsbereich des Missbrauchs damit sichtlich weiter als den der genuinen wirtschaftlichen Tätigkeit.[269] Ausdrücklich hatte der EuGH schon in der *Centros*-Entscheidung den Anwendungsbereich der Niederlassungsfreiheit für die Gründung einer britischen Gesellschaft bejaht, obwohl diese wirtschaftlich letztlich nur über ihre dänische Zweigniederlassung tätig werden sollte.[270] Der EuGH hob hierin hervor:[271]

> *„[...] Die Frage der Anwendung der Artikel 52 und 58 EG-Vertrag ist nämlich eine andere als die, ob ein Mitgliedstaat Maßnahmen ergreifen kann, um zu verhindern, dass sich*

---

265 Ebenso *Bergmann*, StuW 2010, S. 246 (257); *Schön*, in: Kirchhof/Nieskens (Hrsg.), FS Reiss (2008), S. 571 (588 f.).

266 *Bergmann* weist darauf hin, dass weder die Ansässigkeit einer Tochtergesellschaft in einem anderen Mitgliedstaat, noch die Tatsache, dass die betreffende Tätigkeit genauso gut in einem anderen Mitgliedstaat hätte erbracht werden können, für die Annahme eines Missbrauchs genügt, *Bergmann*, StuW 2010, S. 246 (257 f.).

267 EuGH Rs. C-196/04 (*Cadbury Schweppes*) v. 12.09.2006, Slg. 2006, I-7995 (Rn. 65 f.).

268 EuGH Rs. C-231/05 (*Oy AA*) v. 18.07.2007, Slg. 2007, I-6373 (Rn. 62); nahezu wortgleich EuGH Rs. C-524/04 (*Test Claimants in the Thin Cap Group Litigation*), Slg. 2007, I-2107 (Rn. 74).

269 *Poulsen*, Intertax 2012, S. 200 (206); *Englisch*, in: Schaumburg/Englisch, Europäisches Steuerrecht (2015), Rn. 7.256; *Schön*, in: Kirchhof/Nieskens (Hrsg.), FS Reiss (2008), S. 571 (587).

270 EuGH Rs. 212/97 (*Centros*) v. 09.03.1999, Slg. 1999, I-1459 (Rn. 16 ff.).

271 EuGH Rs. 212/97 (*Centros*) v. 09.03.1999, Slg. 1999, I-1459 (Rn. 18).

einige seiner Staatsangehörigen unter Missbrauch der durch den EG-Vertrag geschaffenen Erleichterungen der Anwendung des nationalen Rechts entziehen.“

Die Vertreter, die sich für eine Korrelation der beiden Begriffe aussprechen, übersehen, dass eine genuine wirtschaftliche Tätigkeit auch dann vorliegen kann, wenn die Tätigkeit nicht der wirtschaftlichen Realität entspricht.[272] Die – mit *Poulsen* – jeweils entscheidende Feststellung der Substanz ist danach nur im Falle der „rein künstlichen Gestaltung“ mit der Prüfung verbunden, ob die Gestaltung einer wirtschaftlichen Realität entspricht.[273] Rein künstlichen Gestaltungen, oder – mit den Worten von *Englisch* – wirtschaftlich substanzlosen Gestaltungen kann damit nicht der tatbestandliche Anwendungsbereich der Grundfreiheiten entzogen werden, wenn sie eine Mindestschwelle der genuinen wirtschaftlichen Tätigkeit erreichen.

c. *Zwischenergebnis*

Letztendlich zielt die Missbrauchsprüfung des EuGH in *Cadbury-Schweppes* fälschlich auf die Frage des Missbrauchs der Grundfreiheiten ab – sprich die „Gesetzeserschleichung“.[274] Im Fokus der Missbrauchsprüfung im Zusammenhang mit den Grundfreiheiten steht richtigerweise die Umgehung der als unvorteilhaft erkannten nationalen Vorschriften – sprich die „Gesetzesumgehung“.[275] Gegen einen Ausschluss des tatbestandlichen Anwendungsbereichs der Grundfreiheiten bei missbräuchlicher Inanspruchnahme dieser spricht im Wesentlichen, dass dies eine dogmatisch inkorrekte Verlagerung der Verhältnismäßigkeitsprüfung weg von der Rechtfertigungsebene auf die Ebene des Anwendungsbereichs zur Folge hätte.

Die Frage der Missbrauchsprüfung auf Ebene der Rechtfertigung ist zudem zu trennen von der Feststellung einer genuinen wirtschaftlichen Tätigkeit zur Erschließung des Anwendungsbereichs von Art. 54 AEUV. Eine rein künstliche Gestaltung kommt tatsächlich nur dann in Betracht, wenn die betreffende Person überhaupt eine wirtschaftliche Tätigkeit ausübt. Übt eine Person keine wirtschaftliche Tätig-

272 Vgl. *Jiménez*, BIT 2012, S. 270 (272 f. sowie 287): *“As long as a holding company [...] carries out a ‘genuine’ activity in the Member State where it is established and the fundamental decisions of the company are taken there, it can legitimately claim access to EU freedoms”* (S. 287). Hierbei beachtet der Autor nicht, dass eine genuine wirtschaftliche Tätigkeit gerade nicht gleichgesetzt werden kann mit dem Erfüllen der Geschäftsleitungsaufgaben vor Ort. Es sei an doppelt ansässige Gesellschaften erinnert, deren Geschäftsleitung gerade von einem anderen Ort als dem satzungsmäßigen Sitz erfolgt, die am satzungsmäßigen Sitz aber dennoch über eine Mindestausstattung an Räumlichkeiten, EDV und eine geringe Anzahl an Beschäftigten verfügen.

273 *Poulsen*, Intertax 2013, S. 230 (245 f.).

274 *Reimer*, in: Schaumburg/Englisch, Europäisches Steuerrecht (2015), Rn. 13.18.

275 *Reimer*, in: Schaumburg/Englisch, Europäisches Steuerrecht (2015), Rn. 13.19; vergleichbar wohl *Englisch*, in: Schaumburg/Englisch, Europäisches Steuerrecht (2015), Rn. 7.254.

keit aus, wie dies beispielsweise reine Briefkastengesellschaften betrifft, wird ihr mangels Eröffnung des tatbestandlichen Anwendungsbereichs berechtigterweise bereits tatbestandlich der Schutz der Grundfreiheiten versagt.

2.2.3. Die Vermeidung steuerlichen Missbrauchs als Rechtfertigung

Um dem umfassenden Anwendungsbereich der Grundfreiheiten und dem breiten Eingriffsverständnis ein Gleichgewicht entgegenzustellen, wurde vom EuGH neben den im AEUV niedergeschriebenen Rechtfertigungsgründen eine Vielzahl ungeschriebener Rechtfertigungsgründe anerkannt.[276]

2.2.3.1. Die zwingenden Gründe des Allgemeinwohls nach der Cassis de Dijon*-Rechtsprechung*

Einen geschriebenen Rechtfertigungsgrund zugunsten des Steuerrechts der Mitgliedstaaten enthält Art. 65 Abs. 1 lit. a) AEUV. Danach berührt die Kapitalverkehrsfreiheit nicht das Recht der Mitgliedstaaten, die einschlägigen Vorschriften des Steuerrechts anzuwenden, die Steuerpflichtige mit unterschiedlichem Wohnort oder Kapitalanlageort unterschiedlich behandeln. Der EuGH interpretierte die Norm bereits unmittelbar nach deren Einführung im engen Zusammenhang mit Art. 65 Abs. 3 AEUV, der die willkürliche Diskriminierung und die verschleierte Beschränkung des Art. 63 durch steuerlicher Maßnahmen verbietet.[277] Eine Sonderstellung der Kapitalverkehrsfreiheit in dem Sinne, dass das Steuerrecht einer Prüfung entzogen werden könne, begründet dieser Vorbehalt daher nicht.[278] Letztendlich blieb die Norm daher lange Zeit in der Rechtsprechung des EuGH ohne größere Beachtung, mit dem Ergebnis, dass ihr im Bereich der direkten Steuern praktisch

---

276 Nach Ansicht von *Frenz* handelt es sich um geschriebene Schutzbereichsbegrenzungen, vgl. *Frenz*, Handbuch Europarecht Band 1 (2012), Kap. 4 Rn. 423 ff., die hier vertretene Einfassung auf Rechtfertigungsebene entspricht der üblicherweise vom EuGH vorgebrachten Diktion, vgl. zu den ungeschriebenen Gründen EuGH Rs. 120/78 (*Cassis de Dijon*) v. 20.02.1979, Slg. 1979, 649 (Rn. 8).

277 EuGH Rs. C-35/98 (*Verkoojen*) v. 06.06.2000, Slg. 2000, I-4071 (Rn. 42 f.); ebenso EuGH Rs. C-319/02 (*Manninen*) v. 07.09.2004, Slg. 2004, I-7477 (Rn. 28 f.); nach GAin *Kokott* sieht der EuGH darin die Kodifikation des bereits vor Einführung der Art. 73d EG–Vertrag/Art. 65 AEUV ergangenen Rechtsprechung, vgl. EuGH, Schlussanträge der GA Kokott, Rs. C-242/03 (*Weidert & Paulus*) v. 12.02.2004, Slg. 2004, I-7379 (Rn. 26 f.); EuGH, Schlussanträge der *GA Kokott*, Rs. C-319/02 (*Manninen*) v. 18.03.2004, EuGHE 2004, I-7477 (Rn. 38); EuGH Rs. C-322/11 (*K*) v. 07.11.2013, ECLI:EU:C:2013:716 (Rn. 33–36).

278 Vgl. *Kokott/Henze*, in: Lüdicke (Hrsg.), Forum der Internationalen Besteuerung Bd. 30 (2005), S. 67 (76 f.); ebenso *Cordewener/Kofler/van Thiel*, CMLR 2009, S. 1951 (1968 f.).

kaum mehr ein Anwendungsbereich zugesprochen wurde.[279] Gleichwohl hat der EuGH die Norm jüngst „wiederentdeckt", indem er hierin eine Rechtfertigung für die unterschiedliche Besteuerung von Kapitaleinkünften aus unterschiedlichen Quellenstaaten erkannte.[280] Art. 65 Abs. 1 lit. a) AEUV könnte in Zukunft daher wieder eine zunehmende Bedeutung für Sachverhalte einnehmen, bei denen untschiedliche Besteuerungssysteme miteinander kollidieren.[281]

Nach der in der Rechtssache *Cassis de Dijon* begründeten Rechtsprechung zu den ungeschriebenen Rechtfertigungsgründen verletzen mitgliedstaatliche Maßnahmen Grundfreiheiten dann nicht, wenn sie auf zwingenden Gründen des Allgemeininteresses beruhen und verhältnismäßig sind.[282] Der ungeschriebene Rechtfertigungsgrundsatz wurde vom EuGH zwischenzeitlich in Bezug auf alle Grundfreiheiten zur Anwendung gebracht.[283] Wenn auch nicht explizit in den Urteilen erklärt, so lässt die EuGH-Rechtsprechung den Rückschluss zu, dass eine Rechtfertigung aufgrund zwingender Gründe des Allgemeinwohls in allen Fällen der diskriminierungsfreien Beschränkung, aber auch in Fällen der – an anderen Gründen als der Staatsangehörigkeit anknüpfenden – versteckten bzw. mittelbaren Diskriminierung in Betracht kommt.[284]

Welche Gründe dem Allgemeinwohl dienen können, extrahiert der EuGH aus dem Unionsrecht selbst, sowie aus einer Zusammenschau der in den Rechtsordnungen der Mitgliedstaaten verankerten Grundsätze.[285] Hierbei kommen nur nichtwirtschaftliche Interessen in Betracht, insbesondere genügt das rein fiskalische Interesse der Mitgliedstaaten nicht zur Rechtfertigung eines Eingriffs in Grundfreiheiten.[286] Im Bereich der direkten Steuern wurden vom EuGH als Gründe des

279 *Cordewener/Kofler/van Thiel*, CMLR 2009, S. 1951 (1953).

280 EuGH Rs. C-176/15 (*Riskin und Timmermans*) v. 30.06.2016, ECLI:EU:C:2016:488 (Rn. 28).

281 Zur Kollision abkommensrechtlicher Normen mit dem Unionsrecht, vgl. nachfolgend unter Kap. 6.2.2.

282 EuGH Rs. 120/78 (*Cassis de Dijon*) v. 20.02.1979, Slg. 1979, 649 (Rn. 8).

283 Zur Warenverkehrsfreiheit EuGH Rs. C-120/95 (*Decker*) v. 28.04.1998, Slg. 1998, I-1831 (Rn. 39); zur Niederlassungsfreiheit EuGH Rs. C-3/88 (*Kommission/Italien*) v. 04.10.1989, Slg. 1989, 4035 (Rn. 10 f.); zur Kapitalverkehrsfreiheit EuGH Rs. C-302/97 (*Konle*) v. 01.06.1999, Slg. 1999, I-3099 (Rn. 40); EuGH Rs. C-515/99 (Reisch u. a.) v. 05.03.2002, Slg. 2002, I-2157 (Rn. 34); sowie bzgl. der Arbeitnehmerfreizügigkeit EuGH Rs. C-350/96 (*Clean Car*) v. 07.05.1998, Slg. 1998, I-2521 (Rn. 27 ff.).

284 EuGH Rs. C-388/01 (*Kommission/Italien*) v. 16.01.2003, Slg. 2003, I-721 (Rn. 21); EuGH Rs. C-55/98 (*Skatteministeriet gegen Bent Vestergaard*) v. 28.10.1999, Slg. 1999, I-7641 (Rn. 21 ff.); EuGH Rs. C-410/96 (*Ambry*) v. 01.12.1998, Slg. 1998, I-7875 (Rn. 30 f.); EuGH Rs. C- 388/01 (*Kommission/Italien*) v. 16.01.2003, Slg. 2003, I-721 (Rn. 21); zum Meinungsstand *Cordewener/Kofler/van Thiel*, CMLR 2009, S. 1951 (1954 f.).

285 *Frenz*, Handbuch Europarecht Band 1 (2012), Kap. 4 Rn. 559.

286 EuGH Rs. C-120/95 (*Decker*) v. 28.04.1998, Slg. 1998, I-1831 (Rn. 39); EuGH Rs. C-158/96 (*Kohl*) v. 28.04.1998, Slg. 1998, I-1931 (Rn. 50); ausdrücklich die Steuer-

Allgemeinwohls insbesondere Maßnahmen zur Sicherung der Wirksamkeit der steuerlichen Aufsicht und Kontrolle in Sachverhalten mit Drittstaaten[287] sowie anderen Mitgliedstaaten[288], die Kohärenz des Steuersystems[289], die Verhinderung doppelter Verlustberücksichtigung[290] sowie die ausgewogene Verteilung von Besteuerungsbefugnissen[291] anerkannt.

---

mindereinnahmen als Rechtfertigungsgrund verneinend EuGH Rs. C-264/96 (*ICI*) v. 16.07.1998, Slg. 1998, I-4695 (Rn. 28); EuGH Rs. C-35/98 (*Verkoojen*) v. 06.06.2000, Slg. 2000, I-4071 (Rn. 48).

287 EuGH Rs. C-446/04 (*Test Claimants in the FII Group Litigation*) v. 12.12.2006, Slg. 2006, I-11753 (Rn. 169–171); EuGH Rs. C-101/05 (*A*) v. 18.12.2007, Slg. 2007, I-11531 (Rn. 60–65); EuGH Rs. C-521/07 (*Kommission/Niederlande*) v. 11.06.2009, Slg. 2009, I-4873 (Rn. 47).

288 Anerkennend für den Quellensteuerabzug bei ausländischem Dienstleistungserbringer, EuGH Rs. C-498/10 (*X*) v. 18.10.2012, ECLI:EU:C:2012:635 (Rn. 43–53); dagegen ablehnend unter Verweis auf die EU-Amtshilfe-Richtlinie 77/799/EWG bzw. deren aktuelle Fassung in 2014/107/EU: EuGH Rs. C-300/90 (*Kommission/Belgien*) v. 28.01.1992, Slg. 1992, I-305 (Rn. 11); EuGH Rs. C-279/93 (*Schumacker*) v. 14.02.1995, Slg. 1995, I-I225 (Rn. 45); EuGH Rs. C-55/98 (*Vestergaard*) v. 28.10.1999, Slg. 1999, I-7641 (Rn. 26); EuGH Rs. C-136/00 (*Danner*) v. 03.10.2002, Slg. 2002, I-8147 (Rn. 49); EuGH Rs. C-250/95 (*Futura Participationes*) v. 15.05.1997, Slg. 1997, I-2471 (Rn. 41); EuGH Rs. C-334/02 (*Kommission/Frankreich*) v. 04.03.2004, Slg. 2004, I-2229 (Rn. 31 f.).

289 Grundlegend EuGH Rs. C-204/90 (*Bachmann*) v. 28.01.1992, Slg. 1992, I-249 (Rn. 21); EuGH Rs. C-300/90 (*Kommission/Belgien*) v. 28.01.1992, Slg. 1992, I-305 (Rn. 14 ff.); daran anschließend EuGH Rs.c- 418/07 (*Papillon*) v. 04.09.2008, Slg. 2008, I-8947 (Rn. 43 ff.); EuGH Rs. C-157/07 (*Krankenheim Ruhesitz am Wannsee*) v. 23.10.2008, Slg. 2008, I-8061 (Rn. 42 f.). Die Kohärenz verneint der EuGH bei fehlender Verknüpfung des Steuernachteils zum Steuervorteil: EuGH Rs. C-107/94 (*Asscher*) v. 27.06.1996, Slg. 1996, I-3089 (Rn. 56), EuGH Rs. C-264/96 (*ICI*) v. 16.07.1998, Slg. 1998, I-4695 (Rn. 29); EuGH Rs. C-484/93 (*Svensson & Gustavsson*) v. 14.11.1995, Slg. 1995, I-3955 (Rn. 16–18).

290 EuGH Rs. C-446/03 (*Marks & Spencer*) v. 13.12.2005, Slg. 2005, I-10837 (Rn. 47 f.); EuGH Rs. C-250/95 (*Futura Participationes*) v. 15.05.1997, Slg. 1997, I-2471 (Rn. 18–21); EuGH Rs. C-414/06 (*Lidl Belgium*) v. 15.05.2008, Slg. 2008, I-3601 (Rn. 35 f.); EuGH Rs. C-322/11 (*K*) v. 07.11.2013, ECLI:EU:C:2013:716 (Rn. 56); EuGH Rs. C-172/13 (*Kommission/Vereinigtes Königreich*) v. 03.02.2015, ECLI:EU:C:2015:50 (Rn. 24–26).

291 EuGH Rs. C-336/96 (*Gilly*) v. 12.05.1998, Slg. 1998, I-2793 (Rn. 30 f.); EuGH Rs. C-446/03 (*Marks & Spencer*) v. 13.12.2005, Slg. 2005, I-10837 (Rn. 43–46); EuGH Rs. C-513/04 (*Keckhaert & Morres*), v. 14.11.2006, Slg. 2006, I-10967 (Rn. 20 f.); EuGH Rs. C-307/97 (*Saint-Gobain*) v. 21.09.1999, Slg. 1999, I-6161 (Rn. 57); EuGH Rs. C-385/00 (*De Groot*) v. 12.12.2002, Slg. 2002, I-11819 (Rn. 97); EuGH Rs. C-414/06 (*Lidl Belgium*) v. 15.05.2008, Slg. 2008, I-3601 (Rn. 30–34); EuGH Rs. C-322/11 (*K*) v. 07.11.2013, ECLI:EU:C:2013:716 (Rn. 50).

2.2.3.2. *Die Korrelation der Rechtfertigungsgründe des Territorialitätsprinzips, der angemessenen Aufteilung der Besteuerungsgrundlagen und der Vermeidung doppelter Verlustberücksichtigung zum Rechtfertigungsgrund der Verhinderung des steuerlichen Missbrauchs*

Die Verhinderung des steuerlichen Missbrauchs steht in einer engen Verbindung zu den Rechtfertigungsgründen der angemessenen Aufteilung der Besteuerungsgrundlagen, sowie des Territorialitätsprinzips und der Vermeidung doppelter Verlustberücksichtigung.

Der Gedanke der Territorialität entspricht im Kern der angemessenen Aufteilung der Besteuerungsbefugnisse.[292] Denn letztlich orientiert sich die angemessene Aufteilung der Besteuerungsbefugnisse am Territorialitätsgedanken, der den geltenden Standards des internationalen Steuerrechts und dem Grundkonzept der jeweiligen Doppelbesteuerungsabkommen unterliegt.[293] Vom EuGH selbst anerkannt wurde, dass auch die als Rechtfertigung herangezogene Symmetriethese zwischen der Gewinnversteuerung und der Verlustberücksichtigung als ein Unterfall der angemessenen Aufteilung der Besteuerungsbefugnisse anzusehen ist.[294]

Eine Zwitterstellung nimmt die Verhinderung der doppelten Verlustberücksichtigung ein, wonach Verluste generell nur im Staat der Betriebsstätte und nicht zusätzlich im Ansässigkeitsstaat der Muttergesellschaft geltend gemacht werden können: Einerseits dient sie der korrekten Zuordnung der Ausgabenseite zur jeweils relevanten Einnahmenseite und damit dem Ziel der korrekten Aufteilung der Besteuerungsgrundlagen.[295] Andererseits betont der EuGH auch deren Funktion zur Vermeidung einer Steuerumgehung. Zur deutschen Regelung des § 2a Abs. 3 EStG a. F., der eine Nachversteuerung von Verlusten vorsah, die einst trotz Freistellung einer ausländischen Betriebsstätte beim Ergebnis der Gesellschaft im Inland steuermindernd geltend gemacht wurden, stellte der EuGH fest:[296]

---

292 *Kingston*, CMLR 2007, S. 1321 (1352 f.).

293 *Englisch*, in: Schaumburg/Englisch, Europäisches Steuerrecht (2015), Rn. 7.224.

294 Vgl. EuGH Rs. C-388/14 (*Timac Agro Deutschland*) v. 17.12.2015, ECLI:EU:C:2015:829 (Rn. 47 f.); EuGH Rs. C-18/11 (*Philips Electronics UK*) v. 06.09.2012, ECLI:EU:C:2012:532 (Rn. 22 f.); EuGH Rs. C-371/10 (National Grid Indus) v. 29.11.2011, Slg. 2011, I-12273 (Rn. 80); *Englisch* spricht in Bezug auf das EuGH-Urteil *Nordea Bank* (Rs. C-48/13) von der Symmetriethese als *„Chiffre für einen hinreichenden sachlichen, personalen und temporalen Nexus des umgehungsgefährdeten Steueranspruchs zur nationalen Besteuerungshoheit"*, *Englisch*, IStR 2014, S. 561 (562).

295 Ebenso *Hilling*, Intertax 2013, S. 294 (299).

296 EuGH Rs. C-388/14 (*Timac Agro Deutschland*) v. 17.12.2015, ECLI:EU:C:2015:829 (Rn. 50).

„Überdies lässt sich mit ihm auch eine Steuerumgehung verhindern, weil er die Gefahr von Verhaltensweisen ausschließt, mit denen die normalerweise im Sitzstaat der Gesellschaft, zu der die Betriebsstätte gehört, zu zahlende Steuer umgangen wird."

Generalisierend ausgedrückt verhindert die Beschränkung des Verlustabzugs auf den Staat der Betriebsstätte Verhaltensweisen, mit denen die normalerweise im Sitzstaat der Gesellschaft anfallende Steuer umgangen wird.

a. Die gemeinsame Prüfung der Rechtfertigungsgründe

Die Korrelation der Rechtfertigungserwägungen lässt sich an den vom EuGH entschiedenen Fällen zur Berücksichtigung ausländischer Verluste zeigen. In den Fällen *Marks & Spencer*[297] und den hierauf aufbauenden Folgeentscheidungen[298], prüfte das Gericht die Rechtfertigung der angemessenen Aufteilung der Besteuerungsgrundlagen zusammen mit der Vermeidung der doppelten Verlustberücksichtigung und der Vermeidung von Missbrauch. Eine Kombination der Rechtfertigungsgründe zieht das Gericht auch in den Entscheidungen zum grenzüberschreitenden Konzernverbund heran.[299] Die inhaltliche Nähe beweist auch, dass der EuGH im Urteil *Lidl Belgium* die Frage aufwirft, ob nicht stets alle drei genannten Rechtfertigungsgründe vorliegen müssten, damit die beschränkende nationale Steuerregelung gerechtfertigt sein könne.[300] Dies verneint das Gericht letztlich unter dem Hinweis auf die Vielfältigkeit möglicher Fallkonstellationen, stellt aber in der Urteilsbegründung kumulativ auf die Abgrenzung der Besteuerungsgrundlagen und die Verhinderung der Steuerumgehung ab.[301] Auch dem Rechtfertigungsmerkmal der „Aufteilung der Besteuerungsgrundlagen" kommt damit – neben dem Missbrauchsgedanken – eine eigenständige Bedeutung zu.[302]

---

297 EuGH Rs. C-446/03 (*Marks & Spencer*) v. 13.12.2005, Slg. 2005, I-10837 (Rn. 42–51).

298 EuGH Rs. C-388/14 (*Timac Agro Deutschland*) v. 17.12.2015, ECLI:EU:C:2015:829 (Rn. 33–47); EuGH Rs. C-172/13 (*Kommission/Vereinigtes Königreich*) v. 03.02.2015, ECLI:EU:C:2015:50 (Rn. 26); EuGH Rs. C-414/06 (*Lidl Belgium*) v. 15.05.2008, Slg. 2008, I-3601 (Rn. 31–38).

299 EuGH Rs. C-39/13 u. a. (*SCA Group Holding u. a.*) v. 12.06.2014, ECLI:EU:C:2014:1758 (Rn. 33–31; 42–43); EuGH Rs. C-337/08 (*X-Holding*) v. 25.02.2010, Slg. 2010, I-1215 (Rn. 28–33); EuGH Rs. C-418/07 (*Papillon*) v. 27.11.2008, Slg. 2008, I-8947 (Rn. 40–45; 46–51); EuGH Rs. C-231/05 (*Oy AA*) v. 18.07.2007, Slg. 2007, I-6373 (Rn. 55 f.).

300 EuGH Rs. C-414/06 (*Lidl Belgium*) v. 15.05.2008, Slg. 2008, I-3601 (Rn. 39).

301 EuGH Rs. C-414/06 (*Lidl Belgium*) v. 15.05.2008, Slg. 2008, I-3601 (Rn. 40–42); ebenso EuGH Rs. C-388/14 (*Timac Agro Deutschland*) v. 17.12.2015, ECLI:EU:C:2015:829 (Rn. 47); EuGH Rs. C-48/13 (*Nordea Bank*) v. 17.07.2014, ECLI:EU:C:2014:2087 (Rn. 33 ff.); EuGH Rs. C-231/05 (*Oy AA*) v. 18.07.2007, Slg. 2007, I-6373 (Rn. 60); *Englisch*, in: Schaumburg/Englisch, Europäisches Steuerrecht (2015), Rn. 7.225; kritisch dagegen Schlussanträge der *GA Kokott*, EuGH Rs. C-48/13 (*Nordea Bank*) v. 13.03.2014, IStR 2014, 561 (Rn. 42–46).

302 *Kingston*, CMLR 2007, S. 1321 (1353).

Aus dem Zusammenspiel der Rechtfertigungsgründe zeigt sich die Bereitschaft des EuGH, den Mitgliedstaaten einen zunehmend größeren Spielraum zuzugestehen, den Besteuerungsanspruch bezogen auf internationale Steuersachverhalte trotz und unter Geltung der Grundfreiheiten zu bewahren.[303] Der EuGH gestattet es den Mitgliedstaaten, der Verlagerung von Steuersubstrat entgegenzutreten.[304]

b. Der Maßstab der Aufteilung der Besteuerungsgrundlagen

Für die Angemessenheit der Aufteilungsentscheidung bietet das Unionsrecht selbst, abgesehen von den Zuweisungen der Mutter-Tochter-Richtlinie und der Zins-/Lizenzgebühren-Richtlinie[305], keinen Maßstab und keine Kompetenz. Daher verweist der Gerichtshof, wenn er sich zum Besteuerungsrecht eines Mitgliedsstaates äußert, explizit auf die international anerkannten Grundsätze und die Geltung der Doppelbesteuerungsabkommen.[306]

Mit dem ausdrücklichen Bezug auf die anerkannten internationalen Maßstäbe erkennt der EuGH als unionsrechtskonforme Aufteilung der Besteuerungsgrundlagen die Vorgaben des OECD-Musterabkommens zur Verhinderung von Doppelbesteuerung an. Von besonderer Relevanz für die Niederlassungsfreiheit ist dabei die Zuordnungsentscheidung zugunsten des Ansässigkeitsstaates eines Unternehmens nach Art. 7 Abs. 1 des OECD-Musterabkommens, wenn nicht eine Betriebsstätte im anderen Staat begründet wurde. Damit spiegelt Art. 7 Abs. 1 OECD-Musterabkommen sowohl das Quellen- wie auch das Ansässigkeitsprinzip wider.[307]

Gerade die Maßstäbe der internationalen Zuordnungsentscheidung sind es, die im Mittelpunkt des Maßnahmenpakets des OECD/G20-Projekts zu BEPS stehen. Verkürzt man die materiell-steuerliche Zielvorgabe des BEPS-Projekts auf seinen Kern, soll der Besteuerungsort von Unternehmensgewinnen besser als bisher mit dem Ort übereinstimmen, an dem das Unternehmen seine Wirtschaftstätigkeit entfaltet und die entsprechende Wertschöpfung stattfindet.[308] Der BEPS-Prozess greift damit maßgeblich in die internationale Aufteilung der Besteuerungsgrundlagen ein. Indem der EuGH diese internationalen Standards seiner Beurteilung mitgliedstaatlicher Maßnahmen zugrunde legt, wird sich auch der Rechtfertigungsgrund

---

303 *Englisch*, IStR 2014, S. 561 (562); *Jiménez*, BIT 2012, S. 270 (273); *Hilling*, Intertax 2013, S. 294 (294 f.); *Poulsen*, Intertax 2012, S. 200 (203 f.).

304 *Hilling*, Intertax 2013, S. 294 (298).

305 Daneben erkennt der EuGH punktuelle Zuordnungsentscheidungen in dem Übereinkommen zur Beseitigung von Doppelbesteuerung im Falle von Gewinnberichtigungen zwischen verbunden Unternehmen (Abl. L225, S. 10), vgl. EuGH Rs. C-513/04 (*Keckhaert & Morres*), v. 14.11.2006, Slg. 2006, I-10967 (Rn. 22).

306 EuGH Rs. C-48/13 (*Nordea Bank*) v. 17.07.2014, ECLI:EU:C:2014:2087 (Rn. 27); EuGH Rs. C-350/11 (*Argenta Spaarbank*) v. 04.07.2013, ECLI:EU:C:2013:447 (Rn. 50); EuGH Rs. C-446/03 (*Marks & Spencer*) v. 13.12.2005, Slg. 2005, I-10837 (Rn. 39); EuGH Rs. C-513/04 (*Keckhaert & Morres*), v. 14.11.2006, Slg. 2006, I-10967 (Rn. 22 f.).

307 *Hilling*, Intertax 2013, S. 294 (300).

308 *OECD*, BEPS Erläuterung (2015), S. 5.

der angemessenen Aufteilung der Besteuerungsgrundlagen inhaltlich mitanpassen. Letztlich verschiebt sich dadurch der Gewährleistungsgehalt der Grundfreiheiten selbst.

c. *Missbrauchsvermeidung als unselbstständige Fiskalzwecknorm im Sinne der Typisierung durch Hey*

Letztendlich lassen sich die genannten Rechtfertigungsgründe auf zwei Grundüberlegungen herunterbrechen: Eine Gruppierung betrifft die gerechte Aufteilung der Besteuerungsbefugnisse. Hierin lassen sich die Rechtfertigungsgründe der Symmetrie, der Vermeidung doppelter Verlustberücksichtigung und der Territorialität zusammenführen.

Auf der Grundentscheidung zur Aufteilung der Besteuerungsrechte nach den Leitlinien des internationalen Steuerrechts baut die zweite Gruppierung auf: Die Rechtfertigung des steuerlichen Missbrauchs zielt darauf ab, die Aufteilung der Besteuerungsbefugnisse gegen gestaltungsbedingte Umgehung abzusichern.[309] *Hey* charakterisiert spezialgesetzliche Missbrauchsvorschriften im Sinne des § 42 Abs. 1 Satz 2 AO als unselbstständige Fiskalzwecknormen.[310] Anders als Steuernormen, die eine eigenständige Belastungsentscheidung des Gesetzgebers statuieren, *„flankierten"*[311] spezialgesetzliche Normen die Durchsetzung einer bestehenden Belastungsentscheidung.[312] Neben der Rechtfertigung unter dem Missbrauchszweck bräuchte es stets eine anderweitige – im Kontext – verfassungsrechtliche Rechtfertigung, sofern eine Norm im Tatbestand oder Rechtsfolge Anordnungen trifft, die über das zur Missbrauchsvermeidung Erfoderliche hinausgingen.[313]

Eine vergleichbare Wechselwirkung lässt sich am Verhältnis der unionsrechtlichen Rechtfertigungsgründe beobachten: Normen, die sich auf die Rechtfertigung der gerechten Aufteilung der Besteuerungsgrundlagen zurückführen lassen, statuieren eine eigenständige Belastungsentscheidung des nationalen Gesetzgebers. Folglich stellt sich die Frage, ob die Belastungsentscheidung als solche im Sinne des Unionsrechts angemessen ist. Dagegen charakterisiert Normen, die der Verhinderung von steuerlichen Missbrauch dienen, dass sie die Durchsetzung einer anderweitig getroffenen Belastungsentscheidung absichern, ohne selbst die Aufteilung von Steuersubstrat zu regeln.

---

309 EuGH Rs. C-388/14 (*Timac Agro Deutschland*) v. 17.12.2015, ECLI:EU:C:2015:829 (Rn. 50); *Englisch*, in: Schaumburg/Englisch, Europäisches Steuerrecht (2015), Rn. 7.225; insofern kann auch die Kritik an der Trennung der Rechtfertigungsgründe durch GA Kokott verstanden werden, Schlussanträge der *GA Kokott*, EuGH Rs. C-48/13 (*Nordea Bank*) v. 13.03.2014, IStR 2014, 561 (Rn. 39–41).

310 *Hey*, in: Hüttemann (Hrsg.), DStJG Bd. 33 (2010), S. 139 (146 f.); *Hey*, StuW 2008, S. 167 (171).

311 *Hey*, in: Hüttemann (Hrsg.), DStJG Bd. 33 (2010), S. 139 (147).

312 *Hahn*, DStZ 2005, S. 183 (185 ff.); *Hey*, StuW 2008, S. 167 (171).

313 *Hey*, StuW 2008, S. 167 (171).

2.3. Die Richtlinie 2016/1164/EU vom 12. Juli 2016 zur Bekämpfung von Steuervermeidungspraktiken

Mit Datum vom 28. Januar 2016 veröffentlichte die Europäische Kommission einen Entwurf einer Richtlinie zur Bekämpfung von Steuervermeidungspraktiken, die *expressis verbis* als Reaktion auf die Empfehlungen der OECD im Rahmen des BEPS-Projekts lanciert wurde.[314] Die Kommission sah sich in einer Linie mit vorangehenden Bemühungen gegen Steuervermeidung und aggressive Steuerplanung und versteht die Richtlinie als Grundlage mitgliedstaatlicher Regelungen, die der Umsetzung der Empfehlungen aus dem BEPS-Prokekt dienen.[315] Ihrerseits war die EU wesentlich an den Ausarbeitungen des BEPS-Projekts beteiligt, und trägt insofern Verantwortung für die Kompatibilität der hierin vereinbarten Empfehlungen für unilaterale Maßnahmen zum Unionsrecht.[316]

Aufgrund des, aus der Einigung zum BEPS-Projekt auf OECD-Ebene rührenden großen politischen Einigungsdrucks erzielten die Mitgliedstaaten der Europäischen Union bereits am 21. Juni 2016 eine Einigung im Hinblick auf die Richtlinie, die mit Datum vom 12. Juli 2016 verabschiedet wurde.[317] Am 8. August 2016 trat die Richtlinie bereits in Kraft und verpflichtet die Mitgliedstaaten gemäß Art. 11 Abs. 1 Anti-BEPS-Richtlinie grundsätzlich zur Umsetzung bis zum 31. Dezember 2018.[318]

2.3.1. Von der Richtlinie 2016/1164/EU aufgegriffene Problemfelder

Inhaltlich greift die Anti-BEPS-Richtlinie die Thematik des BEPS-Projekts auf, indem sie spezifizierte Regelungen für Zinsabzugsbeschränkungen (Art. 4 Anti-BEPS-Richtlinie), für eine vereinheitlichte Wegzugsbesteuerung (Art. 5 Anti-BEPS-Richtlinie), für niedrigbesteuerte Einkünfte (Art. 6 Anti-BEPS-Richtlinie), für beherrschte ausländische Unternehmen (Art. 8 und 9 Anti-BEPS-Richtlinie) sowie hybride Gestaltungen (Art. 10 Anti-BEPS-Richtlinie) vorsieht. Daneben formuliert die Anti-BEPS-Richtlinie eine steuerliche Generalklausel zur Verhinderung von Missbrauchs (Art. 7 Anti-BEPS-Richtlinie).

---

314 Europäische Kommission, Vorschlag für eine Richtlinie des Rates mit Vorschriften zur Bekämpfung von Steuervermeidungspraktiken mit unmittelbarer Auswirkung auf das Funktionieren des Binnenmarkts, v. 28.01.2016, COM(2016) 26 final; nachfolgend bezeichnet als ***„Entwurf zur Anti-BEPS-Richtlinie"***.

315 Richtlinienvorschlag v. 28.01.2016, COM(2016) 26 final, S. 3 f.

316 *Kreienbaum*, IStR 2014, S. 721 (721 ff.).

317 Richtlinie (EU) 2016/1164 des Rates v. 12. Juli 2016 mit Vorschriften zur Bekämpfung von Steuervermeidungspraktiken mit unmittelbaren Auswirkungen auf das Funktionieren des Binnenmarkts; nachfolgend bezeichnet als ***„Anti-BEPS-Richtlinie"***.

318 Vgl. *Mitschke*, FR 2016, S. 834 (835).

Auffällig ist, dass die Regelung einer generellen *switch-over*-Klausel aus Art. 6 des Entwurfs der Anti-BEPS-Richtlinie nicht in die endgültige Fassung der Anti-BEPS-Richtlnie übernommen wurde.[319] Hierin sollte den Mitgliedstaaten auferlegt werden, dass Drittlandseinkünfte nur dann im Inland von der Besteuerung freigestellt werden können, wenn sie im Quellenstaat einer besteuerung von mindestens 40 % des Regelsteuersatzes im Inland unterlegen haben. Sollte dieses Mindestniveau an Steuerbelastung im Ausland unterschritten werden, hätten derartige Einkünfte von den Mitgliedstaaten zwingend der Anrechnungsmethode unterworfen werden müssen (Art. 6 Abs. 1 Entwurf der Anti-BEPS-Richtlinie).

2.3.2. Kompetenzgrundlage

Die Kompetenzgrundlage der Anti-BEPS-Richtlinie erkennt der Rat in Art. 115 AEUV, der einen einheitlichen Beschluss durch alle Mitgliedstaaten voraussetzt.[320] Dass für den europäischen Binnenmarkt ein abgestimmtes Vorgehen entsprechend der Subsidiaritätsklausel des Art. 5 Abs. 3 EUV erforderlich ist, rechtfertigt die Kommission damit, dass einzelstaatliche Maßnahmen in einen *„Flickenteppich unterschiedlicher Einzelmaßnahmen"* mündeten und so *„gegenwärtige Ineffizienzen und Verzerrungen [...] fortgeführt"* würden.[321] Ein auf europäischer Ebene durch die Richtlinie abgestimmtes Vorgehen verstärke die Wirkung zur Abwehr aggressiver Steuerplanung, und beuge zugleich dem Risiko vor, dass unilaterale Maßnahmen der Mitgliedstaaten gegen Unionsrecht verstoßen.[322]

Auf den ersten Blick überraschend erscheint, dass die Kommission den Richtlinienentwurf mit der Kompetenzgrundlage Art. 115 AEUV auf das Ziel des Binnenmarkts stützt, obwohl die inhaltlichen Vorgaben doch gerade eine Abschottung der nationalen Steuerrechtsordnungen legitimieren.[323] Die Richtlinie stellt sich damit gegen eine Vertiefung des europäischen Binnenmarkts. Art. 115 AEUV ist jedoch auch die einzig mögliche Rechtsgrundlage zur Harmonisierung der steuerlichen Missbrauchsbekämpfung.[324] In materieller Hinsicht fordert Art. 115 AEUV einen hinreichenden sachlichen Bezug zum Binnenmarkt.[325] Der EuGH erkannte es als

---

319 Die Bedeutung der *switch-over*-Klausel für die Bekämpfung schädlicher Steuerpraktiken hatte der ECOFIN-Rat in einer Stellungnahme an den Rat noch mit Datum v. 24.05.2016 unterstrichen, vgl. 2016/0011 (CNS), DokNr. 9431/16 FISC 83 ECOFIN 498, S. 8; die Übernahme scheiterte letztlich jedoch am Widerstand der Mitgliedstaaten, vgl. 2016/0011 (CNS), DokNr. 10067/16 FISC 101 ECOFIN 587 v. 13.06.2016, S. 5.

320 Richtlinienvorschlag v. 28.01.2016, COM(2016) 26 final, S. 4.

321 Richtlinienvorschlag v. 28.01.2016, COM(2016) 26 final, S. 4 f.

322 Richtlinienvorschlag v. 28.01.2016, COM(2016) 26 final, S. 5.

323 Richtlinienvorschlag v. 28.01.2016, COM(2016) 26 final, S. 4.

324 *Suchowerskyj*, Der Begriff des Missbrauchs im europäischen Steuerrecht (2007), S. 123 ff.; *Classen*, in: Calliess/Ruffert, EUV/AEUV, Art. 115 AEUV Rn. 17.

325 *Kahl*, in: Calliess/Ruffert, EUV/AEUV, Art. 115 AEUV Rn. 6.

ausreichenden Binnenmarktbezug, „*Unterschiede in den Rechts- oder Verwaltungsvorschriften der Mitgliedstaaten in diesem Bereich auszuräumen, wenn sich erweisen sollte, dass sie Verzerrungen bervorrufen oder das Funktionieren des gemeinsamen Marktes zu beeinträchtigen geeignet sind.*“[326] Die Kommission und der Rat begründen die Notwendigkeit der Anti-BEPS-Richtlinie mit erheblichen Gefahren, die bei unkoordinierten Maßnahmen einzelner Mitgliedstaaten im Falle einer Fragmentierung des Binnenmarkts drohten.[327]

Letztlich wird eine Überprüfung der Kompetenzgrundlage bestand haben. Hinsichtlich der Auswirkung auf den Binnenmarkt wird den EU-Organen eine gerichtlich nur beschränkt überprüfbare Einschätzungsprärogative aufgrund der Vielschichtigkeit des Binnenmarkts zugestanden.[328] Für eine auf Art. 115 AEUV gestützte Kompetenz zum Erlass der Anti-BEPS-Richtlinie sprechen letztlich mehrere Aspekte: Als zulässig erachtet wurde die Harmoniserung als Mittel der präventiven Rechtsangleichung, sofern konkrete Rechtssetzungspläne in einigen Mitgliedstaaten bestehen.[329] Zudem dient Art. 115 AEUV funktional der Erzielung einer bestmöglichen Ressourcenallokation.[330] Beides kann sich der Rat letztlich zu eigen machen: Einerseits geben die OECD-Empfehlungen im Rahmen des BEPS-Prokekts Anlass, mitgliedstaatliche Normen zur Bekämpfung schädlichen Steuerwettbewerbs zu überarbeiten.[331] Darüber hinaus gefährden Normen des schädlichen Steuerwettbewerbs – wie im Verlauf dieser Arbeit zu zeigen ist – in ökonomischer Sicht die Ressourcenallokation im Binnenmarkt.[332] Ein auf Art. 115 AEUV gestütztes Handeln auf europäischer Ebene erscheint daher innerhalb des Subsidiaritätsgrundsatzes des Art. 5 AEUV gerechtfertigt.

2.3.3. Wahl des Instruments

Das Mittel der Harmonisierung dient generell der Rechtsangleichung mitgliedstaatlicher Normenkomplexe, indem den Mitgliedstaaten zwar ein verbindliches Regelungsziel vorgeben wird, die Entscheidung über die Umsetzung in nationales Recht nach Form und Mittel freistellt ist (Art. 288 Abs. 3 AEUV).[333] Die Anti-BEPS-

326 EuGH Rs. C-33/76 (*Rewe*) v. 16.12.1976, Slg. 1976, 1989 (Rn. 5) betreffend die Vorgängernorm des Art. 100–102 EWG-Vertrag

327 Richtlinienvorschlag v. 28.01.2016, COM(2016) 26 final, S. 6.

328 *Kahl*, in: Calliess/Ruffert, EUV/AEUV, Art. 115 AEUV Rn. 7; *Leible/Schröder*, in: Streinz, EUV/AEUV (2012), Art. 115 AEUV (Rn. 12).

329 *Classen*, in: Calliess/Ruffert, EUV/AEUV, Art. 115 AEUV Rn. 18.

330 *Tietje*, in: Grabitz/Hilf/Nettesheim, Das Recht der Europäischen Union, Art. 115 AEUV Rn. 21.

331 Vgl. RL 2016/1164/EU v. 12.07.2016, L 193/2; Erwägungsgründe (1) und (2) des Richtlinienvorschlags v. 28.01.2016, COM(2016) 26 final, S. 12.

332 Vgl. Erwägungsgrund (14) des Richtlinienvorschlags v. 28.01.2016, COM(2016) 26 final.

333 *Schaumburg*, in: Schaumburg/Englisch, Europäisches Steuerrecht (2015), Rn. 3.9.

Richtlinie betont mehrfach eine Mindestharmonisierungen zum Zweck der Bekämpfung der internationalen Steuerflucht zu bewirken (Art. 3 Anti-BEPS-Richtlinie). In Abgrenzung zur Vollharmonisierung belässt sie den Mitgliedstaaten im Grundsatz also das Recht, aus eigener Motivation schärfere Regelungen einführen zu dürfen.[334] Die Mindestharmonisierung beseitigt damit nicht den zwischenstaatlichen Regelungswettbewerb, sondern gibt diesem Mindeststandards.[335]

Die Mindestharmonisierung soll ihrem Zweck nach den Mitgliedstaaten Raum für weitergehende Regelungen belassen. Dieser Zweck erscheint im Anwendungsbereich der Anti-BEPS-Richtlinie als fraglich. Denn üblicherweise enthalten Richtlinien, die sich gem. Art. 115 AEUV auf die Verwirklichung des Binnenmarkts stützen, Vorgaben zur Senkung der Abschottungswirkung nationaler Vorschriften, wie die Beispiele der materiellen Steuerdirektiven zur Mutter-Tochter-Richtlinie, der Fusionsrichtlinie sowie der Zins-/Lizenzgebühren-Richtlinie zeigen. Die Anti-BEPS-Richtlinie soll dagegen einer Verzerrung des zwischenstaatlichen Wettbewerbs dadurch entgegenwirken, dass Normen zur Absicherung des nationalen Steuersubstrats zuzulassen sind. Die Mindestharmonisierung ermuntert damit die Mitgliedstaaten, nationales Steuersubstrat noch über die Vorgaben der Richtlinie hinaus stärker abzusichern. Bewirkt das nationale Steuerrecht jedoch eine Abschottung gegen den europäischen Steuerwettbewerb, kollidiert die nationale Norm potentiell mit den primärrechtlich garantierten Grundfreiheiten. In Konsequenz würde die Richtlinie damit keine Mindestharmonisierung bewirken, sondern in einen Definitivstandard zur Absicherung des nationalen Steuersubstrats umschlagen.[336]

2.3.4. Anwendungsbereich

In personeller Hinsicht umfasst der Anwendungsbereich der Anti-BEPS-Richtlinie alle Steuerpflichtigen, die der Körperschaftsteuer eines Mitgliedstaats unterliegen, einschließlich deren Betriebsstätten und Betriebsstätten von Unternehmen, die selbst in einem Drittland steuerlich ansässig sind (Art. 1 Anti-BEPS-Richtlinie).

Ambivalent zeigen sich die Vorgaben der Anti-BEPS-Richtlinie hinsichtlich der Frage, ob deren Anwendung – entsprechend der Schutzbereichsdefinition der Grundfreiheiten[337] – einen grenzüberschreitenden Sachverhalt voraussetzt. Ein solcher wird tatbestandlich offensichtlich vorausgesetzt bei der Wegzugsbesteuerung (Art. 5 Anti-BEPS-Richtlinie), bei den Vorschriften für beherrschte ausländische Unternehmen (Art. 7 und 8 Anti-BEPS-Richtlinie) sowie zur Lösung von Qualifikationskonflikten hybrider Gestaltungen (Art. 9 Anti-BEPS-Richtlinie). Gänzlich ohne

334 *Chalmers/Davies/Monti*, European Union Law (2014), S. 692.

335 *Chalmers/Davies/Monti*, European Union Law (2014), S. 692.

336 Zur kritischen Bewertung der Mindestharmonisierung unter dem Aspekt des freien Binnenmarkts, vgl. *Chalmers/Davies/Monti*, European Union Law (2014), S. 692. Zu dem Verhältnis der Richtlinienvorgaben zu den aus Primärrecht abzuleitenden Standards, vgl. im Einzelnen in Kap. 6–8.

337 Vgl. hierzu vorstehend unter Kap. 2.2.1.2.

grenzüberschreitenden Bezug kommen dagegen die Regelungen zur Zinsschranke (Art. 4 Anti-BEPS-Richtlinie) und die Generalklausel zur Missbrauchsverhinderung (Art. 6 Anti-BEPS-Richtlinie) aus.

2.3.5. Zu erwartende Auswirkungen der Anti-BEPS-Richtlinie auf die Missbrauchsvermeidung im Europäischen Steuerrecht

Die Regelungen der Anti-BEPS-Richtlinie stellen das Regelungsgefüge innerhalb der Europäischen Union zur Vermeidung steuerlichen Missbrauchs auf völlig neue Füße. Die Richtlinie formuliert einerseits einige Vorgaben spezieller Form, die das Ziel der OECD zur Verhinderung der Gewinnverschiebung auf unionsrechtlicher Ebene nachzeichnen. Andererseits formuliert Art. 6 Anti-BEPS-Richtlinie eine allgemeine Vorschrift zur Verhinderung von Missbrauch, deren Anwendungsbereich nicht auf grenzüberschreitende Sachverhalte eingeschränkt ist.

Die Europäische Union formuliert damit erstmalig sowohl spezifische Normen, wie auch eine allgemeine Norm zur Verhinderung von steuerlichen Missbrauch. Entgegen der bisherigen europäischen Zielrichtung zur Ermöglichung und Erleichterung des europäischen Binnenmarkts werden damit erstmalig Beschränkungen für grenzüberschreitende Geschäftsbeziehungen im Unionsrecht selbst niedergeschrieben.

Die zu erwartenden Auswirkungen der Anti-BEPS-Richtlinie sind daher weitreichend. Gleichwohl ist zu erwarten, dass die bisherige Rechtslage auch in Zukunft maßgeblich Einfluss nehmen wird auf die unionsrechtlichen Vorgaben zur Vermeidung steuerlichen Missbrauchs in den Mitgliedstaaten. Hierbei wird maßgeblich die Frage des dogmatischen Verhältnisses der Auslegung des EuGH von Primärrecht zu den Regelungen eines Sekundärrechtsakts grundlegend aufgearbeitet werden müssen. Denn steuersystematisch geht auch weiterhin das Primärrecht, einschließlich der vom EuGH vertretenen Auslegung hierzu, dem Sekundärrecht vor.[338] Auch Sekundärrecht darf damit primärrechtliche Garantien nicht unzulässig einschränken. Das Primärrecht ist daher maßgeblich im Rahmen der Auslegung des Sekundärrechts zu beachten: daraus folgt einerseits, dass zwar beide Rechtsebenen – soweit möglich – zueinander konsistenz auszulegen sind.[339] Sekundärrecht wird vom EuGH daher regelmäßig so ausgelegt, dass es den geringsten Eingriff in Primärrecht nach sich zieht.[340]

338 *Geismann*, in: von der Groeben/Schwarze/Hatje, Europäisches Unionsrecht (2015), Art. 288 AEUV Rn. 25; *Schaumburg*, in: Schaumburg/Englisch, Europäisches Steuerrecht (2015), Rn. 4.6; *Schroeder*, in: Streinz, EUV/AEUV (2012), Art. 288 AEUV Rn. 24.

339 *Szudoczky*, The Sources of EU Law and Their Relationships (2014), S. 409.

340 *Szudoczky*, The Sources of EU Law and Their Relationships (2014), S. 413; *Kahlenberg/Vogel*, StuW 2016, S. 288 (294, m.w.N. in Fn. 68).

Spiegelbildlich wird spezifischen Regelungen des Sekundärrechts eine dahingehende Beeinflussung des Primärrechts zugesprochen, dass unbestimmte Rechtsbegriffe im Sinne des Sekundärrechts auszulegen sind.[341] Ob der EuGH eine derartige Konkretisierung der Anti-BEPS-Richtlinie im Hinblick auf die von ihm aufgestellten Maßstäbe zur Vermeidung steuerlichen Missbrauchs zulässt, wird die Rechtsprechungsentwicklung der kommenden Jahre zeigen müssen.

Auch für die zukünftige Bewertung grenzüberschreitender Konstellationen bleibt damit die Entwicklung des unionsrechtlichen Missbrauchsverständnisses von wesentlicher Bedeutung. Kurzfristig ist zu erwarten, dass die Vorgaben auf die Mitgliedstaaten zunächst durch die hinzutretende Rechtsebene noch komplexer werden.[342] Die nationalen Gesetzgeber müssen in Umsetzung der Anti-BEPS-Richtlinie nicht nur die Vorgaben auf Sekundärebene beachten, sondern darüber hinaus auch, ob aus der Rechtsprechung des EuGH zu den bisherigen Rechtsakten verbindliche Vorgaben entspringen. Insofern ist es gerechtfertigt, den bisherigen Stand der Rechtsentwicklung zum unionsrechtlichen Missbrauchsverständnis aufzuarbeiten, die den status-quo zu einem Zeitpunkt abbilden, der im Hinblick auf Vorgaben des Unionsrechts auf die Besteuerung grenzüberschreitender Sachverhalte richtungsweisend ist.

2.4. Zusammenfassende Thesen des unionsrechtlichen Rechtsrahmens zur Missbrauchsverhinderung

- Der Europäischen Union kommt im Bereich der direkten Steuern nur eine subsidiäre Gesetzgebungskompetenz zu den Mitgliedstaaten zu. Die maßgeblichen Sekundärrechtsakte im Bereich des materiellen Steuerrechts bezogen sich bislang auf die Mutter-Tochter-Richtlinie, die Fusionsrichtlinie und die Zins-/Lizenzgebühren-Richtlinie. Weitergehende Harmonisierungsmaßnahmen bedürfen eines einheitlichen Ratsbeschlusses und unterliegen den Vorgaben der Subsidiarität und Verhältnismäßigkeit. Ein inzidenter Harmonisierungsauftrag entspringt weder den Grundfreiheiten noch dem europäischen Beihilferecht.
- Die vorgenannten Sekundärrechtsakte im Bereich der direkten Steuern enthalten allesamt generelle Vorgaben für mitgliedstaatliches Handeln zur Verhinderung der missbräuchlichen Inanspruchnahme der unionsrechtlich gewährten Rechte, die sich im Konkreten jedoch voneinander unterscheiden. Die Mutter-Tochter-Richtlinie enthält neben einem sehr allgemein formulierten abstrakten Vorbehalt

341 *Sypris*, CMLR 2015, S. 461 (477 ff.); *Reimer*, in: Schaumburg/Englisch, Europäisches Steuerrecht (2015), Rn. 7.20; *Szudoczky*, The Sources of EU Law and Their Relationships (2014), S. 198 f.

342 Vgl. zur Diskussion einer Vorwirkung der Anti-BEPS-Richtlinie auf die Beurteilung der Verfassungsgemäßheit der Zinsschranke nach nationalem Recht, *Glahe*, ISR 2016, S. 86 (88 f.); *Glahe*, FR 2016, S. 829 ff. und *Mitschke*, FR 2016, S. 412 (414 ff.); *Mitschke*, FR 2016, S. 834 ff.

zugunsten mitgliedstaatlicher Regelungen zur Verhinderung von Steuerhinterziehung und Missbräuchen auch typisierte Missbrauchsregelungen für spezifische Missbrauchsgestaltungen, wie den kurzfristigen Beteiligungserwerb. Obwohl in der Ursprungsfassung zeitgleich verabschiedet, stellt die Fusionsrichtlinie zur Definition eines Missbrauchs auf eine subjektive Intention des Steuerpflichtigen zur Steuerhinterziehung oder -umgehung ab, wofür bei fehlenden wirtschaftlichen Gründen einer Umstrukturierung eine Vermutungsregel aufgestellt wird. Die Zins-/Lizenzgebühren-Richtlinie vereint diese beiden Ansätze, indem ein abstrakter Vorbehalt zugunsten mitgliedstaatlicher Missbrauchsvermeidung formuliert wird und hinzutretend der Entzug der Richtlinienrechte bei missbräuchlicher Intention des Steuerpflichtigen zulässt. Eine erstmalige abstrakte Definition dessen, was der europäische Gesetzgeber unter missbräuchlichen Verhaltensweisen versteht, ist mit der Neufassung der Mutter-Tochter-Richtlinie durch die Richtlinie 2015/121/EU erfolgt.

- Über die dargestellten Harmonisierungsmaßnahmen hinaus sind mitgliedstaatliche Regelungen, in Ermangelung von Totalharmonisierungen im Recht der direkten Steuern, an den europäischen Grundfreiheiten zu messen. Der Grundfreiheitsschutz kommt allen wirtschaftlichen Tätigkeiten zugute, die sich über die Grenze eines Mitgliedstaates hinaus erstrecken. Die Grundfreiheiten stehen offenen und verdeckten Diskriminierungsmaßnahmen sowie sonstigen staatlichen Beschränkungen entgegen. Unterschiedslos anwendbare Rechtsnormen, bei denen sich die Benachteiligung aus dem Zusammenwirken mit Normen eines anderen Mitgliedsstaates ergeben, sind vom Anwendungsbereich der Grundfreiheiten ausgeschlossen, sofern sie nicht den Marktzutritt behindern. Das Vorliegen einer etwaigen missbräuchlichen Gestaltung schließt nicht schon den Anwendungsbereich von Grundfreiheiten aus, sondern ist nach dogmatisch richtiger Betrachtung auf Rechtfertigungsebene zu prüfen.
- Auf Rechtfertigungsebene steht die Vermeidung von steuerlichem Missbrauch in enger Korrelation mit den Rechtfertigungsgründen der angemessenen Aufteilung der Besteuerungsgrundlagen, der Territorialität und der Vermeidung doppelter Verlustberücksichtigung. Letztlich dienen die genannten Gründe dem gemeinsamen Ziel, die Besteuerungsgrundlage zwischen den Mitgliedstaaten angemessen aufzuteilen. Hieraus ist jedoch nicht abzuleiten, dass sie ihre Qualität als eigenständige Rechtfertigungsgründe verlören.
- Eine gänzlich neue Ausrichtung erhält die Missbrauchsvermeidung auf Unionsebene durch Erlass der Richtlinie 2016/1164/EU, in der sich neben einer allgemeinen Norm zur Verhinderung steuerlichen Missbrauchs, auch eine Reihe spezifischer Missbrauchsnormen finden. Die Richtlinie findet auf alle Körperschaftsteuersubjekte Anwendung und verpflichtet Mitgliedsstaaten zur Einführung entsprechender Vorschriften. Die unionsrechtlichen Maßnahmen sollen den Schutz des nationalen Steuersubstrats gegen ungewollte Gewinnverlagerung schützen. Sie werden als Standard der Mindestharmonisierung bezeichnet, die strengere nationale Vorschriften zulassen. Inwiefern nationale Regelungen aber strengere Maßnahmen enthalten dürfen, ist ausgehend vom Schutzgehalt der

Grundfreiheiten zu bestimmen. Ob nationale Maßnahmen trotz dieser sekundärrechtlichen Anordnung primärrechtskonform strenger ausgestaltet werden dürfen, hängt maßgeblich davon ab, wie das Verhältnis des Sekundärrechtsakts zum Primärrecht beurteilt wird.

Kap. 3. Die Funktion der Missbrauchsvermeidung im steuer-ökonomischen Kontext der Europäischen Union

Für ein Verständnis des Missbrauchs unionsrechtlicher Garantien ist maßgeblich, die wirtschaftlichen und politischen Grundideen hinter den rechtlichen Vorgaben einschätzen zu können. Hierfür soll zunächst ein Blick auf die ökonomischen Grundvorstellungen des europäischen Steuerrechts geworfen werden. Im Folgenden werden daher die unterschiedlichen Ansatzpunkte zur Verwirklichung des Binnenmarkts zu den direkten und indirekten Steuern dargestellt und die rechtliche Realität zur Erfüllung der ökonomischen Zielvorstellung bewertet.

3.1. Zum Wert ökonomischer Argumentation im Europäischen Recht

Hierbei ist zunächst von Bedeutung, warum ökonomische Erwägungen im Rahmen der Auslegung des unionsrechtlichen Missbrauchsverständnisses überhaupt von Bedeutung sein können. Recht und Ökonomie können sich in zweierlei Richtungen beeinflussen:[343] Offensichtlich sind die Auswirkungen der Rechtsetzung auf die Ökonomie, die durch analytische und empirische Untersuchung ermittelt werden können. Dem umgekehrten Fall der Beeinflussung der Rechtsfindung durch ökonomischer Erkenntnisse wurde im europäischen Rechtsraum nur zögerlich Bedeutung zuerkannt. Die Bewertung dieser letzteren Beziehung ist aber immer dann von Bedeutung, wenn das Recht selbst die Möglichkeit normativer Wertungen zulässt. Letztlich bestimmt das Recht also selbst, ob ökonomischen Erwägungen im Zuge der Rechtsfindung eine entscheidende Rolle zukommen kann.[344]

Gerade das europäische Recht ist ein Paradebeispiel, dass Rechtssetzung ökonomisch geprägt ist. Der Zusammenschluss der europäischen Staaten war und ist seit jeher getragen von einem wirtschaftspolitischen Ziel: Die wirtschaftliche Integration der Nationalstaaten sollte vorangetrieben werden, indem ein gemeinsamer europäischen Binnenmarktes und einer europäischen Wirtschafts- und Währungsunion geschaffen wird.[345] Normativ ist dieser Gedanke in Art. 119 AEUV niedergeschrieben, der den Grundsatz einer *„offenen Marktwirtschaft mit freiem Wettbewerb"* ins Zentrum der Wirtschaftsverfassung der europäischen Union stellt.[346] Für die

343 Vgl. hierzu *Franck*, in: Riesenhuber, Europäische Methodenlehre (2014), § 5 Rn. 1 f.
344 Vgl. hierzu *Franck*, in: Riesenhuber, Europäische Methodenlehre (2014), § 5 Rn. 16.
345 *Schön*, ECTR 2000, S. 90 (90).
346 *Franck*, in: Riesenhuber, Europäische Methodenlehre (2014), § 5 Rn. 18.

Wirtschaftspolitik der Mitgliedstaaten betont Art. 120 AEUV explizit, dass diese dem Ziel eines effizienten Einsatzes der Ressourcen dienen soll. Die identische Zielvorgabe formuliert Art. 121 AEUV für die europäische Währungspolitik. Das europäische Primärrecht ist im Kern ein Ordnungsprinzip, das die Zielvorgabe eines Systems des unverfälschten Wettbewerbs aus Art. 3 EUV garantieren soll.[347] Die wirtschaftspolitischen Entscheidungen sind daher bei der Auslegung der Normen, die der Umsetzung jener Systementscheidung dienen, zu berücksichtigen.[348]

3.2. Die ökonomische Theorie zur Koordination des Steuerrechts der Mitgliedstaaten

Welche ökonomische Aussage trifft also das Unionsrecht auf die Grundfragen der Koordination des Steueranspruchs unterschiedlicher Mitgliedstaaten? Aufgabe des Staats in der marktwirtschaftlichen Wirtschaftsordnung sind maßgeblich die Kontrolle und Koordination des privaten Wettbewerbs, sowie – gerade in Fällen des Marktversagens – die Verteilung des durch Erhebung von Steuern geschöpften öffentlichen Guts.[349] Anders als in den Modellen einer geschlossenen Marktwirtschaft, die das Handeln von privaten Akteuren innerhalb eines marktwirtschaftlichen Systems ohne Austausch von Gütern oder Dienstleistungen nach außen hin betrachtet, handelt der Staat aber nicht als Monopolist. Politische Maßnahmen zum Abbau von Handels- und Investitionshemmnissen[350] führten in Vergangenheit genauso zur Öffnung der nationalen Ökonomien, wie die Internationalisierung der wirtschaftlichen Realität befeuert durch die Zunahme an Mobilität von Arbeitskraft, Kapital, Wirtschaftsgütern und der unternehmerischen Ideen selbst.[351] Die fortschreitende Vertiefung internationaler Wirtschaftsstrukturen kann hierbei einerseits in der Realwirtschaft im Bereich der Gütermärkte sowie der Zunahme der internationalen Direktinvestitionen, andererseits auch in der Finanzwirtschaft beobachtet werden.[352]

Die Staaten selbst stehen im Ergebnis mit ihrem jeweiligen Wirtschaftssystem und den Standortfaktoren im Wettbewerb. Die Attraktivität eines Standorts wird einerseits durch die angebotenen öffentlichen Leistungen und den zur Finanzie-

347 *Franck*, in: Riesenhuber, Europäische Methodenlehre (2014), § 5 Rn. 18.

348 *Franck*, in: Riesenhuber, Europäische Methodenlehre (2014), § 5 Rn. 18.

349 *Monopolkommission*, Systemwettbewerb – Sondergutachten der Monopolkommission gemäß § 24b Abs. 5 Satz 4 GWB (1998), S. 11 ff.; *Schaper*, Steuerstaat im Wettbewerb (2013), S. 20.

350 Insb. durch Maßnahmen von Staatenverbünden wie der EU, ASEAN, NAFTA, OECD oder WTO.

351 *Pinto*, Tax Competition and EU Law (2003), S. 6.

352 *Gerken/Märkt/Schick*, Internationaler Steuerwettbewerb (2000), S. 50 ff., *Monopolkommission*, Systemwettbewerb – Sondergutachten der Monopolkommission gemäß § 24b Abs. 5 Satz 4 GWB (1998), S. 7.

rung erhobenen Steuern und Abgaben andererseits bestimmt.[353] Erkennt man in den nationalen Steuerrechtsordnungen einen maßgeblichen Aspekt der jeweiligen Standortfaktoren, ist es das Unionsrecht, das den nationalen Standortfaktoren ein übergeordnetes Rechtssystem überstülpt. Insofern koordiniert das Unionsrecht seinerseits das Handeln der Mitgliedstaaten innerhalb des Standortwettbewerbs.

Das Unionsrecht stützt die Koordination der nationalen Steuerrechtssordnungen auf zwei sehr unterschiedliche Ausprägung: Einerseits die Harmonisierung einiger steuerlicher Bereiche, andererseits das Konkurrieren der Mitgliedstaaten untereinander in den Bereichen, in denen die Nationalstaaten Souveränität genießen. So grundverschieden beide ökonomische Modelle sich im Einzelnen zeigen, verfolgen beide Systeme aus ökonomischer Sicht ein gemeinsames Ziel: Aus Art. 120 und Art. 127 AEUV geht das klare politische Bekenntnis zu einer offenen Marktwirtschaft mit freiem Wettbewerb zum Zweck des effizienten Einsatzes von Ressourcen hervor. Die europäische Staatengemeinschaft hat sich damit dem übergeordneten Ziel der besseren Ressourcenallokation durch die Beseitigung von grenzüberschreitenden Handelshemmnissen verschrieben.[354] In der Ökonomie steht Allokationseffizienz dafür, dass Produktionsfaktoren so einzusetzen sind, dass der hiermit erzielte Nutzen maximiert und ein optimales Wohlfahrtsergebnis erzielt wird.[355] Die Unterschiede, wie nachfolgend gezeigt wird, äußern sich vor allem in der Wahl der zur Zielerreichung gewählten Mittel.

3.3. Das Modell der Harmonisierung der Steuersysteme

Die klassische Theorie zur Koordination der Steuersysteme entspringt der Auffassung, dass eine staatlich auferlegte Steuerbelastung wirtschaftliche Entscheidungen stets verzerrt und so dem Ideal der Allokationseffizienz entgegenwirkt.[356]

3.3.1. Das ökonomische Ideal der Neutralität der Besteuerung

Geht man daher von der Prämisse aus, dass eine Besteuerung an sich erfolgt, so soll nach dem Modell der Harmonisierung die Fragen *ob* und *wie* sich wirtschaftliche Ressourcen ansiedeln, nicht durch Zerwürfnisse der zwischenstaatlichen Steuer-

---

353 *Monopolkommission*, Systemwettbewerb – Sondergutachten der Monopolkommission gemäß § 24b Abs. 5 Satz 4 GWB (1998), S. 16.

354 *Fuest*, in: Reimer/Waldhoff (Hrsg.), Steuersysteme in Europa – Quo Vadis? (2008), S. 167 (169); *Molle*, The Economics of European Integration (2006), S. 260; *Schön*, ECTR 2000, S. 90 (91); *Schön*, CMLR 2005, S. 331 (347).

355 *Franck*, in: Riesenhuber, Europäische Methodenlehre (2014), § 5 Rn. 5; *Lang*, StuW 2011, S. 144 (147 f.).

356 *Hey*, Harmonisierung der Unternehmensbesteuerung in Europa (1997), S. 124; *Rose*, in: Cnossen (Hrsg.), Optimal tax perspective on tax coordination (1987), S. 113 (113, 115); *Schön*, ECTR 2000, S. 90 (92).

systeme beeinträchtigt werden.[357] Unterschiedliche Steuerbelastungen für wirtschaftlich gleiche Vorgänge seien ungerecht und münden in Ineffizienz.[358] Dies gilt für das rein innerstaatliche Besteuerungsgefälle[359] gleichermaßen wie für Belastungsdifferenzen im grenzüberschreitenden Wirtschaftsverkehr.[360]

Eine vollständige Neutralität der wirtschaftlichen Entscheidung von den Vorgaben des Steuerrechts wäre jedoch nur in einem weltweit angeglichenen Steuerrecht denkbar. Nur dann wäre eine Investitionsentscheidung von den steuerlichen Begebenheiten innerhalb eines Landes oder den zwischenstaatlichen Begebenheiten entkoppelt und könnte sich einzig am ökonomischen Ziel der Allokationseffizienz ausrichten.[361] Ein derartiges Ideal entspricht nicht der wirtschaftlichen und rechtlichen Realität und verbleibt sicherlich auch auf absehbare Zeit nur ein finanzökonomisches Modell.

3.3.2. Die (Teil-) Neutralität nach dem Konzept von Musgrave

Um der Steuerneutralität im grenzüberschreitenden Wirtschafts- und Warenverkehr dennoch möglichst nahe zu kommen, hat die internationale Steuerlehre – nach der auf *R.A. Musgrave*[362] zurückgehenden Differenzierung – die Konzepte der Kapitalexport- sowie der Kapitalimportneutralität entwickelt:

Mittels Doppelbesteuerungsabkommen oder unilateralen Regelungen kann eine Doppelbesteuerung bzw. eine steuerliche Doppelbelastung[363] bei grenzüberschreitenden Aktivitäten vermindert werden.[364] Eine Investitionsaktivität kann dabei ent-

---

357 *Rose*, in: Cnossen (Hrsg.), Optimal tax perspective on tax coordination (1987), S. 113 (113, 115); *R.A. Musgrave*, The Theory of Public Finance (1961), S. 256; *Schön*, ECTR 2000, S. 90 (92).

358 *Homburg*, Allgemeine Steuerlehre (2010), S. 221 f.

359 Bspw. im Falle von unterschiedliche Steuerbelastung bei unterschiedlichen Rechtsformen, sowie die unterschiedlichen Steuersätze auf Kapitaleinkünfte und übrigen Einkunftsarten in Deutschland.

360 *P.B. Musgrave*, in: Cnossen (Hrsg.), Interjurisdictional coordination of taxes on capital income (1987), S. 197 (205); *Schön*, ECTR 2000, S. 90 (92).

361 *Homburg*, Allgemeine Steuerlehre (2010), S. 335.

362 Vgl. *Gerken/Märkt/Schick*, Internationaler Steuerwettbewerb (2000), S. 64 mit Verweis auf *R.A. Musgrave* (1960, 84 ff.), ebenso unter dem Begriff der „Locational Neutrality“, *P.B. Musgrave*, in: Cnossen (Hrsg.), Interjurisdictional coordination of taxes on capital income (1987), S. 197 (205 ff.).

363 Von Doppelbesteuerung ist auszugehen, wenn (1) dasselbe Steuersubjekt (2) mit demselben Steuerobjekt (3) während desselben Besteuerungszeitraums (4) zweimal einer gleichartigen Steuer unterworfen ist. Die Doppelbelastung betrifft im Gegensatz dazu nicht dasselbe Steuersubjekt, lediglich dasselbe Einkommen wird während desselben Zeitraums zweimal mit einer ähnlichen Steuer belegt; vgl. *Gerken/Märkt/Schick*, Internationaler Steuerwettbewerb (2000), S. 62 f.

364 Zu den Neutralitätskonzepten auf internationaler Ebene, vgl. *Rudat*, Steuerneutralität im Europäischen Binnenmarkt (2010), S. 25 ff.

weder so gestellt werden, dass sie aus Sicht des Staats der Investition unabhängig davon besteuert wird, ob sie von einem inländischen oder ausländischen Investor getätigt wird (*Kapitalimportneutralität*). Alternativ kann sie aus Sicht des Ansässigkeitsstaats des Investors unabhängig davon besteuert werden, ob die Investition im Inland oder im Ausland getätigt wird (*Kapitalexportneutralität*).

Kapitalexportneutralität setzt daran an, dass das weltweite Einkommen einer Person im jeweiligen Ansässigkeitsstaat besteuert wird. Unterliegt das Einkommen einer zusätzlichen Besteuerung anderorts, wird die ausländische Steuer auf die Steuerlast am Ansässigkeitsort angerechnet, sodass im Ergebnis die insgesamt erhobene Steuerbelastung der Steuer am Ansässigkeitsort entspricht.[365] Ihrem Ziel der steuerlichen Neutralität kann das Modell vor allem dann nicht genügen, wenn im Quellenstaat die Besteuerung höher ist, als im Ansässigkeitsstaat: Dies müsste aufgrund der höheren im Quellenstaat gezahlten Steuer zu einer Steuererstattung im Ansässigkeitsstaat führen, was aber durchweg nicht praktiziert wird.[366]

Zur Erzielung von Kapitalimportneutralität wird ausländisches Einkommen dagegen ausschließlich im Quellenstaat besteuert und im Gegenzug im Ansässigkeitsstaat schon von der Bemessungsgrundlage ausgenommen. Technisch kann dies nur auf Grundlage bilateraler Verträge durch Freistellungen einer Einkunftsquelle durch Maßgabe eines Doppelbesteuerungsabkommens erfolgen.[367] Welche dieser Varianten zu einer besseren Ressourcenallokation führt, ist dagegen auch in der Ökonomie noch immer umstritten.[368]

3.3.3. Bewertung der unionsrechtlichen Harmonisierungen unter Aspekten der Steuerneutralität

Der Idealvorstellung der steuerlichen Neutralität durch Vollharmonisierung mit Mitteln des Unionsrechts wird kein Steuerbereich gerecht. Das ökonomische Modellziel der Allokationseffizienz ist auch im Steuersystem des vereinten Europas in weiter Ferne.

Harmonisierungsmaßnahmen beschränken sich im Recht der direkten Steuern bislang auf die Mutter-Tochter-Richtlinie, die Zins-/Lizenzgebühren-Richtlinie und die Fusionsrichtlinie. Weitere Harmonisierungsbemühungen haben *de lege lata* keine Rechtswirksamkeit erreicht.[369] Aufgrund der Bedeutung der Mehrwertsteuer für

---

365 *Lehner*, in: Isensee/Kirchhof, Handbuch des Staatsrechts (2013), Band XI, § 251 Rn. 50.

366 *Lehner*, in: Isensee/Kirchhof, Handbuch des Staatsrechts (2013), Band XI, § 251 Rn. 39.

367 *Lehner*, in: Isensee/Kirchhof, Handbuch des Staatsrechts (2013), Band XI, § 251 Rn. 49 f.

368 Vgl. *Fuest/Huber/Mintz*, Foundation and Trends in Microeconomics 2005, S. 1 (9 ff.); *Gerken/Märkt/Schick*, Internationaler Steuerwettbewerb (2000), S. 64 ff.

369 Vgl. zu den gescheiterten Versuchen der Harmonisierung, *Rudat*, Steuerneutralität im Europäischen Binnenmarkt (2010), S. 36 ff.

den europäischen Binnenmarkt sei im Rahmen der steuerökonomischen Bewertungen des Ziels der Allokationseffizient zunächst der Blick hierauf gerichtet.

3.3.3.1. Das Neutralitätspostulat als Harmonisierungsziel der Mehrwertsteuer

Am weitesten reicht die Harmonisierung der mitgliedsstaatlichen Mehrwertsteuergesetze, die auf Grundlage der Mehrwertsteuersystemrichtlinie harmonisiert sind. Der Kompetenz der Mitgliedstaaten verbleiben letztlich noch immer die Entscheidungen über die Höhe der Umsatzsteuersätze, sowie deren Steuervollzug. Das wesentliche Ziel der Harmonisierung im Umsatzsteuerrecht gibt die Präambel der Ersten Richtlinie zur Harmonisierung der Umsatzsteuersysteme 67/227/EWG[370] vor:[371]

> *„Hauptziel des Vertrages ist es, im Rahmen einer Wirtschaftsunion einen gemeinsamen Markt zu schaffen, auf dem ein gesunder Wettbewerb herrscht und der ähnliche Merkmale aufweist wie ein Binnenmarkt."*

Um einen Binnenmarkt erzielen zu können, sahen es die Mitgliedstaaten als erforderlich, dass die Regelungen über die Umsatzsteuern die Wettbewerbsbedingungen nicht verfälschen und den freien Waren- und Dienstleistungsverkehr im Gemeinsamen Markt nicht behindern.[372] Durch die umfassende Harmonisierung könne so die größte Einfachheit und Neutralität des Mehrwertsteuersystems erreicht werden.[373] Die Wettbewerbsneutralität solle sich insbesondere darauf beziehen, *„dass gleichartige Waren innerhalb der einzelnen Länder ungeachtet der Länge des Produktions- und Vertriebswegs steuerlich gleich belastet werden und dass im grenzüberschreitenden Handelsverkehr die steuerliche Belastung der Waren bekannt ist, damit ein genauer Ausgleich dieser Belastung vorgenommen werden kann"*.[374]

Die Ausgestaltung des Mehrwertsteuersystems dient daher primär dazu, möglichen Diskriminierungen und Abschottungen des grenzüberschreitenden Waren- und Dienstleistungsverkehrs seitens der Mitgliedstaaten entgegen zu wirken,[375] und soll möglichst am Absatzmarkt Wettbewerbsneutralität erzeugen.[376] Die Zielrichtung des Mehrwertsteuersystems durch Harmonisierung bzw. Angleichung den

---

370 Erste RL 67/227/EWG des Rates vom 11.04.1967 zur Harmonisierung der Rechtsvorschriften der Mitgliedstaaten über die Umsatzsteuer, ABl. 71 vom 14. 4. 1967, S. 1301/67; nachfolgend bezeichnet als „**Erste Umsatzsteuerrichtlinie**".

371 Erwägungsgrund (1) der Präambel, Erste Umsatzsteuerrichtlinie 67/227/EWG.

372 Erwägungsgrund (2) der Präambel, Erste Umsatzsteuerrichtlinie 67/227/EWG.

373 Erwägungsgrund (5) der Präambel, Erste Umsatzsteuerrichtlinie 67/227/EWG.

374 Erwägungsgrund (8) der Präambel, Erste Umsatzsteuerrichtlinie 67/227/EWG.

375 *Cnossen/Shoup*, Coordination of Value Added Tax (1987), S. 59 (59 f., 81); *Brederode/Krever*, in: Brederode/Krever (Hrsg.), Legal Interpretation of Tax Law (2014), S. 107 (110 f.).

376 *Homburg*, Allgemeine Steuerlehre (2010), S. 320.

europäischen Binnenmarkt zu stärken, leitete der EuGH insbesondere aus Art. 113 AEUV ab, der die Rechtsgrundlage der Mehrwertsteuerrichtlinien bildet.[377] Das europäische Mehrwertsteuersystem diene damit der effektiven Nutzung der Grundfreiheiten, der Verflechtung der Volkswirtschaften und der Ermöglichung eines unternehmerischen Wettbewerbs im europäischen Binnenmarkt.[378]

Die Steuerneutralität des Mehrwertsteuerrechts äußert sich damit primär im Sinne einer Wettbewerbsneutralität vergleichbarer Umsätze im Binnenmarkt.[379] Im harmonisierten System der Mehrwertsteuer verwirklicht sich daneben vor allem das Sicherungsinteresse der Staaten als Steuergläubiger.[380] Kritik erntet das Mehrwertsteuersystem dagegen unter Effizienzgesichtspunkten: Das Mischsystem aus Bestimmungslandprinzip einerseits und Ursprungslandprinzip andererseits sorgt dafür, dass auf grenzüberschreitende Leistungen abhängig von ihrer umsatzsteuerlichen Qualifikation einerseits die Steuersätze des Ansässigkeitsorts des Unternehmens und andererseits die Steuersätze des Zielstaats der Leistung anzuwenden sind. Da die Motivation hierfür in der Sicherung des Mehrwertsteuersystems gegen Steuerhinterziehung liegt, spielte Allokationseffizienz bei der Ausgestaltung der harmonisierten Mehrwertsteuer eine nur untergeordnete Rolle, weshalb dies im Ergebnis im grenzüberschreitenden Wirtschaftsverkehr zu Ineffizienzen führt.[381]

3.3.3.2. Allokationseffizienz als untergeordneter Gesichtspunkt der Teilharmonisierung der direkten Steuern

Erst recht sind die Bereiche der direkten Steuern einer der ökonomischen Effizienz verschriebenen umfassenden Harmonisierung entzogen. Die Harmonisierung direkter Steuern mittels Sekundärrechtsakten lässt sich weder dem Konzept der Kapitalimportneutralität, noch dem Konzept der Kapitalexportneutralität eindeutig zuweisen.

Die Mutter-Tochter-Richtlinie verhindert die Doppelbesteuerung von Gewinnen, die von einer Tochter- an ihre Muttergesellschaft ausgeschüttet werden. Der Quellenstaat, zugleich Ansässigkeitsstaat der Tochtergesellschaft, erhebt zwar Steuern auf die unternehmerischen Gewinne auf Ebene der Tochtergesellschaft nach allgemeinen Zuordnungskriterien.[382] Eine an die Muttergesellschaft ausgeschüttete Dividende unterliegt im Quellenstaat keiner Kapitalertragssteuer (Art. 5 Mutter-

---

377 Zur damaligen Vorgängervorschrift des Art. 99 EWG, EuGH Rs. C-289/86 (*Happy Family*) v. 05.07.1988, Slg. 1988, 3655 (Rn. 16).

378 EuGH Rs. C-289/86 (*Happy Family*) v. 05.07.1988, Slg. 1988, 3655 (Rn. 16).

379 *Risdale*, ECTR 2005, S. 82 (84).

380 Dies lässt sich insbesondere erkennen am punktuellen Einsatz des sog. Reverse-Charge-Verfahrens, vgl. Art. 194 ff. MwStSyst-Richtlinie.

381 *Cnossen/Shoup*, Coordination of Value Added Tax (1987), S. 59 (70 f.); *Homburg*, Allgemeine Steuerlehre (2010), S. 321 u. 329.

382 Die Zuordnung unternehmerischer Gewinne zum Ansässigkeitsstaat verwirklicht maßgeblich Art. 7 OECD-MA.

Tochter-Richtlinie). Eine steuerliche Doppelbelastung[383] der von der Tochter erwirtschafteten Erträge wird letztendlich vermieden, indem die Dividende nach Wahl des Ansässigkeitsstaats der Muttergesellschaft von der Bemessungsgrundlage freigestellt wird, oder die im Quellenstaat entrichtete Steuer angerechnet wird (Art. 4 Abs. 1 Mutter-Tochter-Richtlinie). Obwohl sich der ursprüngliche Entwurf auf die Freistellungsmethode zur Vermeidung von Doppelbesteuerung beschränkte, wurde letztlich auch die Anrechnungsmethode zur Beseitigung der Doppelbesteuerung als geeignet erachtet. Ein eindeutiges Bekenntnis zum Ziel der Allokationseffizienz im Binnenmarkt enthält die MutterTochter-Richtlinie damit nicht.

Eindeutiger ist der Befund betreffend der Zins-/Lizenzgebühren-Richtlinie. Diese befreit Zinsen und Lizenzzahlungen im grenzüberschreitenden Konzernverbund von der Quellenbesteuerung. Im Quellenstaat mindern die Zahlungen des Leistenden dessen steuerliche Bemessungsgrundlage. Das Recht der Besteuerung der Zins- bzw. Lizenzerträge aufseiten des Zahlungsempfängers liegt einzig in dessen Ansässigkeitsstaat (Art. 1 Zins-/Lizenzgebühren-Richtlinie). Die Richtlinie gibt damit die Besteuerung im Ansässigkeitsstaat unter Freistellung der Bezüge im Quellenstaat vor. Für den Zahlungsgläubiger führt dies im Ergebnis zur Kapitalexportneutralität.

Die Fusionsrichtlinie ermöglicht grenzüberschreitende Unternehmensumstrukturierungen ohne Aufdeckung von stillen Reserven und verfolgt damit primär die Verwirklichung des europäischen Binnenmarkts (Art. 4 Abs. 1 Fusionsrichtlinie). Einschränkend sieht die Fusionsrichtlinie dahingehend vor, dass das übertragene Vermögen weiterhin einer Betriebsstätte am Ort der übertragenden Gesellschaft zugeordnet bleiben muss (Art. 4 Abs. 2 lit. b) Fusionsrichtlinie). Auf Ebene der übernehmenden Gesellschaft darf der Wegfall des Beteiligungsansatzes der übertragenen Gesellschaft keine Besteuerung auslösen, wenn die Beteiligung mindestens 10 % betrug (Art. 7 Fusionsrichtlinie). Letztendlich darf die Zuteilung neuer Anteile der aufnehmenden Gesellschaft an die Anteilseigner der übertragenen Gesellschaft keine Besteuerung auf Ebene der Anteilseigner auslösen (Art. 8 Abs. 1 Fusionsrichtlinie).

Die Fusionsrichtlinie setzt damit erst gar nicht an eine zwischenstaatliche Verschiebung steuerlicher Werte an. Vielmehr knüpft sie die Buchwertfortführung des übertragenen Vermögens an die steuerliche Verhaftung der Wirtschaftsgüter im selben Mitgliedsstaat. Die Fusionsrichtlinie unterstreicht damit letztlich die Aussage von Art. 7 Abs. 1 OECD-MA zugunsten des Ansässigkeitsstaats der Gesellschaft bzw. deren Betriebsstätte. Sie selbst trifft letztlich aber keine Entscheidung zur Zuordnung von Besteuerungsrechten, sondern setzt eine gleichbleibende Zuordnung voraus. Eine Aussage zur Kapitalimport- oder Kapitalexportneutralität lässt sich daraus folglich nicht ableiten.[384]

---

383 Vgl. im Unterschied zur rechtlichen Doppelbesteuerung in Fn. Fehler! Textmarke nicht definiert..

384 Abweichend sieht *Rudat* für eine durch die Fusionsrichtlinie angeordnete Kapitalimportneutralität mit der Begründung, die Fusionsrichtlinie ermögliche dem Tä-

Die Teilneutralität nach dem Konzept *Musgraves* sichern im Bereich der direkten Steuern auf internationaler Ebene vor allem zwischenstaatliche Doppelbesteuerungsabkommen. Die Möglichkeit, durch unionsrechtliche Harmonisierungsmaßnahmen grenzüberschreitenden Wirtschaftstätigkeiten vollständige oder auch nur teilweise steuerliche Neutralität zu ermöglichen, ist auf Ebene des Unionsrechts dagegen größtenteils ungenutzt verblieben.

3.4. Das Modell des internationalen Steuerwettbewerbs

Die Wettbewerbsneutralität der Besteuerung, also die Entkoppelung der Entscheidung über den Investitionsstandort von den steuerlichen Begebenheiten lässt sich – wie dargestellt in Ermangelung internationaler Harmonisierung – in einer globalen Volkswirtschaft nicht darstellen. Das ökonomische Ziel der Allokationseffizienz kann damit nur unter der generellen Berücksichtigung der steuerlichen Rahmenbedingungen verfolgt werden.

3.4.1. Die Grundthesen zum Steuerwettbewerb von *Tiebouts*

Innerhalb einer offenen Ökonomie konkurrieren stets Unternehmen verschiedener Standorte auf einem einheitlichen Markt. Dieses Modell findet seinen Ausgangspunkt in der These, dass die Festlegung der Besteuerung souveränen Einzelstaaten obliegt.[385] Das am Unternehmensstandort vorherrschende Steuersystem nimmt damit stets Einfluss auf die Wettbewerbsfähigkeit der ansässigen Unternehmen.[386] Die Öffnung der Märkte innerhalb des europäischen Binnenmarkts zog die Verbesserung der unternehmerischen Chance mit sich, ausländische Märkte zu erschließen. Derartigen grenzüberschreitenden Tätigkeiten liegt jedoch kein einheitliches „europäisches" Steuersystem zugrunde, die jeweilige Besteuerung richtet sich vielmehr nach den einzelstaatlichen Steuerregelungen. Die direkte Besteuerung innerhalb der Europäischen Union lässt sich daher besser anhand des Modells des Steuerwettbewerbs beschreiben.

Erstmalig untersuchte *Tiebout*[387] das Modell der Besteuerung innerhalb einer föderalen Landesstruktur am Beispiel der USA, bei der die Steuerbelastung je nach Ansässigkeitsstaat variiert. Hierin haben Wirtschaftssubjekte die Möglichkeit, sich dem Besteuerungsdiktat eines Staates zugunsten eines anderen Staates zu entziehen (sog. Exit-Option).[388] Unter den Prämissen der vollständigen Mobilität und Infor-

---

tigkeitsstaat sein Besteuerungsrecht aufrechtzuerhalten, *Rudat*, Steuerneutralität im Europäischen Binnenmarkt (2010), S. 75.

385 *Vogel*, StuW 1993, S. 380 (383).

386 *Gerken/Märkt/Schick*, Internationaler Steuerwettbewerb (2000), S. 64 f.

387 *Tiebout*, The Journal of Political Economy 1956, S. 416.

388 Zum Systemwettbewerb im Allgemeinen: *Monopolkommission*, Systemwettbewerb – Sondergutachten der Monopolkommission gemäß § 24b Abs. 5 Satz 4 GWB (1998), S. 16.

mation der Wirtschaftssubjekte – so das Modell – ließe sich die effizienteste Verteilung von Qualität und Quantität öffentlicher Güter[389] (*Allokationseffizienz*) und der hierfür erforderlichen Kosten (*Produktionseffizienz*) dadurch erreichen, dass Wirtschaftssubjekte eine ihren Präferenzen entsprechende lokale Regierung in einer föderalen Struktur auswählen können.[390] Der zwischen den Staaten entstehende Steuerwettbewerb sei danach im Ausgangspunkt erstrebenswert und dürfe, um die Auswahlfreiheit der Steuersubjekte nicht zu beeinflussen, nicht beschränkt werden.

Mit Einführung der Exit-Option blendet *Tiebout* erstmalig die Prämisse der Monopolstellung des Souveräns aus, und eröffnet die Möglichkeit der Konkurrenz föderaler Staatsstrukturen.[391] Aufgrund der realwirtschaftlichen Annäherung an die Prämissen *Tiebouts* hinsichtlich Mobilität und Information von Wirtschaftssubjekten ist das Modell über den föderalen Kontext hinaus auch auf internationale Allokation übertragbar,[392] und beschreibt auf diese Weise einen zwischenstaatlichen Steuerwettbewerb.

3.4.2. Die Auswirkung des Steuerwettbewerbs auf das internationale Steuersystem

Der internationale Steuerwettbewerb definiert sich als die Senkung der Steuerbelastung mit dem Ziel die nationale Ökonomie und Wohlfahrt durch Steigerung der Wettbewerbsfähigkeit der heimischen Wirtschaft sowie der Attraktion ausländischer Investitionen zu fördern.[393] Entscheidend ist die Wahl des Steuersystems als Mittel der Fiskalpolitik.[394]

---

389 Diese definiert *Tiebout* als Güter, die produziert werden sollten, für die jedoch keine realisierbare Möglichkeit Berechnung an den Konsumenten besteht: *Tiebout*, The Journal of Political Economy 1956, S. 416 (417).

390 *Tiebout*, The Journal of Political Economy 1956, S. 416 (419, 424).

391 *Schaper*, Steuerstaat im Wettbewerb (2013), S. 24 f.; zu den Kritikern Tiebouts: *Pinto*, Tax Competition and EU Law (2003), S. 22 f.

392 Zur der Übertragbarkeit der Studien zum föderalen System der USA auf die sich stetig weiterentwickelnden Strukturen innerhalb der EU, trotz der Unterschiede im institutionellen Aufbau der USA und der EU, vgl *Pinto*, Tax Competition and EU Law (2003), S. 23 ff.

393 *Pinto*, Tax Competition and EU Law (2003), S. 1; *Schön*, ECTR 2000, S. 90 (93).

394 *Gerken/Märkt/Schick*, Internationaler Steuerwettbewerb (2000), S. 5; *Kessler/Knörzer*, in: Brähler/Lösel (Hrsg.), FS Djanani (2008), S. 161 (163 ff.) vertreten eine deutlich weitere Begriffsdefinition des Steuerwetttbewerbs, die an das Verhalten des Steuerpflichtigen und der Politiker ansetzt, das darauf abzielt, durch Steuerpolitik respektive Steuergestaltung den jeweiligen individuellen Nutzen zu erhöhen. Letzterer Ansatz ersetzt als Akteure der Steuerpolitik die Staaten durch Politiker, verkennt aber, dass Steuerpflichtige in dieser Funktion nicht gesetzgeberisch den Steuerwettbewerb beeinflussen können, sondern innerhalb seiner Determinanten hiervon profitieren.

Das System des Steuerwettbewerbs hat in der Theorie drei wesentliche Auswirkungen: Zunächst sorgt der Wettbewerb dafür, dass den Wirtschaftssubjekten eine große Spannweite unterschiedlicher Steuersysteme zur Verfügung steht. Diese Auffassung fußt primär auf der Logik, dass die Steuerbelastung eine Art Gegenleistung zu den staatlich initiierten Rahmenbedingungen wie Infrastruktur und den Marktbedingungen darstellt, und dass sich die Marktteilnehmer einem Steuerregime nach freier Entscheidung anschließen.[395] Ineffizienzen würden auf diese Weise aufgedeckt und im Ergebnis könnten die Staaten eine bessere Versorgung auf Grundlage einer gemäßigten Steuerbelastung anbieten.[396]

Die Diversität der Steuersysteme fördert eine höhere Innovationskraft rechtlicher Lösungen, indem unterschiedliche rechtliche Variationen zum Umgang mit einem Problem parallel einem Praxistest unterzogen werden.[397] Indem man auf einen einheitlichen Regulierungsansatz verzichtet, wird mittels Steuerwettbewerb Wissen um unterschiedliche Lösungsansätze generiert, die bei einem Regelungserfolg und entsprechendem politischen Willen als binnenmarkt-einheitliche Regelungen umgesetzt werden können.[398]

Letztendlich entsteht für die Nationalstaaten aufgrund des Steuerwettbewerbs ein internationaler Druck zur Angleichung ihrer Steuersysteme.[399] Modellhaft führe dies zu einer Besteuerung auf einem Niveau, das für jeden Staat ein gerechtes Gleichgewicht zwischen der Steuerbelastung und den staatlichen Leistungen bedeute.[400] Statt die Harmonisierung rechtlich zu erzwingen, könne es auf diese Weise auch zu einer selbsttätigen Harmonisierung[401] kommen, indem bei gleichartigen Problemen die geeignete Lösungen freiwillig durch andere Staaten adaptiert würde.[402]

Lang erkennt hinter dem Steuerwettbewerb die historisch ursprüngliche Rechtfertigung von Steuern zum Erhalt des Gemeinwohls, nach der sich die Steuer aus dem Nutzen des Steuerzahlers zur Inanspruchnahme öffentlicher Güter rechtfertigt.[403] Auch dies stellt dem Grunde nach eine Ausformung des ökonomischen Ziels der Allokationseffizienz dar. Der Steuerzahllast soll der bestmögliche Nutzen für den Steuerzahler entgegenstehen. Der staatliche Steueranspruch rechtfertige sich aber nicht aus einer individuellen Betrachtung, sondern ergebe sich aus einer makroökonomischen Sichtweise heraus.[404]

---

395 *Pinto*, Tax Competition and EU Law (2003), S. 62.

396 *Pinto*, Tax Competition and EU Law (2003), S. 10, 62; *Schön*, ECTR 2000, S. 90 (93); *Schön*, in: Kirchhof/Nieskens (Hrsg.), FS Reiss (2008), S. 571 (583).

397 *Franck*, in: Riesenhuber, Europäische Methodenlehre (2014), § 5 Rn. 37.

398 *Franck*, in: Riesenhuber, Europäische Methodenlehre (2014), § 5 Rn. 37, 40.

399 *Lang*, StuW 2011, S. 144 (145).

400 *Pinto*, Tax Competition and EU Law (2003), S. 10 (f.); *Schön*, ECTR 2000, S. 90 (93).

401 Im Englischen wird dafür der Begriff *„spontaneous harmonization"* verwendet.

402 *Hey*, Wettbewerb der Rechtsordnungen oder Europäisierung des Steuerrechts (2007), S. 295 (295 f.); *Schön*, ECTR 2000, S. 90 (93).

403 *Lang*, StuW 2011, S. 144 (146 f.).

404 *Lang*, StuW 2011, S. 144 (147).

Letztendlich beeinflussen vielfältige Faktoren der nationalen Steuergesetzgebung, sowie der jeweiligen zwischenstaatlichen Abkommen die effektive Steuerbelastung. Der Nutzen eines Einzelnen lässt sich damit, wenn überhaupt, nur sehr schwer der jeweiligen Steuerlast gegenüberstellen, geschweige denn lässt er sich zwischen unterschiedlichen Steuerpflichtigen vergleichen. *Schön* weist darauf hin, dass sich ein derartiges Nutzen-Lasten-Verhältnis relativ leicht bezüglich natürlicher Personen herstellen lasse, die Infrastruktur, Sozial- und Ausbildungssysteme vor Ort in Anspruch nehmen.[405] Ungleich schwieriger lasse sich das Verhältnis im Hinblick auf juristische Personen feststellen, gerade wenn diese am Ort ihrer Niederlassung keiner wirtschaftlichen Tätigkeit nachgingen.[406]

Ein objektives Gleichgewicht der gesamtstaatlichen Leistungen zur individuellen Steuerlast lässt sich auf diese Weise nicht bestimmen. Es verbleibt der subjektiven Einschätzung eines jeden Steuerpflichtigen, ob das Nutzenprinzip gewahrt bleibt. Die Aufdeckung von Ineffizienzen, wie es das Modell des Steuerwettbewerbs zugunsten der Allokationseffizienz fordert, lässt sich aus der Forderung eines Gleichgewichts zwischen individuellem Nutzen und dem entgegenstehenden Steueranspruch kaum verwirklichen.

Das Modell des Steuerwettbewerbs wird unter diesem Gesichtspunkt als suboptimal zum Modell der Harmonierung angesehen und ordnungspolitisch deshalb griffig von *Schön* als *„second-best world“* bezeichnet.[407]

3.4.3. Beeinflussung des Steuerwettbewerbs durch Vorgaben des Unionsrechts

Im europäischen Kontext findet der Steuerwettbewerb um die Ansiedlung wirtschaftlicher Aktivität einerseits zwischen den Mitgliedstaaten der EU, sowie andererseits im Verhältnis zu Drittländern statt.[408]

Bereits die fundamentale Entscheidung zugunsten eines gemeinsamen europäischen Binnenmarktes (Art. 3 EUV) gibt die maßgebliche Rahmenentscheidung des Unionsrechts zugunsten des Steuerwettbewerbs der Mitgliedstaaten vor. Der Absicherung dessen dienen die Grundfreiheiten[409]: Sie schützen vor offenen und verdeckten Diskriminierungen grenzüberschreitender Wirtschaftstätigkeiten sowie vor Maßnahmen, die die Ausübung der Grundfreiheiten zu beschränken geeignet sind. Das an die Mitgliedstaaten gerichtete Verbot, Schranken für den europäischen Binnen-

405 *Schön*, CMLR 2005, S. 331 (345).

406 *Schön*, CMLR 2005, S. 331 (345).

407 *Lang*, StuW 2011, S. 144 (148), mit Verweis auf *Schön*, International Tax Coordination for a Second-best World, World Tax Journal 2009, 67 ff.; 2010, 65 ff.; 2010, 227 ff.; ebenso *Konrad/Schjelderup*, Journal of Urban Economics 1999, S. 156 (156).

408 *Fuest*, in: Reimer/Waldhoff (Hrsg.), Steuersysteme in Europa – Quo Vadis? (2008), S. 167 (167).

409 Vgl. *Frenz*, Handbuch Europarecht Band 1 (2012), Kap. 1 Rn. 12 ff.

markt zu errichten, erstreckt sich, nach zwischenzeitlich gefestigter Rechtsprechung des EuGH, auch auf die nationalen Regelungen zur direkten Besteuerung.[410]

Das Konzept des europäischen Binnenmarkts entspricht im Ideal damit der Prämisse des Steuerwettbewerbs zur vollständigen Mobilität der Wirtschaftssubjekte. Im Ergebnis besteht eine weitgehende Wahlfreiheit, in welchem Land sich Wirtschaftssubjekte ansiedeln und welcher Besteuerung sie in der Folge unterliegen. Die Exit-Option zur Rebellion gegen ein geltendes Steuersystem ist – selbstverständlich neben anderen abzuwägenden Parametern – ein realistisches Szenario für Wirtschaftssubjekte innerhalb der Europäischen Union geworden. Als Reaktion auf die mehrheitliche Ablehnung weiterer Harmonisierungsmaßnahmen zu direkten Steuern[411] erfolgte eine Harmonisierung in erster Linie dadurch, dass der EuGH einzelne nationale Vorschriften als unionsrechtswidrig verwarf. Die Zielvorstellung der Rechtsangleichung im europäischen Binnenmarkt wurde auf diese Weise über die sogenannte negative Integration verfolgt.[412]

Dagegen lässt sich im Bereich der indirekten Besteuerung, und hierbei im Besonderen aus der weitgehend harmonisierten Mehrwertsteuer, kein vergleichbarer Befund ableiten. Hier sorgt die weitgehende Harmonisierung dafür, dass überwiegend kein Steuerwettbewerb zwischen den Staaten um die Ansiedlung von Unternehmen stattfindet. Gleichwohl ist der Einfluss der Mehrwertsteuersystemrichtlinie mit der Entscheidung zugunsten des Ursprungsland- oder des Bestimmungslandprinzips auf die Preisgestaltung von Unternehmen nicht gänzlich zu unterschätzen: Mangels Vereinheitlichung der Mehrwertsteuersätze zwischen den Mitgliedstaaten kann es dadurch bedingt immer noch zu Wettbewerbsverzerrungen durch gezielte Ansiedlung in einem Mitgliedsstaat kommen.[413] Hierzu kam es namentlich bei elektronischen Dienstleistungen bei Leistungen an Endverbraucher.[414] Durch die Umstellung vom Ursprungs- auf Bestimmungslandprinzip im Rahmen des sog. „mini-one-stop-shop"

---

410 Maßgebend EuGH Rs. C-270/83 (*avoir fiscal*) v. 28.01.1986, Slg. 1986, 273.

411 Insb. der Vorschlag betreffend die Einführung einer einheitlichen Körperschaftssteuerbemessungsgrundlage, Richtlinienvorschlag v. 01.08.1975, ABl. EG 1975 Nr. C 253, zurückgezogen im Jahr 1993. Vgl. hierzu *Hey*, Wettbewerb der Rechtsordnungen oder Europäisierung des Steuerrechts (2007), S. 295 (304 f.).

412 *Everett*, DStZ 2006, S. 357 (368); *Hey*, Wettbewerb der Rechtsordnungen oder Europäisierung des Steuerrechts (2007), S. 295 (304 f.).

413 Dies erkennt inzwischen auch der EuGH an, vgl. EuGH Rs. C-419/14 *(WebMind-Licences)* v. 17.12.2015, ECLI:EU:C:2015:832 (Rn. 39 f.).

414 Dies beruhte darauf, dass Leistungen als am Ort des Leistungserbringers erbracht galten und deshalb der dortige Steuersatz unabhängig vom Zielort zur Anwendung kam. Hiervon profitierte insbesondere Amazon aufgrund eines im Vergleich niedrigeren Mehrwertsteuertarifs, der in Luxemburg lediglich 3 % betrug. Dieser fand beispielsweise auch für e-book-Verkäufe an deutsche Endkunden Anwendung, obwohl auf eine Leistung eines in Deutschland ansässigen Unternehmens der ermäßigte Steuersatz von 7 % angefallen wäre. Hierzu *Feil/Weigl/Rothballer*, BB 2014, S. 2072 (2072).

für Telekommunikations-, Rundfunk- und elektronisch erbrachte Dienstleistungen auf Basis der Richtlinie 2008/8/EG[415] wurde diese Wettbewerbsbeeinflussung durch das europäische Mehrwertsteuersystem zum 01. Januar 2015 beseitigt.[416] Einen zusätzlichen Einfluss auf die Wettbewerbsgleichheit zwischen Unternehmen verschiedener Mitgliedstaaten erkennt *De la Feria* in nicht vereinheitlichten Vorgaben zur Nichtabziehbarkeit von Vorsteuer, die eine wettbewerbliche Übervorteilung von Unternehmen in den Mitgliedstaaten zur Folge habe, die eine weitreichende Abzugsfähigkeit erlaubten.[417] Fehlende Harmonisierung von Teilbereichen des grenzüberschreitenden Handels wird zudem aufgrund der steigenden Compliance-Kosten als ökonomisch ineffizient bewertet.[418]

3.4.4. Schlussfolgerung zur ökonomischen Einordnung des unionsrechtlichen Steuersystems

Mit Ausnahme des europäischen Mehrwertsteuersystems lässt sich das im Unionsrecht angelegte Steuersystem faktisch nicht systematisch dem Ziel der Harmonisierung unterstellen. Das europäische Mehrwertsteuersystem ist zwar in vielerlei Hinsicht harmonisiert, durch das komplexe System aus Ursprungs- und Bestimmungslandprinzip genauso wie durch Unterschiedliche nationale Regelungen zur Abziehbarkeit von Vorsteuer kann es dennoch zu größeren Verwerfungen im grenzüberschreitenden Verkehr kommen. Hieraus resultiert letztlich ein beschränkter Steuerwettbewerb unter den Mitgliedstaaten um die Ansiedlung bestimmter unternehmerischer Geschäftsmodelle.

Das System der direkten Steuern verordnet sich dagegen zentral im Modell des Steuerwettbewerbs. Eine entsprechende Anordnung enthalten die Europäischen Verträge zwar nicht *expressis verbis*, sie setzen den Steuerwettbewerb aber im Gebiet der direkten Steuern aufgrund der nur partiell erfolgten Harmonisierung, der Garantie des Marktzutritts durch die Grundfreiheiten und die Wirkung des allgemeinen Diskriminierungsverbots voraus.[419] Eine selbsttätige Rechtsangleichung zwischen den Mitgliedstaaten, wie sie nach dem Modell des Steuerwettbewerbs aus der Konkurrenzsituation der Staaten erwachsen sollte, fand im europäischen Binnenmarkt dagegen faktisch nicht statt.[420] Aus Sicht des Modells des Steuerwett-

---

415 RL 2008/8/EG v. 12.02.2008 zur Änderung der RL 2006/112/EG bezüglich des Ortes der Dienstleistung.

416 Umsetzung durch das Gesetz zur Anpassung des nationalen Steuerrechts an den Beitritt Kroatiens zur EU und zur Änderung weiterer steuerlicher Vorschriften, BGBl. 2014, Teil I S. 1266 vom 20.07.2014.

417 *De la Feria*, The EU VAT System and the Internal Market (2009), S. 153 f.

418 *De la Feria*, The EU VAT System and the Internal Market (2009), S. 153 f.

419 *Schön*, ECTR 2000, S. 90 (103 f.).

420 *Hey*, Wettbewerb der Rechtsordnungen oder Europäisierung des Steuerrechts (2007), S. 295 (305 ff.).

bewerbs verfehlt daher auch das System der direkten Steuern im europäischen Binnenmarkt das ökonomische Ziel der Allokationseffizient.

3.5. Ökonomische Kritik am Steuerwettbewerb als Rechtfertigung einer gesetzgeberischen Marktintervention

Der europäische Binnenmarkt dient letztlich als politisches Instrument dazu, den Wettbewerbsdruck zwischen den Mitgliedstaaten zu erhöhen, um der wirtschaftsökonomischen Forderung nach Allokationseffizienz zu genügen.[421] Ein Eingriff in den freien Wettbewerb rechtfertigt sich vor diesem Hintergrund in ökonomischer Sicht dann, wenn ein regulierungsbedürftiges Problem mittels europäischer Harmonisierung einer effizienteren Lösung zugeführt werden kann.[422]

Die Einführung von Vorschriften zur Vermeidung steuerlichen Missbrauchs auf Ebene der Europäischen Union muss sich demnach in ökonomischer Sicht aus einem Defizit des Steuerwettbewerbs innerhalb der Union rechtfertigen. Um die Motivation zur Einführung von Missbrauchsvermeidungsnormen zu beleuchten, bedarf es daher eines Blicks auf die Kritikpunkte, die gegen das System des Steuerwettbewerbs vorgebracht werden. Letztendlich geht es darum, anhand der Kritikpunkte den abstrakten Begriff eines schädlichen Steuerwettbewerbs greifbar zu machen. Anhand dessen kann einerseits die Notwendigkeit eines gesetzgeberischen Eingreifens eruiert und deren Auswirkungen abgeschätzt werden.

3.5.1. Die gegen Steuerwettbewerb vorgetragenen Kritikpunkte

Entscheidende Impulse, sich unter ökonomischen Aspekten dem schädlichen Steuerwettbewerb zu nähern, gingen von den Arbeiten des sog. Ruding-Komitees, sowie von Seiten der Europäischen Union und der OECD aus.

3.5.1.1. Der Arbeitsauftrag und die Ergebnisse des Ruding-Komitees

Die Europäische Kommission beauftragte bereits im Jahr 1991 das sog. Ruding-Komitee[423], um der Frage der Kapitalallokation im europäischen Binnenmarkt auf den Grund zu gehen. Konkret stellte die Kommission dem Ruding-Komitee die Fragen, (i) ob die unterschiedliche Unternehmensbesteuerung in Europa zu Verwerfungen im europäischen Binnenmarkt führe, (ii) ob sich derartige negative Ein-

---

421 *Franck*, in: Riesenhuber, Europäische Methodenlehre (2014), § 5 Rn. 20.

422 *Franck*, in: Riesenhuber, Europäische Methodenlehre (2014), § 5 Rn. 21.

423 Europäische Kommission, Bericht des Komitees unabhängiger Experten betreffend die Unternehmensbesteuerung (*Ruding-Report*). Das Komitee setze sich aus Steuerexperten unterschiedlicher Mitgliedstaaten unter dem Vorsitz von Onno Ruding zusammen; zu den Analysen und Ergebnissen des Ruding-Komitees, vgl. auch *Pinto*, Tax Competition and EU Law (2003), S. 31 ff.

flüsse auf Basis des Systems des Steuerwettbewerbs abschwächten oder beseitigten, und (iii) welche Maßnahmen auf Gemeinschaftsebene zur Abschwächung oder Beseitigung dieser Verwerfungen erforderliche wären.[424]

Das Komitee kam zu dem Schluss, dass derartige Verwerfungen aufgrund der unterschiedlichen Steuersätze und -bemessungsgrundlagen, der divergierenden Besteuerung von Dividendenausschüttungen und aufgrund nationaler Wege zur Beseitigung von Doppelbesteuerung bestanden.[425] Der Bericht kritisierte, dass insbesondere unterschiedlich hohe Kapitalkosten und die divergierende effektive Steuerbelastung großen Einfluss auf Investitionsmaßnahmen nähmen und auf diese Weise der Allokationseffizienz als Ziel des europäischen Binnenmarktes im Wege stünden.[426] Letzteres betraf Unterschiede zwischen Mitgliedstaaten für direkte grenzüberschreitende Investments,[427] aber auch innerhalb der Mitgliedstaaten selbst in Abhängigkeit vom Investitionsgegenstand und der Finanzierungsart.[428] Die steuerlichen Verwerfungen beeinflussten die Entscheidungen des Investitionsorts, der Finanzierungs- und Unternehmensstruktur und der Frage der etwaigen Rückführung im Ausland erzielter Gewinne zur Muttergesellschaft.[429] Das Komitee sprach detaillierte Empfehlungen aus, die Doppelbesteuerung sämtlicher Zahlungen zwischen verbundenen Unternehmen zu beseitigen, grenzüberschreitende Verlustverrechnung zwischen Unternehmen derselben Unternehmensgruppe innerhalb der Europäischen Gemeinschaft zu ermöglichen und die Angleichung der Körperschaftsteuerbemessungsgrundlagen und -sätze anzustreben.[430] Im Hinblick auf die nationalen Steuerrechtsordnungen nannte das Komitee drei Hauptdeterminanten, die der Steuerwettbewerb zu erfüllen hätte: (i) die Wettbewerbsneutralität im Binnenmarkt, (ii) die Fairness zwischen den Mitgliedstaaten und (iii) die Fairness zwischen den Steuersubjekten.[431]

Letztendlich orientierte sich das Ruding-Komitee stark an dem ökonomischen Ziel der Allokationseffizienz, um schädliche Steuerpraktiken zu definieren. Entsprechend des an das Komitee gerichteten Auftrags streben daher auch die Empfehlungen eine vollständige Verwirklichung eines gemeinsamen Binnenmarktes ohne steuerliche Verwerfungen für grenzüberschreitende Unternehmenstätigkeiten an.[432] Ein dieser Maxime angenähertes Steuersystem bedürfte weitreichenden Harmo-

---

424 Ruding-Report (1992), S. 24.
425 Ruding-Report (1992), S. 67 ff. (78), und 293 ff.
426 Ruding-Report (1992), S. 67 ff. und 196 ff.
427 Ruding-Report (1992), S. 73 ff.
428 Ruding-Report (1992), S. 71 ff.
429 Ruding-Report (1992), S. 108 f., 313 ff.; bemerkenswerter Weise wurden Compliance-Kosten kein entscheidender Einfluss auf Investitionsentscheidungen zugesprochen, S. 109.
430 Ruding-Report (1992), S. 201.
431 Vgl. *Gerken/Märkt/Schick*, Internationaler Steuerwettbewerb (2000), S. 196.
432 Dabei verschweigt das Komitee selbst nicht die Möglichkeit, dass multinationale Konzerne Möglichkeiten zur Gewinnverlagerung in Niedrigsteuerländer nutzen:

nisierungsmaßnahmen und ließe sich nicht innerhalb der bestehenden rechtlichen Gegebenheiten realisieren.[433]

3.5.1.2. Die Stellungnahmen des ECOFIN-Rates aus dem Jahr 1997 zu schädlichem Steuerwettbewerb

Die Europäische Kommission äußerte sich erstmals im Rahmen einer Erklärung des ECOFIN-Rates aus dem Jahre 1997 zu Maßnahmen der Mitgliedstaaten, die als potentiell schädlich im Steuerwettbewerb anzusehen seien.[434] Schädlich seien danach insbesondere Maßnahmen, die, gemessen an dem im jeweiligen Mitgliedstaat üblichen Besteuerungsniveau, eine deutlich niedrigere Effektivbesteuerung bewirkten.[435] Für eine schädliche Beeinflussung des Steuerwettbewerbs sprechen danach folgende Merkmale nationaler Steuerregelungen[436]:

- Vorteile werden ausschließlich gebietsfremden Unternehmern oder ausschließlich für Umsätze mit diesen gewährt;
- Vorteile berühren den Inlandsmarkt und damit die innerstaatliche Steuersubstanz nicht;
- Vorteile werden gewährt, ohne dass ihnen eine tatsächliche unternehmerische Substanz zugrunde liegt;
- Die Gewinnermittlung innerhalb einer multinationalen Unternehmensgruppe weicht von Standards, insbesondere der OECD, ab; und
- Fehlende Transparenz und mangelnde Durchsetzung des Steueranspruchs.

Im Zuge der Erklärung des ECOFIN-Rats verpflichteten sich die Mitgliedstaaten keine derartigen steuerlichen Maßnahmen zu treffen und die bestehenden Vorschriften und Maßnahmen hierauf zu überprüfen.[437] Die Merkmale entsprechen

---

"Nevertheless, companies seem to feel that constraints do exist on their ability to shift profits to relatively low-tax jurisdictions.", vgl. Ruding-Report (1992), S. 198.

433 Vgl. hierzu vorstehend unter Kap. 3.3; *Vogel* kritisiert an diesem Ergebnis, dass das Komitee die EG-rechtlichen Voraussetzungen missachte, indem der Aspekt der Erforderlichkeit der Harmonisierung zur Verwirklichung der ökonomischen Grundfreiheiten nicht ausreichend berücksichtigt sei, *Vogel*, StuW 1993, S. 380 (383–385).

434 Basierend auf dem sog. Monti-Bericht, Schlussfolgerungen des ECOFIN-Rats v. 01.12.1997 betreffend das Maßnahmenpaket zur Bekämpfung des schädlichen Steuerwettbewerbs in der Europäischen Union, ABl. EG 98/C2/1 ff. (nachfolgend „**Monti-Bericht**").

435 Schlussfolgerungen des ECOFIN-Rats v. 01.12.1997, ABl. EG 98/C2/s. 3.

436 Schlussfolgerungen des ECOFIN-Rats v. 01.12.1997, ABl. EG 98/C2/s. 3; ebenso Empfehlungen der Europäischen Kommission v. 06.12.2012, C(2012) 8805, S. 5.

437 Schlussfolgerungen des ECOFIN-Rats vom 01.12.1997, ABl. EG 98/C2/s. 4.

den Empfehlungen der Europäischen Kommission vom 6. Dezember 2012 für verantwortungsvolles Handeln im Steuerbereich.[438]

3.5.1.3. Der Blickwinkel der OECD auf die Erscheinungsformen schädlichen Steuerwettbewerbs

Eine umfassende Neuausrichtung der internationalen Besteuerung erfolgte durch die OECD im Auftrag der G20-Länder im Rahmen des Projekts gegen Gewinnverkürzung und Gewinnverlagerung (BEPS bzw. BEPS-Projekt). Das koordinierte Vorgehen zur Entwicklung eines Maßnahmenpakets fußte auf der Überzeugung, dass durch Unternehmen, die Steuersubstrat gezielt der Besteuerung entziehen, allen Ländern Schaden zugefügt werde.[439] Vorangehende Definitionen der OECD zu schädlichem Steuerwettbewerbs versuchten sich in einer Beschreibung der Merkmale schädlicher Steuerpraktiken, wie zum Beispiel der Merkmale eines Steuerparadieses oder einer schädlichen übervorteilenden Behandlung von mobilem Steuersubstrat.[440] Durch die recht lose Aufzählung verschiedener schädlicher Praktiken ließ diese Herangehensweise keinen Rückschluss darauf zu, was letztendlich schädlichen Steuerwettbewerb ausmache.[441]

Empirische Nachweise für die schädlichen ökonomischen Auswirkungen derartiger Steuerregime sammelte die OECD im Rahmen des BEPS-Aktionspunktes 11 *Measuring and Monitoring BEPS*. Die steuerlich indizierte Fehlallokation lässt sich im Hinblick auf multinationale Konzerne empirisch anhand einer Vielzahl von Indikatoren feststellen. Hierzu kommen maßgeblich in Frage (i) die Konzentration ausländischer Direktinvestitionen im Verhältnis zum BIP, (ii) hohe Gewinnspannen niedrig besteuerter Tochtergesellschaften, (iii) die im Durchschnitt geringeren effektiven Steuerlast multinationaler Konzerne im Vergleich zu rein national tätigen Unternehmen, (iv) die verstärkte Trennung des steuerbaren Gewinns vom Ort der Wertschöpfung durch den Einsatz immaterieller Vermögensgegenstände, sowie (v) die verstärkte Konzentration von Verlusten bei hochbesteuerten Konzerngesellschaften.[442] Trotz mancher Lücken des bislang erhobenen Datenmaterials, erachtet es auch die OECD als erwiesen, dass globale Steuerplanung der Erzielung von Allokationseffizienz entgegensteht.[443]

Im Ergebnis führe die Praktiken der internationalen Gewinnverschiebung grenzübergreifend zu einem Verlust von Steuersubstrat: Steuerattraktive Länder erziel-

---

438 Aktuelle Empfehlungen der Europäischen Kommission vom 06.12.2012 für Maßnahmen, durch die Drittländer zur Anwendung von Mindeststandards für verantwortungsvolles Handeln im Steuerbereich veranlasst werden sollen, C(2012) 8805, L 338/37 v. 12.12.2012.

439 *OECD*, BEPS-Aktionsplan (2014), S. 8.

440 *OECD*, Harmful Tax Competion (1998), S. 21 ff., 25 ff.

441 Vgl. *Gerken/Märkt/Schick*, Internationaler Steuerwettbewerb (2000), S. 206 ff.

442 Zum Überblick vgl. *OECD*, BEPS Action 11 Final Report (2015), S. 15 f.

443 *OECD*, BEPS Action 11 Final Report (2015), S. 180 f.

ten aufgrund des niedrigen Steuersatzes niedrige Einnahmen, und auch in Ländern mit hohen Steuersätzen entfielen aufgrund der Abwanderung Steuereinnahmen.[444] Ökonomisch führt der Verlust von Steuereinnahmen zu einem Verlust staatlicher Ressourcen, die zum Bestreiten der öffentlichen Aufgaben zur Verfügung stehen.[445] So errechnete der Internationale Währungsfonds im Jahr 2014 den durch internationale Gewinnverschiebung verursachten globalen Verlust auf rund 5 % des derzeitigen Körperschaftsteueraufkommens aller Länder, respektive fast 13 % der Nicht-OECD-Länder.[446]

Mit BEPS beschreibt die OECD schädliche Praktiken als künstliche Verlagerung steuerbaren Einkommens von dem Ort der Wertschöpfung, sofern die Verlagerung durch das Zusammenspiel verschiedener Steuerregime zu einer doppelten Nichtbesteuerung oder jedenfalls zu einer Besteuerung unter dem Normalniveau führt.[447] Das BEPS-Projekt versteht unter internationaler Steuerumgehung, dass mithilfe von Besteuerungsdifferenzen verschiedener Staaten steuerbares Einkommen von der zugrunde liegenden wirtschaftlichen Aktivität künstlich getrennt wird.[448]

Dem Blickwinkel der Eindämmung von schädlichem Steuerwettbewerb durch völkervertragliche Verständigung folgend zielt die OECD vor allem darauf ab, die Besteuerung von Unternehmenseinkünften auf internationaler Ebene mittels internationaler Standards abzustimmen, und der Besteuerung unterliegende Unternehmensgewinne an die dazugehörige unternehmerische Substanz zu knüpfen.[449] Zudem müsse ein verbesserter Informationsaustausch zugunsten der Finanzverwaltungen erfolgen und eine höhere Planungssicherheit für Unternehmen erreicht werden.[450] Auch wenn dieser Ansatz der OECD auf schädliche Steuerpraktiken von Unternehmensseite abstellt, ergibt sich hieraus ein recht klares Bild dafür, wodurch sich die Schädlichkeit von Steuerwettbewerb der Staaten untereinander kennzeichnet. Durch den definitorischen Ansatz an die Gewinnkürzung und Gewinnverlagerung macht die OECD deutlich, dass nationale Besteuerungsrechte an die wirtschaftliche Gewinnverursachung zu knüpfen seien.[451] Schädlicher Steuerwettbewerb von Seiten der Staaten kennzeichnet sich dadurch, dass Entscheidungen des Gesetzgebers oder der Steuerverwaltung den nach Standards des internationalen

444 *OECD*, BEPS Action 11 Final Report (2015), S. 101 ff., 163, 168; ebenso *Pinto*, Tax Competition and EU Law (2003), S. 11 f.

445 *OECD*, BEPS Action 11 Final Report (2015), S. 16; ebenso *IBFD*, International Tax Structures in the BEPS Era (2015), S. 9; *Pinto*, Tax Competition and EU Law (2003), S. 11 f.

446 IWF, IMF policy paper, Spillovers in International Corporate Taxation, S. 20, https://www.imf.org/external/np/pp/eng/2014/050914.pdf (zuletzt abgerufen am 28.09.2016).

447 *OECD*, BEPS Action 11 Final Report (2015), S. 82, 110.

448 *OECD*, BEPS Action 11 Final Report (2015), S. 82.

449 *OECD*, BEPS-Aktionsplan (2014), S. 15 f.

450 *OECD*, BEPS-Aktionsplan (2014), S. 16.

451 *Vanistendael*, BIT 2016, S. 163(170).

Steuerrechts erforderlichen Konnex des nationalen Steuerrechts negieren, um eine gewollte Übervorteilung bestimmter Investitionen zu erzielen.

3.5.1.4. Bewertung

Überschreitet eine wirtschaftliche Aktivität die Grenzen eines Nationalstaats kommt es generell zu steuerlichen Mehr- oder Minderbelastungen im Vergleich zum rein nationalen Sachverhalt.[452] Derartige Besteuerungsdifferenzen sind aber keineswegs als ungewollter „Zufall" zu begreifen, sondern – wie vorstehend gezeigt – das Ergebnis der steuer-ökonomischen Grundentscheidungen der Europäischen Union als solcher. Steuerwettbewerb findet sich damit einerseits – im Rahmen des Unionsrechts organisiert – zwischen den Mitgliedstaaten der Europäischen Union und andererseits – aufgrund bilateraler Vereinbarungen koordiniert – zwischen sämtlichen Staaten.

Neben der Gefahr einer Doppelbesteuerung kann diese Situation den Steuerpflichtigen im Vergleich zu einer rein nationalen Wirtschaftstätigkeit auch steuerlich entlasten. Ursache ist, dass die Überschneidung mehrerer Steuersysteme eine Minderbesteuerung im Vergleich zu rein nationalen Maßnahmen zulässt, dessen Vorteile dem Steuerpflichtigen – sei es unbewusst oder als Teil einer gezielten Steuerplanung – zu Gute kommen.[453] Dem Gedanken des Steuerwettbewerbs ist immanent, dass Nationalstaaten das Steuerrecht als Instrument ihrer Wirtschaftsförderung verstehen und so um die Ansiedlung wirtschaftlicher Tätigkeiten werben.[454]

Steuerplanung im grenzüberschreitenden Wirtschaftsverkehr ist damit eine bereits dem Kern des europäischen Binnenmarkts zu entnehmende Gestaltungsfreiheit. Gleichwohl kann es mittlerweile als anerkannt gelten, dass nicht jede Art der internationalen Steuerplanung zulässig sein kann, wie auch nicht jede Art der rein nationalen Steuerplanung zulässig ist.[455] Die Grenze im Rechtlichen ist dann

---

452 *Kahle/Biebinger/Wildermuth*, Ubg 2014, S. 285 (286).

453 *Kahle/Biebinger/Wildermuth*, Ubg 2014, S. 285 (286) differenzieren zwischen einer *systembedingten* und einer *gestaltungsbedingten* Minderbesteuerung. Erstere beruhe auf zwischenstaatlichen Wertungskonflikten, während gestaltungsbedingte Minderbesteuerung das Ergebnis bewusster steuerplanerischer, grenzüberschreitender Verlagerungsmaßnahmen darstelle. Dieser These ist zu begegnen, dass auch eine gestaltungsbedingte Minderbesteuerung zwischenstaatliche Wertungskonflikte voraussetzt. Auch eine bewusste Gestaltungsentscheidung vermag derartige Konflikte nicht selbst zu schaffen. Letztendlich ist eine systembedingte Minderbesteuerung für eine gestaltungsbedingte Minderbesteuerung *conditio sine qua non*, eine von den Autoren vertretene Differenzierung lässt sich somit nicht begründen.

454 Insofern ist *Kahle/Biebinger/Wildermuth* zu widersprechen, die es als *schädlichen Steuerwettbewerb* bezeichnen, *„wenn Staaten gegenseitig in einen Wettbewerb treten und ‚das Steuerrecht als Instrument aktiver Wirtschaftsförderung' einsetzen"*; *Kahle/Biebinger/Wildermuth*, Ubg 2014, S. 285 (287).

455 *Fischer*, in: Kirchhof/Nieskens (Hrsg.), FS Reiss (2008), S. 621 (626).

zu ziehen, wenn eine steuerliche Gestaltung durch Hinzutreten eines als missbräuchlich angesehen Elements letztendlich ins rechtlich Unzulässige abgleitet.[456]

Definiert wird hierüber das Verständnis der Schwelle des den direkten Steuern immanenten „normalen" Steuerwettbewerbs zum schädlichen Steuerwettbewerb. Letztendlich gibt der Gesetzgeber die Grenzen vor, wann eine grenzüberschreitende Minderbesteuerung als Missbrauch zu qualifizieren ist. In den unterschiedlichen Ansatzpunkten, unfairem Steuerwettbewerb zu begegnen spiegelt sich die jeweils steuerpolitische Diskussion wieder: Den weitreichenden Forderungen nach steuerlicher Harmonisierung zur Vermeidung von Verwerfungen im Binnenmarkt durch das Ruding-Komitee zum Trotz verständigten sich die Mitgliedstaaten im ECOFIN-Rat lediglich auf einen rechtlich nicht bindenden *„code of conduct"*. Eine unfaire Beeinflussung des Steuerwettbewerbs zeichnete sich danach maßgeblich dadurch aus, dass nichtansässige Personen im Vergleich zu steuerlich ansässigen Personen bessergestellt wurden, und so Investitionen von Extern angezogen werden sollten. Der *code of conduct* sollte in erster Linie den begünstigenden Staat adressieren.

Losgetreten durch die Ergebnisse des BEPS-Projekts der OECD, deren Vorgabe es ist gegen die Trennung der Besteuerung von der wirtschaftlichen Wertschöpfung vorzugehen, setzt die Anti-BEPS-Richtlinie nicht auf die Einsicht der Niedrigsteuerländer, verzerrende gesetzgeberische Maßnahmen zu unterlassen. Der europäische Gesetzgeber formuliert stattdessen Abwehrmaßnahmen zugunsten der hochbesteuerten EU-Länder. Neben einer allgemeinen Abwehrmaßnahme gegen steuerlichen Missbrauch sollen unionsrechtliche Regelungen zur Zinsschranke und Hinzurechnungsbesteuerung die künstliche Verschiebung von Gewinnen im Binnenmarkt und zu Drittstaaten verhindern.

Die Bewertung des unfairen Steuerwettbewerbs hat sich damit weg von einer Beschreibung der schädlichen Verhaltensweisen aus Sicht der vorteilsgewährenden Länder, hin zu einer Ergebnisbeschreibung aus Sicht der potentiell geschädigten Länder entwickelt.

3.5.2. Die Erscheinungsformen von schädlichem Steuerwettbewerb

Innerhalb der dargestellten Arbeiten sowie der daneben stattfindenden wissenschaftlichen Diskussion konnte sich bislang keine einheitliche Definition der Merkmale des schädlichen Steuerwettbewerbs durchsetzen.[457] Dagegen haben sich jedoch spezifische Merkmale herausgebildet, die als beispielhaft für eine schädliche Beeinflussung des fairen Wettbewerbs angesehen werden können.

---

456 *Frenz*, Handbuch Europarecht Band 1 (2012), Kap. 8 Rn. 2609 f.; *Kahle/Biebinger/Wildermuth*, Ubg 2014, S. 285 (287); *Schön*, in: Kirchhof/Nieskens (Hrsg.), FS Reiss (2008), S. 571 (584).

457 Zu den Kritikern einer dezidierten Aufzählung zählen *Gerken/Märkt/Schick*, Internationaler Steuerwettbewerb (2000), S. 200; *Pinto*, Tax Competition and EU Law (2003), S. 387.

3.5.2.1. Die „race to the-bottom"*-These oder die Fehlallokation hinsichtlich des Investitionslandes*

Der wesentliche, den erhofften positiven Wirkungen des Steuerwettbewerbs entgegnete Kritikpunkt betrifft den Verlust von Steuersubstrat als Folge eines immerwährenden Steuersenkungswettbewerbs zwischen den Staaten.[458] Staaten mit niedrigen Steuern untergraben auf diese Weise das Steuersubstrat der anderen Staaten, die dadurch wiederum gezwungen seien, ihre eigenen Steuersätze zum Zwecke der Wettbewerbsfähigkeit zu senken (sog. *race to the bottom*-These).[459]

Diese Feststellung ist zentral für das BEPS-Projekt der OECD: Niedrig- bzw. Nichtbesteuerung würde dadurch erreicht, indem Gewinne von Jurisdiktionen weggeschafft werden, in denen diese gewinnbringenden Tätigkeiten einer vergleichsweise hohen Steuerbelastung unterliegen. Charakteristisch für die angegriffenen Gestaltungen sei, dass die Verlagerung von Steuersubstrat alleine auf einer steuerlichen Konstruktion beruhe, und zwar ohne dass eine Veränderung der zugrundeliegenden real-ökonomischen Begebenheiten erfolge.[460]

Doch auf welche Weise wird festgelegt, welcher wirtschaftlichen Tätigkeit welcher Gewinn zugewiesen werden kann und wo dieser erwirtschaftet wird? Die Beantwortung dieser zentralen Fragen geht darauf zurück, wie Kapital, Arbeits- und Verkaufsleistung gemessen und untereinander gewichtet werden können.[461] Die Ausmaße und die Abgrenzung real-wirtschaftlich indizierter von künstlicher, steuergetriebener Gewinnverlagerung sieht auch die OECD in diesem Zusammenhang empirisch zwar noch nicht ausreichend erforscht. Dass Gewinnverlagerung als solche stattfindet, lasse sich jedoch anhand stichhaltiger Anzeichen aus den bisherigen Studien entnehmen.[462]

Zur Gewinnallokation in niedrig besteuerten Ländern eignen sich aus Unternehmenssicht gerade mobile Steuerquellen, die sich sehr frei der gewünschten, zu besteuernden Jurisdiktion zuordnen lassen, beispielsweise immaterielle Vermögensgegenstände wie Patente, Lizenzen oder Markenrechte.[463] Gleiches lässt sich durch den gezielten Einsatz der Eigen- bzw. Fremdkapital innerhalb eines Konzerns erreichen.[464]

Das erstrebte Gleichgewicht zwischen der Steuerlast einerseits und den hiermit bestrittenen staatlichen Leistungen andererseits ginge ebenfalls verloren, da von

---

458 *OECD*, BEPS Action 11 Final Report (2015), S. 42; *Pinto*, Tax Competition and EU Law (2003), S. 11 f.

459 *Pinto*, Tax Competition and EU Law (2003), S. 11 f.

460 *OECD*, BEPS Action 11 Final Report (2015), S. 42.

461 *OECD*, BEPS Action 11 Final Report (2015), S. 85.

462 *OECD*, BEPS Action 11 Final Report (2015), S. 86, 90, 122.

463 *OECD*, BEPS Action 11 Final Report (2015), S. 15 f., 60 ff.; *Hey*, Wettbewerb der Rechtsordnungen oder Europäisierung des Steuerrechts (2007), S. 295 (297); *Schön*, ECTR 2000, S. 90 (94); vgl. hierzu nachfolgend unter Kap. 3.5.2.2.

464 *OECD*, BEPS Action 11 Final Report (2015), S. 15 f., 63 ff., 83, 108.

den staatlichen Leistungen auch Bezieher mobiler Einkunftsquellen profitierten, deren Steuersubstrat dem jeweiligen Staat nicht zugutekomme.[465]

3.5.2.2. Die Attraktion passiver Einkunftsquellen oder die Fehlallokation hinsichtlich des Investitionsobjektes

Darüber hinaus gefährdet schädlicher Steuerwettbewerb das Gleichgewicht mobiler zu weniger mobilen Einkunftsquellen, namentlich Arbeitslöhne und produzierendes Gewerbe. Um mobile Einkunftsquellen anzuziehen bevorzugen steuerliche Privilegierungen sog. passive Einkommensquellen, die typischerweise bei Holdingunternehmen angesiedelt werden können.[466] Nationale Steuersysteme können, um die Attraktivität für passives Steuersubstrat zu fördern, Einnahmen aus Lizenzen und vergleichbaren Vermögenswerten einer geringeren Steuerbelastung unterwerfen.[467] Die Ansiedlung von Holdinggesellschaften kann zudem durch spezifische Attraktivität der Besteuerung von ausländischer Unternehmensbeteiligungen weiter gesteigert werden.[468] Die Attraktivität für ausländische Investitionen kann andererseits dadurch gefördert werden, dass das nationale Steuerrecht die Inanspruchnahme von Qualifikationskonflikten bei der Besteuerung internationaler Sachverhalte aktiv begünstigt, sei es hinsichtlich der Qualifikation als steuerlich transparente bzw. intransparente Gesellschaften, oder hinsichtlich einzelner Rechtsbeziehungen.[469]

Damit bei hoher Attraktivität für mobile Steuersubstrate ein gleichbleibendes Niveau steuerlicher Einnahmen erzielt werden kann, müssten weniger mobile Steuersubstrate einer überproportional hohen Steuerbelastung unterliegen.[470] Die Steuerbelastung nimmt damit wesentlichen Einfluss auf das Investitionsobjekt und dessen wirtschaftliche Erfolgsaussichten. Aus ökonomischer Sicht käme es aufgrund des steuerlichen Leitmotivs zu einer signifikanten Fehlsteuerung der Investitionsentscheidung, die dem eigentlichen Ziel der Allokationseffizienz entgegenstehe.[471]

465 *Schön*, ECTR 2000, S. 90 (93 f.).

466 Diese charakterisiert üblicherweise, dass Management-, Finanzierungs-, Koordinierungs-, Versicherungs-, Vertriebs- und andere Unternehmensdienstleistungen von dort aus erbracht werden, vgl. *OECD*, BEPS Action 11 Final Report (2015), S. 120; *Pinto*, Tax Competition and EU Law (2003), S. 15.

467 Vgl. zu sog. Patentbox-Regelungen, *IBFD*, International Tax Structures in the BEPS Era (2015), S. 10 f.

468 Vgl. zur steuerlichen Bevorzugung von Holdinggesellschaften und der wirtschaftlich nicht durch die Vermeidung ökonomischer Doppelbesteuerung gerechtfertigter Bevorzugung von Schachtelbeteiligung, *IBFD*, International Tax Structures in the BEPS Era (2015), S. 11 f.

469 *IBFD*, International Tax Structures in the BEPS Era (2015), S. 13 f.

470 *Pinto*, Tax Competition and EU Law (2003), S. 12; *Schön*, ECTR 2000, S. 90 (94 f.).

471 *Pinto*, Tax Competition and EU Law (2003), S. 12.

3.5.2.3. Die Attraktion ausländischer Unternehmen oder die Fehlallokation hinsichtlich des Investitionssubjektes

Zu schädlichen Aspekten des Steuerwettbewerbs kann es zudem dadurch kommen, wenn die Ansiedlung ausländischer Investments steuerlich begünstigt wird.

Der offensichtliche Weg ist es, ausländische Investitionen unmittelbar zu fördern, indem diesen sog. *tax holidays* gewährt werden. Ihre Bedeutung liegt darin, dass ausländischen Investoren eine günstigere steuerliche Behandlung als einheimischen Unternehmen gewährt wird.[472] Die Staaten sichern die erforderlichen Einnahmen durch das Steuersubstrat nationaler Unternehmen ab und gewähren ausländischen Investoren den Marktzutritt zu „Dumpingpreisen". Volkswirtschaftlich rechtfertigt sich ein derart günstiger Marktzugang für ausländische Investoren zu den öffentlichen Gütern eines Landes damit, dass nur sehr geringe Grenzkosten durch die Erweiterung des Marktes auf eine kleine Zielgruppe entstehen.[473] In der Folge müssen jedoch inländische Unternehmen eine ungleich höhere steuerliche Belastung zur Finanzierung der öffentlichen Güter tragen als ausländische, obwohl auch Letztere hiervon in gleichem Maße profitieren.[474]

Auch ohne eine direkte steuerliche Bevorzugung ausländischer Investoren kann es zu gleichartigen Verzerrungen kommen, indem unterschiedslos anwendbare Normen des nationalen Steuerrechts Auslandsinvestoren einen größeren Steuervorteil verschaffen, als dies für reine Inlandssachverhalte der Fall ist. Zu denken ist hierbei insbesondere an die Generierung steuerlichen Aufwands durch Zinsen und Lizenzgebühren in einem Staat, dem keine oder eine wesentlich geringere steuerliche Belastung beim Zahlungsempfänger gegenübersteht. Im vergleichbaren rein nationalen Sachverhalt steht dem Betriebsausgabenabzug beim Zahlenden regelmäßig eine vergleichbar zu versteuernde Einnahme entgegen. Dadurch wird, ohne dass dies aktiv vom Staat des Zahlenden gefördert wird, letztlich doch die Auslandsinvestition gegenüber der Inlandsinvestition übervorteilt.

Eine derartige Bevorzugung ausländischer Investoren sorgt gegenüber nationalen Unternehmen für einen doppelten Marktvorteil: Einerseits sind die Auslandsinvestitionen – bezogen auf den Markt im Investitionsland – im Wettbewerb mit einheimischen Unternehmen übervorteilt. Darüber hinaus wird im Falle von *tax holidays* der Wettbewerb mit anderen ausländischen Konkurrenten verzerrt, denen in ihrem Ansässigkeitsstaat keine derartige Steuerentlastung zugutekommt.

---

472 *OECD*, BEPS Action 11 Final Report (2015), S. 120 f.; *Pinto*, Tax Competition and EU Law (2003), S. 14 f.

473 *Schön*, CMLR 2005, S. 331 (351).

474 *Pinto*, Tax Competition and EU Law (2003), S. 14; *Schön* weist darauf hin, dass sich zu dieser „Technik" der aggressiven Preis-Diskriminierung immaterielle Vermögensgüter sowie Finanzprodukte eignen, *Schön*, CMLR 2005, S. 331 (351).

3.6. Die Reflektion ökonomischer Kritikpunkte des Steuerwettbewerbs im Unionsrecht

Die Ausgestaltung des Steuerwettbewerbs als solche weist erhebliche Defizite auf, deren Merkmale – auch wenn sich hierfür bislang keine einheitliche Definition durchsetzen konnte – unter dem Begriff des schädlichen Steuerwettbewerbs verstanden werden können. Während die unionsrechtlichen Vorgaben im Grundverständnis von einem ungehinderten Steuerwettbewerb der Mitgliedstaaten ausgehen, konkurrieren aus Sicht der Mitgliedstaaten zwei Strömungen: Während einige Staaten um die Ansiedlung von Kapital und wirtschaftlichen Tätigkeiten aktiv mit günstiger Besteuerung werben, entspricht es dem Interesse insbesondere der Staaten mit traditionellen Wirtschaftszweigen, ihr Steueraufkommen gegen Abwanderung zu schützen.

Die Abgrenzung der ökonomischen Ausprägung des Steuerwettbewerbs zu den rechtlichen Aspekten der Grundfreiheiten beschäftigte die Generalanwälte und den EuGH maßgebend in den Jahren 2004 bis 2007.

3.6.1. Die Ansichten der GA Léger, Gelhoed und Mengozzi

Zur Kompetenz der Mitgliedstaaten im Hinblick auf die Missbrauchsverhinderung hatten sich explizit die GA Léger, Gelhoed und Mengozzi geäußert.

GA Léger nahm in seinen Schlussanträgen in der Sache *Cadbury Schweppes* explizit das Problem der mangels Harmonisierung stark divergierenden Steuersätze in Europa in Bezug. Hiervon ginge zwar die Gefahr eines *„schrankenlosen Wettbewerbs zwischen den Mitgliedstaaten“* aus, gegen den sich die Entschließung des ECOFIN-Rates und die Selbstverpflichtung der Mitgliedstaaten gegen schädliche Steuerpraktiken[475] richteten, und von denen die einschlägige irische Steuervergünstigung für Konzernfinanzierungsgesellschaften sogar unmittelbar umfasst sei.[476] GA Léger sah dadurch die Reichweite der Grundfreiheiten jedoch nicht beeinträchtigt, da die getroffenen politischen Entschließungen die grundfreiheitlichen Rechte nicht berührten.[477] Den aus den unterschiedlichen Steuersätzen resultierenden schädlichen Auswirkungen sei durch politische Lösungen zu entgegnen, unilaterale Eingriffe in grundfreiheitliche Garantien seien vor diesem Hintergrund jedoch nicht unter dem Aspekt des Missbrauchs rechtfertigbar.[478]

Auch im Fall *Test Claimants in the Thin Cap Group Litigation* berief sich die britische Regierung auf die politische Legitimität der Einschränkung von Grund-

475 Vgl. unter Kap. 3.5.1.2.

476 Schlussanträge des *GA Léger*, EuGH Rs. C-196/04 (*Cadbury Schweppes*) v. 02.05.2004, ECLI:EU:C:2006:278 (Rn. 55 f.).

477 Schlussanträge des *GA Léger*, EuGH Rs. C-196/04 (*Cadbury Schweppes*) v. 02.05.2004, ECLI:EU:C:2006:278 (Rn. 57).

478 Schlussanträge des *GA Léger*, EuGH Rs. C-196/04 (*Cadbury Schweppes*) v. 02.05.2004, ECLI:EU:C:2006:278 (Rn. 59 f.).

freiheiten.[479] GA Gelhoed sah zwar den Konnex der rechtlichen Bevorzugung zum Aspekt des schädlichen Steuerwettbewerbs, die politischen Entscheidungen könnten jedoch keine Vermutung zur Steuerhinterziehung oder Steuerflucht begründen.[480] Mit einem ähnlichen Begründungsansatz zur Bekämpfung des schädlichen Steuerwettbewerbs versuchte die deutsche Regierung die Regelung des § 20 Abs. 2 und Abs. 3 AStG a. F. als *„Selbstverteidigung"* durch den unilateralen Ausgleich außergewöhnlicher steuerlicher Vergünstigung zu rechtfertigen.[481] Auch GA Mengozzi nahm in den Schlussanträgen zu *Columbus Container Services* – unter Bezugnahme auf die Schlussanträge des GA Léger – die Politik in die Pflicht, eine politische Antwort zur Bekämpfung ungezügelten Steuerwettbewerbs zu finden, da unilaterale Maßnahmen die Reichweite der europäischen Grundfreiheiten nicht berührten.[482]

3.6.2. Die Aufnahme ökonomischer Erwägungen in die Rechtsprechung des EuGH

Der EuGH sah sich in den darauf ergangenen Entscheidungen nicht veranlasst, die Verhinderung des schädlichen Steuerwettbewerbs in eine spezifische juristische Kategorie zu formen. Dass der Steuerpflichtige mit der Inanspruchnahme von Grundfreiheiten das Ziel verfolge, die eigene steuerliche Belastung zu senken, könne für sich genommen nicht eine unilaterale Maßnahme eines anderen Mitgliedstaats rechtfertigen, durch die jener Steuervorteil wieder genommen wird.[483] Dies würde letztendlich zur Anerkennung eines Rechtfertigungsgrundes der Vermeidung von Steuerausfällen führen.[484] Eine Vermutung der Steuerhinterziehung könne aus der Inanspruchnahme der Grundfreiheiten jedenfalls nicht gefolgert werden.[485]

Die Aspekte der Allokationseffizienz beschäftigten den EuGH in der Rechtssache *Columbus Container Services.* Die Gesellschaft machte hier geltend, dass die Regelungen des § 20 Abs. 2 und 3 AStG a. F.[486] eine Verzerrung zwischen der Niederlassungs

---

479 Vgl. Schlussanträge des *GA Gelhoed*, EuGH Rs. C-524/04 (*Test Claimants in the Thin Cap Group Litigation*) v. 29.06.2006, ECLI:EU:C:2006:436 (Rn. 61).

480 Schlussanträge des *GA Gelhoed*, EuGH Rs. C-524/04 (*Test Claimants in the Thin Cap Group Litigation*) v. 29.06.2006, ECLI:EU:C:2006:436 (Rn. 63).

481 Vgl. Schlussanträge des *GA Mengozzi*, EuGH Rs. C-298/05 (*Columbus Container Services*) v. 29.03.2007, ECLI:EU:C:2007:197 (Rn. 159, 163).

482 Schlussanträge des *GA Mengozzi*, EuGH Rs. C-298/05 (*Columbus Container Services*) v. 29.03.2007, ECLI:EU:C:2007:197 (Rn. 165–168).

483 EuGH Rs. C-196/04 (*Cadbury Schweppes*) v. 12.09.2006, Slg. 2006, I-7995 (Rn. 48 f.).

484 EuGH Rs. C-196/04 (*Cadbury Schweppes*) v. 12.09.2006, Slg. 2006, I-7995 (Rn. 49).

485 EuGH Rs. C-196/04 (*Cadbury Schweppes*) v. 12.09.2006, Slg. 2006, I-7995 (Rn. 50).

486 Die streitgegenständliche Fassung ging auf das Missbrauchsbekämpfungs- und Steuerbereinigungsgesetzes v. 21.12.1993, BGBl. 1993 I S. 2310, zurück. Hieraus resultierte in gewissen Konstellationen mittels unilateraler Anordnung der Anrechnungsmethode eine steuerliche Erfassung ausländischer Einkünfte im Inland, die aufgrund Freistellung im geltenden DBA an sich in Deutschland unbe-

als Tochter-Personenengesellschaft zur Tochter-Kapitalgesellschaft und ebenso eine Verzerrung hinsichtlich der Standortentscheidung bewirkten.[487] Ohne auf die Argumentation des GA Mengozzi hinsichtlich der politischen Aufgabe der Verhinderung von Steuerwettbewerb einzugehen, leitete das Gericht EuGH maßgeblich aus der mitgliedstaatlichen Steuerautonomie ab, dass mangels Ungleichbehandlung zum reinen Inlandssachverhalt schon keine Beschränkung[488] von Grundfreiheiten vorliege.[489] Inhaltliche reflektierte er die vom Kläger vorgebrachten ökonomischen Motive der Grundfreiheiten dagegen nicht.

In der Rechtssache *Test Claimants in the Thin Cap Group Litigation* bot die Argumentation der Mitgliedstaaten dem EuGH Anlass zu grundsätzlichen Ausführungen, indem geltend gemacht wurde, dass aus Art. 9 des OECD-MA die Mitgliedstaaten berechtigt seien, Unternehmensgewinne nach dem „freien Wettbewerb" oder dem „Fremdvergleichsgrundsatz" aufzuteilen.[490] Der EuGH erkannte in der britischen Regelung eine potentielle Ungleichbehandlung, die bei Unterkapitalisierung einer gebietsansässigen Gesellschaft Darlehenszinse in Ausschüttungsgewinne umqualifizierte.[491] Sehr deutlich betonte das Gericht aber, dass mitgliedstaatliche Maßnahmen gegen Steuergestaltungen, die unter nicht fremdüblichen Bedingungen erfolgten, dem Rechtfertigungsgrund der „rein künstlichen Gestaltung" unterliegen könnten.[492] Der Aspekt der Steuerautonomie kam durch die Feststellung des Gerichts deutlich zum Ausdruck, dass es keiner zwingenden steuerlichen Koordination mit dem Mitgliedstaat bedürfe, indem der Zahlungseingang besteuert wird, soweit sich die Maßnahme auf das zur Verhinderung des Missbrauchs erforderliche Maß beschränkten.[493]

---

steuert gewesen wären; vgl. EuGH Rs. C-298/05 (*Columbus Container Services*) v. 06.12.2007, Slg. 2007, I-10451 (Rn. 8 f.).

487 EuGH Rs. C-298/05 (*Columbus Container Services*) v. 06.12.2007, Slg. 2007, I-10451 (Rn. 50–52).

488 Die deutsche Sprachfassung des Urteils spricht hier teils von „Diskriminierung" (Rn. 56), teils von Beschränkung (Rn. 54). In der Verfahrenssprache Französisch spiegelt sich diese Ungenauigkeit in „restriction" (Rn. 54) und „discrimination" (Rn. 56) wieder.

489 EuGH Rs. C-298/05 (*Columbus Container Services*) v. 06.12.2007, Slg. 2007, I-10451 (Rn. 54–57).

490 EuGH Rs. C-524/04 (*Test Claimants in the Thin Cap Group Litigation*) v. 13.03.2007, Slg. 2007, I-2107 (Rn. 46–48).

491 EuGH Rs. C-524/04 (*Test Claimants in the Thin Cap Group Litigation*) v. 13.03.2007, Slg. 2007, I-2107 (Rn. 54–63).

492 EuGH Rs. C-524/04 (*Test Claimants in the Thin Cap Group Litigation*) v. 13.03.2007, Slg. 2007, I-2107 (Rn. 83–87).

493 EuGH Rs. C-524/04 (*Test Claimants in the Thin Cap Group Litigation*) v. 13.03.2007, Slg. 2007, I-2107 (Rn. 88–92).

Gleichwohl zeigt sich auch in den EuGH-Urteilen eine Entwicklung, die eine größere Reflektion ökonomischer Ansätze erkennen lässt. Im jüngeren Urteil *SGI* äußerte sich der EuGH zum Rechtfertigungsgrund der Missbrauchsvermeidung:[494]

> *„[...] [D]ie Möglichkeit für die gebietsansässigen Gesellschaften, außergewöhnliche oder unentgeltliche Vorteile an mit ihnen verflochtene Gesellschaften, die in anderen Mitgliedstaaten niedergelassen sind, zu gewähren, ohne dass irgendeine steuerliche Berichtigung vorgesehen wird, [birgt] die Gefahr in sich, dass durch künstliche Konstruktionen innerhalb miteinander verflochterner Gesellschaften Einkünfte auf Gesellschaften übertragen werden, die sich in den Mitgliedstaaten befinden, die die niedrigsten Steuersätze anwenden, oder die in den Mitgliedstaaten ansässig sind, in denen diese Einkünfte nicht besteuert werden."*

Obwohl die Entscheidungen des EuGH auch die ökonomischen Grundentscheidungen des europäischen Binnenmarkts wiederspiegeln, kommen derartige Erwägungen nur gelegentlich und ansatzweise in den Urteilen zum Ausdruck. *Franck* führt die – jedenfalls in den schriftlichen Begründungen festzustellende – mangelnde Reflektion ökonomischer Erwägungen auf die verbreitete Sorge der Gerichte zurück, dass sich ein Gericht bei Darlegung entsprechender fachfremder Motive ohne Not in eine angreifbare Position begebe.[495] Die Urteile *SGI* und *Oy AA* zeigen im Zusammenhang mit der Bewertung missbräuchlicher Gestaltungen aber die Erkenntnis des EuGH, der ökonomischen Erscheinung der Gewinnverschiebung in Staaten mit Nicht- oder Niedrigbesteuerung unter dem Aspekt der Missbrauchsvermeidung Ausdruck zu verleihen.

3.6.3. Die Richtlinie 2016/1164/EU zur Bekämpfung von Steuervermeidungspraktiken

Die Europäische Kommission hat sich dem Ziel verschrieben, eine fairere, einfachere und effektivere Besteuerung von Körperschaften in der EU zu erzielen. Als eine wesentliche Säule dieses Programms wird die Bekämpfung von grenzüberschreitender Steuervermeidung und aggressiver Steuerplanung angesehen, die nach Ansicht der Kommission zukünftig maßgeblich mit den Mitteln einer europäischen Richtlinie verhindert werden soll.[496] Die Anti-BEPS-Richtlinie ergeht damit als direkte Reaktion auf das abgeschlossene BEPS-Projekt der OECD und G20 unter der Annahme, dass die Ergebnisse eine EU-weite einheitliche Implementierung notwendig machen.[497] Damit soll einer einseitigen Umsetzung durch die einzelnen Nationalstaaten Vorschub geleistet werden, die die Gefahr widerstreitender na-

---

494 EuGH Rs. C-311/08 (*SGI*) v. 21.01.2010, Slg. 2010, I-487 (Rn. 67); EuGH Rs. C-231/05 (*Oy AA*) v. 18.07.2007, Slg. 2007, I-6373 (Rn. 58).

495 *Franck*, in: Riesenhuber, Europäische Methodenlehre (2014), § 5 Rn. 59.

496 Erwägungsgrund (10) RL 2016/1164/EU.

497 Erwägungsgründe (1) bis (3), sowie (10) RL 2016/1164/EU; Richtlinienvorschlag der Europäischen Kommission, COM/2016/026 final, S. 3 f.

tionalen Strategien, Verzerrungen und steuerlicher Hindernisse für Unternehmen mit sich brächte und so eine Fragmentierung des Binnenmarkts zur Folge hätte.[498] Dennoch strebt die Richtlinie keine Vollharmonisierung an, sondern gibt einen Mindeststandard für die mitgliedstaatlichen Steuersysteme vor.[499]

Dem Kommissionstext zufolge zielt die Richtlinie *„u.a. auf Situationen ab, in denen Steuerpflichtige dem eigentlichen Rechtszweck zuwiderhandeln, indem sie sich Unterschiede zwischen den nationalen Steuersystemen zunutze machen, um weniger Steuern zu zahlen."*[500] Die Anti-BEPS-Richltinie konkretisiert daher den Missbrauch der Möglichkeiten des Steuerwettbewerbs durch Unternehmen und spezifische Maßnahmen zur Bekämpfung dessen.[501]

Dies zeigt aber andererseits, dass die Nutzbarmachung eines niedrigeren Steuerniveaus alleine auch nach Bewertung der Anti-BEPS-Richtlinie nicht zu unfairem Steuerwettbewerb führt. Aufgrund des dem System des europäischen Ertragsteuerrecht immanenten Gedankens von Steuerwettbewerb kann das Ausnutzen einer niedrigen Besteuerung nicht isoliert von den konkret vorgeschlagenen Maßnahmen gesehen werden. Das unterschiedliche Steuerniveau im Binnenmarkt wird im Rahmen der vorgeschlagenen Zinsschranke sowie der Hinzurechnungsbesteuerung nur dann als Missbrauch erfasst, wenn die Bewertung anhand typisierender Merkmale den Rückschluss auf eine wirtschaftlich nicht begründete konzerninterne Verlagerung zulässt. Das Verständnis der bekämpfenswerten Steuerstrukturen von Seiten der EU-Kommission und der OECD decken sich insofern, als jeweils die Verlagerung von Steuersubstrat an Orte verhindert werden soll, an denen eine nur sehr geringe oder gar keine realwirtschaftliche Aktivität ausgeübt wird.[502]

Der Intention nach zielt die Anti-BEPS-Richtlinie auf die Vermeidung von unfairem Steuerwettbewerb. Dies zeigt sich maßgeblich an den konkret vorgeschlagenen Maßnahmen, die eine rein steuerlich geleitete Allokation im Binnenmarkt zu verhindern versucht. Die Kommission verdeutlicht damit, dass das den Europäischen Verträgen zugrunde liegende Ziel der Allokationseffizienz im Binnenmarkt auch heute noch unveränderte Aktualität besitzt. Unfairer Steuerwettbewerb steht danach in einem unmittelbaren Zusammenhang zur nicht steuerlich beeinflussten Allokation im europäischen Binnenmarkt.

3.6.4. Stellungnahme

Aus Sicht der Mitgliedstaaten rechtfertigen sich Maßnahmen oftmals aus Aspekten des schädlichen Steuerwettbewerbs, während aus Sicht des Steuerpflichtigen im freien Binnenmarkt ein wirtschaftlicher Vorteil aus einer geringeren Steuerlast

498 Erwägungsgrund (2) RL 2016/1164/EU.
499 Erwägungsgrund (3) RL 2016/1164/EU.
500 Richtlinienvorschlag der Europäischen Kommission, COM/2016/026 final, S. 3; in dieser Klarheit findet sich die Aussage in der endgültigen Fassung nicht wieder.
501 Richtlinienvorschlag der Europäischen Kommission, COM/2016/026 final, S. 3.
502 *Dourado*, Intertax 2015, S. 42 (49).

erzielt werden soll. Mitgliedsstaatliche Regelungen verhalten sich wiederum in dem tripolaren Verhältnis des Steuersubjekts zu zwei souveränen Staaten: Ziel der nationalen Norm ist überwiegend die Aufrechterhaltung oder die Begründung der Steuerverhaftung im Inland. Negativ ausgedrückt soll ein ausländischer Staat an der ausschließlichen Begründung einer abweichenden Steuerverhaftung gehindert werden.

Den GA Gelhoed, Léger und Mengozzi ist nur beschränkt zuzustimmen, wenn sie die Bekämpfung von schädlichen Steuerwettbewerb ausschließlich als politische Entscheidung auf europäischer Ebene sehen, und als einzig zulässiges Mittel diesem Einhalt zu gebieten die Harmonisierung anerkennen. Im Sinne eines konsistenten Steuersystems innerhalb der Europäischen Union ist es zwar wünschenswert, ein rechtsverbindliches europäisches Verständnis darüber zu entwickeln, inwieweit ein Steuerwettbewerb zwischen den Staaten rechtskonform ist. Würde sich der EuGH der Argumentation der Generalanwälte anschließen, könnten sich die Mitgliedstaaten letztlich nicht durch unilaterale Maßnahmen gegen Steuervorteile anderer Staaten zur Wehr setzen, die als Mittel schädlichen Steuerwettbewerbs anerkannt sind.[503]

Sowohl die einschlägigen europäischen Sekundärrechtsakte, wie auch das europäische Primärrecht bieten ein entsprechendes Einfallstor zur Missbrauchsverhinderung durch unilaterale Maßnahmen der Mitgliedstaaten. Während auf europäischer Ebene bislang lediglich eine Kontrollfunktion der Judikative über mitgliedstaatliche Maßnahmen verblieb, hat der europäische Gesetzgeber erstmalig mit der Anti-BEPS-Richtlinie inhatliche Vorgaben dafür formuliert. Die Kontrollfunktion erkannte der EuGH dadurch an, dass er dem Aspekt der Steuerautonomie der Mitgliedstaaten große Bedeutung zukommen ließ, die den Mitgliedstaaten keine strenge Koordinierung des Besteuerungsanspruchs auferlege. Den Aspekten des schädlichen Steuerwettbewerbs und der Förderung der Allokationseffizienz kamen in der gerichtlichen Argumentation kaum Gewicht zu. Eine Reflektion der politischen und ökonomischen Bewertung unter dem rechtlichen Rahmen des europäischen Rechts findet daher bislang nur sehr begrenzt statt. *Englisch* sieht hierin einen potentiellen Widerspruch zu den langjährigen Bemühungen der OECD, missbräuchliche Steuergestaltungen und schädlichen Steuerwettbewerb in den Griff zu bekommen.[504]

Dass unilaterale Maßnahmen zur Verhinderung von steuerlichem Missbrauch geeignet sind, gesamtökonomisch eine gerechtere Besteuerung herbeizuführen, erkennt auch die OECD an. Derartige Maßnahmen stellten auch für multinationale Konzerne letztlich eine effektive Steuerbelastung nahe der tariflichen Belastung sicher.[505]

503 *Schön*, in: Kirchhof/Nieskens (Hrsg.), FS Reiss (2008), S. 571 (584 f.).
504 *Englisch*, in: Schaumburg/Englisch, Europäisches Steuerrecht (2015), Rn. 7.255.
505 *OECD*, BEPS Action 11 Final Report (2015), S. 110 f.

Anhand der vorgebrachten Kritikpunkte am vorherrschenden Steuersystem wird deutlich, dass ein einheitliches Verständnis von einem funktionierenden Steuerwettbewerb zwischen den Mitgliedstaaten innerhalb der Union gefunden werden muss. Dieses hat einerseits die Grundentscheidung der Steuerautonomie der Mitgliedstaaten zu berücksichtigen, muss aber auch reflektieren, dass die Autonomie nicht unbeschränkt gelten kann. Beizupflichten ist dem EuGH darin, dass das nationale Steuerrecht keine Rechtfertigung zu rein protektionistischen Maßnahmen darstellen darf. Richtigerweise ist zu fordern, dass der EuGH die maßgeblich von der OECD gewonnenen Erkenntnisse über schädlichen Steuerwettbewerb in seine rechtlichen Erwägungen mit einfließen lässt. Die Urteile *SGI* und *Oy AA* zeigen hierbei, dass der EuGH das entsprechende ökonomische Problem auch unter dem Aspekt der Missbrauchsvermeidung reflektiert. Auch wenn Maßstab der Prüfung selbstverständlich das geltende europäische Recht bleibt, so bietet dies dennoch eine Vielzahl an Anknüpfungspunkten, den Mitgliedstaaten ausreichend Spielraum für unilaterale Maßnahmen zu belassen, die sich gegen anerkannt schädigende Maßnahmen anderer Staaten richten.

Die Kritikpunkte aus ökonomischer Sicht spiegeln sich letztlich am deutlichsten in den Maßnahmen der Anti-BEPS-Richtlinie wieder. Der europäische Gesetzgeber folgt hier dem auf OECD-Ebene erzielten Konsens, die Besteuerung vermehrt an deren wirtschaftliche Wertschöpfung zu knüpfen. Damit gibt das sekundäre Unionsrecht eine wirtschaftlich geprägte Wertung des Binnenmarkts vor, die der EuGH in dieser Strenge zum Primärrecht bislang nicht vorgezeichnet hatte. Inwieweit dieses rechtlich geprägte Missbrauchsverständnis des EuGH zu den in großen Teilen ökonomisch motivierten Maßnahmen der OECD, einschließlich der Umsetzungsmaßnahmen der Anti-BEPS-Richtlinie, übereinstimmt bzw. an welchen Punkten sich diese wiedersprechen, ist im Rahmen der nachfolgenden Analysen zu klären.

3.7. Zusammenfassende Thesen zur Funktion der Missbrauchsvermeidung im steuer-ökonomischen Grundgefüge der Europäischen Union

- Der politische Zusammenschluss innerhalb der Europäischen Union folgt dem ökonomischen Ziel eines einheitlichen europäischen Binnenmarkts. Der freien Zirkulation von Personal, Waren, Kapital und Dienstleistungen liegt die Überzeugung zugrunde, dass durch die marktwirtschaftliche Allokation letztendlich Ineffizienzen innerhalb nationaler Wirtschafts- und Rechtssysteme abgeschafft werden.
- Den unterschiedlichen Kompetenzzuordnungen im Steuerrecht entsprechend findet im Bereich der Steuern ein zwiegespaltener Ansatz zur Erzielung von Allokationseffizienz statt: Harmonisierte Steuerbereiche verfolgen das Ziel der Neutralität der Besteuerung im Hinblick auf die wirtschaftliche Investitionsentscheidung, indem Besonderheiten der nationalen Gesetzgebung abgeschafft werden. Aufgrund der fehlenden Kompetenz zur Vollharmonisierung im Recht

der direkten Steuern wird zugunsten einer Teilneutralität im grenzüberschreitenden Wirtschaftsverkehr durch steuerliche Anrechnung oder Freistellung ausländischer Einkunftsquellen der ökonomische Effekt der Kapitalimport- respektive der Kapitalexportneutralität erzielt. Die europäischen Harmonisierungsakte verfolgen hierbei keinen einheitlichen Ansatz dahingehend, ob dem Gedanken des Binnenmarkts die Freistellung oder die Anrechnung besser entspricht.

- Den nichtharmonisierten Bereichen des europäischen Steuerrechts unterliegt die Grundidee der Förderung der Allokationseffizienz mit den Mitteln des Steuerwettbewerbs. Der Steuerbelastung stehen staatliche Rahmenbedingungen wie Infrastruktur und öffentliche Daseinsfürsorge entgegen, für die sich der Steuerpflichtige als autonomes Wirtschaftssubjekt frei entscheiden kann. Der hierdurch entstehende Anpassungsdruck auf das staatliche Steuersystem sorgt im Ergebnis für ein ausgewogenes Verhältnis aus Steuerbelastung und staatlichen Leistungen. Die grundfreiheitlich gesicherten Rechte dienen letztlich der Sicherung der individuellen Entscheidungsmöglichkeit.
- Der steuer-ökonomischen Grundentscheidung des Unionsrechts ist immanent, dass es zu Belastungsunterschieden im grenzüberschreitenden Wirtschaftsverkehr kommt. Die subjektive Entscheidung über die Gestaltung der steuerlichen Angelegenheiten rechtfertigt sich aus dem Wesensgehalt des Steuerwettbewerbs selbst. Nationale Normen mit dem Ziel der Verhinderung steuerlichen Missbrauchs ziehen aus Sicht des mitgliedstaatlichen Gesetzgebers die Grenze, in wieweit sich eine Gestaltung legitimer Weise auf die Garantien der Grundfreiheiten berufen darf, respektive ab wann die Gestaltung (i) Unionsrecht missbräuchlich in Anspruch nimmt, oder (ii) durch Unionsrecht nationales Recht umgeht. Nationale Normen, die die Verhinderung steuerlichen Missbrauchs im grenzüberschreitenden Wirtschaftsverkehr zum Gegenstand haben, greifen damit unmittelbar in das Verständnis des europäischen Steuerwettbewerbs ein und definieren hierüber ihrerseits das Verständnis und die Reichweite des europäischen Binnenmarkts. Um dem Ziel des Binnenmarkts gerecht werden zu können, bedarf es eines gesamteuropäischen Verständnisses davon, welche Erscheinungsformen einem unfairen Steuerwettbewerb zuzuordnen sind.
- Unfairer Steuerwettbewerb kann dadurch beschrieben werden, dass es (i) zu Fehlallokationen hinsichtlich des Investitionslandes durch einen fortwährenden Steuersenkungswettbewerb zwischen Staaten kommt, (ii) zu Fehlallokationen hinsichtlich des Investitionsobjekts durch die Bevorzugung insbesondere mobiler, d. h. passiver Einkunftsquellen kommt, sowie (iii) zu Fehlallokationen hinsichtlich des Investitionssubjekts durch die Bevorzugung ausländischer Investoren kommt.
- Gleichwohl rechtfertigt die Bekämpfung von schädlichem Steuerwettbewerb nicht alleine mitgliedstaatliche Eingriffe in das Unionsrecht. Insbesondere die Stellungnahmen der Generalanwälte vertraten hier eine sehr restriktive Sichtweise. Der EuGH selbst subsumiert entsprechende Begründungsansätze unter

die bekannten rechtlichen Kategorien des Eingriffs bzw. der Rechtfertigung, jedoch meist ohne die ökonomische Diskussion um schädliche Steuerpraktiken explizit in Bezug zu nehmen. Aus Sicht des Autors wäre eine stärkere Reflektion der zugrunde liegenden ökonomischen Wertungen, insbesondere der auf Ebene der OECD als notwendig erkannten Maßnahmen im Rahmen der EuGH-Rechtsprechung erstrebenswert, um internationale Steuerziele nicht zu konterkarieren.

2. Teil
Die Merkmale des Missbrauchs in der Rechtsprechung des EuGH

Kap. 4. Die Evolution des Missbrauchsbegriffs in der Rechtsprechung des Europäischen Gerichtshofs

Die Größe der Aufgabe des EuGH kann damit kaum unterschätzt werden. Sie besteht darin, das europäische Verständnis des steuerlichen Missbrauchs im Kontext des geltenden Sekundärrechts wie auch des Primärrechts zu spezifizieren, um die Grenzen des europäischen Binnenmarkts zu definieren. Das Konzept der Missbrauchsvermeidung beruht auf einer Entwicklung der einschlägigen Rechtsprechung des europäischen Gerichtshofs durch Auslegung der Grundfreiheiten einerseits und Auslegung der Missbrauchsvorbehalte in den einschlägigen europäischen Sekundärrechtsakten andererseits. Abgesehen von den rein sprachlichen Schwierigkeiten, die sich aus der uneinheitlichen Terminologie zur Missbrauchsvermeidung ergaben,[506] war es die Aufgabe des EuGH Antworten darauf finden, wie sich ein Missbrauchskonzept auf europäischer Ebene mit den spezifischen Anforderungen des mitgliedstaatlichen Steuerrechts verträgt, inwieweit sich ein einheitliches Vorstellungsbild für Primär- und Sekundärrecht trotz der unterschiedlichen dogmatischen Anknüpfung entwickeln lässt, und vor allem wie sich ein Missbrauchskonzept zu den unionsrechtlichen Garantien selbst verhält.

Im Folgenden wird daher zunächst die Evolution der Rechtsprechung des EuGH zum Missbrauch nachgezeichnet (nachfolgend unter 4.1), um daran anknüpfend die Reichweite der Rechtsprechung auf die unterschiedlichen Regelungsbereiche des Unionsrecht zu kären (nachfolgend unter 4.2). Anschließend ist die geltende Rechtsprechung auf ihren einheitlichen inhaltlichen Kern zu untersuchen (nachfolgend unter 4.3 und 4.4).

4.1. Die Ursprünge der Missbrauchsvermeidung in Bezug auf das Primärrecht

4.1.1. Die *van Binsbergen*-Entscheidung als Grundstein der Rechtsprechung zum Missbrauch der Dienstleistungsfreiheit

Die Rechtssache *van Binsbergen* aus dem Jahr 1974 wird gemeinhin als Grundstein der Rechtsprechungsentwicklung zur Verhinderung von Missbrauch betrachtet.[507] Der Fall betraf einen niederländischen Anwalt, der während eines in den Niederlan-

506 Vgl. hierzu vorangehend unter Kap. 1.1.

507 *Cerioni*, EBLR 2010, S. 783 (784); *de la Feria*, CMLR 2008, S. 395 (399); *Niemann*, Der allgemeine Missbrauchsvorbehalt (2012), S. 36; *Schön*, IStR-Beihefter Heft 2 1996, S. 1 (11).

den anhängigen Rechtsstreits seinen Wohnsitz von den Niederlanden nach Belgien verlegte. Daraufhin wurde vom niederländischen Gericht die anwaltliche Postulationsfähigkeit angezweifelt, da das einschlägige Prozessrecht nur in den Niederlanden ansässige Personen als Prozessvertreter zuließ.[508]

Im Mittelpunkt der Entscheidung stand damit die Reichweite der Dienstleistungsfreiheit des Art. 59 f. EWG (nunmehr Art. 56 f. AEUV). Das Gericht erkannte im Zuge der Entscheidung nicht nur erstmalig die unmittelbare Wirkung der Dienstleistungsfreiheit auf das nationale Recht an.[509] Auch zur Frage der Vermeidung von Missbrauch äußerte sich der EuGH in recht klarer Weise:[510]

> *„Ferner kann einem Mitgliedstaat nicht das Recht zum Erlass von Vorschriften abgesprochen werden, die verhindern sollen, dass der Erbringer einer Leistung, dessen Tätigkeit ganz oder vorwiegend auf das Gebiet dieses Staates ausgerichtet ist, sich die durch Art. 59 [Anm.: Art. 56 AEUV] garantierte Freiheit zunutze macht, um sich den Berufsregelungen zu entziehen, die auf ihn Anwendung fänden, wenn er im Gebiet dieses Staates ansässig wäre; denn es ist denkbar, dass auf einen solchen Fall nicht das Kapitel über die Dienstleistungen, sondern das über das Niederlassungsrecht anwendbar wäre."*

Dem frühen Zeitpunkt der Entscheidung geschuldet unterschied der EuGH noch nicht dogmatisch zwischen dem Anwendungsbereich der Grundfreiheit und der Rechtfertigung eines Eingriffs. Gleichwohl verdeutlicht der EuGH, dass Grundfreiheiten nicht unbegrenzte Geltung entfalten, sondern durch nationale Normen in legitimer Weise eingeschränkt werden dürfen. Aus der *van Binsbergen*-Entscheidung ist die gedankliche Konstruktion ersichtlich, dass Unionsrecht zur Umgehung nationaler Vorschriften „missbraucht" werden kann. Diese Missbrauchskonstellation wurde in der Folge als „u-turn-Gestaltung" oder „Umgehungsgestaltung" betitelt.[511] Sie kennzeichnet, dass ein Staatsangehöriger eines Mitgliedsstaates (A) eine Ansässigkeit in einem anderen Mitgliedsstaat (B) begründet, um von dort aus ausschließlich oder hauptsächlich im Mitgliedsstaat (A) tätig zu werden.

Bereits in dem Urteil *Coenen* des darauffolgenden Jahres 1975 verknüpfte der EuGH diesen Aspekt einer Umgehungsgestaltung mit dem Erfordernis der Verhältnismäßigkeit der nationalstaatlichen Maßnahmen.[512] Der Gerichtshof bestätigte seine Rechtsprechung in nachfolgenden Urteilen und verknüpfte in der Entscheidung *Lair* zum deutschen Bundesausbildungsförderungsgesetz (BAföG) aus dem Jahr 1986 Umgehungsgestaltungen explizit mit dem Aspekt der Verhin-

---

508 EuGH Rs. C-33/74 (*van Binsbergen*) v. 03.12.1974, Slg. 1974, 1299 (Rn. 2/5).
509 EuGH Rs. C-33/74 (*van Binsbergen*) v. 03.12.1974, Slg. 1974, 1299 (Rn. 18–27).
510 EuGH Rs. C-33/74 (*van Binsbergen*) v. 03.12.1974, Slg. 1974, 1299 (Rn. 13).
511 *De la Feria*, CMLR 2008, S. 395 (399); *Niemann*, Der allgemeine Missbrauchsvorbehalt (2012), S. 165 ff.; *Schön*, in: Wank/Hirte/Frey/Fleischer/Thüsing (Hrsg.), FS Wiedemann (2002), S. 1271 (1274); *Zalasinski*, Intertax 2007, S. 310 (314).
512 Ebenso EuGH Rs. C-39/75 (*Coenen*) v. 26.11.1975, Slg. 1975, 1547 (Rn. 8/11).

derung von Missbrauch.[513] Bei den hierzu entschiedenen Fällen wurde von den verklagten Staaten oftmals bereits der grenzüberschreitende Bezug angezweifelt. Die Staaten begründeten dies damit, dass die sich auf Unionsrecht berufenden Kläger die Staatsangehörigkeit des verklagten Staates besäßen, weshalb sich die Angelegenheit alleine nach nationalem Recht entscheide.[514] Einer derartigen engen Auslegung des tatbestandlichen Anwendungsbereichs der Grundfreiheiten hat sich der EuGH jedoch nicht angeschlossen.[515]

4.1.2. Analyse der *van Binsbergen*-Rechtsprechung durch GA Lenz

Seine in der *van Binsbergen*-Entscheidung begründete Ansicht zu Umgehungsgestaltungen im Hinblick auf die Dienstleistungsfreiheit bestätigte der EuGH in einer Reihe von Urteilen zu Rundfunkausstrahlungen. In diesen, namentlich als *"broadcasting cases"*[516] benannten Entscheidungen, hatte der EuGH über die Einschränkbarkeit des Binnenmarkts in Bezug auf Hörfunk- und Fernsehausstrahlungen zu entscheiden, die, um sich dem Anwendungsbereich nationaler Vorschriften zu entziehen, mit dem Zielpublikum des nämlichen Mitgliedsstaats aus einem anderen Mitgliedsstaat heraus ausgestrahlt wurden.[517] Der Gerichtshof bezog sich bei der Prüfung, ob eine Umgehungsgestaltung vorlag, jeweils ausdrücklich auf die *van Binsbergen*–Entscheidung, analysiert jedoch deren Voraussetzungen nicht tiefergehend als in der Ursprungsentscheidung.[518]

Umso aufschlussreicher im Hinblick auf die Entwicklung des Missbrauchsprinzips geben sich daher die Schlussanträge des GA Lenz in der Entscheidung *TV 10*.[519] Dies betrifft im Wesentlichen zwei Aspekte. Zum einen positionierte sich GA Lenz klar dagegen, bei missbräuchlicher Inanspruchnahme der Grundfreiheiten bereits

---

513 EuGH Rs. C-205/84 (*Kommission/Deutschland*) v. 04.12.1986, Slg. 1986, 3755 (Rn. 43); und EuGH Rs. C-39/86 (*Lair*) v. 21.06.1988, Slg. 1988, 3161 (Rn. 43); ebenso zur Niederlassungsfreiheit EuGH Rs. C-61/89 (*Bouchoucha*) v. 03.10.1990, Slg. 1990, I-3551 (Rn. 13); zur Arbeitnehmerfreizügigkeit EuGH Rs. C-370/90 (*The Queen/Immigration Appeal Tribunal und Surinder Singh*) v. 07.07.1992, Slg. 1992, I-4265 (Rn. 24).

514 Vgl. EuGH Rs. C-61/89 (*Bouchoucha*) v. 03.10.1990, Slg. 1990, I-3551 (Rn. 10 f.); EuGH Rs. C-370/90 (*The Queen/Immigration Appeal Tribunal und Surinder Singh*) v. 07.07.1992, Slg. 1992, I-4265 (Rn. 14).

515 Vgl. hierzu vorstehend unter Kap. 2.2.1.2.

516 *De la Feria*, CMLR 2008, S. 395 (400).

517 EuGH Rs. C-148/91 (*Veronica*) v. 03.02.1993, Slg. 1993, I-487 (Rn. 1–5); EuGH Rs. C-23/93 (*TV 10*) v. 05.10.1994, Slg. 1994, I-4795 (Rn. 1–7); EuGH Rs. C-211/91 (*Kommission/Belgien*) v. 16.12.1995, Slg. 1992, I-6757 (Rn. 1–4).

518 EuGH Rs. C-148/91 (*Veronica*) v. 03.02.1993, Slg. 1993, I-487 (Rn. 12); EuGH Rs. C-23/93 (*TV 10*) v. 05.10.1994, Slg. 1994, I-4795 (Rn. 20); EuGH Rs. C-211/91 (*Kommission/Belgien*) v. 16.12.1995, Slg. 1992, I-6757 (Rn. 12).

519 Schlussanträge des *GA Lenz*, EuGH Rs. C-23/93 (*TV 10*) v. 16.06.1994, Slg. 1994, I-4795.

den tatbestandlichen Anwendungsbereich zu verneinen.[520] Trotz der missverständlichen Formulierung des EuGH aus der Entscheidung *van Binsbergen*[521] bliebe auch der Anwendungsbereich der Dienstleistungsfreiheit weiterhin eröffnet.[522]

Zweitens analysierte GA Lenz eingehend die Voraussetzungen zur Feststellung eines Missbrauchs. Er stimmte zwar mit dem ursprünglichen Vortrag der Kommission überein, dass die Gesetzesumgehung respektive der Rechtsmissbrauch von einer Absicht, und damit von einem subjektiven Element getragen sein müsse.[523] Trotz dieses subjektiven Elements müsse die Missbrauchsabsicht aber anhand objektiver Merkmale feststellbar sein, insbesondere da eine in allen Mitgliedstaaten konforme Wissenszurechnung für juristische Personen nicht ersichtlich sei.[524] Darüber hinaus betonte GA Lenz, dass es Aufgabe des nationalen Gerichts sei, die Tatsachen einer Umgehung festzustellen, der EuGH aber über deren unionsrechtliche Wertung zu entscheiden habe.[525]

4.1.3. Die Übertragung der Rechtsprechung auf die Niederlassungsfreiheit

Die Ursprünge der Missbrauchsrechtsprechung zur Niederlassungsfreiheit gehen auf die Entscheidung *Knoors*[526] aus dem Jahre 1978 zurück. Hierin ging es um einen in Belgien wohnenden Niederländer, der in den Niederlanden die Genehmigung zur Eröffnung eines selbstständigen Gewerbes auf Basis seiner in Belgien erworbenen Berufsqualifikation anstrebte.[527] Rechtstechnisch knüpfte die Fragestellung an Art. 3 der Richtlinie 64/427/EWG an, die die Anerkennung ausländischer Berufsqualifikationen zum Zweck der Verwirklichung der Niederlassungs- und Dienst-

520 Schlussanträge des *GA Lenz*, EuGH Rs. C-23/93 (*TV 10*) v. 16.06.1994, Slg. 1994, I-4795 (Rn. 25–35).

521 Das Missverständnis über den tatbestandlichen Ausschluss bezieht sich zumeist auf den als Hinweis auf die Rechtsfolge eines Missbrauchs zu deutenden letzten Satzteil des EuGH-Urteils: *„[...] denn es ist denkbar, dass auf einen solchen Fall nicht das Kapitel über die Dienstleistungen, sondern das über das Niederlassungsrecht anwendbar wäre.“*, EuGH Rs. C-33/74 (*van Binsbergen*) v. 03.12.1974, Slg. 1974, 1299 (Rn. 13).

522 Schlussanträge des *GA Lenz*, EuGH Rs. C-23/93 (*TV 10*) v. 16.06.1994, Slg. 1994, I-4795 (Rn. 35).

523 Schlussanträge des *GA Lenz*, EuGH Rs. C-23/93 (*TV 10*) v. 16.06.1994, Slg. 1994, I-4795 (Rn. 57, 59–60).

524 Schlussanträge des *GA Lenz*, EuGH Rs. C-23/93 (*TV 10*) v. 16.06.1994, Slg. 1994, I-4795 (Rn. 59–66).

525 Schlussanträge des *GA Lenz*, EuGH Rs. C-23/93 (*TV 10*) v. 16.06.1994, Slg. 1994, I-4795 (Rn. 58).

526 EuGH Rs. C-115/78 (*Knoors*) v. 07.02.1979, Slg. 1979, 399.

527 EuGH Rs. C-115/78 (*Knoors*) v. 07.02.1979, Slg. 1979, 399 (Rn. 2).

leistungsfreiheit zum Gegenstand hatte.[528] Der EuGH urteilte, dass grundsätzlich die im Ausland erworbene Ausbildung auch bei eigenen Staatsangehörigen anerkannt werden müsse, es den Mitgliedstaaten im Falle der missbräuchlichen Umgehung nationaler Vorschriften jedoch erlaubt sei, im Einzelfall die Berufsausübung zu verhindern.[529] Der Sache nach übertrug das Gericht seine Aussage zu den Umgehungsgestaltungen im Rahmen der Dienstleistungsfreiheit auf die Niederlassungsfreiheit.[530]

4.1.3.1. Die Legitimierung steuerlicher Wegzugsbeschränkungen durch die Rechtssache *Daily Mail*

Erst nach weiteren rund zehn Jahren[531] erhielt die Missbrauchsvermeidung im Kontext des europäischen Gesellschaftsrechts Aufmerksamkeit. Ohne den Missbrauchsaspekt explizit aufzugreifen urteilte der EuGH im Jahr 1988 in der Rechtssache *Daily Mail* über die Einschränkbarkeit der europäischen Grundfreiheiten bei steuerlich motivierten Gestaltungen. Konkret verlangte die Klägerin, eine in England gegründete und dort ansässige Gesellschaft, die Zustimmung von der britischen Finanzbehörde zur Verlegung ihrer Geschäftsleitung in die Niederlande.[532] Der identitätswahrende Wegzug verfolgte das Ziel, eine steuerliche Ansässigkeit in den Niederlanden zu begründen, da nach niederländischem Steuerrecht bei Veräußerung der im Betriebsvermögen gehaltenen Wertpapiere stille Reserven, die sich bis zum Zeitpunkt des Wegzugs gebildet hatten, unbesteuert geblieben wären.[533] Zur Entscheidung wurde dem EuGH insbesondere die Frage vorgelegt, ob das nationale Recht den Wegzug von einer Zustimmung abhängig machen dürfe, die die Besteuerung nicht realisierter stiller Reserven verlangt.[534]

---

528 RL 64/427/EWG des Rates v. 07.07.1964 über die Einzelheiten der Übergangsmaßnahmen auf dem Gebiet der selbstständigen Tätigkeiten der be- und verarbeitenden Gewerbe der CITI-Hauptgruppen 23–40.

529 EuGH Rs. C-115/78 (*Knoors*) v. 07.02.1979, Slg. 1979, 399 (Rn. 24).

530 Maßgeblich die dargestellte Rechtsprechung in den Rechtssachen EuGH Rs. C-33/74 (*van Binsbergen*) v. 03.12.1974, Slg. 1974, 1299 (Rn. 13) und EuGH Rs. C-39/75 (*Coenen*) v. 26.11.1975, Slg. 1975, 1547 (Rn. 8/11).

531 Der Aspekt der Missbrauchsvermeidung wurde im Urteil *Segers,* sowie zwar ohne ausdrückliche Erwähnung, aber der Sache nach als Umgehungsgestaltung im Urteil *Bouchoucha* relevant. Inhaltlich wurde der Missbrauchsbegriff aber weder vom EuGH, noch von den Generalanwälten näher spezifiziert, EuGH Rs. C-79/85 (*Segers*) v. 10.07.1986, 2375 (Rn. 17 f.), bzw. Schlussanträge des *GA Damon*, EuGH Rs. C-79/85 (*Segers*) v. 10.06.1986, Slg. 1986, 2375 (Rn. 6); EuGH Rs. C-61/89 (*Bouchoucha*) v. 03.10.1990, Slg. 1990, I-3551 (Rn. 13–16), bzw. Schlussanträge des *GA Gaston*, EuGH Rs. C-61/89 (*Bouchoucha*) v. 06.03.1990, Slg. 1990, I-3551 (Rn. 9 f.).

532 EuGH Rs. C-81/87 (*Daily Mail*) v. 27.09.1988, Slg. 1988, 5483 (Rn. 2–6).

533 EuGH Rs. C-81/87 (*Daily Mail*) v. 27.09.1988, Slg. 1988, 5483 (Rn. 6 f.).

534 EuGH Rs. C-81/87 (*Daily Mail*) v. 27.09.1988, Slg. 1988, 5483 (Rn. 9, 11).

Der EuGH betonte, vor dem Hintergrund der Anknüpfung des Art. 48 AEUV an den satzungsmäßigen Sitz oder die Geschäftsleitung im Mitgliedsstaat, die Unterscheidung zwischen der Behinderung des Zuzugs und des Wegzugs im Gesellschaftsrecht.[535] Die geltenden Normen[536] machten die identitätswahrende Sitzverlegung über die Grenze von einem Übereinkommen zwischen den Mitgliedstaaten abhängig. Daraus sei zu folgern, dass die Grundfreiheiten derartigen Wegzugsbeschränkungen nicht entgegenstünden.[537]

Dass die Entwicklung eines europäischen Gesellschaftsrechts Mitte der 1980er Jahre zum Erliegen kam, kann neben der Aufnahme weiterer Mitgliedstaaten in die Europäische Union und die damit einhergehende verkomplizierte Rechtssetzung, maßgeblich auf diese Rechtsprechung des EuGH zurückgeführt werden.[538] Mit dem *Daily Mail*-Urteil segnete der EuGH den gesellschaftsrechtlich begründeten Zwang zur Liquidierung der Gesellschaft mit der Folge der Besteuerung sämtlicher stiller Reserven im Wegzugstaat ab.[539] Die Rechtsfrage wäre an und für sich auf der Prüfungsstufe der Verhältnismäßigkeit der Beschränkung zu erörtern gewesen, da hier Erwägungen des Einzelfalls angemessen berücksichtigt hätten werden können. Stattdessen deplatzierte das Gericht die Frage durch Prüfung kollisionsrechtlicher Erwägungen auf Ebene des grundfreiheitlichen Anwendungsbereichs,[540] und nahm dadurch jeglichen Druck von den Mitgliedstaaten zur Harmonisierung bzw. Vereinheitlichung gesellschaftsrechtlicher Fragestellungen.[541]

Das Urteil *Daily Mail* bedeutete den vorübergehenden Todesstoß für das unionsrechtliche Ziel der Harmonisierung mit den Mitteln des Steuerwettbewerbs: Es wurde als „Freibrief" für mitgliedstaatliche Abschottung mit Mitteln des Gesell-

---

535 EuGH Rs. C-81/87 (*Daily Mail*) v. 27.09.1988, Slg. 1988, 5483 (Rn. 16 f.).

536 In Bezug genommen wurden seinerzeit Art. 220 EWG und Art. 54 Abs. 3 lit. g) EWG. Art. 220 EWG behielt es Übereinkommen unter den Mitgliedstaaten vor, die gegenseitige Anerkennung von Gesellschaften, einschließlich der grenzüberschreitende Sitzverlegung zu regeln. Art. 54 Abs. 3 lit. g) EWG ermöglichte die gemeinschaftliche Koordinierung des Gesellschaftsrechts mittels Richtlinien, von denen der entschiedene Sachverhalt jedoch nicht umfasst war.

537 EuGH Rs. C-81/87 (*Daily Mail*) v. 27.09.1988, Slg. 1988, 5483 (Rn. 21–24).

538 *Dubovitskaya*, Rechtstheorie 2014, S. 517 (527 f.).

539 Die Zulässigkeit der Entstrickungsbesteuerung leitet GA Darmon deutlicher als das EuGH-Urteil aus einem *argumentum a maiore ad minus* aus der Möglichkeit der Mitgliedstaaten, eine Liquidierungspflicht bei Wechsel des Gesellschaftsstatuts vorzusehen, ab, vgl. Schlussanträge des *GA Darmon*, EuGH Rs. C-81/87 (*Daily Mail*) v. 07.06.1988, Slg. 1988, 5483 (Rn. 13).

540 Dem EuGH-Urteil wird entgegnet, dass weder nach dem geltenden britischen, noch nach dem niederländischen Recht eine zwingende Liquidierung der Gesellschaft folge, da beide Länder im internationalen Gesellschaftsrecht der Gründungstheorie folgten, vgl. *Dubovitskaya*, Rechtstheorie 2014, S. 517 (525 ff.); *Terra/Wattel*, European Tax Law (2012), S. 511.

541 *Dubovitskaya*, Rechtstheorie 2014, S. 517 (528).

schaftsrechts aufgenommen.[542] Indem Gesellschaften die Möglichkeit der Exit-Option genommen wurde, fehlte es bereits an der Grundthese des Modells von *Tiebouts*, dass sich Steuersubjekte dem Geltungsbereich eines Rechts entziehen könnten.[543]

Hiervon ging ein starkes Zeichen zugunsten der Abschottung des nationalen Steuersubstrats gegen Wegzug aus – eine Erwägung, die sich zwar primär im Rechtfertigungsgrund der Aufteilung der Besteuerungsgrundlagen niederschlägt.[544] Aufgrund der Generalität der Aussage setzte das Urteil aber ein ebenso deutliches Zeichen zugunsten eines großen Handlungsspielraums der Mitgliedstaaten für nationale Normen zur Missbrauchsvermeidung bei steuergetriebenen grenzüberschreitenden Gestaltungen.[545]

4.1.3.2. Die Bestimmung des Missbrauchs anhand der Ziele der Grundfreiheiten nach der Entscheidung Centros

Den in der Folge wichtigsten Grenzstein zur Bestimmung des Missbrauchs der Niederlassungsfreiheit setzte der EuGH in seiner Entscheidung *Centros*.[546] Im Mittelpunkt dieser stand eine nach englischem Recht von zwei in Dänemark ansässigen dänischen Staatsangehörigen gegründete Gesellschaft, die, ohne im Vereinigten Königreich einer Geschäftstätigkeit nachzugehen, in Dänemark eine Zweigniederlassung zu errichten beabsichtigte. Die hierfür erforderliche Eintragung wurde von der zuständigen dänischen Behörde mit dem Verweis auf das nach dänischem Recht erforderliche gesellschaftsrechtliche Mindestkapital abgelehnt.[547] Von der Ausgangssituation war der Sachverhalt damit vergleichbar zur Umgehungsgestaltung, die bereits Gegenstand der *van Binsbergen*-Entscheidung im Zusammenhang mit der Dienstleistungsfreiheit war.[548]

Zwar erkannte der EuGH, dass es Mitgliedstaaten erlaubt sei sich dagegen zur Wehr zu setzen, dass durch Missbrauch von unionsrechtlichen Rechten nationale Vorschriften umgangen würden.[549] Nach Ansicht des Gerichts sei der Missbrauch jedoch anhand der Ziele der Grundfreiheiten zu bestimmen:[550]

> *„Damit kann es für sich allein keine missbräuchliche Ausnutzung des Niederlassungsrechts darstellen, wenn ein Staatsangehöriger eines Mitgliedstaats, der eine Gesellschaft gründen möchte, diese in dem Mitgliedstaat errichtet, dessen gesellschaftsrechtliche Vorschriften*

542 *De la Feria*, CMLR 2008, S. 395 (404).
543 Hierzu vorstehend unter Kap. 3.4.1.
544 *Terra/Wattel*, European Tax Law (2012), S. 505.
545 *De la Feria*, CMLR 2008, S. 395 (404).
546 EuGH Rs. 212/97 (*Centros*) v. 09.03.1999, Slg. 1999, I-1459.
547 EuGH Rs. 212/97 (*Centros*) v. 09.03.1999, Slg. 1999, I-1459 (Rn. 2–7).
548 Hierzu vorstehend unter Kap. 4.1.1.
549 EuGH Rs. C-212/97 (*Centros*) v. 09.03.1999, Slg. 1999, I-1459 (Rn. 24).
550 EuGH Rs. C-212/97 (*Centros*) v. 09.03.1999, Slg. 1999, I-1459 (Rn. 25 f.).

ihm die größte Freiheit lassen, und in anderen Mitgliedstaaten Zweigniederlassungen gründet. Das Recht, eine Gesellschaft nach dem Recht eines Mitgliedstaats zu errichten und in anderen Mitgliedstaaten Zweigniederlassungen zu gründen, folgt nämlich im Binnenmarkt unmittelbar aus der vom EG-Vertrag gewährleisteten Niederlassungsfreiheit."[551]

Das Urteil setzte inhaltlich an der zuvor ergangenen, weniger beachteten Entscheidung *Segers*[552] an. In beiden Fällen erachtete es der EuGH als legitim und nicht als missbräuchliches Ausnutzen der Niederlassungsfreiheit, eine Gesellschaft im Ausland nur deswegen zu gründen, um in den Genuss des ausländischen Rechts zu kommen.[553] Dies gilt selbst dann, wenn kein Bezug wirtschaftlicher Art zum Gründungsstaat besteht und die Aufnahme einer Tätigkeit vor Ort nicht beabsichtigt wird.[554]

Ohne selbst positive Kriterien zur Bestimmung eines Missbrauchs festzulegen, erhielt die unionsrechtliche Dimension des Missbrauchsvorwurfs dennoch eine plastischere Bedeutung, indem der Gerichtshof Umgehungsgestaltungen von der berechtigten Inanspruchnahme der garantierten Freiheitsrechte abgegrenzte und den Missbrauchsvorwurf so auf den unionsrechtlichen Anwendungsfall spezifizierte.[555]

4.1.4. Die Missbrauchsvermeidung bezüglich der Warenverkehrs-, Kapital- und Zahlungsverkehrsfreiheit

Eine Umgehungsgestaltung wurde dem EuGH unter dem Anwendungsbereich der Warenverkehrsfreiheit erstmalig in der Rechtssache *Leclerc*[556] im Jahr 1983 zur Entscheidung vorgelegt. In der Sache ging es um den Export und darauffolgenden Reimport von Büchern durch Einzelhandelsgeschäfte der Leclerc-Gruppe, mit dem Ziel, die Bücher günstiger als nach der geltenden Preisbindung verkaufen zu können.[557] Keine nach Art. 30 AEUV verbotene mengenmäßige Beschränkung lag nach Ansicht des EuGH in der gesetzlichen Preisbindung, wenn Bücher allein zum Zweck des Reimports ausgeführt wurden, um die Preisbindung gezielt zu umgehen.[558]

Bedeutend später erlangte die Kapital- und Zahlungsverkehrsfreiheit in diesem Zusammenhang ihre Geltung. Die erste Entscheidung, die Missbrauchsvermeidung im Kontext der Kapitalverkehrsfreiheit zum Gegenstand hatte, erging – soweit er-

---

551 EuGH Rs. C-212/97 (*Centros*) v. 09.03.1999, Slg. 1999, I-1459 (Rn. 27).
552 EuGH Rs. C-79/85 (*Segers*) v. 10.07.1986, 2375.
553 *Eidenmüller/Rehm*, ZGR 2004, S. 159 (179).
554 EuGH Rs. C-79/85 (*Segers*) v. 10.07.1986, 2375 (Rn. 16); EuGH Rs. C-212/97 (*Centros*) v. 09.03.1999, Slg. 1999, I-1459 (Rn. 27 ff.).
555 *De la Feria*, CMLR 2008, S. 395 (407).
556 EuGH Rs. C-229/83 und C-299/83 (*Leclerc*) v. 10.01.1985, Slg. 1985, 1, sowie die Parallelentscheidung EuGH Rs. C-299/83 (*Leclerc*) v. 11.07.1985, Slg. 1985, 2515.
557 EuGH Rs. C-229/83 und C-299/83 (*Leclerc*) v. 10.01.1985, Slg. 1985, 1 (Rn. 2–5).
558 EuGH Rs. C-229/83 und C-299/83 (*Leclerc*) v. 10.01.1985, Slg. 1985, 1 (Rn. 26 f.); daran anschließend EuGH Rs. C-95/84 (*Darras und Tostain*) v. 10.06.1986, Slg. 1986, 2253 (Rn. 7).

sichtlich – in der Rechtssache *Kommission gegen Belgien*[559] im Jahr 2000. Zur Einschränkbarkeit des einschlägigen Art. 73b EG-Vertrag urteilte der EuGH, dass die allgemeine Annahme einer Steuerhinterziehung oder -umgehung keine Beschränkung der Kapitalverkehrsfreiheit rechtfertigen könne, insbesondere nicht, wenn diese ein absolutes Verbot einer ausländischen Direktinvestition statuiere.[560]

Der späte Zeitpunkt ist darauf zurück zu führen, dass unter der bis zum 31.12.1993 geltenden Fassung der Art. 67 bis 73 EWG die Mitgliedstaaten selbst zur Beseitigung von Beschränkungen der Kapitalverkehrsfreiheit berufen waren und dem Art. 67 Abs. 1 EWG daher zunächst keine unmittelbare Wirkung zukam.[561] Erst mit Auslaufen der Übergangsregelungen aus der Kapitalverkehrsrichtlinie 88/361/EWG des Jahres 1988[562] und Inkrafttreten des Vertrags von Maastricht[563] erhielten die Regelungen zur Kapital- und Zahlungsverkehrsfreiheit unmittelbare Wirkung sogar in Bezug auf Drittländer.[564]

4.1.5. Die Erstreckung des Missbrauchsgrundsatzes auf das sekundäre Gemeinschaftsrecht

4.1.5.1. Die Grundaussagen zum Missbrauch im Sekundärrecht aus der Rechtssache Cremer

Erstmals zu den Auswirkungen des Missbrauchs in Bezug auf sekundäres Gemeinschaftsrecht hatte sich der EuGH in der Rechtssache *Cremer*[565] positioniert. Der Sache nach handelte es sich um die Ausfuhr von Tiermischfutter aus Deutschland in das damals als Drittland geltende Dänemark, für die dem Kläger nach europäischer Verordnung Erstattungen gewährt worden waren. Nachträglich wurde festgestellt, dass (i) das Futtermittel nur einen geringen Anteil förderfähiger Grunderzeugnisse enthielt, und (ii) der Hauptbestandteil des Futtermittels nach Entmischung wieder in die Gemeinschaft zurückgeführt wurde. Hierauf widerrief die deutsche Behörde den

559 EuGH Rs. C-478/98 (*Kommission/Belgien*) v. 26.09.2000, Slg. 2000, I-7587; die Rechtfertigung der wirksamen Steueraufsicht war dagegen zuvor schon im Urteil des EuGH Rs. C-358/93 und C-416/93 (*Bodessa*) v. 23.02.1995, Slg. 1995, I-361 (Rn. 19).

560 EuGH Rs. C-478/98 (*Kommission/Belgien*) v. 26.09.2000, Slg. 2000, I-7587 (Rn. 45 f.).

561 *Wojcik*, in: von der Groeben/Schwarze/Hatje, Europäisches Unionsrecht (2015), Vorb. zu Art. 63 bis 66 AEUV Rn. 6 f.

562 RL 88/361/EWG des Rates v. 24.06.1988 zur Durchführung von Art. 67 des Vertrages, ABl. 1988 L 178, S. 5 ff.

563 Vgl. Art. 73b bis 73g EGV; *Englisch* führt die erst spät ergangene Entscheidung zur Kapitalverkehrsfreiheit darauf zurück, dass der EuGH Missbräuche anhand der vorrangig erachteten Niederlassungsfreiheit prüfte, *Englisch*, StuW 2009, S. 3 (4).

564 *Wojcik*, in: von der Groeben/Schwarze/Hatje, Europäisches Unionsrecht (2015), Vorb. zu Art. 63 bis 66 AEUV Rn. 20.

565 EuGH Rs. C-125/76 (*Cremer*) v. 11.10.1977, Slg. 1977, 1593.

Bescheid über die Erstattungen.[566] Insoweit enthielt das Verfahren einen zweifachen Missbrauchsvorwurf, der (ad i) die materiellen Voraussetzungen des geförderten Futtermittels sowie (ad ii) durch eine Umgehungsgestaltung den drittlandsbezogenen Anwendungsbereich der Verordnung eröffnete.

Der EuGH untersuchte die Zweckrichtung der Ausfuhrerstattungen, die er anhand der Präambel der Verordnung darin benannte, dass die Preisspanne zwischen den Erzeuger- und den Weltmarktpreisen ausgeglichen werden sollten.[567] Obwohl die einschlägige Verordnung keine entsprechende Regelung enthielt, lag es nach Ansicht des EuGH in der Kompetenz der Mitgliedstaaten missbräuchliche Erstattungen zu verhindern:[568]

> *„[...] es ist deshalb Sache der zuständigen nationalen Stellen, eine Sachverhaltswürdigung vorzunehmen, die verhindern soll, dass infolge von Manipulationen der Erzeuger am Mischungsverhältnis von Futtermitteln Erstattungen gezahlt werden, auf die kein Anspruch besteht."*

Dies entspricht der Analyse aus der *van Binsbergen*-Entscheidung zur Frage der Zuständigkeit der Tatsachenfeststellung einer Umgehung nationaler Vorschriften mithilfe primärrechtlicher Garantien durch GA Lenz.[569] Während jedoch im Falle des Missbrauchs von Grundfreiheiten das grenzüberschreitende Element nur ein Vehikel ist, eine günstigere Behandlung auf Basis des nationalen Rechts zu erreichen, ergibt sich in Bezug auf den vorliegenden Missbrauchsvorwurf die begünstigende Rechtslage aus dem unionsrechtlichen Sekundärakt selbst. Insofern unterscheidet sich die *Cremer*-Konstellation dogmatisch von den zuvor besprochenen Urteilen zum Primärrecht.

Hieraus folgt aber noch ein weiterer Aspekt: Trotz eines fehlenden Missbrauchsvorbehalts sieht der EuGH die Manipulation am Mischverhältnis, sowie den konstruierten Verkaufsweg als eine der Verordnung immanente Schranke an. Dagegen enthalten die geltenden steuerlichen Sekundärrechtsakte allesamt einen generellen Vorbehalt zur Missbrauchsvermeidung durch die Mitgliedstaaten.[570] Indem der EuGH in der Rechtssache *Cremer* den Missbrauchsvorbehalt durch teleologische Reduktion des materiellen Gehalts der Verordnung begründet, spricht dies für die Anerkennung eines innentheoretischen Ansatzes.[571] Die mitgliedstaatlichen Behörden

---

566 EuGH Rs. C-125/76 (*Cremer*) v. 11.10.1977, Slg. 1977, 1593 (Rn. 2–7), sowie Schlussanträge des *GA Reischl*, EuGH Rs. C–25/76 (*Cremer*) v. 14.07.1977, Slg. 1977, 1593 (Rn. I).

567 EuGH Rs. C-125/76 (*Cremer*) v. 11.10.1977, Slg. 1977, 1593 (Rn. 13).

568 EuGH Rs. C-125/76 (*Cremer*) v. 11.10.1977, Slg. 1977, 1593 (Rn. 14 sowie ähnlich Rn. 21).

569 Vgl. vorstehend unter Kap. 4.1.2.

570 Vgl. vorstehend unter Kap. 2.1.

571 Ebenso die Argumentation des GA Maduro zu einem der Sechsten MwSt-Richtlinie immanenten Missbrauchsvorbehalt, Schlussanträge des *GA Maduro*, EuGH Rs. C-255/02 (*Halifax*) v. 07.04.2005, Slg. 2006, I-1685 (Rn. 75); *Bergmann*, StuW 2010, S. 246 (252); *Fischer*, in: Hübschmann/Hepp/Spitaler, AO/FGO, § 42 AO Rn. 72.

dürften auch, so der EuGH, zur Festlegung, ob Sekundärrecht missbräuchlich ausgeübt werde, auf Vorschriften des nationalen Rechts zurückgreifen, es sei denn diese veränderten die Tragweite des Sekundärrechts oder vereitelten dessen Zweck.[572]

Während diese EuGH-Rechtsprechung zur Missbrauchsvermeidung bezüglich europäischem Sekundärrecht zwar keinen weiteren Aufschluss über die inhaltlichen Anforderungen an die mitgliedstaatliche Subsumtion zuließ, so ist die Entscheidung aus dogmatischer Sicht überaus bedeutend. Durch den teleologisch begründeten Ausschluss missbräuchlicher Gestaltungen vom Anwendungsbereich des Sekundärrechtsaktes entwickelte der EuGH die Dogmatik der Missbrauchsvermeidung entscheidend weiter.

4.1.5.2. Der Missbrauch im harmonisierten Steuerrecht

Eine erste Auseinandersetzung mit Missbrauch im harmonisierten Steuerrecht erfolgte durch den EuGH in der Entscheidung *Inzo*[573] zum Umsatzsteuerrecht und in der Entscheidung *Denkavit International BV u. a.* auf Grundlage der Mutter-Tochter-Richtlinie im Jahr 1996.[574] Letztlich erwähnte der EuGH in der Rechtssache *Inzo* lediglich, dass auch umsatzsteuerliche Begünstigungen bei Missbrauch von den nationalen Behörden entzogen werden könnten – wobei „Missbrauch“ vom EuGH derart verwendet wurde, dass dieser das fälschliche Vorspiegeln der subjektiven Intention zur Aufnahme einer wirtschaftlichen Tätigkeit umfasste.[575] Nach hiesigem Verständnis entspricht die Verwendung des Begriffs im Urteil *Inzo* nicht dem steuerlichen Missbrauch, sondern ist als Verwirklichung einer Steuerhinterziehung bzw. eines Steuerbetrugs zuzuordnen.[576] In der Rechtssache *Denkavit International BV* erkannte der EuGH, dass die in Art. 3 Abs. 2 Mutter-Tochter-Richtlinie vorgesehenen Mindesthaltedauer von zwei Jahren der Vermeidung von Missbräuchen diene. Nach dem Zweck der Richtlinie erstrecke sich die durch die Richtlinie gewährte Steuervergünstigung daher nicht auf Beteiligungen, die ohne die Absicht erworben wurden sich auf Dauer am Kapital der Gesellschaft zu beteiligen.[577]

---

572 EuGH Rs. C-367/96 (*Kefalas*) v. 12.05.1998, Slg. 1998, I-2843 (Rn. 21 f.). Ob das Vorschriften des nationalen Rechts angewendet werden dürften, um einer missbräuchlichen Anwendung von Sekundärrecht zu begegnet, hatte der EuGH in der vorangehenden Entscheidung noch offengelassen, EuGH Rs. C-441/93 (*Pafitis*) v. 12.03.1996, Slg. 1996, I-1347 (Rn. 68).

573 EuGH Rs. C-110/94 (*Inzo*) v. 29.02.1996, Slg. 1996, I-857.

574 EuGH Rs. C-283/94, C-291/94 und C-292/94 (*Denkavit International BV, VITIC Amsterdam BV und Voormeer BV*) v. 17.10.1996, Slg. 1996, I-5063.

575 EuGH Rs. C-110/94 (*Inzo*) v. 29.02.1996, Slg. 1996, I-857 (Rn. 24); auch die englische und französische Sprachfassung verwenden den Doppelbegriff *"fraud or abuse"* bzw. *„les situations frauduleuses ou abusives“*; ebenso EuGH Rs. C-32/03 (*Fini H*) v. 03.03.2005, Slg. 2005, I-1599 (Rn. 32).

576 Vgl. vorstehend unter Kap. 1.1.2.1.

577 EuGH Rs. C-283/94, C-291/94 und C-292/94 (*Denkavit International BV, VITIC Amsterdam BV und Voormeer BV*) v. 17.10.1996, Slg. 1996, I-5063 (Rn. 31).

Die echte inhaltliche Weiterentwicklung des Missbrauchsbegriffs zum harmonisierten Recht stieß der EuGH in dem, zur Fusionsrichtlinie ergangenen Urteil *Loer-Bloem* an.[578] Der Entscheidung lag ein Anteilstausch nach niederländischem Recht zugrunde und bezog sich maßgeblich auf die Auslegung des Art. 11 Abs. 1 lit. a) der Fusionsrichtlinie 90/434/EWG. Danach konnten die Vergünstigungen der Richtlinie versagt werden, wenn der oder die hauptsächlichen Beweggründe in der Steuerhinterziehung oder -umgehung liegen.[579] Nach dem Richtlinienwortlaut entscheidet sich dies danach, ob die Vorgänge auf vernünftigen wirtschaftlichen Gründen beruhen.[580] Bemerkenswert ist, dass dem Urteil weder eine Umgehungsgestaltung, noch irgendein grenzüberschreitendes Element zugrunde lag. Der EuGH sah sich trotz des rein nationalen Sachverhalts zur Entscheidung berufen, da die streitentscheidenden nationalen Normen in Umsetzung der Fusionsrichtlinie erlassen worden waren und die Rechtsfrage dem EuGH vom nationalen Gericht vorgelegt wurde.[581]

Hinsichtlich der Anwendung des Missbrauchsvorbehalts urteilte der EuGH, dass *„[…] sich die zuständigen nationalen Behörden jedoch nicht darauf beschränken [könnten], vorgegebene allgemeine Kriterien anzuwenden; sie [müssten] vielmehr eine globale Untersuchung jedes Einzelfalls vornehmen.“*[582] Aus dem Grundsatz der Verhältnismäßigkeit folge vielmehr, dass mitgliedstaatliche Normen, die der Umsetzung des Vorbehalts dienten, keine Kriterien festlegen dürften, die den Steuervorteil automatisch und unabhängig davon ausschließen, ob tatsächlich eine Steuerhinterziehung oder -umgehung vorlag.[583] Genauso wenig dürfe die Norm sich darauf beschränken, den Ausschluss in das Ermessen der Verwaltung zu stellen.[584]

Nach Auslegung des EuGH bedürfte es damit stets einer Einzelfallentscheidung über die Motive der Gestaltung. Daraus wurde gefolgert, dass die Prüfung, ob vernünftige wirtschaftliche Erwägungen zugrunde liegen und somit die steuerlichen Privilegien der Fusionsrichtlinie durchgreifen, in den mitgliedstaatlichen Umsetzungsgesetzen nicht von typisierenden Missbrauchsregeln abhängig gemacht werden dürften.[585]

4.1.6. Zwischenfazit

Die Ursprünge der Missbrauchsrechtsprechung des EuGH sind als Antwort zu sog. Umgehungs- bzw. u-turn-Gestaltungen zu sehen. Eine derartige Konstruktion lag der ersten EuGH–Entscheidung *van Binsbergen* im Anwendungsbereich der Dienstleistungsfreiheit zugrunde. Hierauf lassen sich auch die Entscheidungen *Centros*

---

578 EuGH Rs. C-28/95 (*Loer-Bloem*) v. 17.07.1997, Slg. 1997, I-4161.
579 EuGH Rs. C-28/95 (*Loer-Bloem*) v. 17.07.1997, Slg. 1997, I-4161 (Rn. 38 ff.).
580 Vgl. vorstehend unter Kap. 2.1.2.
581 EuGH Rs. C-28/95 (*Loer-Bloem*) v. 17.07.1997, Slg. 1997, I-4161 (Rn. 32–34).
582 EuGH Rs. C-28/95 (*Loer-Bloem*) v. 17.07.1997, Slg. 1997, I-4161 (Rn. 41).
583 EuGH Rs. C-28/95 (*Loer-Bloem*) v. 17.07.1997, Slg. 1997, I-4161 (Rn. 44).
584 EuGH Rs. C-28/95 (*Loer-Bloem*) v. 17.07.1997, Slg. 1997, I-4161 (Rn. 44).
585 *Knobbe-Keuk*, EuZW 1992, S. 336 (343).

zur Niederlassungsfreiheit, *Leclerc* zur Warenverkehrsfreiheit sowie, nach Eintritt der unmittelbaren Wirkung der Kapital- und Zahlungsverkehrsfreiheit, die hierzu ergangene Rechtssache *Kommission gegen Belgien* zurück führen. Während von der in *Daily Mail* gewählten Begründung zugunsten einer Vollbesteuerung bei innereuropäischer Sitzverlegung einer Gesellschaft ein starkes Zeichen zugunsten eines mitgliedstaatlichen Protektionismus der Besteuerungsgrundlagen aus, betonte der EuGH, dass die bloße Inanspruchnahme grundfreiheitlicher Rechte dagegen keinen Missbrauchsvorwurf begründen könne.

Bereits binnen kurzer Zeit wurde die in *van Binsbergen* begründete Rechtsprechung auf das sekundäre Gemeinschaftsrecht übertragen, obwohl hierbei konstruktiv nicht nationales Recht umgangen wird, sondern das Unionsrecht selbst Gegenstand des Missbrauchs ist. Dogmatisch bewerkstelligte der EuGH dies mittels teleologischer Reduktion des Anwendungsbereichs bei missbräuchlicher Inanspruchnahme des Sekundärrechts. Der EuGH forderte in Anwendung des ausdrücklichen Missbrauchsvorbehalts der Fusionsrichtlinie, dass eine darauf beruhende Versagung der Privilegierung nach dem Sinn und Zweck der Richtlinie stets eine Untersuchung im Einzelfall durch die staatlichen Behörden erfordere.

Aus dieser Rechtsprechungslinie lassen sich im Wesentlichen die folgenden Aussagen herauslesen: Der Steuerpflichtige darf sich nicht durch Umgehungsgestaltungen dem Anwendungsbereich mitgliedstaatlicher Vorschriften entziehen oder den Anwendungsbereich von Sekundärrecht erschleichen. Aufgabe der nationalen Behörden und Gerichte ist es, die den Missbrauch begründenden, und auf objektiven Feststellungen beruhenden Tatsachen einer missbräuchlichen Gestaltung im Einzelfall festzustellen. Dem EuGH obliegt dagegen die rechtliche Würdigung über die Subsumtion einer missbräuchlichen Gestaltung. Letztere beurteilt sich anhand des Zwecks und der Ziele der Grundfreiheiten bzw. der zugrunde liegenden Richtlinie, darf aber die Inanspruchnahme unionsrechtlicher Privilegierungen als solche nicht abstrafen.

4.2. Die Entwicklung hin zu einem generalisierten Missbrauchsbegriff

4.2.1. Die *Emsland-Stärke*-Entscheidung als Ausgangspunkt

Eine wesentliche Weiterentwicklung erhielt das europäische Missbrauchsverständnis mit der Entscheidung *Emsland-Stärke*[586] aus dem Jahr 2000. Hierin äußerte sich der EuGH erstmals eingehend zu den Kriterien desselben.

Erneut ging es um Erstattungen auf landwirtschaftliche Erzeugnisse aufgrund europäischer Verordnung bei Ausfuhr in Drittländer. Diese waren der Klägerin ursprünglich für Sendungen von Kartoffelstärke aus Deutschland in die Schweiz von den deutschen Behörden gewährt worden, wurden nachträglich jedoch widerrufen.

586 EuGH Rs. C-110/99 (*Emsland-Stärke*) v. 14.12.2000, Slg. 2000, I-11569.

Die deutsche Zollfahndung hatte ermittelt, dass die Waren zwar in der Schweiz für den freien Verkehr abgefertigt wurden, die Empfängergesellschaften jedoch dem gleichen Personenkreis angehörten, wie die Absender, und die Waren unverändert und in denselben Transportmitteln teils wieder zurück nach Deutschland, teils nach Italien transportiert wurden.[587]

Zunächst betonte der EuGH, dass die formellen Voraussetzungen der Verordnung zur Erlangung der Ausfuhrerstattungen erfüllt waren.[588] Da die einschlägige Verordnung selbst keine Rechtsgrundlage für Rückforderungen enthielt, hatte die Klägerin argumentiert, dass eine Rückforderung auf Basis der unklaren und zweideutigen Rechtslage des Missbrauchs gegen den Grundsatz der Rechtsstaatlichkeit verstöße.[589] Der EuGH betonte dagegen unter Bezugnahme seiner Vorentscheidungen,[590] dass Verordnungen im Falle von missbräuchlichen Praktiken keine Anwendung fänden.[591] Er resümierte:[592]

> *„Die Feststellung eines Missbrauchs setzt zum einen voraus, dass eine* ***Gesamtwürdigung der objektiven Umstände*** *ergibt, dass trotz formaler Einhaltung der gemeinschaftsrechtlichen Bedingungen das Ziel der Regelung nicht erreicht wurde.*
> *Zum anderen setzt sie ein* ***subjektives Element*** *voraus, nämlich die Absicht, sich einen gemeinschaftsrechtlich vorgesehenen Vorteil dadurch zu verschaffen, dass die entsprechenden Voraussetzungen willkürlich geschaffen werden. Der Beweis für das Vorliegen dieses subjektiven Elements kann u. a. durch den Nachweis eines kollusiven Zusammenwirkens zwischen dem in der Gemeinschaft ansässigen Ausführer, der die Erstattungen erhält, und dem Einführer der Ware im Drittland erbracht werden.*
> *Es ist Sache des nationalen Gerichts, das Vorliegen dieser beiden Elemente festzustellen, für das der* ***Beweis nach nationalem Recht*** *zu erbringen ist, soweit dies die Wirksamkeit des Gemeinschaftsrechts nicht beeinträchtigt.“*

Der vom EuGH indizierte Missbrauchstest verlangte demnach nach einem objektiven, sowie subjektivem Element und äußerte sich zur Beweissituation. Sowohl das objektive Element unter Betonung des spezifischen Regelungsziels des einschlägigen Unionsrechts[593] als auch die Beweissituation unter Einbindung des

---

587 EuGH Rs. C-110/99 (*Emsland-Stärke*) v. 14.12.2000, Slg. 2000, I-11569 (Rn. 7–12).
588 EuGH Rs. C-110/99 (*Emsland-Stärke*) v. 14.12.2000, Slg. 2000, I-11569 (Rn. 6–49).
589 EuGH Rs. C-110/99 (*Emsland-Stärke*) v. 14.12.2000, Slg. 2000, I-11569 (Rn. 24, 36).
590 EuGH Rs. C-125/76 (*Cremer*) v. 11.10.1977, Slg. 1977, 1593 (hierzu vorstehend unter Kap. 4.1.5.1) und EuGH Rs. C-8/92 (*General Milk Products*) v. 03.03.1993, Slg. 1993, I-779 (Rn. 21).
591 EuGH Rs. C-110/99 (*Emsland-Stärke*) v. 14.12.2000, Slg. 2000, I-11569 (Rn. 51).
592 EuGH Rs. C-110/99 (*Emsland-Stärke*) v. 14.12.2000, Slg. 2000, I-11569 (Rn. 52–54, Hervorhebungen vom Verfasser).
593 Vgl. zur teleologischen Bestimmung des Missbrauchs in Bezug auf Primärrecht die Rechtssache *Centros* vorstehend unter 4.1.3.2, sowie in Bezug auf Sekundärrecht die Rechtssache *Cremer* vorstehend unter Kap. 4.1.5.1.

nationalen Rechts konnten zwar schon den vorangehenden Entscheidungen entnommen werden.[594]

Neu war dagegen die Forderung nach einem subjektiven Element, also die Absicht sich den unionsrechtlichen Vorteil willkürlich zu erschleichen. Letztlich schloss sich das Gericht GA Lenz an, der in seiner Analyse der *van Binsbergen*-Entscheidung zwar unter Verweis auf die uneinheitliche Wissenszurechnung bei juristischen Personen Vorbehalte äußerte, sich im Ergebnis aber dafür aussprach, dass aus objektiven Umständen auf das subjektive Element der Umgehungsabsicht zu schließen sei.[595] Der EuGH bezog sich entscheidend auf das kollusive Zusammenwirken der Klägerin und des Warenempfängers im Drittland, also ebenfalls objektive Umstände, die zum Nachweis der Absicht genügten.[596]

Erstmalig äußerte sich der EuGH derart klar in abstrakter Form über die Merkmale des Missbrauchs.[597] Keine Aussage hielt das Urteil dagegen für die Frage bereit, woraus der EuGH diese Erkenntnis bezog: War es schlicht die Auslegung der einschlägigen Verordnung? Sollte der Auslegungsgrundsatz hinsichtlich aller Sekundärrechtsakte Geltung beanspruchen? Oder statuierte der EuGH darüber hinaus sogar einen unionsrechtlichen Rechtsgrundsatz?[598] Entscheidend für den Stellenwert des in der Rechtssache *Emsland-Stärke* aufgezeigten Missbrauchstests war daher die Frage, inwiefern der EuGH diesen in anderen, namentlich den steuerrelevanten Bereichen zur Anwendung brachte.

4.2.2. Der Missbrauchsgrundsatz im harmonisierten Umsatzsteuerrecht gemäß der *Halifax*-Entscheidung

Inhaltlich der *Emsland-Stärke*-Entscheidung am nächsten lag die Anwendung des Missbrauchstests auf die Bereiche des harmonisierten Umsatzsteuerrechts. Bereits in der Rechtssache *Inzo* hatte der EuGH verdeutlicht, dass auch im harmonisierten Umsatzsteuerrecht Vergünstigungen bei Missbrauch entzogen werden konnten.[599] Während hierin das Wortverständnis des EuGH im Sinne eines Steuerbetrugs geprägt war, spiegelte sich erstmalig[600] im Jahr 2006 in den Stellungnahmen des GA

594 Vgl. hierzu die Rechtssache *Cremer* vorstehend unter Kap. 4.1.5.1; ebenso GA Lenz in seiner Analyse der *van Binsbergen*–Entscheidung, vgl. vorstehend unter Kap. 4.1.2.

595 Vgl. hierzu vorstehend unter Kap. 4.1.2.

596 EuGH Rs. C-110/99 (*Emsland-Stärke*) v. 14.12.2000, Slg. 2000, I-11569 (Rn. 53).

597 *Englisch*, StuW 2009, S. 3 (4).

598 *De la Feria*, CMLR 2008, S. 395 (410 f.).

599 EuGH Rs. C-110/94 (*Inzo*) v. 29.02.1996, Slg. 1996, I-857 (24), vgl. vorstehend unter Kap. 4.1.5.2.

600 *Pistone* weist darauf hin, dass der Aspekt der Steuergestaltung in Bezug auf bereits in der Entscheidung *Direct Cosmetics* (Rs. C-138/86 und 139/86) aus dem Jahr 1986 angelegt war, dies jedoch nicht unter dem Begriff des Missbrauchs behandelt wurde, *Pistone*, in: de la Feria/Vogenauer (Hrsg.), Abuse of Law in the Context of

Maduro, sowie den EuGH-Entscheidungen *Halifax*[601], *BUPA Hospitals*[602], und *University of Huddersfield*[603] ein Missbrauchsverständnis, das sich entsprechend als unzulässige Umgehung von Sekundärrecht interpretiert.[604]

Allen dreien, vom EuGH auf Vorlage aus dem Vereinigten Königreich gemeinsam zur Entscheidung gebrachten Fällen lagen Sachverhalte zugrunde, bei denen der Leistungsempfänger aufgrund steuerbefreiter Ausgangsumsätze nur zum teilweisen Vorsteuerabzug berechtigt war. Durch Zwischenschaltung von Tochtergesellschaften wurden formal die Voraussetzungen eines vollständigen Vorsteuerabzugs geschaffen.

4.2.2.1. Die Schlussanträge des GA Maduro

Allen dreien, von GA Maduro gemeinsam zur Entscheidung gebrachten Verfahren lagen zwei maßgebliche Rechtsfragen zu Grunde: Handelte es sich bei den zwischengeschalteten Umsätzen, die von den *Commissioners* in den Vorlageverfahren negiert worden waren, um wirtschaftliche Tätigkeiten im Sinne der Sechsten MwSt-Richtlinie? Und, wenn ja, verhindert das Prinzip des Rechtsmissbrauchs die Inanspruchnahme des Vorsteuerabzugs?[605]

Zur ersten Frage stellte GA Maduro primär auf die Neutralität des Umsatzsteuersystems ab, die eine Differenzierung zwischen erlaubten und unerlaubten Tätigkeiten nicht zulasse. Dies verbiete auch, Tätigkeiten, die ihrem subjektivem Zweck nach der Steuervermeidung dienten, rein objektiv aber die Voraussetzungen der Richtlinie erfüllten, nicht als wirtschaftliche Tätigkeiten anzuerkennen und sie vom Geltungsbereich der Sechsten MwSt-Richtlinie auszunehmen.[606] GA Maduro betonte, dass aus den ergangenen EuGH-Urteilen zur missbräuchlichen Umgehung nationaler Normen, sowie missbräuchliche Inanspruchnahme von Sekundärrecht *„sicherlich davon ausgegangen werden [könne], dass sich aus dieser Rechtsprechung ein allgemeiner Grundsatz des Gemeinschaftsrechts ableiten [lasse]"*.[607] Maßgeblich aus der *Emsland-Stärke*-Entscheidung gewann er

---

Indirect Taxation (2011), S. 381 (384 f.); gleichwohl erachtet auch *Pistone* die Entscheidung *Halifax* als wegweisend bezüglich der Statuierung eines eindeutigen Verständnisses des Missbrauchs im Umsatzsteuerrecht (S. 387).

601 EuGH Rs. C-255/02 (*Halifax*) v. 21.02.2006, Slg. 2006, I-1609.

602 EuGH Rs. C-419/02 (*BUPA Hospitals*) v. 21.02.2002, Slg. 2006, I-1685.

603 EuGH Rs. C-223/03 (*University of Huddersfield*) v. 21.02.2006, Slg. 2006, I-1751.

604 So auch *Böing*, Steuerlicher Gestaltungsmissbrauch in Europa (2006), S. 226; *de la Feria*, CMLR 2008, S. 395 (419 f.); a.A. trotz vergleichbarer allgemeiner Missbrauchsinterpretation, *Niemann*, Der allgemeine Missbrauchsvorbehalt (2012), S. 94 f.

605 Schlussanträge des *GA Maduro*, EuGH Rs. C-255/02 (*Halifax*) v. 07.04.2005, Slg. 2006, I-1685 (Rn. 2).

606 Schlussanträge des *GA Maduro*, EuGH Rs. C-255/02 (*Halifax*) v. 07.04.2005, Slg. 2006, I-1685 (Rn. 45–59).

607 Schlussanträge des *GA Maduro*, EuGH Rs. C-255/02 (*Halifax*) v. 07.04.2005, Slg. 2006, I-1685 (Rn. 60–64) mit Verweis auf die Schlussanträge des *GA La Pergola*, EuGH Rs. C-212/97 (*Centros*) v. 16.07.1998, Slg. 1999, I-1459 (Rn. 20).

die Überzeugung, dass das Unionsrecht die Versagung eines formalen Anspruchs dann erlaube, wenn widerrechtliche und mit dem Zweck der Norm offensichtlich unvereinbare Vorteile angestrebt werden.[608] Er interpretierte das Urteil *Emsland-Stärke* insofern, dass den objektiven Umständen zur Feststellung der Umgehung besonderes Gewicht zukommen müsse, die subjektive Absicht sei dagegen nicht entscheidend.[609]

Gleichwohl bedürfe der Missbrauchstest einer zweistufigen Prüfung: Einerseits erfordere der gemeinschaftsrechtliche Missbrauchsbegriff mit der EuGH-Entscheidung *Emsland-Stärke* ein subjektives Element, das der Bestimmung des Zwecks der als missbräuchlich erachteten Tätigkeit dient; dieses würde dadurch festgestellt, dass die einzige wirtschaftliche Rechtfertigung der Tätigkeit darin besteht, sich einen Steuervorteil zu verschaffen.[610] Daneben müssten auf Grundlage eines objektiven Elements der Zweck und die Ziele der unionsrechtlichen Regelung festgestellt und mit der konkreten Situation verglichen werden.[611] Kann der Steuerpflichtige dagegen eine andere Erklärung für die Gestaltung abgeben, als die Tatsache Steuern zu sparen, sei das Missbrauchsverbot nicht mehr von Relevanz, da eine ins Ermessen der Steuerbehörden gestellte Entscheidung zur unzulässigen Beeinträchtigung wirtschaftlicher Dispositionen führe.[612] Aus dem Neutralitätsgrundsatz der Sechsen MWSt-Richtlinie schloss GA Maduro, dass ein Unternehmer die Vorsteuer auf Eingangsleistungen, die umsatzsteuerbefreiten Ausgangsleistungen zuzuordnen sind, zwingend nicht abziehen dürfe. Die Feststellung, ob sich die gewählten Gestaltungen mit anderen Aspekten, als der missbräuchlichen Inanspruchnahme des Steuervorteils begründen ließen, sei Aufgabe der nationalen Gerichte.[613]

4.2.2.2. Die Würdigung durch den EuGH

Der EuGH bestätigte GA Maduro in der ersten Frage, dass die wirtschaftliche Tätigkeit als solche nicht von einer subjektiven Absicht abhänge, sondern allein objektive Kriterien bestimmten, ob eine Lieferung oder Leistung vorliege.[614] Jedoch sei nach

---

608 Schlussanträge des *GA Maduro*, EuGH Rs. C-255/02 (*Halifax*) v. 07.04.2005, Slg. 2006, I-1685 (Rn. 66–69).

609 Schlussanträge des *GA Maduro*, EuGH Rs. C-255/02 (*Halifax*) v. 07.04.2005, Slg. 2006, I-1685 (Rn. 70–71).

610 Schlussanträge des *GA Maduro*, EuGH Rs. C-255/02 (*Halifax*) v. 07.04.2005, Slg. 2006, I-1685 (Rn. 87), in der Englischen Sprachfassung grenzt GA Maduro den für den Zweck der Tätigkeit gewählten Begriff *„purpose of the activities“* von der *„subjective intention of the participants“* ab.

611 Schlussanträge des *GA Maduro*, EuGH Rs. C-255/02 (*Halifax*) v. 07.04.2005, Slg. 2006, I-1685 (Rn. 88).

612 Schlussanträge des *GA Maduro*, EuGH Rs. C-255/02 (*Halifax*) v. 07.04.2005, Slg. 2006, I-1685 (Rn. 89).

613 Schlussanträge des *GA Maduro*, EuGH Rs. C-255/02 (*Halifax*) v. 07.04.2005, Slg. 2006, I-1685 (Rn. 92–97).

614 EuGH Rs. C-255/02 (*Halifax*) v. 21.02.2006, Slg. 2006, I-1609 (Rn. 54–60); EuGH Rs. C-223/03 (*University of Huddersfield*) v. 21.02.2002, Slg. 2006, I-1751 (Rn. 47–51);

„ständiger Rechtsprechung" ein missbräuchliches Berufen auf Gemeinschaftsrecht nicht erlaubt. Dies stelle ein grundsätzliches Verbot dar, das auch der Sechsten MWSt-Richtlinie zugrundeliege und von dieser gefördert werde.[615] Das Gericht betonte, dass die Rechtslage dem Steuerpflichtigen die Wahl zwischen steuerpflichtigen und steuerfreien Umsätzen, die auf einer Vielzahl von Erwägungen beruhen könne, nicht vorschreibe.[616]

Das Gericht schloss sich dann GA Maduro in seiner Analyse der Missbrauchsdefinition aus *Emsland-Stärke* an:[617]

> *„In Anbetracht dessen erfordert auf dem Gebiet der Mehrwertsteuer die Feststellung einer missbräuchlichen Praxis zum einen, dass die fraglichen Umsätze trotz formaler Anwendung der Bedingungen der einschlägigen Bestimmungen der Sechsten Richtlinie und des zu ihrer Umsetzung erlassenen nationalen Rechts einen Steuervorteil zum Ergebnis haben, dessen Gewährung dem mit diesen Bestimmungen verfolgten Ziel zuwiderliefe.*
> *Zum anderen muss auch aus einer Reihe objektiver Anhaltspunkte ersichtlich sein, dass mit den fraglichen Umsätzen im Wesentlichen ein Steuervorteil bezweckt wird. Denn wie der Generalanwalt in Nummer 89 seiner Schlussanträge ausgeführt hat, ist das Missbrauchsverbot nicht relevant, wenn die fraglichen Umsätze eine andere Erklärung haben können als nur die Erlangung von Steuervorteilen."*

Die im ersten Absatz gewählte Formulierung entspricht in weiten Teilen den teleologischen Erwägungen, wie sie auch in der *Emsland-Stärke*-Entscheidung geprägt wurden.[618] Mit der Forderung eines Vergleichs der Ziele der MWSt-Richtlinie mit den vorgenommenen Umsätzen übernahm der EuGH die teleologische Betrachtung des von GA Maduro aus der *Emsland-Stärke* abgeleiteten objektiven Elements.

Einen weiteren entscheidenden Impuls übernahm der EuGH aus den Schlussanträgen des GA Maduro bezüglich des subjektiven Elements: Im Gegensatz zum *Emsland-Stärke*-Urteil sprach er selbst nicht mehr von der Absicht, sich einen Steuervorteil zu verschaffen, sondern vom wesentlichen Zweck sich einen solchen

---

abweichend von den Vorlagefragen und der Argumentation des GA Maduro knüpfte der EuGH die rechtliche Prüfung im Fall *BUPA Hospitals* an die materiellen Voraussetzungen der Steuerentstehung bei Vorauszahlungen, die das Gericht im konkreten als nicht erfüllt ansah. Damit war schon formell der Anspruch auf Vorsteuererstattung nicht erfüllt, eine Missbrauchsprüfung erübrigte sich nach der Falllösung des EuGH, vgl. EuGH Rs. C-419/02 (*BUPA Hospitals)* v. 21.02.2002, Slg. 2006, I-1685 (Rn. 40–43, sowie Rn. 51).

615 EuGH Rs. C-255/02 (*Halifax*) v. 21.02.2006, Slg. 2006, I-1609 (Rn. 68–71); EuGH Rs. C-223/03 (*University of Huddersfield*) v. 21.02.2002, Slg. 2006, I-1751 (Rn. 52).

616 EuGH Rs. C-255/02 (*Halifax*) v. 21.02.2006, Slg. 2006, I-1609 (Rn. 73).

617 EuGH Rs. C-255/02 (*Halifax*) v. 21.02.2006, Slg. 2006, I-1609 (Rn. 74–75).

618 Vgl. vorstehend unter Kap. 4.2.1.

zu verschaffen.[619] Zur Bestimmung des gemeinschaftsrechtswidrigen Zwecks stellt auch das Gericht den Neutralitätsgrundsatz in den Mittelpunkt, der den Vorsteuerabzug an den direkten Bezug zu umsatzsteuerpflichtigen Ausgangsumsätzen koppele und der bei missbräuchlicher Praxis unter Berücksichtigung der Richtlinienziele versagt werden dürfe.[620]

Eine regelrechte Anleitung gab der EuGH abschließend hinsichtlich der aus dem Missbrauch zu ziehenden Rechtsfolge auf die unterschiedlichen Umsatzsteuer- und Vorsteuerbeträge. Kurzum gestattete der EuGH den Mitgliedstaaten, die Leistungsbeziehungen nach dem wirtschaftlichen Gehalt der Transaktion zu korrigieren, wobei die Korrektur keinen Strafcharakter einnehmen dürfe und auch steuerentlastende Folgen zu berücksichtigen seien.[621]

4.2.2.3. Stellungnahme

Mit den Urteilen *Halifax* und *University of Huddersfield* übertrug der EuGH den generalisierten Missbrauchsbegriff auf das Verständnis der Sechsten MWSt-Richtlinie und brachte auch hier den zweistufigen Missbrauchstest der Entscheidung *Emsland-Stärke* zur Anwendung.[622] Inhaltich waren es vor allem zwei Aspekte, die den Ansatzpunkt aus *Emsland-Stärke* konkretisierten: Hinsichtlich des subjektiven Elements wurde vom EuGH keine Absicht zum Steuervorteil mehr gefordert, sondern nur mehr das „wesentliche Ziel" der Transaktion in Bezug genommen.[623] Daneben äußerte sich der EuGH zur Rechtsfolge, die im Falle eines erkannten Missbrauchs zu ziehen ist. Den mitgliedstaatlichen Behörden wird damit die Autorisierung erteilt, umsatzsteuerliche Leistungsbeziehungen nach ihrem wirtschaftlichen Gehalt neu zu bestimmen. Gegenstand dieser darf nur die Rückzahlung etwaig fehlerhaft angerechneter Vorsteuerbeträge sein, ein darüber hinausgehender Sanktionscharakter sei dagegen nicht erlaubt.

De la Feria ist zuzustimmen, dass neben den deutlichen Anleihen an *Emsland-Stärke* der EuGH auch die *Centros*-Entscheidung maßgeblich referenzierte.[624] Auch in der *Halifax*-Entscheidungen betonte der EuGH die Wahlfreiheit des Unternehmers, seine steuerlichen Angelegenheiten „steuerschonend" zu organisieren, namentlich wenn dem Steuerpflichtigen nach der Sechsten MWSt-Richtlinie die Wahl zwischen

---

619 In der Englischen Sprachfassung wird in Halifax vom *„essential aim"* (Rn. 75) gesprochen, während in *Emsland-Stärke* der Ausdruck *„intention to obtain an advantage"* (Rn. 53) Verwendung findet.

620 EuGH Rs. C-255/02 (*Halifax*) v. 21.02.2006, Slg. 2006, I-1609 (Rn. 79–86).

621 EuGH Rs. C-255/02 (*Halifax*) v. 21.02.2006, Slg. 2006, I-1609 (Rn. 92–98).

622 *Cerioni*, EBLR 2010, S. 783 (788).

623 Zu der, der *Halifax*-Entscheidung vorangehenden Kritik an dem subjektiven Element aus der Entscheidung *Emsland-Stärke*, vgl. *de la Feria*, CMLR 2008, S. 395 (410).

624 *De la Feria*, CMLR 2008, S. 395 (423).

steuerfreien und steuerpflichtigen Umsätzen verbliebe.[625] Eine steuerliche Planung unterscheide sich von der missbräuchlichen Umgehung nach Ansicht des EuGH darin, dass bei ersterer die Gestaltung mit den, dem einschlägigen Unionsrechtsakt zugrunde liegenden Zielen vereinbar ist und – im Falle der missbräuchlichen Gestaltung – eben nicht.[626] Durch die Kombination dieses objektiven Merkmals mit der subjektiven Intention des Steuerpflichtigen betont der EuGH die Bedeutung des Auseinanderfallens von formeller Rechtsgestaltung und den materiellen Rechtsfolgen.[627]

4.2.3. Die *Cadbury Schweppes*-Entscheidung und die nicht harmonisierten Bereiche der direkten Steuern

Im Anschluss hieran gelangte eine Angelegenheit zu den direkten Steuern zur Entscheidung des EuGH, und zwar in einem Bereich, dem keine europäische Harmonisierung zugrunde lag.

Anlass zur Entscheidung gab schon im Jahr 2006 die Rechtssache *Cadbury Schweppes*.[628] Gegenstand der Entscheidung waren Regelungen zur Hinzurechnungsbesteuerung des britischen Steuerrechts. Die in Großbritannien ansässige Cadbury Schweppes plc. verfügte über zwei in Irland ansässige Tochtergesellschaften, die von dort aus die Finanzierung im Konzern sicherstellten. Aufgrund der steuerlich günstigen Regelungen des Dublin-Dock-Regimes betrug der geltende Steuersatz 10 %. Das britische Steuerrecht sah jedoch vor, dass der Gewinn der Tochtergesellschaften der Cadbury Schweppes plc. in Großbritannien zuzurechnen sei, da es sich hierbei um beherrschte Auslandsgesellschaften handelte und sie einem niedrigen Besteuerungsniveau im Ausland unterlagen (sog. Hinzurechnungsbesteuerung). Das britische Recht sah jedoch eine Entlastungsmöglichkeit vor, namentlich durch den Nachweis, dass die ausländische Gesellschaft nicht zum Zweck der Gewinnverlagerung aus dem Vereinigten Königreich gegründet wurde.[629]

Erneut leitete der EuGH die Prüfung damit ein, dass es dem Kern der Niederlassungsfreiheit entspricht, durch Ansässigkeit in einem anderen Mitgliedstaat in den

---

625 EuGH Rs. C-255/02 (*Halifax*) v. 21.02.2006, Slg. 2006, I-1609 (Rn. 73).

626 EuGH Rs. C-255/02 (*Halifax*) v. 21.02.2006, Slg. 2006, I-1609 (Rn. 74).

627 *Cerioni*, EBLR 2010, S. 783 (788).

628 EuGH Rs. C-196/04 (*Cadbury Schweppes*) v. 12.09.2006, Slg. 2006, I-7995; vor Ergehen des Urteils in der Rechtssache *Emsland-Stärke* hatte sich der EuGH insb. in der Rechtssache *ICI* mit dem Missbrauch in Bezug auf Primärrecht beschäftigt und sich hierzu auf *„rein künstliche Konstruktionen, die auf eine Umgehung des Steuerrechts des Vereinten Königreichs gerichtet sind"* berufen, EuGH Rs. C-264/96 (*ICI*) v. 16.07.1998, Slg. 1998, I-4695 (Rn. 26).

629 Vereinfacht EuGH Rs. C-196/04 (*Cadbury Schweppes*) v. 12.09.2006, Slg. 2006, I-7995 (Rn. 3–19).

Genuss eines vorteilhaften Besteuerungsregimes zu kommen.[630] Die Beschränkung der Niederlassungsfreiheit lag nach Ansicht des EuGH darin, dass die Gewinne einer Tochtergesellschaft, die in Großbritannien ansässig ist, nicht auf Ebene der Muttergesellschaft hinzugerechnet werden, während dies bei einer ausländischen Tochtergesellschaft potentiell erfolgte.[631] Die bloße Tatsache, dass es zu einem potentiellen Steuerausfall durch Verlagerung von Steuersubstrat ins niedrig besteuerte (EU-) Ausland komme, rechtfertige die Beschränkung für sich genommen nicht.[632] Zu der Möglichkeit der Mitgliedstaaten den missbräuchlichen Entzug nationaler Besteuerung vorzubeugen, äußerte sich der EuGH wiefolgt:[633]

> *„Eine nationale Maßnahme, die die Niederlassungsfreiheit beschränkt, kann jedoch gerechtfertigt sein, wenn sie sich speziell auf rein künstliche Gestaltungen bezieht, die darauf ausgerichtet sind, der Anwendung der Rechtsvorschriften des betreffenden Mitgliedstaats zu entgehen [...].“*

Dabei sei die Zweckrichtung der sog. sekundären Niederlassungsfreiheit (Art. 49 Abs. 1 S. 2 AEUV) zu berücksichtigen, die eine wirtschaftliche Eingliederung im Aufnahmemitgliedstaat mittels einer festen Einrichtung auf unbestimmte Zeit ermöglichen solle.[634] Die Rechtfertigungsmöglichkeit der Bekämpfung missbräuchlicher Umgehung des nationalen Rechts beschränkte der EuGH auf *„rein künstliche Gestaltungen“*. Die Beschränkung der Niederlassungsfreiheit durch Vornahme einer Hinzurechnungsbesteuerung sei demnach nur auf Praktiken anzuwenden, die mit dem Zweck durchgeführt würden, der Steuer zu entgehen, die normalerweise für Tätigkeiten im Inland entsteht.[635] Diese Voraussetzungen sah der EuGH im entschiedenen Fall als gegeben. Das Gericht betonte jedoch im Rahmen der Verhältnismäßigkeitsprüfung, dass der nach britischem Recht vorgesehene Motivtest unionsrechtskonform derart ausgelegt werden müsse, dass neben dem subjektiven Zweck der Steuerersparnis auch die Beschränkung auf rein künstliche Gestaltung ohne wirtschaftlichen Gehalt zu berücksichtigen sei.[636]

Der EuGH verlangte von den britischen Behörden de facto, dass im Rahmen des Motivtests nicht nur der subjektive Gestaltungszweck, sondern auch ein objektives Element zu prüfen war. Die rein künstliche Gestaltung, die Ausdruck einer fiktiven Ansiedlung vor Ort war, gewann er wiederum aus der Teleologie der einschlägigen sekundären Niederlassungsfreiheit, eine dauerhafte Ansiedlung durch Gründung von Tochtergesellschaften im EU-Ausland zu ermöglichen. Der Sache nach ist diese Überlegung bereits der Entscheidung *Centros* entlehnt, in der bereits

630 EuGH Rs. C-196/04 (*Cadbury Schweppes*) v. 12.09.2006, Slg. 2006, I-7995 (Rn. 36–38).
631 EuGH Rs. C-196/04 (*Cadbury Schweppes*) v. 12.09.2006, Slg. 2006, I-7995 (Rn. 43–46).
632 EuGH Rs. C-196/04 (*Cadbury Schweppes*) v. 12.09.2006, Slg. 2006, I-7995 (Rn. 48–50).
633 EuGH Rs. C-196/04 (*Cadbury Schweppes*) v. 12.09.2006, Slg. 2006, I-7995 (Rn. 51).
634 EuGH Rs. C-196/04 (*Cadbury Schweppes*) v. 12.09.2006, Slg. 2006, I-7995 (Rn. 50–54).
635 EuGH Rs. C-196/04 (*Cadbury Schweppes*) v. 12.09.2006, Slg. 2006, I-7995 (Rn. 55).
636 EuGH Rs. C-196/04 (*Cadbury Schweppes*) v. 12.09.2006, Slg. 2006, I-7995 (Rn. 64–72).

das legitime Ziel einer Gestaltung aus dem Telos der einschlägigen Grundfreiheit gewonnen wurde.[637] Während jedoch der EuGH in *Centros* eine positive Formulierung wählte, wann die ausgeübte Tätigkeit als angemessene Inanspruchnahme der Grundfreiheiten anzusehen war, beschreibt das Gericht mit dem Bezug auf die „rein künstliche Gestaltung" in *Cadbury Schweppes* negativ welche Art von Tätigkeit nicht von der Grundfreiheit gedeckt ist. Eine inhaltliche Differenzierung folgt hieraus jedoch nicht, da auch die Gründung der Zweigniederlassung der Centros in Dänemark nach den *Cadbury Schweppes*-Kriterien aufgrund deren wirtschaftlichen Tätigkeiten nicht als missbräuchlich anzusehen gewesen wäre.[638] Auf eine ähnliche Formulierung hatte der EuGH, soweit ersichtlich, erstmals in seinem Urteil *ICI*[639] aus dem Jahr 1996 aufgebaut.[640]

Am Beispiel der Hinzurechnungsbesteuerung übertrug der EuGH in seinem Urteil in der Rechtssache *Cadbury Schweppes* damit erstmalig die zweistufige Missbrauchsprüfung auf den Bereich der nicht durch Unionsrecht harmonisierten direkten Steuern.[641] Der EuGH erkannte die Notwendigkeit der Mitgliedstaaten zur spezialgesetzlichen Missbrauchsvermeidung an, grenzte deren Anwendungsbereich jedoch unter Berücksichtigung der Niederlassungsfreiheit auf rein künstliche Gestaltungen ein. Der nach britischem Recht im Einzelfall erforderliche Motivtest war unionsrechtskonform derart anzuwenden, dass sich die in der EuGH-Rechtsprechung entwickelten objektiven und subjektiven Erfordernisse des Missbrauchs wiederspiegelten. Konstruktiv zeichnet die *Cadbury Schweppes*-Entscheidung aus, dass der EuGH dem nationalen Rechtsproblem, nämlich die Umgehung mitgliedstaatlichen Rechts, eine unionsrechtliche Dimension einräumt.[642]

4.2.4. Die Rechtssache *Kofoed* als Bestätigung der Missbrauchsrechtsprechung in Bezug auf harmonisierte direkte Besteuerung

Die richtungsweisende Entscheidung hinsichtlich der Übertragbarkeit der Missbrauchsrechtsprechung auf den Rechtsbereich der harmonisierten direkten Steuern erging in der Rechtssache *Kofoed*[643] Mitte des Jahres 2007. Gegenstand der Entscheidung war die Auslegung der abstrakten Anti-Missbrauchs-Klausel in Art. 11

---

637 Vgl. vorstehend unter 4.1.3.2; daher hebt *Piantavigna* explizit hervor, dass die Entscheidung *Cadbury Schweppes* weniger auf *Halifax* beruht, sondern auf den Entscheidungen zur Niederlassungsfreiheit in den Rechtssachen *Daily Mail*, *Segers* und *Centros* aufbaut, *Piantavigna*, ECTR 2011, S. 134 (141).

638 *Cerioni*, EBLR 2010, S. 783 (796).

639 EuGH Rs. C-264/96 (*ICI*) v. 16.07.1998, Slg. 1998, I-4695 (Rn. 26).

640 *Poulsen*, Intertax 2013, S. 230 (238).

641 *Cerioni*, EBLR 2010, S. 783 (795); *de la Feria*, CMLR 2008, S. 395 (431).

642 *Piantavigna*, ECTR 2011, S. 134 (141).

643 EuGH Rs. C-321/05 (*Kofoed*) v. 05.07.2007, Slg. 2007, I-5795.

Abs. 1 lit. a) der Fusionsrichtlinie 90/434/EWG[644] im Rahmen eines Anteilstauschs. Im konkreten Fall brachten zwei dänische Steuerpflichtige (u. a. Herr Kofoed) ihre Anteile an einer dänischen Kapitalgesellschaft in eine irische Kapitalgesellschaft gegen Gewährung von Anteilen an der irischen Gesellschaft ein. Wie von Anfang an geplant, nahm die irische Gesellschaft wenige Tage später eine Gewinnausschüttung an die dänischen Gesellschafter vor, und zwar kurz vor Inkrafttreten eines für die Dividendenbesteuerung nachteilhaften Änderung des dänischen-irischen DBA.[645] In der entsprechenden Steuererklärung vertrat Herr Kofoed die Ansicht, die Umstrukturierung sei als Anteilstausch entsprechend Art. 8 Abs. 1 der Fusionsrichtlinie nach nationalem Recht von der Besteuerung freigestellt. Die dänische Steuerverwaltung wertete die Gewinnausschüttung als Zuzahlung in bar auf die erworbenen Anteile, die die zulässige Höchstgrenze von 10 % des Nennwerts der gewährten Anteile überstieg und deshalb nicht den Voraussetzungen der Steuerfreistellung entsprach.[646] Die Vorlagefrage zielte maßgeblich darauf ab, ob die im zeitlichen Zusammenhang beschlossene Gewinnausschüttung als bare Zuzahlung im Sinne der Fusionsrichtlinie gewertet werden durfte.[647]

Sowohl GA Kokott, wie auch der EuGH lehnten eine Ausweitung des Begriffs der baren Zuzahlung selbst auf im zeitlichen Zusammenhang erbrachte Zahlungen an die Anteilseigner unter dem Aspekt der Rechtssicherheit einhellig ab.[648] Um einer missbräuchlichen Inanspruchnahme im Einzelfall zu begegnen, sei vielmehr der Vorbehalt des Art. 11 der Fusionsrichtlinie zu beachten:[649]

> *„Art. 11 Abs. 1 Buchst. a der Richtlinie 90/434 spiegelt somit den* ***allgemeinen Grundsatz des Gemeinschaftsrechts*** *wider, wonach Rechtsmissbrauch verboten ist. Die betrügerische oder missbräuchliche Berufung auf die Normen des Gemeinschaftsrechts ist nicht gestattet. Die Anwendung der Gemeinschaftsvorschriften kann nicht so weit reichen, dass missbräuchliche Praktiken, d. h. Vorgänge geschützt werden, die nicht im Rahmen des normalen Geschäftsverkehrs, sondern nur zu dem Zweck durchgeführt werden, missbräuchlich in den Genuss von im Gemeinschaftsrecht vorgesehenen Vorteilen zu gelangen […].“*

---

644 Vgl. hierzu vorstehend unter Kap. 2.1.2.

645 EuGH Rs. C-321/05 (*Kofoed*) v. 05.07.2007, Slg. 2007, I-5795 (Rn. 14–19); Schlussanträge der *GA Kokott*, EuGH Rs. C-321/05 (*Kofoed*) v. 08.02.2007, Slg. 2007, I-5795 (Rn. 2–4, sowie Rn. 24–33).

646 EuGH Rs. C-321/05 (*Kofoed*) v. 05.07.2007, Slg. 2007, I-5795 (Rn. 20–22).

647 Schlussanträge der *GA Kokott*, EuGH Rs. C-321/05 (*Kofoed*) v. 08.02.2007, Slg. 2007, I-5795 (Rn. 37–40).

648 EuGH Rs. C-321/05 (*Kofoed*) v. 05.07.2007, Slg. 2007, I-5795 (Rn. 28–34); Schlussanträge der *GA Kokott*, EuGH Rs. C-321/05 (*Kofoed*) v. 08.02.2007, Slg. 2007, I-5795 (Rn. 44–54).

649 EuGH Rs. C-321/05 (*Kofoed*) v. 05.07.2007, Slg. 2007, I-5795 (Rn. 38, Hervorhebungen vom Verfasser).

Auch hierzu lassen sich zwei wesentliche Aussagen ableiten: Zur Feststellung des konkreten Missbrauchs spricht der EuGH von *„missbräuchlichen Praktiken, die nicht im Rahmen des normalen Geschäftsverkehrs“* vorgenommen werden, sowie dem „Zweck“ einer missbräuchlichen Inanspruchnahme unionsrechtlicher Privilegien. Einerseits ist der Bezug auf die Praktiken des „normalen Geschäftsverkehrs“ bereits dem Art. 11 Abs. 1 der Fusionsrichtlinie selbst[650] entlehnt und zeichnet insofern die Entscheidung *Loer-Bloem* nach.[651] Dagegen begründet sich das Abstellen auf den Zweck der Gestaltung auf dem Urteil *Halifax*[652], während der EuGH in seiner vorangehenden Entscheidung zur Auslegung der gleichen Rechtsgrundlage im Urteil *Loer-Bloem* dem Wortlaut der Richtlinie nach auf die *„hauptsächlichen Beweggründe“* abgestellt hatte.[653] Die Wortwahl im Konkreten ist in dieser Zusammensetzung jedoch ohne Präzedenz.[654]

Zum zweiten ist zu beachten, dass sich der EuGH in seiner Zitierung ausdrücklich auf die Rechtssachen *Centros, Halifax, Agip Petroli*[655] und *Cadbury Schweppes* berief. Während die Entscheidungen *Centros* und *Cadbury Schweppes* den Missbrauch von Grundfreiheiten im Bereich der direkten Steuern betrafen, war es die Entscheidung *Halifax*, in der der EuGH erstmalig von einem der MwSt-Richtlinien immanenten Missbrauchsvorbehalt ausging. Mit der Rechtssache *Agip Petroli* referenzierte der EuGH einen nicht steuerlichen Sachverhalt, bei dem es um die Auslegung einer Verordnung zur Anwendung der Dienstleistungsfreiheit auf den Seeverkehr ging, und das Gericht gleichsam die Inanspruchnahme unionsrechtliche Vergünstigungen trotz formaler Tatbestandserfüllung unter den Vorbehalt deren missbräuchlicher Inanspruchnahme stellte.[656]

Der EuGH nahm damit Rechtssachen aus unterschiedlichen Bereichen in dem Fall zum Recht der harmonisierten direkten Steuern in Bezug. Insgesamt deckt der EuGH damit jegliche Konstellationen der unionsrechtlichen Vorgaben auf das

---

650 Die deutsche Sprachfassung des Art. 11 Abs. 1 lit. a) der RL 90/434/EWG verwendet hierzu *„vernünftige wirtschaftliche Gründe“*.

651 Vgl. hierzu vorstehend unter Kap. 4.1.5.2.

652 So auch *Cerioni*, EBLR 2010, S. 783 (800); in *Halifax* spricht der EuGH davon, dass *„im Wesentlichen ein Steuervorteil bezweckt wird“*, bzw. in der englischen Sprachfassung vom *„essential aim of the transaction“* (Rn. 75); vgl. hierzu vorstehend unter Kap. 4.2.2.2.

653 In der englischen Sprachfassung wird im Urteil *Kofoed „solely for the purpose of wrongfully obtaining advantages provided for by Community law“* verwendet, EuGH Rs. C-321/05 (*Kofoed*) v. 05.07.2007, Slg. 2007, I-5795 (Rn. 38), während im Urteil *Loer-Bloem* dem Wortlaut der Richtlinie entsprechend das *„principal objective“* in Bezug genommen wird, EuGH Rs. C-28/95 (*Loer-Bloem*) v. 17.07.1997, Slg. 1997, I-4161 (Rn. 41).

654 *Cerioni*, EBLR 2010, S. 783 (800); *de la Feria*, CMLR 2008, S. 395 (433).

655 EuGH Rs. C-465/04 (*Agip Petroli*) v. 06.04.2006, Slg. 2006, I-3395, betraf die Auslegung der europäischen Verordnung Nr. 3577/92 zur Anwendung der Dienstleistungsfreiheit auf den Seeverkehr in den Mitgliedstaaten.

656 EuGH Rs. C-465/04 (*Agip Petroli*) v. 06.04.2006, Slg. 2006, I-3395 (Rn. 18–25).

nationale Recht ab: (i) Missbrauch im Zusammenhang mit teilharmonisiertem Sekundärrecht sowohl in Bezug auf das Recht der indirekten Besteuerung (*Halifax*) als auch (ii) der direkten Besteuerung (*Kofoed*), (iii) dem vollharmonisierten, auf einer Verordnung basierten Sekundärrecht (*Agip Petroli*), sowie (iv) dem Missbrauch in Bezug auf das Primärrecht im unharmonisierten Recht der direkten Steuern (*Centros* und *Cadbury Schweppes*).

4.2.5. Die abweichende Diktion des EuGH bei missbräuchlicher Inanspruchnahme von primärrechtlichen Garantien

Auffallend ist, dass der EuGH den expliziten Verweis auf das subjektive und objektive Merkmal praktisch nicht bemüht, wenn er die missbräuchliche Inanspruchnahme von Primärrecht überprüft. Bereits in der Rechtssache *ICI* aus dem Jahr 1996 – und damit bereits vor der Formulierung des objektiven und subjektiven Kriteriums in der *Emsland-Stärke*-Entscheidung – hatte der EuGH eine Rechtfertigung nationaler Regelungen mit der Begründung abgelehnt, diese zielten nicht darauf *„rein künstliche Konstruktionen, die auf die Umgehung des Steuerrechts des Vereinigten Königreichs gerichtet sind [...]“* abzuwehren.[657] Soweit ersichtlich stützt sich der EuGH hierin erstmalig auf rein künstliche Gestaltungen, die der Umgehung nationalen Rechts dienen. Er prüfte dieses Merkmal explizit unter dem Aspekt der Gefahr einer Steuerumgehung.[658] Die missdeutige Begriffsverwendung zeigt sich erneut daran, dass der EuGH in der darauffolgenden Rechtssache *X und Y* die gleiche Prüfung rein künstlicher Konstruktionen – zu Unrecht – unter den Begrifflichkeiten der Steuerhinterziehung[659] respektive der Wirksamkeit der Steuerkontrolle[660] vornahm.[661]

Vergleichbare Formulierungen der „rein künstlichen Gestaltung“ wählte der EuGH, unter Bezugnahme des Rechtfertigungsgrunds der Verhinderung von steuer-

---

657 EuGH Rs. C-264/96 (*ICI*) v. 16.07.1998, Slg. 1998, I-4695 (Rn. 26).

658 Vgl. EuGH Rs. C-264/96 (*ICI*) v. 16.07.1998, Slg. 1998, I-4695 (Rn. 26).

659 Denn die Gefahr der Steuerhinterziehung kennzeichnet anerkanntermaßen die unrichtige bzw. Nichterklärung des verwirklichten Sachverhalts, vgl. vorstehend unter Kap. 1.1.2.1.

660 Denn bei der Wirksamkeit der steuerlichen Kontrolle handelt es sich um eine Frage des Besteuerungsverfahrens, die unabhängig von der Gestaltung des Steuerpflichtigen erfolgt.

661 EuGH Rs. C-436/00 (*X und Y*) v. 21.11.2002, Slg. 2002, I-10829 (Rn. 60 f.); auch GA Mischo hatte die vorgebrachte Rechtfertigung noch jeweils unter der Doppelbegrifflichkeit „der Hinterziehung und des Missbrauchs“ zusammengefasst, vgl. Schlussanträge des *GA Mischo*, EuGH Rs. C-436/00 (*X und Y*) v. 21.11.2002, Slg. 2002, I-10829 (Rn. 47–52). Bemerkenswert ist, dass auch der EuGH selbst in der praktisch zeitgleich ergangenen Entscheidung *Lankhorst-Hohorst* die Diktion der Steuerumgehung aus dem Urteil *ICI* beibehält, EuGH Rs. C-324/00 (*Lankhorst-Hohorst*) v. 12.12.2002, Slg. 2002, I-11779 (Rn. 26).

lichem Missbrauch neben der erläuterten *Cadbury-Schweppes*-Entscheidung[662] in einer Vielzahl nachfolgender Entscheidungen.[663] Wörtlich stellte der EuGH im Urteil *Timac Agro* des Jahres 2015 auf die folgende Formulierung ab:[664]

> *„[...] Nach der Rechtsprechung des Gerichtshofs muss, damit ein auf eine solche Rechtfertigung [Anm.: die Verhinderung von Steuerumgehung] gestütztes Argument durchgreifen kann, das spezifische Ziel einer solchen Beschränkung die Verhinderung von Verhaltensweisen sein, die darin bestehen, rein künstliche, jeder wirtschaftlichen Realität bare Konstruktionen zu errichten, um die Steuer zu umgehen, die normalerweise auf die durch Tätigkeiten im Inland erzielten Gewinne zu zahlen ist [...].“*

Es stellt sich damit die Frage, ob der EuGH, indem er den ursprünglichen Bezug auf das objektive und subjektive Merkmal im Zusammenhang mit der Umgehung mittels Primärrecht nicht bemüht, seine Rechtsprechung in Bezug auf die Kriterien des zu prüfenden Missbrauchs variiert. Kennzeichnend für die zitierten Entscheidungen ist, dass es sich konstruktiv stets um die Umgehung nationaler Vorschriften durch die missbräuchliche Inanspruchnahme primärrechtlicher Garantien handelt, also um – nach dem vorliegend verwendeten Sprachgebrauch – den Missbrauch mittels Unionsrecht. Eine sehr ähnliche Formulierung weist jedoch auch das zum europäischen sekundärrecht ergangene Urteil *Cimmino* auf, indem der EuGH *„künstliche [Transaktionen] mit dem wesentlichen Ziel [...] in den Genuss des Vorzugstarifs zu gelangen“* als rechtsmissbräuchlich tituliert.[665]

4.3. Die Begriffsmerkmale der Missbrauchsvermeidung nach der Rechtsprechung des EuGH

Im Ausgangspunkt lässt sich festhalten, dass sich konstruktiv die Missbrauchsfälle in zwei Fallgruppen unterteilen lassen.[666] Erstens, dass das Verhalten des Steuerpflichtigen trotz Erfüllen der formalen Erfordernisse der Grundfreiheiten auf ein

662 EuGH Rs. C-196/04 (*Cadbury Schweppes*) v. 12.09.2006, Slg. 2006, I-7995 (Rn. 55), hierzu vorstehend unter Kap. 4.2.3.

663 EuGH Rs. C-388/14 (*Timac Agro Deutschland*) v. 17.12.2015, ECLI:EU:C:2015:829 (Rn. 42); EuGH Rs. C-282/12 (*Itelcar*) v. 03.10.2013, ECLI:EU:C:2013:629 (Rn. 34); EuGH Rs. C-318/12 (*SIAT*) v. 05.07.2012, ECLI:EU:C:2012:415 (Rn. 40); EuGH Rs. C-287/10 (*Tankreederei I*) v. 22.10.2010, ECLI:EU:C:2010:827 (Rn. 28); EuGH Rs. C-182/08 (*Glaxo Wellcome GmbH & Co. KG*) v. 17.09.2009, ECLI:EU:C:2009:559 (Rn. 89); EuGH Rs. C-330/07 (*Jobra*) v. 04.12.2008, Slg. 2008, I-9099 (Rn. 35); EuGH Rs. C-105/07 (*N. V. Lammers & Van Cleeff*) v. 17.01.2008, Slg. 2008, I-173 (Rn. 26); EuGH C-524/04 (*Test Claimants in the Thin Cap Group Litigation*) v. 13.03.2007, Slg. 2007, I-2107 (Rn. 72).

664 EuGH Rs. C-388/14 (*Timac Agro Deutschland*) v. 17.12.2015, ECLI:EU:C:2015:829 (Rn. 42).

665 EuGH Rs. C-607/13 (*Cimmino*) v. 09.07.2015, ECLI:EU:C:2015:448 (Rn. 58).

666 Vgl. *Englisch*, StuW 2009, S. 3 (5 ff.); *Schön*, in: Kirchhof/Nieskens (Hrsg.), FS Reiss (2008), S. 571 (580 ff. sowie 591 ff.).

„Erschleichen" des unionsrechtlichen Schutzes schließen lässt, um Rechtsfolgen des nationalen Steuerrechts zu umgehen, sog. Missbrauch mittels Unionsrecht.[667] Zweitens, dass der Steuerpflichtige mittels Gestaltung eine für ihn günstigere, im sekundären Unionsrecht angelegte Rechtsfolge zu erreichen versucht, sog. Missbrauch von Unionsrecht. Im Folgenden soll gezeigt werden, dass – trotz der sprachlichen und konstruktiven Differenzierungen – ein einheitliches Verständnis des EuGH hinter der Auslegung des Missbrauchsbegriffs gefunden werden kann.

4.3.1. Die Terminologie zur Missbrauchsvermeidung im Primär- und Sekundärrecht

4.3.1.1. Der Missbrauchsbegriff im primären Unionsrecht

Die Prüfung steuerlicher Gestaltungen, die potentiell primärrechtliche Garantien missbräuchlich auszunutzen vermögen, leitet der EuGH in zuletzt ständiger Rechtsprechung mit folgendem Obersatz ein:[668]

> *„Nach ständiger Rechtsprechung kann eine nationale Maßnahme, die den freien Kapitalverkehr beschränkt, gerechtfertigt werden, wenn sie sich speziell auf rein künstliche, jeder wirtschaftlichen Realität bare Gestaltungen bezieht, deren einziger Zweck ist, die Steuer zu umgehen, die normalerweise auf die durch Tätigkeiten im Inland erzielten Gewinne zu zahlen ist."*

Die Inanspruchnahme des Primärrechts dient dem Steuerpflichtigen in erster Linie dem Zweck, sich gezielt in die Regelungshoheit eines Staats zu begeben, respektive sich gezielt der Regelungshoheit eines Staates zu entziehen. Die Gestaltung begründet also eine Wahl eines für den Steuerpflichtigen vorteilhaften Steuerregimes.[669] Das Recht der direkten Steuern baut innerhalb der Europäischen Union jedoch auf der Grundüberzeugung des Steuerwettbewerbs auf.[670] Wie GA Gelhoed heraushob entspricht es einem wesentlichen Bestandteil des Konzepts des Binnenmarktes, dass Steuerpflichtige innerhalb des Binnenmarktes ihre Steuerangelegenheiten

---

667 Englisch spricht insofern vom institutionellen Rechtsmissbrauch, *Englisch*, StuW 2009, S. 3 (5 ff.).

668 EuGH Rs. C-282/12 (*Itelcar*) v. 03.10.2013, ECLI:EU: C:2013:629 (Rn. 34); vgl. ebenso EuGH Rs. C-287/10 (*Tankreederei I*) v. 22.10.2010, Slg. 2010, I-4233 (Rn. 28); EuGH Rs. C-318/10 (*SIAT*) v. 05.07.2012, ECLI:EU:C:2012:415 (Rn. 40); EuGH Rs. C-182/08 (*Glaxo Wellcome*) v. 17.09.2009, Slg. 2009, I-8591 (Rn. 89); EuGH Rs. C-330/07 (*Jobra*) v. 04.12.2008, Slg. 2008, I-9099 (Rn. 35); EuGH Rs. C-105/07 (*Van Cleef*) v. 07.01.2008, Slg. 2008, I-173 (Rn. 20); EuGH Rs. C-524/04 (*Test Claimants in the Thin Cap Group Litigation*) v. 13.03.2007, Slg. 2007, I-2107 (Rn. 72, 74); EuGH Rs. C-324/00 (*Lankhorst Hohorst*) v. 12.12.2002, Slg. 2002, I-11779 (Rn. 27).

669 *Saydé*, Yearbook of European Law 2014, S. 138 (139 f.).

670 Vgl. zum System des Steuerwettbewerbs vorstehend unter Kap. 3.4.4.

in vorteilhafter Weise organisieren.[671] *Piantavigna* betont in diesem Zusammenhang die Parallele des europäischen Steuerrechts zum „Wettbewerb des Rechts" im europäischen Gesellschaftsrecht.[672] Die Schwierigkeit besteht also darin, dass die Grundidee der Rechtswahl durch den Steuerpflichtigen einerseits dem Unionsrecht immanent ist, und auch die Auswahl eines vorteilhaften Steuerregimes damit *per se* erlaubt und gewünscht ist.[673]

Um die Trennung der gerechtfertigten, respektive gewünschte Verhaltensweisen von dem unerwünschten Missbrauch zu ermöglichen, bedarf es der Feststellung, dass gerade die Steuer umgangen wird, die normalerweise auf die Tätigkeit anfällt. Dafür bedarf es einer teleologischen Bestimmung des Regelungsgegenstands einer steuerlichen Norm, mit dem das Gestaltungziel entgegenläuft, sog. objektives Element.

Zudem hat der EuGH in der Rechtssache *Cadbury Schweppes* klargestellt, dass die Inanspruchnahme primärrechtlicher Freiheiten eine Künstlichkeit vorweisen muss, die auf den vom Steuerpflichtigen verfolgten Zweck einer Steuerumgehung schließen lässt.[674] Die Formulierung zielt daher auf die Feststellung einer subjektiven Seite des Steuerpflichtigen ab, indem der Zweck der fraglichen Gestaltung zu prüfen ist, sog. subjektives Element.

4.3.1.2. Der Missbrauchsbegriff im Sekundärrecht

Aus dem, im Jahr 2015 zum Missbrauch einer europäischen Verordnung ergangenen Urteil in der Rechtssache *SICES* wird der Rückbezug des EuGH auf seine *Halifax*-Entscheidung deutlich:[675]

> *„Die Feststellung einer missbräuchlichen Praxis verlangt das Vorliegen eines objektiven und eines subjektiven Elements.*
> *Im Hinblick auf das* ***objektive Element*** *muss sich aus einer Gesamtwürdigung der objektiven Umstände ergeben, dass trotz formaler Einhaltung der unionsrechtlichen Bedingungen das Ziel der Regelung nicht erreicht wurde [...].*

---

671 Schlussanträge des *GA Gelhoed*, Rs. C-524/04 (*Test Claimants in the Thin Cap Group Litigation*) v. 29.06.2006, Slg. 2007, I-2107 (Rn. 63); grundlegend ebenso EuGH Rs. C-196/04 (*Cadbury Schweppes*) v. 12.09.2006, Slg. 2006, I-7995 (Rn. 36); *Freedman*, in: de la Feria/Vogenauer (Hrsg.), The Anatomy of Tax Avoidance Counteraction (2011), S. 365 (374).

672 *Piantavigna*, ECTR 2011, S. 134 (141).

673 Vgl. EuGH Rs. C-294/97 (*Eurowings*) v. 29.10.1999, Slg. 1999, I-7447 (Rn. 44, 45); Schlussanträge des *GA Gelhoed*, EuGH Rs. C-524/04 (*Test Claimants in the Thin Cap Group Litigation*) v. 29.06.2006, Slg. 2007, I-2107 (Rn. 63); *Piantavigna*, ECTR 2011, S. 134 (141).

674 EuGH Rs. C-196/04 (*Cadbury Schweppes*) v. 12.09.2006, Slg. 2006, I-7995 (Rn. 36).

675 EuGH Rs. C-155/13 (*SICES*) v. 13.04.2014, ECLI:EU: C:2014:145 (Rn. 31–33, Hervorhebungen durch den Verfasser).

> *Eine solche Feststellung macht auch ein* ***subjektives Element*** *in dem Sinne erforderlich, dass aus einer Reihe objektiver Anhaltspunkte ersichtlich sein muss, dass mit den fraglichen Umsätzen im Wesentlichen die Erlangung eines ungerechtfertigten Vorteils bezweckt wird. Denn das Missbrauchsverbot ist nicht relevant, wenn die fraglichen Umsätze eine andere Erklärung haben können als nur die Erlangung eines Vorteils (Urteil Halifax u. a., Rn. 75). Der Beweis für das Vorliegen dieses subjektiven Elements kann u. a. durch den Nachweis des rein künstlichen Charakters der Umsätze erbracht werden […].“*

Der EuGH fordert damit auch im Rahmen des Sekundärrechts zum Nachweis einer missbräuchlichen Gestaltung zwei Merkmale: ein objektives Merkmal, das mittels teleologischer Betrachtung den Widerspruch des formalen Gestaltungsergebnisses zum Ziel der fraglichen Regelung zeigt. Zweitens das sog. subjektive Element, durch den der Zweck der Gestaltung zur Minderung der Steuerlast nachzuweisen ist.

4.3.2. Die teleologische Bestimmung des objektiven Merkmals

Strukturell stimmt die Prüfung des Missbrauchs von Sekundärrecht damit der Prüfung des Missbrauchs von Primärrecht überein. Das objektive Merkmal des Missbrauchs bei Umgehung von Sekundärrecht – die zweckwidrige Inanspruchnahme – und die Künstlichkeit einer Gestaltung bei Beurteilung des Missbrauchs im Primärrecht, lassen sich beide auf einen gemeinsamen Nenner herunterbrechen: Erfüllt die vom Steuerpflichtigen gewählte Gestaltung den Sinn und Zweck der Norm, auf die er sich beruft.[676] Daher werden im Folgenden für die Grundfreiheiten und die einschlägigen Sekundärrechtsakte die jeweiligen Zielvorstellungen erörtert, an denen das jeweilige objektive Merkmal eines Missbrauchs zu messen ist.

4.3.2.1. Die zu berücksichtigenden Ziele im Falle des Missbrauchs des Primärrechts

Den Ausgangspunkt des Verständnisses des objektiven Elements zum Primärrecht bot der EuGH in der Rechtssache *Centros*:[677]

> *„Zwar können die nationalen Gerichte unter solchen Umständen im Einzelfall das missbräuchliche oder betrügerische Verhalten der Betroffenen auf der Grundlage objektiver Kriterien in Rechnung stellen, um Ihnen gegebenenfalls die Berufung auf das einschlägige Gemeinschaftsrecht zu verwehren; sie haben jedoch bei der Würdigung eines solchen Verhaltens die Ziele der fraglichen Bestimmungen zu beachten.“*

676 Ebenso *Szudoczky*, The Sources of EU Law and Their Relationships (2014), S. 418 ff.

677 EuGH Rs. C-212/97 (*Centros*) v. 09.03.1999, Slg. 1999, I-1459 (Rn. 25), der EuGH bezieht sich in dieser Passage auf die wortgleiche Formulierung in der Entscheidung *Paletta II*, die ihrerseits zur Auslegung einer europäischen Verordnung ergangen war, EuGH Rs. C-206/94 (*Paletta II*) v. 02.05.1996, Slg. 1996, I-2357 (Rn. 25).

Ausschlaggebend ist hierbei, inwiefern die Gestaltung mit einer wirtschaftlichen Realität verknüpft ist.[678] Inwieweit der durch die Gestaltung intendierte Steuervorteil auf einer rein künstlichen Gestaltung basiert, ist daher zwingend mit den Zielen der Grundfreiheiten in Einklang zu bringen.[679] Die in diesem Zusammenhang wohl bedeutendste primärrechtliche Garantie ist die Niederlassungsfreiheit nach Art. 49 AEUV i.V.m. Art. 54 AEUV. Deren Ziel formuliert der EuGH anhand des Schutzbereiches:[680]

> *„Dieses Ziel [Anm.: der Niederlassungsfreiheit] besteht darin, es den Staatsangehörigen eines Mitgliedstaats zu erlauben, in einem anderen Mitgliedstaat eine Zweitniederlassung zu gründen, um dort ihren Tätigkeiten nachzugehen, und so die gegenseitige wirtschaftliche und soziale Durchdringung auf dem Gebiet der selbständigen Erwerbstätigkeit innerhalb der Gemeinschaft zu fördern [...]. Zu diesem Zweck will die Niederlassungsfreiheit es den Staatsangehörigen der Gemeinschaft ermöglichen, in stabiler und kontinuierlicher Weise am Wirtschaftsleben eines anderen Mitgliedstaats als desjenigen ihrer Herkunft teilzunehmen und daraus Nutzen zu ziehen [...].“*

Die Niederlassungsfreiheit ermöglicht es dem Steuerpflichtigen sich in dem Staat niederzulassen, die ihm die größtmögliche Freiheit gestattet, setzt aber ihrerseits die wirtschaftliche Eingliederung mittels einer festen Geschäftseinrichtung in den Aufnahmemitgliedstaat und die dortige Ausübung einer „wirklichen wirtschaftlichen Tätigkeit“ voraus.[681] Dies sei nach objektiven Gesichtspunkten zu entscheiden und dabei seien insbesondere Anhaltspunkte der Ausstattung der ausländischen Gesellschaft wie Geschäftsräume, Personal und Ausrüstungsgegenstände zu berücksichtigen.[682]

Die Kapitalverkehrsfreiheit nach Art. 63 AEUV schützt den grenzüberschreitenden Verkehr von Sach- und Geldkapital.[683] Aufgrund der sachbezogenen Formulierung knüpft die Schutzbereichsbestimmung an die Kapitalbewegung als solche an, und zwar unabhängig von den beteiligten Personen.[684] Als Investitionsobjekte

678 EuGH Rs. C-196/04 (*Cadbury Schweppes*) v. 12.09.2006, Slg. 2006, I-7995 (Rn. 65).

679 EuGH Rs. C-73/09 (*Etablissements Rimbaud*) v. 28.10.2010, Slg. 2010, I-10659 (Rn. 34); EuGH Rs. C-196/04 (*Cadbury Schweppes*) v. 12.09.2006, Slg. 2006, I-7995 (Rn. 52).

680 EuGH Rs. C-196/04 (*Cadbury Schweppes*) v. 12.09.2006, Slg. 2006, I-7995 (Rn. 53); ebenso EuGH Rs. C-212/97 (*Centros*) v. 09.03.1999, Slg. 1999, I-1459 (Rn. 27).

681 EuGH Rs. C-196/04 (*Cadbury Schweppes*) v. 12.09.2006, Slg. 2006, I-7995 (Rn. 66); ebenso EuGH Rs. C-212/97 (*Centros*) v. 09.03.1999, Slg. 1999, I-1459 (Rn. 27).

682 EuGH Rs. C-196/04 (*Cadbury Schweppes*) v. 12.09.2006, Slg. 2006, I-7995 (Rn. 67).

683 *Ress/Ukroff*, in: Grabitz/Hilf/Nettesheim, Das Recht der Europäischen Union, Art. 63 AEUV Rn. 133 ff.; *Sedlaczek/Züger*, in: Streinz, EUV/AEUV (2012), Art. 63 AEUV Rn. 26 f.

684 *Kalss/Klampfl*, in: Dauses, EU-Wirtschaftsrecht, E.III. (Rn. 64); *Ress/Ukroff*, in: Grabitz/Hilf/Nettesheim, Das Recht der Europäischen Union, Art. 63 AEUV Rn. 131.

eignen sich dabei namentlich Immobilien,[685] sowie Geschäftsanteile und Aktien, die keinen kontrollierenden Einfluss auf die Entscheidungen der Gesellschaft vermitteln.[686]

Vor tarifären und nichttarifären Verfälschungen des Binnenmarktes sollen die Regelungen der Warenverkehrsfreiheit nach Art. 28 ff. AEUV schützen.[687] Sowohl die mengenmäßige Beschränkung, sowie Maßnahmen gleicher Wirkung verbietet Art. 34 AEUV für die Einfuhr und Art. 35 AEUV für die Ausfuhr von körperlichen Gegenständen.[688] Den Zweck der Ausfuhrbeschränkung formulierte der EuGH dabei wie folgt:[689]

> *„Artikel 29 EG [Anm.: Art. 35 AEUV] bezieht sich nach ständiger Rechtsprechung auf Maßnahmen, die spezifische Beschränkungen der Ausfuhrströme bezwecken oder bewirken und dadurch unterschiedliche Bedingungen für den Binnenhandel innerhalb eines Mitgliedstaats und dessen Außenhandel schaffen, so dass die nationale Produktion oder der Binnenmarkt des betroffenen Staates zum Nachteil des Handels oder der Produktion anderer Mitgliedstaaten einen besonderen Vorteil erlangt [...].“*

Beide Normen zielen daher im Kern darauf, den freien Marktzugang für Waren aus anderen Mitgliedstaaten zu gewährleisten.[690] Der Missbrauch in Bezug mit der Warenverkehrsfreiheit wurde vom EuGH oftmals unter dem Aspekt der Umgehungsgestaltungen thematisiert.[691]

Das Ziel der Dienstleistungsfreiheit nach Art. 56 ff. AEUV besteht darin, dass Tätigkeiten eines Dienstleistenden, der in einem Mitgliedstaat niedergelassen ist und dort rechtmäßig vergleichbare Leistungen erbringt, in einem anderen Mitgliedstaat nicht durch Maßnahmen dieses Staats unterbunden oder behindert werden.[692] Dadurch sollen Dienstleistungen, die in unterschiedlichen Mitgliedstaaten erbracht werden, nicht erschwert werden gegenüber solchen innerhalb eines Mit-

---

685 EuGH Rs. C-73/09 (*Etablissements Rimbaud*) v. 28.10.2010, Slg. 2010, I-10659 (Rn. 17).

686 Vgl. EuGH Rs. C-182/08 (*Glaxo Wellcome*) v. 17.09.2009, Slg. 2009, I-8659 (Rn. 40).

687 *Kingreen*, in: Calliess/Ruffert, EUV/AEUV, Art. 36 Rn. 117.

688 *Schröder*, in: Streinz, EUV/AEUV (2012), Art. 35 AEUV Rn. 19.

689 EuGH Rs. C-293/02 (*Jersey Produce Marketing Organisation*) v. 08.11.2005, Slg. 2005, I-6543 (Rn. 73 m.w.N.).

690 *Schröder*, in: Streinz, EUV/AEUV (2012), Art. 36 AEUV Rn. 5.

691 EuGH Rs. C-229/83 und C-299/83 (*Leclerc*) v. 10.01.1985, Slg. 1985, 1; EuGH Rs. C-110/99 (*Emsland-Stärke*) v. 14.12.2000, Slg. 2000, I-11569; ebenso die zur Frage von Währungsausgleichserstattungen bei Ausfuhr von Milcherzeignissen zum Zwecke der Wieder-Einfuhr mit Bezug zur Warenverkehrsfreiheit ergangene Entscheidung EuGH Rs. C-8/92 (*General Milk Products*) v. 03.03.1993, Slg. 1993, I-779 (Rn. 21).

692 EuGH Rs. C-383/10 (*Kommission/Belgien*) v. 06.06.2013, ECLI:EU:C:2013:364 (Rn. 43).

gliedstaats.[693] Das Recht kommt dabei sowohl dem Anbieter der Dienstleistungen, wie auch dem Nachfrager der Dienstleistungen zuteil.[694] Die Dienstleistungsfreiheit schützt dabei die selbstständige Tätigkeit in vergleichbarer Weise, wie die abhängige Beschäftigung durch die Arbeitnehmerfreizügigkeit nach Art. 45 AEUV protegiert wird.[695] Beide gemeinsam gewährleisten die unbeschränkte Mobilität des „Produktionsfaktors Arbeit" innerhalb des Binnenmarkts.[696] Im Zusammenhang mit der Dienstleistungsfreiheit wurde vom EuGH explizit die Inanspruchnahme einer doppelten Steuerbefreiung durch den Steuerpflichtigen als legitimes Ziel der Verhinderung des steuerlichen Missbrauchs anerkannt.[697] Vergleichbar zur Warenverkehrsfreiheit wurde Missbrauch zudem oftmals unter dem Aspekt einer Umgehungsgestaltung geprüft.[698]

4.3.2.2. Die zu Berücksichtigenden Ziele im Falle des Missbrauchs von sekundärem Gemeinschaftsrecht

Zum Sekundärrecht prägte GA Maduro eingängig in seinen Schlussanträgen der Rechtssache *Halifax* das objektive Kriterium mit den Worten:[699]

> *„Es [Anm.: das objektive Element] handelt sich tatsächlich um ein zweckgerichtetes Kriterium, anhand dessen der Zweck und die Ziele der angeblich missbrauchten Gemeinschaftsregelung mit dem Zweck und dem Erfolg verglichen werden, die durch die betreffende Tätigkeit erreicht worden sind. Das zweite Kriterium ist wichtig nicht nur, weil es den Standard vorgibt, anhand dessen Zweck und Erfolg der betreffenden Tätigkeit zu prüfen sind."*

Aufgabe des feststellenden Gerichts ist es damit, die Teleologie der unionsrechtlichen Vorgabe auszulegen. Denn nicht jede, einer Gestaltung innewohnende Folge

---

693 EuGH Rs. C-383/10 (*Kommission/Belgien*) v. 06.06.2013, ECLI:EU:C:2013:364 (Rn. 42); EuGH Rs. C-318/10 (SIAT) v. 05.07.2012, ECLI:EU:C:2012:415 (Rn. 18).

694 Steuerlich relevant ist damit auch die Möglichkeit des Betriebsausgabenabzugs auf entsprechende grenzüberschreitende Leistungen, vgl. EuGH Rs. C-318/10 (SIAT) v. 05.07.2012, ECLI:EU:C:2012:415 (Rn. 19); EuGH Rs. C-294/97 (*Eurowings*) v. 6.10.1999, Slg. 1999, I-7447 (Rn. 34).

695 *Franzen*, in: Streinz, EUV/AEUV (2012), Art. 45 AEUV Rn. 1.

696 *Franzen*, in: Streinz, EUV/AEUV (2012), Art. 45 AEUV Rn. 1.

697 EuGH Rs. C-383/10 (*Kommission/Belgien*) v. 06.06.2013, ECLI:EU:C:2013:364 (Rn. 61).

698 Im nichtsteuerlichen Bereich: EuGH Rs. C-33/74 (*van Binsbergen*) v. 03.12.1974, Slg. 1974, 1299; EuGH Rs. C-39/75 (*Coenen*) v. 26.11.1975, Slg. 1975, 1547; EuGH Rs. C-370/90 (*The Queen/Immigration Appeal Tribunal und Surinder Singh*) v. 07.07.1992, Slg. 1992, I-4265 (Rn. 24); sowie die sog. „Broadcasting cases" EuGH Rs. C-148/91 (*Veronica*) v. 03.02.1993, Slg. 1993, I-487 (Rn. 1–5); EuGH Rs. C-23/93 (*TV 10*) v. 05.10.1994, Slg. 1994, I-4795 (Rn. 1–7); EuGH Rs. C-211/91 (*Kommission/Belgien*) v. 16.12.1995, Slg. 1992, I-6757 (Rn. 1–4).

699 Schlussanträge des *GA Maduro*, EuGH Rs. C-255/02 (*Halifax*) v. 07.04.2005, Slg. 2006, I-1685 (Rn. 88).

der Verminderung der Steuerlast ist der Vorwurf eines Missbrauchs anzulasten. Vielmehr muss die Gestaltung den Zielen und dem Zweck der unionsrechtlichen Vorgabe widersprechen.[700] Entsprechend weitreichend zeigen sich die Zugeständnisse des EuGH, wenn es – wie im Falle der geltenden Richtlinien zu den direkten Steuern – gerade der Zweck des Sekundärrechtsakts ist, eine grenzüberschreitende Tätigkeit zu ermuntern, respektive zuzulassen.[701] Die einem Unionsrechtsakt innewohnenden Zielvorgaben schließt das Gericht maßgeblich aus den Erwägungsgründen des Sekundärrechtsakts[702] sowie seines Regelungskonzepts[703].

Von seinem Ausgangspunkt entspricht daher die Bestimmung des objektiven Merkmals einer missbräuchlichen Gestaltung im Sekundärrecht, dem des Primärrechts. In beiden Fällen ist auf den Sinn und Zweck des jeweiligen zugrunde liegenden Rechtsaktes zurückzugreifen. Eine derartige innere Verknüpfung der Merkmale äußert sich auch in der Rechtsprechung des EuGH. So verwendet der EuGH die Formulierung der „rein künstlichen Gestaltung“, die auf die Cadbury Schweppes-Entscheidung zum Primärrecht zurückgeht, regelmäßig ebenso um den Missbrauch im Sekundärrecht zu beschreiben.[704]

a. Fusionsrichtlinie

Die Rechtfertigung der Steuerneutralität einer Fusion bestimmt der EuGH gemäß dem Wortlaut des Art. 15 Abs. 1 lit. a) der Fusionsrichtlinie respektive Art. 11 Abs. 1 lit. a) der Vorgängerrichtlinie 90/434/EWG damit, dass eine Umstrukturierung oder Rationalisierung erfolge, in dem Sinne, dass Auswirkungen auf die Verwaltungs- und Geschäftsführungskosten eines Konzerns ermöglicht würden.[705] Denn Ziel der Richtlinie ist die Schaffung wettbewerbsneutraler Regelungen, damit *„Fusionen, Spaltungen, die Einbringung von Unternehmensteilen und der Austausch von Anteilen, die Gesellschaften verschiedener Staaten betreffen, nicht durch besondere Beschränkungen, Benachteiligungen oder Verfälschungen aufgrund von steuerlichen Vorschriften*

---

700 Schlussanträge des *GA Maduro*, EuGH Rs. C-255/02 (*Halifax*) v. 07.04.2005, Slg. 2006, I-1685 (Rn. 88); *Weber*, in: de la Feria/Vogenauer (Hrsg.), Prohibition of Abuse of Law (2011), S. 395 (396).

701 Vgl. *Schön*, in: Kirchhof/Nieskens (Hrsg.), FS Reiss (2008), S. 571 (593).

702 EuGH Rs. C-352/08 (*Modehuis A. Zwijnenburg*) v. 20.05.2010, Slg. 2010, I-4303 (Rn. 38); EuGH Rs. C-28/95 (*Loer-Bloem*) v. 17.07.1997, Slg. 1997, I-4161 (Rn. 45); ebenso *Bergmann*, StuW 2010, S. 246 (255).

703 Zum Umsatzsteuersystem mit Recht auf Vorsteuerabzug: EuGH Rs. C-255/02 (*Halifax*) v. 21.02.2006, Slg. 2006, I-1609 (Rn. 83); zur Auslegung des Missbrauchsvorbehalts im Sinne der Systematik der Fusionsrichtlinie, EuGH Rs. C-28/95 (*Loer-Bloem*) v. 17.07.1997, Slg. 1997, I-4161 (Rn. 34 f., 47).

704 Vgl. EuGH Rs. C-607/13 (*Cimmino*) v. 09.07.2015, ECLI:EU:C:2015:448 (Rn. 58); EuGH Rs. C-155/13 (*SICES*) v. 13.04.2014, ECLI:EU:C:2014:145 (Rn. 40); EuGH Rs. C-162/07 (*Ampliscientifica und Amplifin*) v. 22.05.2008, Slg. 2008, I-4019 (Rn. 28).

705 EuGH Rs. C-126/10 (*Foggia*) v. 10.11.2011, Slg. 2011, I-10923 (Rn. 46); EuGH Rs. C-28/95 (*Loer-Bloem*) v. 17.07.1997, Slg. 1997, I-4161 (Rn. 47).

der Mitgliedstaaten behindert werden dürfen".[706] Namentlich solle verhindert werden, dass grenzüberschreitende Unternehmensumstrukturierungen zur Besteuerung etwaiger Wertzuwächse von Anteilen vor ihrer tatsächlichen Realisierung führe.[707] Von der Fusionsrichtlinie begünstigt sind jedoch nur die in der Richtlinie aufgezählten Steuerarten, namentlich Körperschaftsteuer und die persönliche Steuer der Gesellschafter, nicht jedoch etwaig anfallende Verkehrssteuern auf mitübertragene Immobilien.[708]

Die im Wortlaut der Fusionsrichtlinie genannten wirtschaftlichen Gründe setzten voraus, dass eine Umstrukturierung nicht ausschließlich auf steuerliche Vorteile ausgerichtet ist.[709] Dem Kontext und dem Zweck der Missbrauchsvermeidungsnorm geschuldet ist die Norm nach ausdrücklicher Feststellung des EuGH jedoch eng auszulegen.[710] Konkret hielt es der EuGH als missbräuchlich im Rahmen der Fusionsrichtlinie, dass der übertragene Rechtsträger nicht nur keine Geschäftstätigkeit entfaltete, sondern auch keinerlei Wirtschaftsgüter hielt, sondern dem aufnehmenden Rechtsträger einzig ein bestehender Verlustvortrag zugutekommen sollte.[711] Ebenso erachtete es der EuGH im Urteil *Loer-Bloem* als missbräuchlich im Sinne des Strebens nach einem bloßen steuerlichen Vorteil, dass es das wirtschaftliche Ziel der Umstrukturierung war, einen horizontalen Verlustausgleich der beteiligten Gesellschaften ermöglichen sollte.[712]

Im Verfahren *Kofoed* wurde die Frage aufgeworfen, ob eine in engem zeitlichem Zusammenhang zu einer (an sich) steuerneutralen Umstrukturierung vorgenommene Ausschüttung eine Umgehungsgestaltung eines steuerpflichtigen Veräußerungsgeschäftes begründen könne.[713] Der EuGH zeigte sich zwar hinsichtlich der missbrauchsindizierenden Wirkung des engen zeitlichen Zusammenhangs zugängig, konnte die Bewertung aber letztlich offenlassen.[714] Vorrangig war, da der allgemeine Missbrauchsvorbehalt der Fusionsrichtlinie im dänischen Recht nicht

---

706 Vgl. EuGH Rs. C-207/11 (*3D I*) v. 18.12.2012, ECLI:EU:C:2012:818 (Rn. 26); ebenso EuGH Rs. C-352/08 (*Modehuis A. Zwijnenburg*) v. 20.05.2010, Slg. 2010, I-4303 (Rn. 38); die Grundlage hierfür bietet Erwägungsgrund (2) der RL 2009/133/EG i.d.F. der RL 2013/13/EU, sowie der Vorgängerrichtlinie RL 90/434/EWG.

707 EuGH Rs. C-352/08 (*Modehuis A. Zwijnenburg*) v. 20.05.2010, Slg. 2010, I-4303 (Rn. 38); EuGH Rs. C-285/07 (*A.T.*) v. 11.12.2008, Slg. 2008, I-9329 (Rn. 28); EuGH Rs. C-321/05 (*Kofoed*) v. 05.07.2007, Slg. 2007, I-5795 (Rn. 32.).

708 EuGH Rs. C-352/08 (*Modehuis A. Zwijnenburg*) v. 20.05.2010, Slg. 2010, I-4303 (Rn. 52).

709 EuGH Rs. C-28/95 (*Loer-Bloem*) v. 17.07.1997, Slg. 1997, I-4161 (Rn. 47).

710 EuGH Rs. C-352/08 (*Modehuis A. Zwijnenburg*) v. 20.05.2010, Slg. 2010, I-4303 (Rn. 46).

711 EuGH Rs. C-126/10 (*Foggia*) v. 10.11.2011, Slg. 2011, I-10923 (Rn. 38).

712 EuGH Rs. C-28/95 (*Loer-Bloem*) v. 17.07.1997, Slg. 1997, I-4161 (Rn. 46 f.).

713 GA Kokott scheint dies tendenziell zu befürworten, Schlussanträge der *GA Kokott*, EuGH Rs. C-321/05 (*Kofoed*) v. 08.02.2007, Slg. 2007, I-5795 (Rn. 59).

714 EuGH Rs. C-321/05 (*Kofoed*) v. 05.07.2007, Slg. 2007, I-5795 (Rn. 38–40).

umgesetzt worden war, die dem nationalen Gericht obliegende Prüfung, ob nationales Recht den Entzug des Steuervorteils im Falle einer missbräuchlichen Gestaltung erlaubte.[715]

b. Mutter-Tochter-Richtlinie

Das mithilfe der Mutter-Tochter-Richtlinie vereinheitlichte Steuersystem verfolgt den Zweck, *„jede Benachteiligung der Zusammenarbeit zwischen Gesellschaften verschiedener Mitgliedstaaten gegenüber der Zusammenarbeit zwischen Gesellschaften desselben Mitgliedstaats zu beseitigen und damit den Zusammenschluss von Gesellschaften auf Gemeinschaftsebene zu erleichtern"*.[716] Die Richtlinie erzielt die steuerliche Neutralität von grenzüberschreitenden Gewinnausschüttungen von der Tochtergesellschaft respektive der ausländischen Betriebsstätte an ihre Muttergesellschaft.[717] Durch das Verbot des Einbehalts von Quellensteuer im Quellenstaat (Art. 4 Abs. 1 und Abs. 3 Mutter-Tochter-Richtlinie) und der Anrechnung bzw. Freistellung der Dividendenzahlung im Ansässigkeitsstaat der Muttergesellschaft (Art. 5 Mutter-Tochter-Richtlinie) wird – abgesehen von der zulässigen Pauschalierung des Betriebsausgabenabzugs von 5 % – eine wirtschaftliche und juristische Doppelbesteuerung des Dividendenertrags vermieden.[718]

Die Besteuerung einer Investition erfolgt unabhängig von der steuerlichen Ansässigkeit des Investitionsgebers. Das Besteuerungsrecht auf den mit der Investition erzielten Ertrag wird dem Investitionsstaat zugewiesen. Die Befreiung des Dividendenertrags von wirtschaftlicher und juristischer Doppelbesteuerung dient letztlich der Allokationseffizienz der Investition, da Investitionsentscheidung von wettbewerbsverzerrenden Einflüssen befreit werden.[719] Indem die grenzüberschreitende Investition keiner schlechteren steuerlichen Behandlung unterliegen darf als im reinen Inlandssachverhalt, unterstützt die Richtlinie die Wirkungsweise der Kapitalverkehrsfreiheit. Mittelbar fördert die Steuerneutralität von grenzüberschreitenden Ausschüttungen zudem Etablierung grenzüberschreitender Unternehmensgruppen,

---

715 EuGH Rs. C-321/05 (*Kofoed*) v. 05.07.2007, Slg. 2007, I-5795 (Rn. 46).

716 EuGH Rs. C-294/99 (*Athinaiki Zythopoiia*) v. 04.10.2001, Slg. 2001, I-6797 (Rn. 25); danach ständige Rechtsprechung, vgl. EuGH Rs. C-284/06 (*Burda*) v. 26.06.2008, Slg. 2008, I-2008, I-4571 (Rn. 51); EuGH Rs. C-446/04 (*Test Claimants in the FII Group Litigation*) v. 12.12.2006, Slg. 2006, I-11753 (Rn. 45); EuGH Rs. C-58/01 (*Oce*) v. 25.09.2003, Slg. 2003, I-9809 (Rn. 45); EuGH Rs. C-375/98 (*Epson Europe*) v. 08.06.2000, Slg. 2000, I-4243 (Rn. 20).

717 EuGH Rs. C-247/08 (*Gaz de France*) v. 01.10.2009, Slg. 2009, I-9225 (Rn. 27); *Danon/Glauser*, Intertax 2005, S. 503 (515); vgl. ebenfalls Erwägungsgrund (8) der RL 2011/96/EU.

718 Erwägungsgrund (3) der RL 2011/96/EU; Schlussanträge des *GA Jacobs*, EuGH Rs. C-283/94 (*Denkavit u. a.*) v. 02.05.1996, Slg. 1996, I-5063 (Rn. 6); *Kempf/Gelsdorf*, IStR 2011, S. 173 (175).

719 Erwägungsgrund (4) der RL 2011/96/EU; *Bergmann*, StuW 2010, S. 246 (256); *Tavares/Bogenschneider*, Intertax 2015, S. 484 (491).

und dient so der Verwirklichung der Niederlassungsfreiheit.[720] Die Möglichkeit grenzüberschreitend steuerneutrale Ausschüttungen vorzunehmen stellt damit einen wesentlichen Grundpfeiler zur Verwirklichung des Binnenmarkts im europäischen Ertragsteuerrecht dar.[721]

Der EuGH betonte im Verfahren *Denkavit u. a.*, dass das in Art. 1 Abs. 2 Mutter-Tochter-Richtlinie 90/435/EWG formulierte Ziel der Verhinderung von Missbräuchen sich auch in der Regelung niederschlage, wonach die Muttergesellschaft für einen Mindestzeitraum von zwei Jahren ununterbrochen im Besitz der Beteiligung bleiben muss (Art. 3 Abs. 2 lit. b) Mutter-Tochter-Richtlinie).[722] Ein missbräuchliches Verhalten im Sinne der Mutter-Tochter-Richtlinie liege daher darin, wenn die Muttergesellschaft eine Beteiligung am Kapital nicht mit dem Ziel diese dauerhaft aufrechtzuerhalten begründet, sondern nur zum Zweck die unionsrechtlich begründete Begünstigung.[723] Im entschiedenen Fall gab der EuGH den Mitgliedstaaten vor, dass mitgliedstaatliche Vorschriften die Begünstigung jedenfalls nicht davon abhängig machen durften, dass die Mindestbeteiligung zum Zeitpunkt der Ausschüttung schon zwei Jahre bestanden hatte, die Details der Abwägung des staatlichen Sicherungsinteresses und der nötigen Verfahrensvoraussetzungen stünden jedoch im Umsetzungsspielraum der Mitgliedstaaten selbst.[724]

Den zentralen Aspekt des Missbrauchs sieht der europäische Gesetzgeber im Zuge der Neuformulierung der Missbrauchsvermeidungsnorm des Art. 1 Mutter-Tochter-Richtlinie 2015/121/EU darin, dass eine Gestaltung nicht der wirtschaftlichen Realität entspricht.[725] Das entscheidende Merkmal der *„wirtschaftlichen Realität"* ist freilich selbst höchst auslegungsbedürftig, konkretisierende EuGH-Entscheidungen finden sich bislang nicht. Es spricht aber viel dafür, das Merkmal in Fortführung der bisherigen EuGH-Judikatur auszulegen. Insbesondere stellen die Erwägungsgründe der Richtlinie das Ziel einer kohärenten Missbrauchsbekämpfung in den Mittelpunkt, die durch die erstmalig begründete Umsetzungspflicht eines Missbrauchstatbestandes im Recht der Mitgliedstaaten erzielt werden soll. Der Missbrauch wird in Art. 1 Abs. 2 der Richtlinie 2015/121/EU dadurch definiert, dass der Steuervorteil *„dem Ziel und Zweck der Richtlinie zuwiederläuft"*. Dass hierdurch ein neuer Missbrauchsbegriff geprägt werden sollte, der von der bisherigen Auslegung des EuGH abweicht, lässt sich der Formulierung der Richtlinie damit nicht entnehmen.

---

720 Erwägungsgrund (5) und (6) der RL 2011/96/EU.
721 Erwägungsgrund (4) der RL 2011/96/EU.
722 EuGH Rs. C-283/94 (*Denkavit u. a.*) v. 17.10.1996, Slg. 1996, I-5063 (Rn. 31).
723 EuGH Rs. C-283/94 (*Denkavit u. a.*) v. 17.10.1996, Slg. 1996, I-5063 (Rn. 31).
724 EuGH Rs. C-283/94 (*Denkavit u. a.*) v. 17.10.1996, Slg. 1996, I-5063 (Rn. 36).
725 Erwägungsgrund (6) der RL 2015/121/EU.

c. Zins-/Lizenzgebühren-Richtlinie

Auch die Zins-/Lizenzgebühren-Richtlinie[726] hat die Beseitigung von Doppelbesteuerung im Falle von verbundenen Unternehmen zum Ziel, indem Zinsen und Lizenzgebühren beim Zahlungsempfänger im Quellenstaat von der Besteuerung freigestellt werden, vgl. Art. 1 Abs. 1 Zins-/Lizenzgebühren-Richtlinie.[727] Damit sollen Zinsen und Lizenzgebühren steuerlich gleich behandelt werden unabhängig davon, ob sie rein innerstaatlich oder grenzüberschreitend getätigt werden und andererseits die Einmalbesteuerung beim Empfänger sichergestellt werden.[728] Die Richtlinie dient letztlich der Stärkung des europäischen Binnenmarkts, indem Finanzbeziehungen grenzüberschreitend tägiger Unternehmen nicht schlechter gestellt werden sollen als rein innerstaatliche Unternehmensbeziehungen.[729]

Zum Anwendungsbereich der Zins-/Lizenzgebühren-Richtlinie entschied der EuGH, dass diese ausschließlich eine Aussage zur steuerlichen Behandlung der Zinsen und Lizenzgebühren beim Zahlungsempfänger treffe. Geschützt werden solle der Zahlungsempfänger vor einer rechtlichen Doppelbesteuerung.[730] Folgerichtig ist Voraussetzung für die (zwingende) Befreiung von der Quellenbesteuerung nach der Zins-/Lizenzgebühren-Richtlinie die Einmalbesteuerung der Zahlung beim Leistungsempfänger.[731] Zu einer wirtschaftlichen Doppelbesteuerung der Zinszahlung kann es jedoch dadurch kommen, dass der Betriebsausgabenabzug auf Ebene des Zahlungserbringers gekürzt wird, der Zahlungsempfänger die Zinszahlung jedoch ebenso besteuert. Der EuGH urteilte jedoch zum Hinzurechnungsbetrag von Dauerschuldentgelten nach § 8 Nr. 1 GewStG a.F., dass der Regelungsumfang der Richtlinie ausschließlich die Behandlung der Zahlungen auf Ebene des Zahlungsempfängers betrifft.[732] Die Ebene des Zahlungserbringers, namentlich die Zulassung des Betriebsausgabenabzugs, sei dagegen nicht erfasst.[733] Eine wirtschaftliche Doppelbesteuerung der Zinszahlung auf Ebene des Zahlungserbringers und des Zahlungsempfängers wird damit von der Zins-/Lizenzgebühren-Richtlinie nicht ausgeschlossen.

---

726 RL 2003/49/EG v. 03.06.2003 über eine gemeinsame Steuerregelung für Zahlungen von Zinsen und Lizenzgebühren zwischen verbundenen Unternehmen verschiedener Mitgliedstaaten, ABl. EU 2003, L 157/49 ff. i.d.F. der RL 2013/13/EU v. 13.05.2013, ABl. L 141 vom 28.05.2013, S. 30–31.

727 Vgl. Erwägungsgründe (2)-(4) der Zins-/Lizenzgebühren-Richtlinie.

728 Bericht der Kommission an den Rat v. 23.04.2009 entsprechend Art. 8 der RL 2003/49/EG, KOM(2009) 179, S. 3.

729 Vgl. Erwägungsgründe (1) der Zins-/Lizenzgebühren-Richtlinie.

730 EuGH Rs. C-397/09 (*Scheuten Solar Technology*) v. 21.07.2011, Slg. 2011, I-6455 (Rn. 28).

731 Ebenso *Jarass*, IStR 2014, S. 741 (742 f.).

732 EuGH Rs. C-397/09 (*Scheuten Solar Technology*) v. 21.07.2011, Slg. 2011, I-6455 (Rn. 28).

733 EuGH Rs. C-397/09 (*Scheuten Solar Technology*) v. 21.07.2011, Slg. 2011, I-6455 (Rn. 29 f.).

d. *Mehrwertsteuer-Richtlinien*

Auch nach ständiger Rechtsprechung des EuGH zum harmonisierten Mehrwertsteuersystem ist eine betrügerische oder missbräuchliche Berufung auf das Gemeinschaftsrecht nicht erlaubt.[734] Den Stellenwert der teleologischen Betrachtung auch im Hinblick auf die Feststellung einer Umgehung des europäischen Mehrwertsteuerrechts verdeutlichte der EuGH in der Halifax-Entscheidung selbst:[735]

> *„In Anbetracht dessen erfordert auf dem Gebiet der Mehrwertsteuer die Feststellung einer missbräuchlichen Praxis zum einen, dass die fraglichen Umsätze trotz formaler Anwendung der Bedingungen der einschlägigen Bestimmungen der Sechsten Richtlinie und des zu ihrer Umsetzung erlassenen nationalen Rechts einen* ***Steuervorteil*** *zum Ergebnis haben, dessen Gewährung* ***dem mit diesen Bestimmungen verfolgten Ziel zuwiderliefe****."*

Die Rechtfertigung einer richterlichen Missbrauchsfeststellung bedarf daher auch eine intensive Auseinandersetzung mit den Zielen des europäischen Umsatzsteuersystems.[736] Das wesentliche wirtschaftliche Regelungsziel des europäischen Mehrwertsteuersystems besteht in der Errichtung eines gemeinsamen europäischen Binnenmarktes.[737] In dessen Zentrum steht der Neutralitätsgrundsatz, der in erster Linie die Steuerneutralität von Umsätzen im Binnenmarkt fordert, die ihrerseits vergleichbar sind.[738] Aus dem Neutralitätsgrundsatz folgt auch der unmittelbare Bezug des Rechts zum Vorsteuerabzug aus einer Eingangsleistung zu den steuerpflichtigen Ausgangsumsätzen des Unternehmers gewonnen wird.[739] Die gleichartige Besteuerung dient letztlich der Beseitigung von Wettbewerbsverzerrungen.[740]

Da jedoch auch das europäische Mehrwertsteuersystem keine komplette Harmonisierung der Steuersätze vorsieht, ergibt sich aus der schlichten Inanspruchnahme unterschiedlicher Steuersätze kein Missbrauch.[741] Insofern reflektiert der EuGH den Rest des Steuerwettbewerbsgedankens, der dem Mehrwertsteuersystem ver-

---

734 Vgl. stellvertretend EuGH Rs. C-255/02 (*Halifax*) v. 21.02.2006, Slg. 2006, I-1609 (Rn. 68).

735 EuGH Rs. C-255/02 (*Halifax*) v. 21.02.2006, Slg. 2006, I-1609 (Rn. 74, Hervorhebungen vom Verfasser).

736 *Risdale*, ECTR 2005, S. 82 (88).

737 Vgl. hierzu vorstehend unter Kap. 3.3.3.1.

738 Vgl. EuGH Rs. C-131/13, C-163/13 und C-164/13 (*Italmoda u. a.*) v. 18.12.2014, ECLI:EU:C:2014:2455; EuGH Rs. C-162/07 (*Ampliscientifica und Amplifin*) v. 22.05.2008, Slg. 2008, I-4019 (Rn. 25); *Risdale*, ECTR 2005, S. 82 (89).

739 Vgl. EuGH Rs. C-131/13, C-163/13 und C-164/13 (*Italmoda u. a.*) v. 18.12.2014, ECLI:EU:C:2014:2455; vgl. *de la Feria*, The EU VAT System and the Internal Market (2009), S. 262 ff.; *Piantavigna*, ECTR 2011, S. 134 (142); *Risdale*, ECTR 2005, S. 82 (85 f.).

740 Vgl. EuGH Rs. C-255/02 (*Halifax*) v. 21.02.2006, Slg. 2006, I-1609 (Rn. 38 und 78 f.); *Risdale*, ECTR 2005, S. 82 (90).

741 EuGH Rs. EuGH Rs. C-419/14 (*WebMindLicences*) v. 17.12.2015, ECLI:EU:C:2015:832 (Rn. 40).

bleibt.[742] Der Steuerpflichtige bleibt damit der Entscheidung zur Auswahl des für ihn steuergünstigsten Gestaltungsweges unbenommen.[743] Das Prinzip der Neutralität der Besteuerung kann damit letztlich nicht als allumspannendes Dogma im europäischen Mehrwertsteuersystem angesehen werden: die bloße potentielle Marktverzerrung durch unterschiedliche fiskalische Kosten per se rechtfertigt nicht das Vorliegen eines Missbrauchs.[744] Vielmehr verlangt die Feststellung des Missbrauchs einer Norm des europäischen Mehrwertsteuersystems eine Anknüpfung an dem Regelungsziel der spezifisch umgangenen Norm.[745]

4.3.3. Die Berücksichtigung der individuellen Vorgänge über das sog. subjektive Merkmal

Ob der EuGH generell ein subjektives Merkmal fordert, wurde zuletzt nicht einheitlich beurteilt. Im Folgenden wird daher die Bedeutung eines derartigen Merkmals näher für das Sekundär- und Primärrecht beleuchtet. Anhand der Analyse der Bedeutung des subjektiven Merkmals sind die konkreten Tatbestnadsvoraussetzungen des EuGH mit dem Vorstellungsbild des des Richtliniengebers der Missbrauchsvermeidung anhand Art. 1 der neugefassten Anti-Missbrauchsregelung der Mutter-Tochter-Richtlinie 2015/121/EU und Art. 6 der Anti-BEPS-Richtlinie abzugleichen und auf etwaige Unterscheidungen zu untersuchen.

4.3.3.1. Die Rechtsprechung des EuGH zur Erforderlichkeit eines subjektiven Merkmals im Primär- und Sekundärrecht

a. Einem subjektiven Merkmal entgegengehaltene Aspekte

Englisch differenziert zwischen der Fallgruppe der Umgehung von Primärrecht, bei der das subjektive Merkmal im Grunde redundant sei, erachtet die subjektiven Motive dagegen als relevant zur Widerlegung eines Gesamtplans beim Missbrauch

---

742 Vgl. hierzu vorstehend unter Kap. 3.4.3.

743 EuGH Rs. EuGH Rs. C-419/14 (*WebMindLicences*) v. 17.12.2015, ECLI:EU:C:2015:832 (Rn. 42); EuGH Rs. C-277/09 (*RBS Deutschland Holding*) v. 22.12.2010, Slg. 2010, I-13805 (Rn. 53 f.); EuGH Rs. C-425/06 (*Part Service*) v. 21.02.2008, Slg. 2008, I-897 (Rn. 42).

744 Zur Diskussion über die Deckungsgleichheit der Prinzipien der Neutralitätsverletzung und des Missbrauchs im Umsatzsteuerrecht vgl. *Risdale*, ECTR 2005, S. 82 (93 f.).

745 Vgl. für die Umgehung der Vorschriften über den Ort der Leistung, EuGH Rs. EuGH Rs. C-419/14 (*WebMindLicences*) v. 17.12.2015, ECLI:EU:C:2015:832 (Rn. 41); für die Beurteilung der Selbstständigkeit einzelner Leistungen, EuGH Rs. C-425/06 (*Part Service*) v. 21.02.2008, Slg. 2008, I-897 (Rn. 50 ff.); für das Erfordernis des unmittelbaren Zusammenhangs der Eingangs- und Ausgangsleistung für Zwecke des Rechts zum Vorsteuerabzug, EuGH Rs. C-255/02 (*Halifax*) v. 21.02.2006, Slg. 2006, I-1609 (Rn. 79).

im Zusammenhang mit Sekundärrecht.[746] Ausdrücklich gegen ein subjektives Merkmal sprach sich GA Lenz in seiner auf der *van Binsbergen*-Entscheidung aufbauenden Analyse aus.[747] Für ihn käme speziell bei juristischen Personen eine subjektive Intention deshalb nicht in Frage, da juristische Personen eine derartige Haltung nicht entwickeln könnten.[748] Außerdem fehle es schon an einem einheitlichen europäischen Standard, nach welchem einer juristischen Person das organbezogene Handeln zugerechnet werden könne.[749]

b. Für ein subjektives Merkmal sprechende Aspekte

GA Maduro, der zur Rechtssache *Halifax* die Schlussanträge formulierte, vermochte zwar der Absicht des Steuerpflichtigen keine Bedeutung zuzusprechen. Entscheidend sei die Frage, ob nach objektiver Betrachtung der Tätigkeit keine andere Erklärung zukommen könne, als einen teleologisch nicht gerechtfertigten Steuervorteil zu erzielen.[750] Nach *Schön* ist diese Differenzierung artifiziell und verstellt den Blick darauf, dass letztlich nach den Zielen und Beweggründen des Steuerpflichtigen zu suchen sei.[751] Er vertritt daher, dass der Missbrauch im Rahmen von Sekundärrechtsakten von der Absicht des Steuerpflichtigen Steuern zu sparen getragen sein müsse.[752]

Die subjektive Seite der missbräuchlichen Inanspruchnahme von Sekundärrecht beschreibt der EuGH damit, dass *„[...] aus einer Reihe objektiver Anhaltspunkte ersichtlich ist, dass mit den fraglichen Umsätzen im Wesentlichen ein Steuervorteil bezweckt wird.“*[753] Der EuGH hält selbst an der Erforderlichkeit eines subjektiven Merkmals im Rahmen des Sekundärrechts fest.[754] In der Rechtsprechung zum Mehrwertsteuerrecht hat der EuGH klargestellt, dass die Gestaltung *„im Wesentlichen“*

---

746 *Englisch*, StuW 2009, S. 3 (7 f., 14).

747 Schlussanträge des *GA Lenz*, EuGH Rs. C-23/93 (*TV 10*) v. 16.06.1994, Slg. 1994, I-4795 (Rn. 56–61).

748 Schlussanträge des *GA Lenz*, EuGH Rs. C-23/93 (*TV 10*) v. 16.06.1994, Slg. 1994, I-4795 (Rn. 60).

749 Schlussanträge des *GA Lenz*, EuGH Rs. C-23/93 (*TV 10*) v. 16.06.1994, Slg. 1994, I-4795 (Rn. 60 f.).

750 Schlussanträge des *GA Maduro*, EuGH Rs. C-255/02 (*Halifax*) v. 07.04.2005, Slg. 2006, I-1685 (Rn. 70).

751 *Schön*, in: Kirchhof/Nieskens (Hrsg.), FS Reiss (2008), S. 571 (595).

752 *Schön*, in: Kirchhof/Nieskens (Hrsg.), FS Reiss (2008), S. 571 (595 f.).

753 EuGH Rs. C-425/06 (*Part Service*) v. 21.02.2008, Slg. 2008, I-897 (Rn. 42, 2. Spstr.).

754 EuGH Rs. C-607/13 (*Cimmino*) v. 09.07.2015, ECLI:EU:C:2015:448 (Rn. 58); EuGH Rs. C-155/13 (*SICES*) v. 13.04.2014, ECLI:EU:C:2014:145 (Rn. 33); EuGH Rs. C-103/09 (*Weald Leasing*) v. 22.10.2010, Slg. 2010, I-13589 (Rn. 30); EuGH Rs. C-352/08 (*Modehuis A. Zwijnenburg*) v. 20.05.2010, Slg. 2010, I-4303 (Rn. 43); EuGH Rs. C-425/06 (*Part Service*) v. 21.02.2008, Slg. 2008, I-897 (Rn. 42); EuGH Rs. C-515/03 (*Eichsfelder Schlachtbetrieb*) v. 21.07.2005, Slg. 2005, I-7355 (Rn. 39).

einen Steuervorteil zu bezwecken habe.[755] Der EuGH konkretisierte in diesem Sinne ausdrücklich seine Rechtsprechung aus *Halifax*, in der er davon sprach, dass durch die Gestaltung *„einzig ein Steuervorteil bezweckt wurde"*.[756] Im Urteil zur Rechtssache *Part Service* stellte der EuGH die – nach seiner eigenen Interpretation – fälschliche Übernahme des Entscheidungswortlauts klar, und erklärte den *„im Wesentlichen"* vorhandenen Zweck zur Steuerersparnis als ausreichend.[757] Auch Art. 15 Abs. 1 lit. a) Fusionsrichtlinie 2009/133/EG spricht davon, dass die Steuerumgehung der hauptsächliche oder einer der hauptsächlichen Beweggründe darstellen müsse.[758] Anhand der generalisierenden Verweise, die der EuGH zur Missbrauchsdefinition im Rahmen der Sekundärrechtsakte verwendet, ist das subjektive Merkmal einheitlich für den Missbrauch von Sekundärrecht zu beurteilen.[759]

Das subjektive Element des Missbrauchs von Primärrecht formulierte der EuGH in der *Cadbury Schweppes* einst mit dem *„Streben nach einem Steuervorteil."*[760] Dabei stützte sich der EuGH darauf, die Gestaltung habe ihr *„einziges Ziel"*[761] in der Steuerreduzierung, an anderer Stelle aber auch darauf, die Steuerreduzierung stelle *„das Hauptziel oder eines der Hauptziele"* dar.[762] Damit stellt der EuGH im Besonderen eine Beziehung zu der im Rahmen von Art. 15 Abs. 1 lit. a) Fusionsrichtlinie verwendeten Formulierung her.

Die Vergleichbarkeit der Missbrauchsmerkmale im Primär- und Sekundärrechts lässt eine Differenzierung in der Prüfung des subjektiven Merkmals nicht zu.[763] Die bereichsübergreifende Prüfung wird letztlich auch von einer Vielzahl von Kommentatoren der EuGH-Rechtsprechung als angemessen erachtet.[764] Das erscheint

---

755 EuGH Rs. C-607/13 (*Cimmino*) v. 09.07.2015, ECLI:EU:C:2015:448 (Rn. 58); EuGH Rs. C-425/06 (*Part Service*) v. 21.02.2008, Slg. 2008, I-897 (Rn. 42–45).

756 EuGH Rs. C-255/02 (*Halifax*) v. 21.02.2006, Slg. 2006, I-1609 (Rn. 82); ebenso EuGH Rs. C-126/10 (*Foggia*) v. 10.11.2011, Slg. 2011, I-10923 (Rn. 36); zur vorangehenden Diskussion darüber, ob die Steuerersparnis der alleinige Zweck darstellen müsse, vgl. *Niemann*, Der allgemeine Missbrauchsvorbehalt (2012), S. 258 ff.

757 EuGH Rs. C-425/06 (*Part Service*) v. 21.02.2008, Slg. 2008, I-897 (Rn. 42–45).

758 Den gleichen Wortlaut verwendet bereits in Art. 11 Abs. 1 lit. a) der RL 1990/434/EWG; vgl. zudem EuGH Rs. C-352/08 (*Modehuis A. Zwijnenburg*) v. 20.05.2010, Slg. 2010, I-4303 (Rn. 43); EuGH Rs. C-321/05 (*Kofoed*) v. 05.07.2007, Slg. 2007, I-5795 (Rn. 37).

759 Eine einheitliche Betrachtung des Missbrauchs bei europäischen Sekundärrechtsakten befürwortet die breite Mehrheit der Literatur, vgl. *Bergmann*, StuW 2010, S. 246 (258); *Böing*, Steuerlicher Gestaltungsmissbrauch in Europa (2006), S. 325 f.; *Englisch*, StuW 2009, S. 3 (9); *Schön*, in: Kirchhof/Nieskens (Hrsg.), FS Reiss (2008), S. 571 (591).

760 EuGH Rs. C-196/04 (*Cadbury Schweppes*) v. 12.09.2006, Slg. 2006, I-7995 (Rn. 64).

761 EuGH Rs. C-196/04 (*Cadbury Schweppes*) v. 12.09.2006, Slg. 2006, I-7995 (Rn. 59).

762 EuGH Rs. C-196/04 (*Cadbury Schweppes*) v. 12.09.2006, Slg. 2006, I-7995 (Rn. 62).

763 *Jiménez*, BIT 2012, S. 270 (278 f.).

764 Ebenso *Schön*, in: Kirchhof/Nieskens (Hrsg.), FS Reiss (2008), S. 571 (595 f.); *Terra/Wattel*, European Tax Law (2012), S. 477 ff.; *Vanistendael*, BIT 2016, S. 163 (167 f.);

auch konsequent, denn Sachverhalte, die in den Anwendungsbereich der Richtlinien zu den direkten Steuerrecht fallen, berühren aufgrund des grenzüberschreitenden Bezugs auch stets europäische Grundfreiheiten. Wie *Vanistendael* betont, würde ein differenzierender Maßstab des subjektiven Elements notgedrungen in unlösbaren Wertungsdifferenzen resultieren.[765] Eine rein objektiven Bewertung einer Gestaltung allein anhand des Sinn und Zwecks einer Regelung, obwohl diese den Wortlaut der Norm erfüllt, würde eine zu starke Rechtsunsicherheit mit sich bringen.[766] Die eigene Motivation des Steuerpflichtigen fungiert letztendlich als Filter gegen einen Vertrauensschutz auf die günstige Rechtsfolge einer missbräuchlichen Gestaltung.[767]

Bei Prüfung des Missbrauchs im Sekundär- und Primärrecht genügt letztlich, ob der intendierte Steuervorteil eine für die Gestaltung prägende Rolle gespielt hat. Eine ausschließlich steuerliche Motivation kann insofern nicht mehr verlangt werden. Ob die Steuerersparnis als eines der *„Hauptziele der Gestaltung“*[768] oder aber als *„im Wesentlichen der Steuererspanis dienend“*[769] umschrieben wird, ist letztlich nur eine begriffliche Abweichung, aus der jedoch keine inhaltliche Differenzierung ersichtlich ist.[770]

4.3.3.2. Das subjektive Merkmal als sog. business purpose test

Die Feststellung des subjektiven Merkmals knüpft der EuGH stets an den Nachweis mittels objektiver Anhaltspunkte.[771] Letztlich klang auch diese Umschreibung schon im Urteil *Halifax* an, in dem der EuGH – negativ formuliert – das subjektive

---

Weber, in: de la Feria/Vogenauer (Hrsg.), Prohibition of Abuse of Law (2011), S. 395 (397 f.); für das Sekundärrecht: *Pistone*, in: de la Feria/Vogenauer (Hrsg.), Abuse of Law in the Context of Indirect Taxation (2011), S. 381 (389 und 391); *Tumpel/Prechtl*, in: Lang/Schuch/Staringer (Hrsg.), Die Grenzen der Gestaltungsmöglichkeiten im internationalen Steuerrecht (2009), S. 67 (83 ff.); für das Primärrecht, *Heidenbauer*, in: Lang/Schuch/Staringer (Hrsg.), Die Grenzen der Gestaltungsmöglichkeiten im internationalen Steuerrecht (2009), S. 49 (59); *Florstedt* erkennt in der EuGH-Rechtsprechung sogar eine Tendenz dem subjektiven Merkmal zunehmend an Bedeutung zukommen zu lassen, *Florstedt*, FR 2016, S. 1 (3 f. und 5 f.).

765 *Vanistendael*, BIT 2016, S. 163 (167 f.).

766 *Weber*, in: de la Feria/Vogenauer (Hrsg.), Prohibition of Abuse of Law (2011), S. 395 (398).

767 *Weber*, in: de la Feria/Vogenauer (Hrsg.), Prohibition of Abuse of Law (2011), S. 395 (399).

768 Bspw. EuGH Rs. C-196/04 (*Cadbury Schweppes*) v. 12.09.2006, Slg. 2006, I-7995 (Rn. 62).

769 Bspw. EuGH Rs. C-607/13 (*Cimmino*) v. 09.07.2015, ECLI:EU:C:2015:448 (Rn. 58); EuGH Rs. C-155/13 (*SICES*) v. 13.04.2014, ECLI:EU:C:2014:145 (Rn. 33); EuGH Rs. C-425/06 (*Part Service*) v. 21.02.2008, Slg. 2008, I-897 (Rn. 42–45).

770 Vgl. auch Art. 6 Abs. 1 Anti-BEPS-Richtlinie und Art. 1 Abs. 2 der Richtlinie zur Änderung Mutter-Tochter-Richtlinie 2015/121/EU; ebenso *Vanistendael*, BIT 2016, S. 163 (167).

771 Vgl. EuGH Rs. C-255/02 (*Halifax*) v. 21.02.2006, Slg. 2006, I-1609 (Rn. 75).

Merkmal als ausgeschlossen ansah, wenn für die *„fraglichen Umsätze eine andere Erklärung [...] als nur die Erlangung von Steuervorteilen“* in Frage käme.[772]

Diese Formulierung ersetzt oder ergänzt der EuGH vermehrt um den Zusatz, dass der Nachweis des subjektiven Elements ebenfalls durch den *„rein künstlichen Charakter“* der Gestaltung erbracht werden könne.[773] Rein künstlich ist eine Gestaltung nach Lesart des EuGH, wenn für eine der beteiligten Parteien sich die fragliche Handelstätigkeit *„jeglicher wirtschaftlichen oder kommerziellen Rechtfertigung entbehrten“*[774], bzw. die Gestaltung *„nicht auf vernünftigen wirtschaftlichen Gründen beruht“*.[775] Als heranzuziehende Kriterien gab der EuGH den nationalen Gerichten vor, die rechtlichen, wirtschaftlichen, sowie personellen Verbindungen zwischen den handelnden Parteien zu berücksichtigen.[776] Kann der Steuerpflichtige dagegen eine alternative Begründung für die Art und Weise der Gestaltung vorbringen, lässt dies einen Missbrauchsvorwurf entfallen.[777] Hierbei hatte der EuGH namentlich anerkannt, dass es das Recht des Steuerpflichtigen sei, den Gestaltungsweg zu wählen, der sich für ihn am steuergünstigsten erweist.[778]

Wie GA Maduro ausführte, handelt es sich daher nur dem Anschein nach um ein subjektives Merkmal.[779] Verlangt wird vom EuGH nämlich kein dem Strafrecht ähnlicher Vorsatz im Sinne einer von Vorstellung und Willen des Steuerpflichtigen getragenen Rechtsverletzung.[780] Auf das Vorstellungsbild und die Motive *in persona* des Steuerpflichtigen selbst kommt es daher letztendlich nicht an.[781] Diese Ansicht verträgt sich zudem – befürwortet man eine einheitliche Auslegung von Missbrauch im Primär- und Sekundärrecht – mit der von GA Lenz geäußerten Kritik, dass die Zurechnung von subjektivem Fehlverhalten im Falle von juristischen Personen im

---

772 EuGH Rs. C-255/02 (*Halifax*) v. 21.02.2006, Slg. 2006, I-1609 (Rn. 75).

773 EuGH Rs. C-607/13 (*Cimmino*) v. 09.07.2015, ECLI:EU:C:2015:448 (Rn. 58); EuGH Rs. C-155/13 (*SICES*) v. 13.04.2014, ECLI:EU:C:2014:145 (Rn. 33).

774 EuGH Rs. C-155/13 (*SICES*) v. 13.04.2014, ECLI:EU:C:2014:145 (Rn. 37); daneben findet sich zudem die „willkürliche“ Herbeiführung der Voraussetzungen, EuGH Rs. C-515/03 (*Eichsfelder Schlachtbetrieb*) v. 21.07.2005, Slg. 2005, I-7355 (Rn. 39).

775 EuGH Rs. C-126/10 (*Foggia*) v. 10.11.2011, Slg. 2011, I-10923 (Rn. 36).

776 EuGH Rs. C-425/06 (*Part Service*) v. 21.02.2008, Slg. 2008, I-897 (Rn. 62); EuGH Rs. C-255/02 (*Halifax*) v. 21.02.2006, Slg. 2006, I-1609 (Rn. 81).

777 Schlussanträge des *GA Maduro*, EuGH Rs. C-255/02 (*Halifax*) v. 07.04.2005, Slg. 2006, I-1685 (Rn. 89), vgl. nachfolgend unter Kap. 5.2.1.

778 EuGH Rs. C-255/02 (*Halifax*) v. 21.02.2006, Slg. 2006, I-1609 (Rn. 75); ebenso *Schön*, in: Kirchhof/Nieskens (Hrsg.), FS Reiss (2008), S. 571 (592) für die Auswahlmöglichkeit zwischen verschiedenen Steuersystemen.

779 Schlussanträge des *GA Maduro*, EuGH Rs. C-255/02 (*Halifax*) v. 07.04.2005, Slg. 2006, I-1685 (Rn. 70).

780 Vgl. *Englisch*, StuW 2009, S. 3 (13); zur strafrechtlichen Vorsatzdefinition, vgl. *Joecks*, in: Joecks/Miebach, MünchKomm StGB, § 16 (Rn. 12).

781 Ebenso *Freedman*, in: de la Feria/Vogenauer (Hrsg.), The Anatomy of Tax Avoidance Counteraction (2011), S. 365 (375); *Hey*, StuW 2008, S. 167 (179); *Piantavigna*, ECTR 2011, S. 134 (143).

europäischen Vergleich nicht einheitlich darstellbar sei.[782] Die Frage der Zurechnung subjektiven Verhaltensunrechts stellt sich bei Bestimmung anhand objektiver Umstände nicht. Eine auf einem Vorstellungsbild einer Einzelperson anknüpfende Bestimmung, wäre schlicht nicht praktikabel.[783]

Das subjektive Merkmal der EuGH-Rechtsprechung kann letztlich als sog. *business purpose test* gesehen werden, in dessen Rahmen die wirtschaftlichen Motive der Gestaltung zu prüfen sind.[784] Eine Abwägung der Bedeutung der Beweggründe bedarf es jedoch nicht; vorbegrachte außersteuerliche Erwägungen können nur dann übergangen werden, wenn sie von vernachlässigenswerter Bedeutung für die Gestaltung waren.[785]

4.3.3.3. Das subjektive Merkmal im Rahmen der neugefassten Missbrauchsregelung der Mutter-Tochter-Richtlinie und der Anti-BEPS-Richtlinie

Das subjektive Merkmal nimmt letztlich auch der Richtliniengeber in der Neufassung des Art. 1 der Mutter-Tochter-Richtlinie i.d.F. 2015/121/EU sowie der allgemeinen Missbrauchsregelung des Art. 6 Anti-BEPS-Richtlinie auf.

Gleichlautend ahnden beide Richtlinien unangemessene Gestaltungen, deren *„wesentlicher Zweck oder einer der wesentlichen Zwecke"* in der Erzielung eines Steuervorteils besteht, der dem Ziel oder Zweck des zugrunde liegenden Rechts entgegenläuft. Der Richtliniengeber nimmt damit bei Formulierung der tatbestandlichen Vorgaben der allgemeinen Missbrauchsklausel die Vorgaben des EuGH vollumfänglich auf. Zudem bestätigt sich das Auslegungsergebnis des EuGH, dass die Steuerersparnis nicht zwingend das alleinige Ziel darzustellen habe, sondern eine wesentliche steuerliche Prägung ausreichend ist.

Bei Bestimmung der individuellen Motivation ist daneben auch Art. 1 Abs. 3 der Mutter-Tochter-Richtlinie bzw. Art. 6 Abs. 2 Anti-BEPS-Richtlinie zu beachten. Hierin wird begrifflich das in Art. 1 Abs. 2 der Richtlinie bzw. Art. 6 Abs. 1 Anti-BEPS-Richtlinie aufgestellte Tatbestandsmerkmal der Unangemessenheit definiert. Die Unangemessenheit wird hiernach vermutet, wenn der Gestaltung triftige wirtschaftliche Gründe fehlen, die die wirtschaftliche Realität widerspiegeln (Art. 1 Abs. 2 Mutter-Tochter-Richtlinie bzw. Art. 6 Abs. 2 Anti-BEPS-Richtlinie). Der Nachweis wirtschaftlicher Gründe dient damit der Widerlegung einer rein steuerlichen motivierten Gestaltung und damit dem Zweck der Steuerersparnis. Die wirtschaftlichen Gründe stellen damit das Gegenstück zur steuerlichen Motivation dar. Die Prüfung

---

782 Schlussanträge des *GA Lenz*, EuGH Rs. C-23/93 (*TV 10*) v. 16.06.1994, Slg. 1994, I-4795 (Rn. 60).

783 *Freedman*, in: de la Feria/Vogenauer (Hrsg.), The Anatomy of Tax Avoidance Counteraction (2011), S. 365 (375).

784 *Fischer*, in: Hübschmann/Hepp/Spitaler, AO/FGO, § 42 AO Rn. 213.

785 *Vanistendael*, BIT 2016, S. 163 (168).

der Unangemessenheit gemäß Art. 1 Abs. 3 Mutter-Tochter-Richtlinie bzw. Art. 6 Abs. 2 Anti-BEPS-Richtlinie verobjektiviert letztlich die Prüfung der individuellen Motivation des Steuerpflichtigen. Dies entspricht im Ergebnis den inhaltlichen Anforderungen der dargestellten EuGH-Rechtsprechung.[786]

Die Prüfung der individuellen Motivation hat damit auch im Rahmen der allgemein formulierten neugefassten Anti-Missbrauchsregelung des Art. 1 Mutter-Tochter-Richtlinie und Art. 6 Anti-BEPS-Richtlinie eine große Bedeutung. Sie nimmt einerseits die Motivation des Steuervorteils als *„wesentlicher oder einer der wesentlichen Zwecke"* auf, und vermutet zudem die Unangemessenheit bei Fehlen triftiger wirtschaftlicher Gründe. Die Darlegung wirtschaftlicher Erwägungen exkulpiert den Steuerpflichtigen, auch wenn dies aus dem Wortlaut nicht unmittelbar ersichtlich wird, vom Vorwurf der rein steuerindizierten Gestaltung. Der Richtliniengeber entlehnt die tatbestandlichen Vorgaben des sog. subjetiven Merkmals damit offensichtlich der bisherigen Auslegung der Missbrauchsvermeidung durch den EuGH.

4.3.4. Die doppelte Bedeutung der Verhältnismäßigkeit

4.3.4.1. Die Prüfung der Verhältnismäßigkeit auf Tatbestandsebene

Nach ständiger Rechtsprechung des EuGH folgt aus dem Verhältnismäßigkeitsprinzip, dass den nationalen Gerichten die Überprüfung des Einzelfalles unter Berücksichtigung der Einzelheiten eines Falles ermöglich werden müsse.[787] Damit konkretisiert der EuGH den Verhältnismäßigkeitsgrundsatz dahingehend, dass das nationale Recht eine entsprechende gerichtliche Einzelfallprüfung tatbestandlich zulassen muss. Dies leitet der EuGH entscheidend daraus ab, dass die nationale Regelung nicht über das hinausgehen darf, was erforderlich ist, um missbräuchliche Gestaltungen zu verhindern.[788] Das Erfordernis der Prüfung der Verhältnismäßigkeit statuiert der EuGH – begründet durch die dogmatische Grundfreiheitenprüfung – explizit für die Prüfung von Primärrecht.[789]

Die gleichlautende Forderung an den nationalen Umsetzungsakt erhebt der EuGH aber auch bei Auslegung der sekundärrechtlichen Missbrauchsvorbehalte. Das subjektive und objektive Merkmal ergänzt der EuGH durch die Feststellung, dass die Aberkennung sich innerhalb der für die Zielerreichung gebotenen Maßnah-

---

786 Vgl. hierzu vorstehend unter Kap. 4.3.3.2.

787 Vgl. EuGH Rs. C-318/10 (*SIAT*) v. 05.07.2012, ECLI:EU:C:2012:415 (Rn. 50); EuGH Rs. C-182/08 (*Glaxo Wellcome*) v. 17.09.2009, Slg. 2009, I-8659 (Rn. 99); EuGH Rs. C-201/05 (*Test Claimants in the CFC and Dividend Group Litigation*) v. 23.04.2008, Slg. 2008, I-2875 (Rn. 84); EuGH Rs. C-524/04 (*Test Claimants in the Thin Cap Group Litigation*) v. 13.03.2007, Slg. 2007, I-2107 (Rn. 82).

788 EuGH Rs. C-182/08 (*Glaxo Wellcome*) v. 17.09.2009, Slg. 2009, I-8659 (Rn. 102).

789 EuGH Rs. C-318/10 (*SIAT*) v. 05.07.2012, ECLI:EU:C:2012:415 (Rn. 50); EuGH Rs. C-182/08 (*Glaxo Wellcome*) v. 17.09.2009, Slg. 2009, I-8659 (Rn. 99); EuGH Rs. C-105/07 (*Van Cleef*) v. 07.01.2008, Slg. 2008, I-173 (Rn. 27).

me bewegen müsse.[790] Faktisch führt der EuGH damit eine Verhältnismäßigkeitsprüfung in Bezug auf die am Maßstab des Sekundärrechtsakts überprüfte nationale Vorschrift durch.

Einer großen Rolle kommt hierin der Vertrauensschutz des Steuerpflichtigen,[791] sowie der Aspekt der Rechtssicherheit zu.[792] Beide Grundprinzipien des Unionsrechts kollidieren nämlich mit einer allzu großzügigen Auslegung des Missbrauchsaspekts und bedürfen somit einer gewissenhaften Abwägung untereinander. Rechtsdogmatisch zielt diese Überlegung des EuGH daher darauf ab, eine Konkordanz zwischen entgegenlaufenden Grundprinzipien des Unionsrechts herzustellen.[793] Die wesentliche Aussage des Gerichtshof ist, dass, auch wenn es sich bei der Verhinderung von missbräuchlicher Inanspruchnahme von Unionsrecht um ein anerkanntes Grundprinzip handelt, dieses stets in ein angemessenes Verhältnis zu den – pro Steuerpflichtigen – zu berücksichtigenden Prinzipien des Vertrauensschutzes und der Rechtssicherheit zu bringen ist.

Nicht zulässig ist die generelle Versagung eines steuerlichen Vorteils, selbst wenn es an Verdachtsmomenten einer missbräuchlichen Gestaltung fehlt.[794] Die Versagung des steuerlichen Vorteils muss zielgenau und im Einzelfall auf rein künstliche Gestaltungen begrenzt werden können.[795] Die Missbrauchsvermeidung muss das Regelungsziel des nationalen Gesetzgebers darstellen.[796] Als zulässig erachtet wurde, dass das nationale Recht eine Vermutungsregelung aufstellt.[797] Dem Steuerpflichtigen muss jedoch die Möglichkeit eines Entlastungsbeweises eröffnet werden.[798]

790 EuGH Rs. C-126/10 (*Foggia*) v. 10.11.2011, Slg. 2011, I-10923 (Rn. 37); EuGH Rs. C-487/01 und C-7/02 (*Gemeente Leusden und Holin Groep*) v. 29.04.2004, Slg. 2004, I-5337 (Rn. 80).

791 EuGH Rs. C-487/01 und 7/02 (*Gemeente Leusden und Holin Groep*) v. 29.04.2004, Slg. 2004, I-5337 (Rn. 81).

792 EuGH Rs. C-487/01 und 7/02 (*Gemeente Leusden und Holin Groep*) v. 29.04.2004, Slg. 2004, I-5337 (Rn. 82).

793 Zur Anwendung des Grundsatzes der Konkordanz bei kollidierenden Rechtsprinzipien im Unionsrecht, vgl. *Röben*, in: Grabitz/Hilf/Nettesheim, Das Recht der Europäischen Union, Art. 67 AEUV Rn. 102; *Ruffert*, in: Calliess/Ruffert, EUV/AEUV Art. 3 EUV Rn. 11; *Tamm*, in: von der Groeben/Schwarze/Hatje, Europäisches Unionsrecht (2015) Art. 12 AEUV (Rn. 16); *Terhechte*, in: Grabitz/Hilf/Nettesheim, Das Recht der Europäischen Union, Art. 3 EUV Rn. 22.

794 EuGH Rs. C-287/10 (*Tankreederei I*) v. 22.10.2010, ECLI:EU:C:2010:827 (Rn. 29); EuGH Rs. C-182/08 (Glaxo Wellcome) v. 17.09.2009, Slg. 2009, I-8659 (Rn. 100); EuGH Rs. C-330/07 (*Jobra*) v. 04.12.2008, Slg. 2008, I-9099 (Rn. 37).

795 EuGH Rs. C-155/13 (*SICES*) v. 13.04.2014, ECLI:EU:C:2014:145 (Rn. 33); EuGH Rs. C-330/07 (*Jobra*) v. 04.12.2008, Slg. 2008, I-9099 (Rn. 39).

796 EuGH Rs. C-105/07 (*Van Cleef*) v. 07.01.2008, Slg. 2008, I-173 (Rn. 28).

797 EuGH Rs. C-182/08 (*Glaxo Wellcome*) v. 17.09.2009, Slg. 2009, I-8659 (Rn. 99 f.).

798 EuGH Rs. C-383/10 (*Kommission/Belgien*) v. 06.06.2013, ECLI:EU:C:2013:364 (Rn. 63); EuGH Rs. C-73/09 (*Etablissements Rimbaud*) v. 28.10.2010, Slg. 2010, I-10659

Entspricht das nationale Recht nicht diesen Vorgaben, verstößt dieses gegen den Verhältnismäßigkeitsgrundsatz und ist insofern unionsrechtswidrig.[799] Aufgabe des nationalen Gerichts ist es, dies auf Basis der Tatsachen des Einzelfalles festzustellen.[800]

4.3.4.2. Erwägungen zur Verhältnismäßigkeit auf Rechtsfolgenebene

Im Rahmen der Rechtsprechung des EuGH zum Missbrauch von Unionsrecht stellt sich im Kern die Frage, ob durch nationale Vorschriften primärrechtliche Garantien verletzt werden. Neben der Feststellung einer diskriminierenden oder beschränkenden Wirkung muss sich die nationale Regelung einem anerkannten Rechtfertigungsgrund zuordnen lassen, also die vom EuGH aufgestellten Merkmale zur Vermeidung von Missbrauch erfüllen. Um letztlich vor dem EuGH bestand zu haben, überprüft der EuGH in ständiger Rechtsprechung zusätzlich das Element der Verhältnismäßigkeit, also *„ob die [...] Vorschriften nicht über das hinausgehen, was zur Erreichung dieses Ziels erforderlich ist.“*[801]

Die Prüfung des Verhältnismäßigkeitsprinzips ist dabei insbesondere mit der Prüfung der vom nationalen Recht angeordneten Rechtsfolge verknüpft. In der Rechtssache *Test Claimants in the thin Cap Group Litigation* betonte der EuGH, es folge aus dem Verhältnismäßigkeitsprinzip, dass eine Umqualifikation von Darlehenszinsen in ausgeschütteter Gewinne nicht generell, sondern nur nach dem im konkreten Fall dem Fremdvergleich übersteigenden Betrag kommen dürfe.[802] Die Verhältnismäßigkeitsprüfung soll sicherstellen, dass dem grenzüberschreitenden Verkehr, trotz Missbrauchsgefahr, keine überschießende Rechtsfolge im Vergleich zum rein innerstaatlichen Sachverhalt zuteil kommt.[803] Greift der Mitgliedstaat in die Reichweite einer Grundfreiheit ein, wird auf diese Weise sichergestellt, dass die nationale Maßnahme daneben nicht auch grenzüberschreitende Tätigkeiten erfasst, gegen die sich der Vorwurf des Missbrauchs nicht erheben lässt.

(Rn. 33 ff.); EuGH Rs. C-182/08 (*Glaxo Wellcome*) v. 17.09.2009, Slg. 2009, I-8659 (Rn. 99 f.); EuGH Rs. C-330/07 (*Jobra*) v. 04.12.2008, Slg. 2008, I-9099 (Rn. 38); ebenso *Glaho*, IStR 2015, S. 97 (100).

799 EuGH Rs. C-182/08 (*Glaxo Wellcome*) v. 17.09.2009, Slg. 2009, I-8659 (Rn. 100).

800 EuGH Rs. C-155/13 (*SICES*) v. 13.04.2014, ECLI:EU:C:2014:145 (Rn. 34); EuGH Rs. C-182/08 (*Glaxo Wellcome*) v. 17.09.2009, Slg. 2009, I-8659 (Rn. 102).

801 EuGH Rs. C-383/10 (*Kommission/Belgien*) v. 06.06.2013, ECLI:EU:C:2013:364 (Rn. 63); EuGH Rs. C-182/08 (*Glaxo Wellcome*) v. 17.09.2009, Slg. 2009, I-8659 (Rn. 93); EuGH Rs. C-196/04 (*Cadbury Schweppes*) v. 12.09.2006, Slg. 2006, I-7995 (Rn. 60); EuGH Rs. C-321/05 (*Kofoed*) v. 05.07.2007, Slg. 2007, I-5795 (Rn. 60).

802 EuGH Rs. C-524/04 (*Test Claimants in the Thin Cap Group Litigation*) v. 13.03.2007, Slg. 2007, I-2107 (Rn. 83); ebenso EuGH Rs. C-321/05 (*Kofoed*) v. 05.07.2007, Slg. 2007, I-5795 (Rn. 60).

803 EuGH Rs. C-182/08 (*Glaxo Wellcome*) v. 17.09.2009, Slg. 2009, I-8659 (Rn. 93 f.).

4.4. Die Bewertung eines einheitlichen unionsrechtlichen Verständnisses zur Vermeidung steuerlichen Missbrauchs

Letztlich stellt sich damit die Frage, ob der EuGH ein einheitliches Rechtsverständnis über die Grenzen des Primär- und Sekundärrechts hinweg statuiert, oder der Missbrauchsbegriff nur bereichsspezifisch angelegt ist.

Gegen ein einheitliches Verständnis wurde dabei vorgebracht, dass schon in den nationalen Rechtsordnungen der Mitgliedstaaten kein übereinstimmendes Verständnis von Rechtsmissbrauch existiere, und auch der EuGH kein kohärentes Bild hiervon zeichne. Für die Auslegung der Missbrauchsvermeidung als ein einheitliches Rechtsverständnis sind jedoch auch die Bewertungen des EuGH selbst, sowie einigen Generalanwälten heranzuziehen und insbesondere die Bedeutung der Prüfungsmerkmale zu bewerten.

4.4.1. Die uneinheitliche Rechtslage der Mitgliedstaaten als Ausschluss eines Rechtsprinzips?

Die These eines einheitlichen Rechtsgrundsatzes wurde in der Vergangenheit wesentlich damit angegriffen, dass in den Rechtsordnungen der Mitgliedstaaten kein einheitliches, den Missbrauch generell verbietendes Rechtsprinzip anerkannt sei.[804] Die Inkonsistenz der Begrifflichkeiten des Missbrauchs, Betrugs und der Steuerhinterziehung und deren unterschiedliche „Umsetzung“ im Recht der Mitgliedstaaten lässt *Panayi* folgern, es bestehe kein unionsweiter Grundsatz des steuerlichen Missbrauchs.[805] Namentlich das Vereinigte Königreich wurde als Beispiel einer Rechtsordnung aufgezählt, in welcher die Missbrauchsvermeidung – auch wenn inhaltlich einer Prüfung von außersteuerlichen Gründen angenähert – als bloßer Grundsatz des Richterrechts angesehen wurde.[806] Das Beispiel Großbritannien zeigt jedoch, dass in jüngerer Zeit hierzu ein größeres gemeinschaftliches Verständnis Raum greift. Mit Wirkung zum 17. Juli 2013 führte auch das Vereinigte Königreich eine Generalnorm zur Steuervermeidung ein, die sog. General Anti-Abuse Rule (GAAR), die insb. auf Einkommen-, Körperschaft- und Kapitalertragsteuer Anwen-

804 Vgl. Schlussanträge des *GA Tesauro*, EuGH Rs. C-367/96 (*Kefalas*), v. 04.02.1998, Slg. 1998, I-2843 (Rn. 22, 27); Schlussanträge des *GA Tizzano*, EuGH Rs. C-200/02 (*Zhu und Chen*) v. 18.05.2004, Slg. 2004, I-9925 (Rn. 111); zu den unterschiedlichen Maßstäben der mitgliedstaatlichen Missbrauchsvorbehalte, *Böing*, Steuerlicher Gestaltungsmissbrauch in Europa (2006), S. 202 f.

805 *Panayi*, European Union Corporate Tax Law (2013), S. 333.

806 *Böing*, Steuerlicher Gestaltungsmissbrauch in Europa (2006), S. 144 f.; zur Reihe des Richterrechtlichen Grundsatzes des sog. *Ramsey*-Prinzip einschlägigen Entscheidungen, vgl. *Monès/Durand/Mandelbaum, et al.*, ECTR 2010, S. 123 (134).

dung findet.[807] Neben den Feststellungen, dass auch das britische Steuerrecht stets komplizierter werde und die Anwendung des *Ramsey*-Prinzips der Rechtsprechung zunehmend Schwierigkeiten bereite, war die Gesetzgebung maßgeblich durch den vorherrschenden *Zeitgeist* der Politik motiviert sich aktiv gegen Steuergestaltung zu stellen.[808] Inhaltlich ähnelt die britische GAAR stark dem vom EuGH geprägten zweistufigen Prüfung, indem zwei Tatbestandsmerkmale – ein objektives sowie ein subjektives – statuiert werden: Missbrauch liegt vor bei *tax arrangements*, die das Merkmal *abusive* erfüllen.[809]

Jedenfalls mit Einsetzen der von der OECD angeleiteten Diskussionen rund um den BEPS-Prozess lässt sich feststellen, dass zwischenzeitlich allgemeine Regelungen zur Verhinderung von steuerlichem Gestaltungsmissbrauch in den Mitgliedstaaten allgemeiner Rechtssetzungsstandard ist.[810] Letztendlich hat sich die These, es fände sich innerhalb der Mitgliedstaaten der europäischen Union kein umgreifendes Prinzip der Vermeidung steuerlichen Missbrauchs, zwischenzeitlich überholt. Dieses Gegenargument kann damit als entkräftet angesehen werden.

4.4.2. Die uneinheitliche Handhabung des Missbrauchsbegriffs durch den EuGH?

Vom Grundsatz her startete der EuGH in seiner Rechtsprechung zum Missbrauch mit zwei Auslegungssträngen: Einerseits die auf der *Emsland Stärke*-Entscheidung basierende Rechtsprechung zur Umgehung von Sekundärrecht, andererseits die auf die *Cadbury Schweppes*-Entscheidung zurückgehende Rechtsprechung zum Missbrauch des Primärrechts.[811]

Englisch beurteilt die Reduzierung dieser beiden Stränge auf ein einheitliches Verständnis kritisch, da der EuGH eine fallgruppenspezifische Differenzierung der Anforderungen und Konsequenzen bei missbräuchlichem Verhalten verfolge.[812] Auch *Kahle/Biebinger/Wildermuth* verweisen darauf, dass sich aus der uneinheitlichen Rechtsprechung des EuGH kein einheitliches Missbrauchsverständnis ableiten lasse. Die Autoren wollen aber die *„Rechtsprechung des EuGH ‚als Quelle für ein*

---

807 Finance Act 2013, Part 5, Ziff. 206 (3), abrufbar unter http://www.legislation.gov.uk/ukpga/2013/29/pdfs/ukpga_20130029_en.pdf (zulezt abgerufen am 28.09.2016).

808 *Freedman*, BTR 2012, S. 22 (23 f.).

809 Finance Act 2013, Part 5, Ziff. 206 (1).

810 Vgl. tabellarische Aufstellung in *BDI/EY/VDA,* OECD/G20-Projekt BEPS (2015), Rn. 141.

811 *Vogenauer* bezeichnet, weiter zurückgehend, als jeweiligen Ursprung die *van Binsbergen*-Entscheidung zum Primärrecht und die *Cremer*-Entscheidung zum Sekundärrecht, *Vogenauer*, in: de la Feria/Vogenauer (Hrsg.), Prohibition of Abuse of Law (2011), S. 521 (529).

812 *Englisch*, StuW 2009, S. 3 (5).

originär europäisches Verständnis von Steuermissbrauch in Betracht' [...] ziehen".[813] Nach *Dourado* unterscheide der EuGH in seiner Rechtsprechung noch immer danach, ob der Missbrauch im Bereich des harmonisierten oder unharmonisierten Steuerrechts zur Prüfung vorliegt.[814]

Kein einheitliches Rechtsprinzip des steuerlichen Missbrauchs sieht auch *Panayi* und beruft sich hierzu auf die eigenen Feststellungen des EuGH in der Rechtssache *3M Italia.*[815] *Panayi* legt die Antwort des EuGH auf die Vorlagefrage nach einem allgemein gültigen Prinzip des steuerlichen Missbrauchs so aus, dass die Rechtsprechung zum harmonisierten Recht nicht auf das Recht der direkten Steuern übertragbar sei.[816] Der Rechtssache *3M Italia* mangelt es richtigerweise schon an einem hinreichenden Unionsrechtsbezug. Es handelt sich um eine rein innerstaatliche Rechtsstreitigkeit zur Auslegung italienischen Steuerrechts.[817] Weder wies der Sachverhalt einen grenzüberschreitenden Bezug auf, noch basierte das italienische Steuerrecht auf einem Umsetzungsakt von Sekundärrecht.[818] Der EuGH äußerte sich daher im Urteil lediglich dazu, ob das Europarecht einen allgemeinen Rechtsgrundsatz zur Verhinderung von Missbrauch bereithalten kann, wenn der zu entscheidende Fall keinerlei Unionsrechtsbezug vorweist.[819] Genau dies hatte er bereits im Jahr 1996 in der Rechtssache *ICI*[820] festgestellt. Anders als von *Panayi* beurteilt, trifft das Gericht daher keine Entscheidung zu einem unionsweit gültigen Missbrauchsprinzip, die Aussage ist alleine auf die Rechtswirkungen des Unionsrechts nach Art. 4 Abs. 3 AEUV in den Mitgliedstaaten zu beziehen.[821]

Einen allgemeinen Grundsatz des Gemeinschaftsrechts sah dagegen GA Maduro bereits in seinen Schlussanträgen zur Rechtssache *Halifax u.a.*[822], der als ein die Auslegung des Gemeinschaftsrechts beherrschender Grundsatz wirke.[823] Die Fest-

---

813 *Kahle/Biebinger/Wildermuth*, Ubg 2014, S. 285 (290) unter Verweis auf *Suchowerskyj*, Der Begriff des Missbrauchs im europäischen Steuerrecht, Berlin 2007, S. 71; auch *Kärgel* lehnt im Ergebnis das Vorliegen eines einheitlichen Rechtsgrundsatzes ab, *Kärgel*, Steuerrechtliche Anti-Missbrauchs-Regeln in Konflikt mit Europäischem Gemeinschaftsrecht (2003), S. 118.

814 *Dourado*, Intertax 2015, S. 42 (48).

815 *Panayi*, European Union Corporate Tax Law (2013), S. 337 f.

816 *Panayi*, European Union Corporate Tax Law (2013), S. 337 f.

817 EuGH Rs. C-417/10 (*3M Italia*) v. 29.03.2012, ECLI:EU:C:2012:184 (Rn. 4–7); vgl. hierzu vorstehend unter Kap. 2.2.1.2.

818 EuGH Rs. C-417/10 (*3M Italia*) v. 29.03.2012, ECLI:EU:C:2012:184 (Rn. 4–7, und 29–31).

819 EuGH Rs. C-417/10 (*3M Italia*) v. 29.03.2012, ECLI:EU:C:2012:184 (2. Leitsatz und Rn. 15).

820 EuGH Rs. C-264/96 (*ICI*) v. 16.07.1998, Slg. 1998, I-4695 (Rn. 31–35).

821 EuGH Rs. C-417/10 (*3M Italia*) v. 29.03.2012, ECLI:EU:C:2012:184 (Rn. 15 und 32).

822 Schlussanträge des *GA Maduro*, EuGH Rs. C-255/02 (*Halifax*) v. 07.04.2005, Slg. 2006, I-1685 (Rn. 64).

823 Schlussanträge des *GA Maduro*, EuGH Rs. C-255/02 (*Halifax*) v. 07.04.2005, Slg. 2006, I-1685 (Rn. 69).

stellung eines einheitlichen Missbrauchsbegriffs war zuvor schon von GA Jacobs[824] und GA La Pergola[825] bejaht worden, die These wurde jedoch auch unter den Generalanwälten teilweise abgelehnt[826].

Die Annahme eines einheitlichen Grundsatzes des Rechtsmissbrauchs im Unionsrecht betont jedoch letztlich auch der EuGH selbst und stellt durch wechselseitige Bezugnahme zwischen Primär- und Sekundärrecht klar, dass die geschaffenen Merkmale in gleichartiger Weise auszufüllen sind. Abgesehen von begrifflichen Differenzierungen oder Differenzen im Einzelnen wiederholt das Gericht die materiellen Kriterien des objektiven und subjektiven Merkmals in ständiger Rechtsprechung.[827] Bereits Ende der 1990'er Jahre nahm das Gericht in den Rechtssachen *Kefalas*[828] und *Centros*[829] gleichsam auch den jeweils anderen Auslegungsstrang mit in Bezug. Die Parallelität der Auslegung verdeutlichen auch jüngere Urteile, in welchen sich der EuGH bei Auslegung von Sekundärrecht der primärrechtlichen Terminologie bedient.[830] Den „allgemeinen Grundsatz des Unionsrechts" zur Vermeidung des Rechtsmissbrauchs betonte der EuGH explizit in seinen Entscheidungen zur Auslegung des Art. 11 Abs. 1 lit. a) der Fusionsrichtlinie in der Rechtssache *Kofoed*[831], sowie *Foggia*[832].

---

824 Schlussanträge des *GA Jacobs*, EuGH Rs. C-34, 35, 36/95 (*De Agostini*) v. 17.09.1996, Slg. 1997, I-3843 (Rn. 45).

825 Schlussanträge des *GA La Pergola*, EuGH Rs. C-212/97 (*Centros*) v. 16.07.1998, Slg. 1999, I-1459 (Rn. 20).

826 Schlussanträge des *GA Tesauro*, EuGH Rs. C-441/93 (*Pafitis u. a.*) v. 09.11.1995, Slg. 1996, I-1347 (Rn. 28), sowie EuGH Rs. C-367/96 (*Kefalas*) v. 04.02.1998, Slg. 1998, I-2843 (Rn. 18–27).

827 Vgl. EuGH Rs. C-279/05 (*Vonk Dairy Products*) v. 11.01.2007, Slg. 2007, I-239 (Rn. 33); EUGH Rs. C-515/03 (*Eichsfelder Schlachtbetrieb*), Slg. 2005, I-7355 (Rn. 39); EuGH Rs. C-487/01 u. a. (*Gemeente Leusden und Holin Groep*) v. 29.04.2004, Slg. 2004, I-5337 (Rn. 78); ebenso *Englisch*, StuW 2009, S. 3 (4); *Fleischer*, JZ 2003, S. 865 (871); *Niemann*, Der allgemeine Missbrauchsvorbehalt (2012), S. 174 f.

828 EuGH Rs. C-367/96 (*Kefalas*) v. 12.05.1998, Slg. 1998, I-2843 (Rn. 20), in dem Urteil zum Sekundärrecht referenziert das Gericht die Entscheidungen *Van Binsbergen*, *TV 10*, *Leclerc*, und *Lair* mit Bezug zum Primärrecht.

829 EuGH Rs. C-212/97 (*Centros*) v. 16.07.1998, Slg. 1999, I-1459 (Rn. 24), in dem Urteil zum Primärrecht referenziert das Gericht die Entscheidung *Kefalas* mit Bezug zum Sekundärrecht.

830 EuGH Rs. C-419/14 (*WebMindLicenses*) v. 17.12.2015, ECLI:EU:C:2015:832 (Rn. 35 f.); EuGH Rs. C-504/10 (*Tonarch*) v. 27.10.2011, ECLI:EU:C:2011:707 (Rn. 51); EuGH Rs. C-607/13 (*Cimmino*) v. 09.07.2015, ECLI:EU:C:2015:448 (Rn. 58); EuGH Rs. C-155/13 (*SICES*) v. 13.04.2014, ECLI:EU:C:2014:145 (Rn. 40); EuGH Rs. C-162/07 (*Ampliscientifica und Amplifin*) v. 22.05.2008, Slg. 2008, I-4019 (Rn. 28); ebenso *Jiménez*, BIT 2012, S. 270 (279 f.); *Pistone*, in: de la Feria/Vogenauer (Hrsg.), Abuse of Law in the Context of Indirect Taxation (2011), S. 381 (388).

831 EuGH Rs. C-321/05 (*Kofoed*) v. 05.07.2007, Slg. 2007, I-5795 (Rn. 38).

832 EuGH Rs. C-126/10 (*Foggia*) v. 10.11.2011, Slg. 2011, I-10923 (Rn. 50).

Sowohl *Vogenauer*[833] als auch *Schön*[834] sehen in den Entscheidungen *Kefalas* und *Centros* daher den Beginn eines integrierten Missbrauchskonzepts. Hierzu beigetragen habe maßgeblich die abstrakte Formulierung der Missbrauchskriterien in *Emsland-Stärke*, die sich sowohl auf die Umgehung von Sekundärrecht, als auch den Missbrauch von Primärrecht anwenden lasse.[835] Selbst wenn die zu prüfenden Kriterien bereits zuvor im Einzelnen erwähnt wurden, formulierte der Gerichtshof hierin erstmalig einen Missbrauchstest als Zusammenfassung der beiden materiellen Kriterien und des prozeduralen Beweiselements. Diese Maßstäbe legt der EuGH einheitlich auf die Prüfung des Rechtsmissbrauchs unabhängig von der zugrunde liegenden unionsrechtlichen Konstellation an.[836]

4.4.3. Die Teleologie als Differenzierungsmerkmal

Zusammenfassend kann damit herausgehoben werden, dass trotz der Vielzahl und häufigen Ungenauigkeit der verwendeten Terminologie, der Rechtsmissbrauch im Unionsrecht letztlich an einheitlichen Kriterien festgemacht werden kann. Die Auslegung dieser Kriterien freilich muss stets in ihrem jeweiligen Kontext erfolgen und den Regelungszusammenhang des jeweiligen Unionsrechtsakts berücksichtigen.[837] Eine generelle Untscheidung des Konzepts zur Vermeidung des steuerlichen Missbrauchs zwischen Primär- und Sekundärrecht lässt sich nicht rechtfertigen. Die Prüfungsmaßstäbe in der Rechtsprechung des EuGH sind vielmehr praktisch deckungsgleich. Dies ist auch folgerichtig, bedenkt man, dass der teleologische Ansatzpunkt im Bereich der direkten Steuern der Verwirklichung der Grundfreiheiten

---

833 *Vogenauer*, in: de la Feria/Vogenauer (Hrsg.), Prohibition of Abuse of Law (2011), S. 521 (529).

834 *Schön*, in: Wank/Hirte/Frey/Fleischer/Thüsing (Hrsg.), FS Wiedemann (2002), S. 1271 (1273).

835 *Vogenauer*, in: de la Feria/Vogenauer (Hrsg.), Prohibition of Abuse of Law (2011), S. 521 (530); *Weber*, in: de la Feria/Vogenauer (Hrsg.), Prohibition of Abuse of Law (2011), S. 395 (401).

836 Vgl. maßgeblich vorstehend die Analysen unter Kap. 4.3; ebenso *Bergmann*, StuW 2010, S. 246 (250); *Cerioni*, EBLR 2010, S. 783 (806); *Jiménez*, BIT 2012, S. 270 (284 und 291); *Kiekebeld*, ECTR 2009, S. 144 (144); *Piantavigna*, ECTR 2011, S. 134 (145 f.); *Pistone*, in: de la Feria/Vogenauer (Hrsg.), Abuse of Law in the Context of Indirect Taxation (2011), S. 381 (389); *Saydé*, Yearbook of European Law 2014, S. 138 (138 f.); *Szudoczky*, The Sources of EU Law and Their Relationships (2014), S. 423 f.; *Vogenauer*, in: de la Feria/Vogenauer (Hrsg.), Prohibition of Abuse of Law (2011), S. 521 (529 f.); mit Einschränkungen, aber jedenfalls die einheitlichen Konturen der gemeinschaftsrechtlichen Doktrin bejahend *Böing*, Steuerlicher Gestaltungsmissbrauch in Europa (2006) S. 324.

837 *Piantavigna*, ECTR 2011, S. 134 (145 f.); *Pistone*, in: de la Feria/Vogenauer (Hrsg.), Abuse of Law in the Context of Indirect Taxation (2011), S. 381 (388 f.).

gilt, und zwar sowohl bei der unmittelbaren Auslegung von Primärrecht, als auch im Rahmen der Richtlinien zum direkten Steuerrecht.[838]

Aufgrund der teleologischen Anknüpfung des jeweiligen objektiven Merkmals des Missbrauchskonzepts müssen sowohl die Umgehung von Grundfreiheiten, wie auch die Auslegung der allgemeinen Missbrauchsvorbehalte im Rahmen der Richtlinien im Lichte der grundfreiheitlichen Garantien gesehen werden. Im Zentrum der ökonomischen Zielsetzung der direkten Steuern im europäischen Binnenmarktes steht der Gedanke des Steuerwettbewerbs.[839] Wird eine grenzüberschreitende Gestaltung am Maßstab des Missbrauchs bewertet, so ist die Grundaussage der Europäischen Verträge zu bewerten, dass die Lossagung des Steuerpflichtigen von dem Steuerdiktat eines Landes verbunden mit der Unterwerfung unter das Steuerdiktat eines anderen Landes eine wirtschaftlich anzuerkennende Entscheidung darstellt, die bereits im System des Steuerwettbewerbs angelegt ist. Auf diese Entscheidungsmöglichkeit gehen sowohl die Grundfreiheiten selbst, wie auch die ihrer Verwirklichung dienenden Richtlinien zum direkten Steuerrecht zurück. Denn auch die Richtlinien auf dem Gebiet der direkten Steuern sollen letztlich die Verwirklichung des Binnenmarkts zielgerichtet sicherstellen.[840] Eine generelle Differenzierung entsprechend des konstruktiven Ansatzpunktes zwischen Missbrauch mittels Unionsrecht respektive Missbrauch von Unionsrecht gebietet sich daher nicht.

Folgerichtig erscheint dagegen eine inhaltliche Differenzierung des steuerlichen Missbrauchs danach, ob direktes Steuerrecht oder aber die indirekte Besteuerung umgangen werden solle. Anders als die europäischen Vorgaben zur direkten Besteuerung dient die Harmonisierung des Mehrwertsteuersystems nicht der Umsetzung der Grundfreiheiten. Mit Letzterer soll gerade nicht in erster Linie die grundsätzliche Entscheidungsmöglichkeit des Steuerwettbewerbs verwirklicht werden. Die Harmonisierung der Mehrwertsteuer zielt vielmehr darauf ab, dass Unternehmer keine standortabhängige Schlechterstellung am Markt erfahren.[841] Anders als im Recht der direkten Steuern, die letztlich das Ziel einer negativen Integration verfolgen, soll die Wettbewerbsfähigkeit der Unternehmen im Bereich der indirekten Steuern – dem Neutralitätsgrundsatz folgend – vielmehr durch größtmögliche Unabhängigkeit der Besteuerung von der Standortentscheidung gesichert werden.

---

838 *Schön*, IStR-Beihefter Heft 2 1996, S. 1 (11).

839 *Szudoczky*, The Sources of EU Law and Their Relationships (2014), S. 424 f.

840 *Knobbe-Keuk*, EuZW 1992, S. 336 (340); *Schön*, IStR-Beihefter Heft 2 1996, S. 1; vgl. vorstehend unter Kap. 4.3.2.2.

841 Vgl. *Schön*, IStR-Beihefter Heft 2 1996, S. 1 (14 f.).

4.5. Zusammenfassende Thesen zur Evolution des Missbrauchsbegriffs und dessen Stellenwert im Unionsrecht

- Im Ausgangspunkt ist die Entwickling der Rechtsprechung zur Missbrauchsvermeidung auf die Entscheidung *van Binsbergen* zurückzuführen. Hierin erkannte der EuGH an, dass Grundfreiheiten zur Umgehung nationaler Normen missbraucht werden können. Mit großer Bedeutung für den Schutz des nationalen Steuersubstrats bestätigte der EuGH in der Entscheidung *Daily Mail* das Recht der Mitgliedstaaten, stille Reserven bei Beendigung der Steuerverhaftung zu besteuern. Im Urteil *Centros* verdeutlichte der EuGH jedoch auch, dass sich Missbrauch durch eine teleologische Abwägung der Grundfreiheiten zu bestimmen habe, und folgerichtig die bloße Inanspruchnahme von Grundfreiheiten keinen Missbrauchsvorwurf begründen könnte.
- Das einheitliche Begriffsverständnis zum Missbrauchs im Unionsrecht prägte der EuGH erstmals in Bezug auf einen Sekundärrechtsakt. In der Rechtssache *Emsland-Stärke* formulierte der EuGH hierzu einen Missbrauchstest, der neben einem nach der Teleologie des umgangenen Rechtsakts zu bestimmenden objektiven Merkmal, auch ein subjektives Element in Form der Absicht des Steuerpflichtigen zur steuerlichen Statusverbesserung voraussetzte. Hinsichtlich des Nachweises verwies das Gericht auf das Recht der Nationalstaaten, nach dessen Maßstäben die tatbestandlichen Merkmale festzustellen seien. Diesen Missbrauchstest übertrug der EuGH im weiteren Verlauf auch auf das Primärrecht. Wegweisend zeigt sich hier die Entscheidung *Cadbury Schweppes,* in welcher der Missbrauchsbegriff mit der Vermeidung rein künstlicher Gestaltungen in Bezug gesetzt wurde.
- Obwohl die Diktion im Einzelnen bisweilen differiert, kann die Rechtsprechung des EuGH zum Primärrecht und zum Sekundärrecht auf identische Tatbestandsmerkmale herunter gebrochen werden. Während sich das objektive Merkmal ebenso wie die Künstlichkeit einer Gestaltung anhand der teleologischen Auslegung des einschlägigen Unionsrechtsakts zu bestimmen haben, bedarf es in beiden Rechtskreisen eines sog. subjektiven Merkmals zur Prüfung der individuellen Motivation einer spezifischen Gestaltung.
- Bei Auslegung des objektiven Merkmals gilt es, den Sinn und Zweck des Unionsrechtsakts zu ergründen. Der Sinn und Zweck der unionsrechtlichen Rechtsakte im Recht der direkten Steuern besteht sowohl bei Auslegung des Primärrechts, genauso wie bei Auslegung des hierzu ergangenen Sekundärrechts in der Verwirklichung eines europäischen Binnenmarkts. Missbrauch ist folglich an der Grundentscheidung des Unionsrechts zum Steuerwettbewerb zwischen den Nationalstaaten zu messen, der – als ein maßgebendes Element – unterschiedliche Steuerbelastungen zwischen den Mitgliedstaaten ausdücklich gestattet. Anders der Ausgangspunkt im harmonisierten Recht der indirekten Besteuerung: Hier liegt der Fokus auf der Neutralität der Standortentscheidung. Missbrauch defi-

niert sich hier nicht über die ungerechtfertigte Ausnutzung eines Steuergefälles, sondern über die gezielte Umgehung des Neutralitätsgrundsatzes, der Marktverzerrungen im grenzüberschreitenden Waren- und Dienstleistungsverkehr verhindern soll.

- Das sog. subjektive Merkmal dient im Grunde der Entlastungsmöglichkeit des Steuerpflichtigen durch die Angabe wirtschaftlicher Gründe. Als subjektives Merkmal darf es nicht mit der Bestimmung eines strafrechtlichen Vorsatzes verwechselt werden. Da letztlich die objektiven Umstände des Einzelfalls ausschlaggebend sind, ist das subjektive Merkmal letztlich als sog. *business purpose test* zu lesen.
- Als Ausfluss der Verhältnismäßigkeit ist die Forderung des EuGH zu sehen, ob der jeweilige Einzelfall die Annahme eines Missbrauchs rechtfertigt. Bei erkanntem Missbrauch spiegelt sich das Verhältnismäßigkeitsprinzip auf Rechtsfolgenseite dergestalt, dass die Besteuerungsfolge nicht über die Steuerbelastung rein innerstaatlicher Sachverhalte hinausgehen darf.

Kap. 5. Das mitgliedstaatliche Recht zur Typisierung von Missbrauch

Das Verständnis des Unionsrechts davon, mit welchen Merkmalen steuerlicher Missbrauch umschrieben wird, lässt sich – wie gezeigt – auf ein einheitliches Bild herunterbrechen. Von diesem ausgehend wird im folgenden Kapitel erörtert, welche Vorgaben sich nach derzeitigem Stand des Unionsrechts in Bezug auf nationale Vorschriften ableiten lassen, die in typisierender Weise Gestaltungen verhindern sollen, die als ungerechtfertigte Inanspruchnahme unionsrechtlicher Rechte anzusehen sind. Denn letztlich entscheidet der EuGH mit seiner Auslegung von Unionsrecht zwar über die Rechtmäßigkeit einer Einzelnorm bzw. dessen Anwendung im Einzelfall, definiert darüber jedoch den Spielraum des jeweiligen nationalen Gesetzgebers. Entscheidend ist, inwiefern die Mitgliedstaaten aus der Rechtsprechung des EuGH die Befugnis ableiten können, überhaupt typisierende Regelungen zur Bekämpfung des Missbrauchs zu erlassen. Daneben ist entscheidend, auf welche Art und Weise die vorstehend analysierten Merkmale konzeptionell im Recht der Mitgliedstaaten umzusetzen sind.

5.1. Typisierungsbefugnis der Mitgliedstaaten nach Rechtsprechung des EuGH

Im Zuge der Rechtssache *Loer-Bloem* beurteilte der EuGH im Jahre 1995 die Befugnis der Mitgliedstaaten, mittels typisierender Regelungen gegen missbräuchliche Gestaltungen vorzugehen, noch sehr restriktiv. Das der Umsetzung der Mutter-Tochter-Richtlinie 90/434/EG dienende niederländische Umwandlungssteuerrecht[842] knüpfte die Steuerneutralität eines Anteilstauschs daran, dass die erwerbende Gesellschaft als Unternehmer qualifizierte, keine Personenidentität der Alleingesellschafter und Geschäftsführer der übertragenden und erwerbenden Gesellschaft vorlag, und die Strukturierung zu einer dauerhaften finanziellen und wirtschaftlichen Einheit führte.[843] Ausweislich der niederländischen Regierung dienten die zusätzlichen Voraussetzungen dazu, Steuerhinterziehungen und -um-

842 Der EuGH erachtete es als unerheblich für seine Entscheidungskompetenz, dass es sich um einen rein innerstaatlichen Sacherhalt handelte. Das Gericht argumentierte, dass – werde es vom nationalen Gericht zur Auslegung einer Norm im Vorabentscheidungsverfahren nach ex-Art. 177 EG-Vertrag (nunmehr Art. 234 AEUV) angerufen,– an einer einheitlichen Auslegung des nationalen Rechts ein klares Interesse der Gemeinschaft bestehe, da hierdurch Wettbewerbsverzerrungen verhindert würden, EuGH Rs. C-28/95 (*Loer-Bloem*) v. 17.07.1997, Slg. 1997, I-4161 (Rn. 31–34).

843 EuGH Rs. C-28/95 (*Loer-Bloem*) v. 17.07.1997, Slg. 1997, I-4161 (Rn. 15).

gehungen im Sinne des Art. 11 der Mutter-Tochter-Richtlinie 90/434/EG von der Privilegierung der Richtlinie auszunehmen.[844] Der EuGH urteilte, dass anhand der pauschalisierenden Merkmale des niederländischen Rechts der Beweggrund des Steuerpflichtigen zur Steuerhinterziehung oder -umgehung nicht festgestellt werden könne.[845] Nach Ansicht des EuGH müssten sowohl im Sekundärrecht wie im Primärrecht die Versagungsentscheidung im Einzelfall gerichtlich nachprüfbar sein. Das Unionsrecht schließe daher aus, dass die Norm die Steuerprivilegierung pauschalierend versage, und die Privilegierung nur nach Ermessen der Verwaltung gewährt würde. Dies stelle eine unverhältnismäßige Beschränkung dar.[846] Diese sehr kritische Betrachtung zu typisierenden Missbrauchsregelungen wiederholte der EuGH zwar mehrfach, die betreffenden Entscheidungen bezogen sich aber jeweils auf nationale Normen, die für die Typisierung des Missbrauchs auf sehr weitgreifende Kriterien abstellten.[847]

Jegliche Gesetzgebung bedarf jedoch der Verallgemeinerung.[848] In einer Entwicklung, die maßgeblich auf der erstmaligen Anerkennung typisierender Missbrauchsvorschriften in der Entscheidung *Marks & Spencer* fußt[849], erkennt der EuGH nunmehr die Notwendigkeit gesetzlicher Typisierungen von Missbrauch in einer Vielzahl von Sachverhaltskonstellationen an.[850] In der Norm haben sich die Kriterien zu widerspiegeln, die der EuGH selbst bei Feststellung eines Missbrauchs bemüht.[851]

---

844 EuGH Rs. C-28/95 (*Loer-Bloem*) v. 17.07.1997, Slg. 1997, I-4161 (Rn. 35).

845 EuGH Rs. C–28/95 (*Loer-Bloem*) v. 17.07.1997, Slg. 1997, I–4161 (Rn. 42–44); ebenso EuGH Rs. C-126/10 (*Foggia*) v. 10.11.2011, Slg. 2011, I-10923 (Rn. 37).

846 EuGH Rs. C-212/97 (*Centros*) v. 09.03.1999, Slg. 1999, I-1459 (Rn. 24 f.); EuGH Rs. C-28/95 (*Loer-Bloem*) v. 17.07.1997, Slg. 1997, I-4161 (Rn. 41).

847 In der Rechtssache *Foggia* sollte nach der portugiesischen Regelung bereits genügen, dass an der Fusion beteiligte Gesellschaften nicht vollständig der gleichen Körperschaftsteuerregelung unterliegen, EuGH Rs. C-126/10 (*Foggia*) v. 10.11.2011, Slg. 2011, I-10923 (Rn. 6); in der Rechtssache *Loer-Bloem* beurteilte es der EuGH als nicht verhältnismäßig, wenn eine Fusion unter zwei Schwestergesellschaften generell unter Missbrauchsverdacht gestellt würde, EuGH Rs. C-28/95 (*Loer-Bloem*) v. 17.07.1997, Slg. 1997, I-4161 (Rn. 48); in der Rechtssache *ICI* beruhte die Vermutung darauf, dass die Mehrzahl der Konzerntöchter ihren Sitz im Ausland hatte, EuGH Rs. C-264/96 (*ICI*) v. 16.07.1998, Slg. 1998, I-4695 ff. (Rn. 26); vgl. *Thömmes*, in: Gocke/Gosch/Lang (Hrsg.), FS Wassermeyer (2005), S. 207 (216 f.).

848 *Kelsen*, Allgemeine Staatslehre (1966), S. 322; sowie *Kirchhof*, in: Isensee/Kirchhof, Handbuch des Staatsrechts (2013), § 181 Rn. 126, der plakativ beschreibt: „*Gesetzgeben heißt verallgemeinern*".

849 *Zalasinski*, Intertax 2007, S. 310 (321).

850 *Terra/Wattel*, European Tax Law (2012), S. 488.

851 EuGH Rs. C-201/05 (*Test Claimants in the CFC and Dividend Group Litigation*) v. 23.04.2008, Slg. 2008, I-2875 (Rn. 80); vgl. Schlussanträge des *GA Maduro*, EuGH Rs. C-255/02 (*Halifax*) v. 07.04.2005, Slg. 2006, I-1685 (Rn. 90); *Englisch*, in: Schaumburg/Englisch, Europäisches Steuerrecht (2015), Rn. 7.261.

Bei Missbrauch von Grundfreiheiten hat sich daher die Typisierung auf die Künstlichkeit einer Gestaltung zu beziehen.[852]

Die Zulässigkeit gesetzlicher Typisierungen ist insgesamt am Verhältnismäßigkeitsgrundsatz zu messen.[853] Normen, die alleine aufgrund der Beteiligung eines Steuerausländers eine Privilegierung versagen, gehen über das erforderliche Maß hinaus und können eine Typisierung nicht rechtfertigen.[854] Schwierigkeiten im grenzüberschreitenden Informationsaustausch prüft der EuGH unter dem von der Missbrauchsbekämpfung isoliert zu betrachtenden Rechtfertigungsgrund der Wirksamkeit der steuerlichen Kontrolle.[855] Als Werkzeug zur Überwindung von Informationsdefiziten bei Auslandssachverhalten stehen den Mitgliedstaaten maßgeblich die Instrumente der Amtshilferichtlinie[856] zur Verfügung.[857] Verbleibende Defizite müssten getrennt von den materiellen Vorschriften bewertet werden und könnten mit einer geringeren Eingriffsintensität durch zusätzliche Nachweiserfordernisse begegnet werden.[858] Ein bloßer Blankoverweis darauf, dass im grenzüberschreitenden Sachverhalt im Vergleich zum rein nationalen Sachverhalt die steuerliche Kontrolle erschwert sei, rechtfertigt damit nicht die pauschalierende Annahme eines steuerlichen Missbrauchs.[859]

Der EuGH verlangt von der gesetzlichen Typisierung andererseits, dass sie folgerichtig ist: Besteht eine Missbrauchsgefahr gleichermaßen im grenzüberschreiten-

---

852 EuGH Rs. C-383/10 (*Kommission/Belgien*) v. 06.06.2013, ECLI:EU:C:2013:364 (Rn. 64); EuGH Rs. C-72/09 (*Établissements Rimbaud*) v. 28.10.2010, Slg. 2010, I-10659, (Rn. 34); EuGH Rs. C-196/04 (*Cadbury Schweppes*) v. 12.09.2006, Slg. 2006, I-7995 (Rn. 51); EuGH Rs. C-264/96 (*ICI*) v. 16.07.1998, Slg. 1998, I-4695 ff. (Rn. 26).

853 *Schön*, IStR-Beihefter Heft 2 1996, S. 1 (16).

854 EuGH Rs. C-383/10 (*Kommission/Belgien*) v. 06.06.2013, ECLI:EU:C:2013:364 (Rn. 64); EuGH Rs. C-126/10 (*Foggia*) v. 10.11.2011, Slg. 2011, I-10923 (Rn. 6 und 37); EuGH Rs. C-196/04 (*Cadbury Schweppes*) v. 12.09.2006, Slg. 2006, I-7995 (Rn. 50); EuGH Rs. C. 324/00 (*Lankhorst-Hohorst*) v. 12.12.2002, Slg. 2002, I-11779 ff. (Rn. 37); EuGH Rs. C-436/00 (*X und Y*) v. 21.11.2002, Slg. 2002, I-10829 ff. (Rn. 60 f.); EuGH Rs. C-478/98 (*Kommission/Belgien*) v. 26.09.2000, Slg. 2000, I-7587 (Rn. 45); EuGH Rs. C-264/96 (*ICI*) v. 16.07.1998, Slg. 1998, I-4695 ff. (Rn. 26).

855 Vgl. EuGH Rs. C-72/09 (*Etablissements Rimbaud*) v. 28.10.2010, Slg. 2010, I-10659, (Rn. 32); EuGH, C-39/04 (*Laboratoires Fournier*) v. 10.03.2005, Slg. 2005, I-2057 (Rn. 24); EuGH Rs. C-250/95 (*Futura Participationes*) v. 15.05.1997, Slg. 1997, I-2471 (Rn. 31).

856 In der jüngsten Fassung betrifft dies die RL 2011/16/EU des Rates v. 15.02.2011 über die Zusammenarbeit der Verwaltungsbehörden im Bereich der Besteuerung und zur Aufhebung der RL 77/799/EWG, ABl. L 64 v. 11.03.2011, S. 1 ff., in der Fassung der RL 2014/107/EU v. 09.12.2014, ABl. L 359 v. 16.12.2014, S. 1 ff.

857 Vgl. EuGH Rs. C-250/95 (*Futura Participationes*) v. 15.05.1997, Slg. 1997, I-2471 (Rn. 41).

858 EuGH Rs. C-383/10 (*Kommission/Belgien*) v. 06.06.2013, ECLI:EU:C:2013:364 (Rn. 50–60); EuGH, C-39/04 (*Laboratoires Fournier*) v. 10.03.2005, Slg. 2005, I-2057 (Rn. 24).

859 EuGH Rs. C-383/10 (*Kommission/Belgien*) v. 06.06.2013, ECLI:EU:C:2013:364 (Rn. 64).

den wie im rein nationalen Fall, kann die nationale Konstellation nicht von der Typisierung ausgeklammert werden.[860]

5.2. Das Erfordernis der Entlastungsmöglichkeit durch den Steuerpflichtigen

5.2.1. Der Entlastungsbeweis in der Rechtsprechung zu den direkten Steuern

Die Typisierungsbefugnis der Mitgliedstaaten ist jedoch eingeschränkt. Eine unwiderlegliche Vermutung einer missbräuchlichen Steuergestaltung, die unabhängig von den Umständen des konkreten Einzelfalls eine Schlechterstellung bewirkt, hat der EuGH im Recht der direkten Steuern zu den primärrechtlichen,[861] als auch zu den sekundärrechtlichen[862] Missbrauchsvorbehalten als unverhältnismäßige Einschränkung erachtet.

Der Gerichtshof leitet die Entlastungsmöglichkeit aus dem Effizienzprinzip nach Art. 4 Abs. 3 EUV ab, wonach die Vorteile des Unionsrechts zu einem größtmöglichen Anwendungsbereich zu gelangen haben.[863] Die Versagung eines unionsrechtlichen Vorteils müsse daher auch im konkreten Einzelfall auf missbräuchliche Gestaltungen beschränken. Eine pauschal generalisierende Regelung des nationalen Rechts in Form einer unwiderleglichen Missbrauchsvermutung würde als „Kollateralschaden" auch solche Sachverhalte von Vorteilen des Unionsrechts ausschließen, die letztlich die Anforderungen an eine rechtmäßige Inanspruchnahme erfüllten. Unwiderlegliche Vermutungen scheiterten daher in Vergangenheit stets im Rahmen der Prüfung der Verhältnismäßigkeit, da sie letztlich das gerechtfertigte Ziel der Abwehr steuerlich missbräuchlicher Gestaltungen überstiegen.[864]

---

860 Dies hatte er namentlich für die Gefahr der missbräuchlichen Inanspruchnahme einer Steuerbefreiung für Zinszahlungen durch Banken entschieden, die nach belgischem Steuerrecht genauso von belgischen Steuerpflichtigen doppelt beansprucht werden konnte, EuGH Rs. C-383/10 (*Kommission/Belgien*) v. 06.06.2013, ECLI:EU:C:2013:364 (Rn. 62).

861 EuGH Rs. C-182/08 (*Glaxo Wellcome*) v. 17.09.2009, Slg. 2009, I-8659 (Rn. 99 f.); EuGH Rs. C-330/07 (*Jobra*) v. 04.12.2008, Slg. 2008, I-9099 (Rn. 38); vgl. *Thömmes*, in: Gocke/Gosch/Lang (Hrsg.), FS Wassermeyer (2005), S. 207 (221).

862 EuGH Rs. C-285/07 (*A.T.*) v. 11.12.2008, Slg. 2008, I-9329 (Rn. 31); EuGH Rs. C-28/95 (*Loer-Bloem*) v. 17.07.1997, Slg. 1997, I-4161 (Rn. 41); ebenso *Tumpel/Prechtl*, in: Lang/Schuch/Staringer (Hrsg.), Die Grenzen der Gestaltungsmöglichkeiten im internationalen Steuerrecht (2009), S. 67 (86 f.).

863 EuGH Rs. C-182/08 (*Glaxo Wellcome*) v. 17.09.2009, Slg. 2009, I-8659 (Rn. 100); *Terra/Wattel*, European Tax Law (2012), S. 489.

864 EuGH Rs. C-182/08 (*Glaxo Wellcome*) v. 17.09.2009, Slg. 2009, I-8659 (Rn. 100); EuGH Rs. C-524/04 (*Test Claimants in the Thin Cap Group Litigation*) v. 13.03.2007, Slg. 2007, I-2107 (Rn. 80); EuGH Rs. C-28/95 (*Loer-Bloem*) v. 17.07.1997,

Der Nachweis der missbräuchlichen Motive obliegt jedoch nicht zwingend den nationalen Steuerbehörden. Es widerspreche nicht dem Verhältnismäßigkeitsprinzip, wenn dem Steuerpflichtigen selbst bei Eingreifen einer gesetzlichen Typisierung die Pflicht zum Vorbringen entlastender Umstände auferlegt wird.[865] Zugunsten einer nur geringen Eingriffstiefe des Entlastungsbeweises wird angeführt, dass es sich für den Steuerpflichtigen selbst deutlich einfacher darstelle, Nachweise über eine tatsächliche wirtschaftliche Tätigkeiten in einem anderen Staat vorzubringen, als dies für die nationale Finanzverwaltung möglich wäre.[866]

Bezüglich des Umfangs des Nachweises wirtschaftlicher Tätigkeit gibt der EuGH den Mitgliedstaaten an die Hand, dass dies für den Steuerpflichtigen nicht in übermäßigen Verwaltungszwängen münden dürfe.[867] Zwar fordert der EuGH im Grundsatz, dass der Nachweis im Auslandssachverhalt keinen strengeren Voraussetzungen unterliegen dürfe, als der Nachweis eines reinen Inlandssachverhaltes.[868] Auch wenn diese Gleichstellung zwar im entschiedenen Fall gerechtfertigt erscheint, kann sie dennoch nicht auf Konstellationen übertragen werden, in denen das Missbrauchspotential gerade aus einem grenzüberschreitenden Sachverhalt entspringt. Die eingeforderten Nachweise müssen sich am Ziel ausrichten, die rechtmäßige Inanspruchnahme einer Grundfreiheit zu belegen, um namentlich im Rahmen der Niederlassungsfreiheit nachzuweisen, ob auf eine dauerhafte Ansiedlung der Gesellschaft abgezielt wird.[869] Mangels entsprechendem Missbrauchspotential im rein

---

Slg. 1997, I-4161 (Rn. 44); *Tumpel/Prechtl*, in: Lang/Schuch/Staringer (Hrsg.), Die Grenzen der Gestaltungsmöglichkeiten im internationalen Steuerrecht (2009), S. 67 (87); *Weber*, in: de la Feria/Vogenauer (Hrsg.), Prohibition of Abuse of Law (2011), S. 395 (403).

865 EuGH Rs. C-282/12 (*Itelcar*) v. 03.10.2013, ECLI:EU:C:2013:629 (Rn. 37); EuGH Rs. 318/10 (*SIAT*) v. 05.07.2012, ECLI:EU:C:2012:415 (Rn. 50); EuGH Rs. C-524/04 (*Test Claimants in the Thin Cap Group Litigation*) v. 13.03.2007, Slg. 2007, I-2107 (Rn. 82); vgl. Schlussanträge des *GA Gelhoed*, EuGH Rs. C-524/04 (*Test Claimants in the Thin Cap Group Litigation*) v. 29.06.2006, ECLI:EU:C:2006:436 (Rn. 67).

866 EuGH Rs. C-196/04 (*Cadbury Schweppes*) v. 12.09.2006, Slg. 2006, I-7995 (Rn. 70).

867 EuGH Rs. C-282/12 (*Itelcar*) v. 03.10.2013, ECLI:EU:C:2013:629 (Rn. 37); EuGH Rs. 318/10 (*SIAT*) v. 05.07.2012, ECLI:EU:C:2012:415 (Rn. 50); EuGH Rs. C-524/04 (*Test Claimants in the Thin Cap Group Litigation*) v. 13.03.2007, Slg. 2007, I-2107 (Rn. 82); ebenso Schlussanträge des GA Gelhoed, EuGH Rs. C-524/04 (*Test Claimants in the Thin Cap Group Litigation*) v. 29.06.2006, ECLI:EU:C:2006:436 (Rn. 67).

868 EuGH Rs. C-55/98 (*Vestergaard*) v. 28.10.1999, Slg. 1999, I-7641 (Rn. 29); *Terra/Wattel*, European Tax Law (2012), S. 488.

869 EuGH Rs. C–282/12 (*Itelcar*) v. 03.10.2013, ECLI:EU:C:2013:629 (Rn. 37); EuGH Rs. C-201/05 (*Test Claimants in the CFC and Dividend Group Litigation*) v. 23.04.2008, Slg. 2008, I-2875 (Rn. 79 f.); EuGH Rs. C-524/04 (*Test Claimants in the Thin Cap Group Litigation*) v. 13.03.2007, Slg. 2007, I-2107 (Rn. 82); EuGH Rs. C-196/04 (*Cadbury Schweppes*) v. 12.09.2006, Slg. 2006, I-7995 (Rn. 80); vgl. Schlussanträge des *GA Mengozzi*, EuGH Rs. C-298/05 (*Columbus Container Services*) v. 29.03.2007, ECLI:EU:C:2007:197 (Rn. 179).

innerstaatlichen Sachverhalt gehen die Nachweiserfordernisse damit naturgemäß über das hinaus, was bei einem rein innerstaatlichen Sachverhalt an Nachweisen erforderlich ist.[870]

Den Mitgliedstaaten verbleibt es, die gegen eine missbräuchliche Gestaltung sprechenden Tatsachen unter Ausnutzung des internationalen Informationsaustauschs, insbesondere der Amtshilfe-Richtlinie zu verifizieren.[871]

5.2.2. Der Beweislast der individuellen Motivation in der neugefassten Mutter-Tochter-Richtlinie und der Anti-BEPS-Richtlinie

Auch die Neufassung der Mutter-Tochter-Richtlinie i.d.F. der Richtlinie 2015/121/EU nimmt in Art. 1 Abs. 2 und Abs. 3 das richterlich entwickelte Merkmal der individuellen Motivation in den Tatbestand mit auf. Gleiches gilt auch für Art. 6 Abs. 1 und Abs. 2 Anti-BEPS-Richtlinie.[872] Keine dezidierte Aussage enthält die Richtlinie dagegen zur Frage, wie die Beweislast diesbezüglich verteilt ist.

Der Wortlaut selbst statuiert als positives Merkmal, dass *„der wesentliche Zweck oder einer der wesentliche Zwecke darin besteht, einen steuerlichen Vorteil zu erlangen"*, Art. 1 Abs. 2 Mutter-Tochter-Richtlinie. Die Unangemessenheit wird jedoch in Art. 1 Abs. 3 Mutter-Tochter-Richtlinie bzw. Art. 6 Abs. 2 Anti-BEPS-Richtlinie negativ dadurch umschrieben, dass die Gestaltung nicht aus triftigen wirtschaftlichen Gründen vorgenommen wurde. Die Missbrauchsvorschriften der Richtlinien treffen damit zwar keine explizite Aussage über die Beweislastverteilung. Aus der negativen Formulierung könnte nach allgemeinen Beweislastprinzipien schlussgefolgert werden, dass den Mitgliedstaaten die Übertragung der Beweislast auf den Steuerpflichtigen nicht generell versagt werden kann.

Unterstützt werden kann diese Bewertung, da der EuGH Sekundärrecht im Lichte des Primärrechts auslegt, auch mithilfe der einschlägigen Rechtsprechung des EuGH.[873] Die Übertragung der Beweislast auf den Steuerpflichtigen dahingehend, dass dieser die wesentlichen Beweggründe eines triftigen wirtschaftlichen Grundes dazulegen hat und ein Nichtbeweis zu seinen Lasten gewertet werden darf, zieht eine bedeutende Erleichterung zugunsten der nationalen Steuerverwaltung nach sich. Die bisherigen Entscheidungen des EuGH erachteten die Auferlegung der Beweislast zur Feststellung eines wirtschaftlich gerechtfertigten Verhaltens auf den Steuerpflichtigen in Form eines Entlastungsbeweises als zulässig.[874] Insofern er-

870 Im Ergebnis so wohl auch *Terra/Wattel*, European Tax Law (2012), S. 488 f.

871 EuGH Rs. C-55/98 (*Vestergaard*) v. 28.10.1999, Slg. 1999, I-7641 (Rn. 26 ff.); EuGH Rs. C-196/04 (*Cadbury Schweppes*) v. 12.09.2006, Slg. 2006, I-7995 (Rn. 65–68); *Terra/Wattel*, European Tax Law (2012), S. 488.

872 Vgl. hierzu vorstehend unter Kap. 4.3.3.

873 *Sypris*, CMLR 2015, S. 461 (468); *Szudoczky*, The Sources of EU Law and Their Relationships (2014), S. 213.

874 Vgl. hierzu vorstehend unter Kap. 5.2.1.

scheint es konsequent, den Mitgliedstaaaten auch in Umsetzung des Art. 1 Abs. 2 und Abs. 3 Mutter-Tochter-Richtlinien und Art. 6 Anti-BEPS-Richtlinie zuzugestehen, die Beweislast der triftigen wirtschaftlichen Gründe auf den Steuerpflichtigen abzuwälzen.

5.2.3. Die Sonderrolle des europäischen Mehrwertsteuerrechts

Eine Sonderrolle nehmen jedoch Typisierungen von Missbrauch im Umsatzsteuerrecht ein: In der Entscheidung *Amplifiscientifica* knüpfte das nationale Umsatzsteuerrecht die Anerkennung einer umsatzsteuerlichen Organschaft daran, dass die Anteile an der Tochtergesellschaft seit Beginn des vorangegangenen Jahres gehalten wurden.[875] Der EuGH prüfte die ein- bis zweijährige Haltefrist unter Bezugnahme der Entscheidungen *Cadbury Schweppes* und *Halifax* unter dem Aspekt der Verhinderung missbräuchlicher Gestaltungen und erachtete die unwiderlegbare Missbrauchsvermutungen als diesem Zweck angemessen und verhältnismäßig.[876]

Dass zeitlich in engem Zusammenhang stehende Geschäftsvorfälle einen Anhaltspunkt einer missbräuchlichen Gestaltung begründen können, befand der EuGH bereits in der Entscheidung *Loer-Bloem* im Kontext der Fusionsrichtlinie für eine auf begrenzte Dauer ausgelegte Fusion.[877] *Weber* kritisiert, dass die Anerkennung einer pauschalen Haltefrist im Mehrwertsteuerrecht diesbezüglich inkonsequent sei, da beiden Urteilen die identische Frage der Verhältnismäßigkeit im Zuge des europäischen Missbrauchsbegriff zugrunde gelegen habe.[878]

Tumpel/Prechtl leiten aus der EuGH-Judikatur ab, dass unwiderlegbare Vermutungen in den Bereichen des Mehrwertsteuerrechts zu gestatten seien, in denen die MwStSyst-Richtlinie den Mitgliedstaaten Wahlrechte bei der Umsetzung einräumt.[879] Die hierbei gefundene systematische Anknüpfung erscheint konsequent, da den Mitgliedstaaten ein derartiges Umsetzungswahlrecht auch im Zuge der bei *Amplifiscientifica* betroffenen umsatzsteuerlichen Organschaft nach Art. 11 MwStSyst-Richtlinie zukommt. Die Vermeidung steuerlichen Missbrauchs unterliegt damit in Bereichen der MwStSyst-Richtlinie, in denen den Mitgliedstaaten ein Umsetzungswahlrecht zugestanden wird, einer großzügigeren Verhältnismäßigkeitsprüfung insofern, dass hierbei nationale Missbrauchstypisierungen nicht zwingend die Möglichkeit eines Entlastungsbeweises durch den Steuerpflichtigen vorsehen müssen.

---

875 EuGH Rs. C-162/07 (*Ampliscientifica und Amplifin*) v. 22.05.2008, Slg. 2008, I-4019 (Rn. 7).

876 EuGH Rs. C-162/07 (*Ampliscientifica und Amplifin*) v. 22.05.2008, Slg. 2008, I-4019 (Rn. 29–32).

877 EuGH Rs. C-28/95 (*Loer-Bloem*) v. 17.07.1997, Slg. 1997, I-4161 (Rn. 42).

878 *Weber*, in: de la Feria/Vogenauer (Hrsg.), Prohibition of Abuse of Law (2011), S. 395 (404 f.).

879 *Tumpel/Prechtl*, in: Lang/Schuch/Staringer (Hrsg.), Die Grenzen der Gestaltungsmöglichkeiten im internationalen Steuerrecht (2009), S. 67 (86).

5.2.4. Rechtsfolge eines erkannten Missbrauchs

Die Rechtsfrage, welche Sanktionierung ein festgestellter Missbrauch nach nationalem Recht nach sich ziehen dürfe, wurde dem EuGH ausdrücklich in der Rechtssache *Weald Leasing* gestellt.[880] Nach Ansicht des Gerichts seien im Falle eines erkannten Missbrauchs die Umsätze derart neu zu definieren, dass zunächst das missbräuchliche Element der Gestaltung herauszuarbeiten sei und die Leistungsbeziehungen daran anschließend dadurch neu zu bestimmen seien, wie sie ohne das missbräuchliche Element hypothetisch bestanden hätten.[881]

Etwas spezifischer ließ sich der EuGH auf diese Frage im Urteil *Halifax* ein, in welchem er klarstellte, dass die Feststellung eines Missbrauchs auch zu keiner schlechteren Besteuerung führen dürfe, als die Besteuerung nach dem hypothetischen Sachverhalt. Zwar müsse der Steuerpflichtige eine vollumfängliche Umdefinition der Gestaltung gegen sich gelten lassen, andererseits müssten dem Steuerpflichtigen sämtliche Steuern gegen gerechnet werden, die er aufgrund der Umgehungsgestaltung gezahlt hatte.[882] Entsprechend hatte der EuGH insbesondere in der Rechtssache *Test Claimants in the Thin Cap Group Litigation* festgestellt, dass eine Umqualifikation von Fremdkapitalzins in Gewinnausschüttung auch nur insoweit erfolgen dürfe, wie die ursprüngliche Gestaltung gegen den Grundsatz des Fremdvergleichs verstieß.[883]

Richtigerweise ist hieraus zu schließen, dass es zwar den Mitgliedstaaten erlaubt ist, den wirtschaftlich „richtigen" Sachverhalt der Besteuerung zu unterwerfen.[884] Die mitgliedstaatliche Regelung stößt jedoch an die Grenzen der Verhältnismäßigkeit auf Rechtsfolgenebene,[885] wenn diese darüber hinaus ginge, was für die Abwehr der missbräuchlichen Gestaltung erforderlich ist.[886] Eine Strafsanktionierung des Steuerpflichtigen aufgrund der Feststellung einer missbräuchlichen Gestaltung ist damit letztlich nicht gestattet.

---

880 Im einschlägigen Fall ging es um die Neudefinition der umsatzsteuerlichen Leistungsbeziehungen, EuGH Rs. C-103/09 (*Weald Leasing*) v. 22.10.2010, Slg. 2010, I-13589 (Rn. 24).

881 EuGH Rs. C-103/09 (*Weald Leasing*) v. 22.10.2010, Slg. 2010, I-13589 (Rn. 47–50); ebenso EuGH Rs. C-255/02 (*Halifax*) v. 21.02.2006, Slg. 2006, I-1609 (Rn. 94 f.); kritisch hierzu *Korf*, IStR 2011, S. 146 (149).

882 EuGH Rs. C-255/02 (*Halifax*) v. 21.02.2006, Slg. 2006, I-1609 (Rn. 95–98).

883 EuGH Rs. C-524/04 (*Test Claimants in the Thin Cap Group Litigation*) v. 13.03.2007, Slg. 2007, I-2107 (Rn. 83).

884 *Englisch*, StuW 2009, S. 3 (11).

885 Vgl. hierzu vorstehend unter Kap. 4.3.4.2.

886 Vgl. EuGH Rs. C-182/08 (*Glaxo Wellcome*) v. 17.09.2009, Slg. 2007, I-8591 (Rn. 100).

5.3. Die Struktur typisierender Normen zur Missbrauchsverhinderung

Die Argumentationslinie des EuGH zur Zulässigkeit mitgliedstaatlicher Typisierungen ist gut nachvollziehbar. Diese zeigt sich als ausgewogener Kompromiss aus dem Interesse der Mitgliedstaaten eine Verwaltungsvereinfachung durch Typisierung zu erreichen und andererseits den unionsrechtlichen Schutzbereich nicht unnötig auszuhöhlen. Ebenso wie spezialgesetzliche Typisierungen des allgemeinen Missbrauchstatbestandes des § 42 AO lässt sich aus den erörterten Urteilen des EuGH ableiten, welche tatbestandliche Struktur Normen aufzuweisen haben, die der Typisierung des europäischen Missbrauchsverständnis dienen.[887]

5.3.1. Typisierung des objektiven Merkmals

Der typisierende Ausschluss eines Rechts hat sich am Telos der missbräuchlich in Anspruch genommenen unionsrechtlichen Bestimmung zu orientieren. Der nationale Gesetzgeber muss sich damit stets im Klaren sein, welche Grundfreiheit oder Richtlinienvorgabe eingeschränkt wird und inwiefern das typisierte Verhalten dem legitimen Ziel der Norm widerspricht. Typisierungen sind daher nur insofern zulässig, wie sie dem Telos eines Unionsrechtsaktes entsprechen.[888]

Missbrauchstypisierungen im Zuge der direkten Steuern haben daher wirtschaftliche Grundentscheidung des Unionsrechts zugunsten eines Steuerwettbewerbs im europäischen Binnenmarkt zu respektieren, wohingegen die indirekte Besteuerung das Ziel der Wettbewerbsneutralität verfolgt.[889] Die teleologischen Erwägungen der direkten Steuern haben folgerichtig die spezifischen Ziele der Grundfreiheiten aufzunehmen,[890] die wiederum bereichspezifisch mithilfe der Mutter-Tochter-Richtlinie, der Fusionsrichtlinie und der Zins-/Lizenzgebühren-Richtlinie konkretisiert wurden.[891]

5.3.2. Der Entlastungsbeweis der individuellen Motivation

Die Entlastungsmöglichkeit des Steuerpflichtigen zielt letztlich auf das erörterte subjektive Element der Missbrauchsprüfung ab. Kern der Entlastungsmöglichkeit ist es, die individuelle Motivation – je nach einschlägig erachteter Diktion des EuGH – als nicht im Wesentlichen oder nicht hauptsächlich steuerlich motiviert darzustellen.[892] Typisiert eine gesetzliche Regelung potentielle Entlastungsmerkmale, hat dies

887 Zur Struktur spezialgesetzlicher Missbrauchsnormen als Typisierung des § 42 AO, *Hey*, in: Hüttemann (Hrsg.), DStJG Bd. 33 (2010), S. 139 (149).

888 EuGH Rs. C-285/07 (*A.T.*) v. 11.12.2008, Slg. 2008, I-9329 (Rn. 34).

889 Vgl. hierzu vorstehend unter Kap. 4.4.3.

890 Vgl. hierzu vorstehend unter Kap. 4.3.2.1.

891 Vgl. hierzu vorstehend unter Kap. 4.3.2.2.

892 EuGH Rs. C-524/04 (*Test Claimants in the Thin Cap Group Litigation*) v. 13.03.2007, Slg. 2007, I-2107 (Rn. 82); vgl. *Heidenbauer*, in: Lang/Schuch/Staringer (Hrsg.), Die

den Leitlinien des subjektiven Merkmals zu entsprechen.[893] Deutlich wird hieraus, dass nicht die Absicht zur Steuervermeidung das subjektive Kriterium kennzeichnet, sondern die objektiven Umstände des Einzelfalls Beachtung finden sollen.

5.4. Zusammenfassende Thesen zur Typisierungsbefugnis der Mitgliedstaaten

- Nach anfänglich sehr strikter Bewertung nationaler Normen, die durch gesetzliche typisierend den Missbrauch von Primär- oder Sekundärrecht verhindern sollten, wurde vom EuGH beginnend mit der Entscheidung *Marks & Spencer* eine entsprechende Befugnis der Mitgliedstaaten anerkannt.
- Die gesetzliche Typisierung muss den vom EuGH entwickelten Vorgaben zum Missbrauchsbegriff entsprechen. In objektiver Hinsicht muss die Typisierung den Sinn und Zweck der betroffenen unionsrechtlichen Vorgabe sichern.
- Als Ausfluss des subjektiven Merkmals des Missbrauchs verlangt der EuGH nach der Möglichkeit einer individuellen Entlastungsmöglichkeit zugunsten des Steuerpflichtigen in allen ersichtlichen Fällen zum direkten Steuerrecht. Zugunsten des Steuerpflichtigen haben nationale Gesetze, die dem Rechtfertigungsgrund der Vermeidung steuerlichen Missbrauchs zugeordnet werden können, vorzubehalten, dass die gesetzliche Missbrauchsvermutung durch Darlegung wirtschaftlicher Beweggründe entkräftet werden kann. Deren Subsumption muss gerichtlich überprüfbar sein, und darf nicht als bloße Ermessensentschedung der Verwaltung ausgestaltet sein.
- Vom Erfordernis einer Entlastungsmöglichkeit gestattet der EuGH eine Ausnahme bei Typisierung von Missbrauch in den Bereichen des europäischen Mehrwertsteuerrechts, in denen den Mitgliedstaaten ein Umsetzungswahlrecht zugesprochen wird. Hier wurde vom EuGH die Verhältnismäßigkeit unwiderlegbarer Missbrauchsvermutungen anerkannt.

Grenzen der Gestaltungsmöglichkeiten im internationalen Steuerrecht (2009), S. 49 (59).

893 EuGH Rs. C-201/05 (*Test Claimants in the CFC and Dividend Group Litigation*) v. 23.04.2008, Slg. 2008, I-2875 (Rn. 79); EuGH Rs. C-196/04 (*Cadbury Schweppes*) v. 12.09.2006, Slg. 2006, I-7995 (Rn. 65 ff.).

3. Teil
Die Vorgaben des unionsrechtlichen Missbrauchsbegriffs auf Maßnahmen des BEPS-Projekts der OECD

Entgegen seiner anfänglich sehr restriktiven Haltung erlaubt der EuGH wie gesehen mittlerweile in ständiger Rechtsprechung in vielfältigen Konstellationen die Typisierung missbräuchlicher Gestaltungen durch nationale Gesetze. Zu den direkten Steuern hatte der EuGH verdeutlicht, dass der Feststellung eines Missbrauchs stets die Bestimmung vorausgeht, welchem Staat das Besteuerungsrecht zusteht.[894] Die Gestaltung eines Steuerpflichtigen zeigt sich also dann als steuerlich missbräuchlich, wenn in die Zuordnungsentscheidung des Rechts auf Basis einer rein künstlichen Gestaltung eingegriffen wird.

Die auf internationaler Ebene entscheidende Rechtsentwicklung der jüngeren Vergangenheit geht auf das Projekt „Base Erosion and Profit Shifting" (BEPS) der OECD- und G20-Länder zurück, im dessen Rahmen eine Vielzahl von Einzelmaßnahmen gegen die internationale Gewinnverschiebung diskutiert wurden. In den im Jahr 2015 abgeschlossenen Projekt entwickelte die OECD im Rahmen von insgesamt 13 Berichten Vorgaben für internationale Instrumente ebenso wie Vorgaben für nationalstaatliche Regelungen, die dem Ziel dienen sollen, den internationalen Konsens zur Verteilung des Steuersubstrats an die Anforderungen des 21. Jahrhunderts anzupassen.[895] Die Entwicklung basiert auf der Erkenntnis, dass es durch die fehlende internationale Koordination der Steuergesetzgebung zuletzt wesentlich begünstigt wurde, dass Gewinne aus der Jurisdiktion ihrer wirtschaftlichen Schöpfung wegverlagert werden konnten hin in Jurisdiktionen, wo sie entweder einer niedrigeren Besteuerungs unterlagen, oder aufgrund der gewählten Übertragung schlicht gar keine Besteuerung anfiel.[896]

Das BEPS-Projekt mündete in Aktionspunkten zu 13 Themenfeldern, in denen wichtige Problemkreise des internationalen Steuerrechts aufgearbeitet und Lösungsmöglichkeiten entwickelt wurden.[897] Die Umsetzung der Ergebnisse des BEPS-Projekts in geltendes Recht erfolgt größtenteils auf Basis einer freiwilligen Selbstverpflichtung der Einzelstaaten, wobei in einigen Bereichen eine konsistente

---

894 Siehe hierzu vorstehend unter Kap. 2.2.3.2.

895 *OECD*, BEPS Erläuterung (2015), S. 4.

896 *OECD*, BEPS Erläuterung (2015), S. 5.

897 Aus den 15 Aktionspunkten widmen sich die Aktionspunkte 8–10 der Problematik von Verrechnungspreisen.

Mindestumsetzung vereinbart wurde.[898] Die betrifft maßgeblich die Bereiche des Treaty-Shoppings und der Bekämpfung schädlicher Steuerpraktiken.[899] Keine verbindlichen Maßstäbe, aber jedenfalls unverbindliche Empfehlungen wurden in Bezug auf die Ausgestaltung von Doppelbesteuerungsabkommen, von Verrechnungspreisregelungen, sowie in Bezug auf hybride Gestaltungen und die Begrenzung der Gewinnverkürzung durch Zinsaufwendungen formuliert.[900] Hierzu stellen die Empfehlungen nur eine steuerpolitische Gesamtausrichtung dar oder sind als schlichte *best-practice*-Berichte ausformuliert, die nach Evaluierung gegebenfalls in Zukunft zu Mindeststandards erklärt werden sollen.[901]

Die im Rahmen der BEPS-Aktionspunkte empfohlenen spezifischen Gegenmaßnahmen gegen internationale Gewinnverschiebungen weisen eine Tendenz auf, die das nationale Steuerrecht schützen soll. Sie stehen daher im Verdacht, mit dem Unionsrecht nicht kompatibel zu sein. Die potentiellen Konfliktfelder werden dabei teils mehrfach explizit im Rahmen der Aktionspläne selbst angesprochen[902] und – zum Zwecke der Auflösung dieser Konfliktfelder – wurde die Europäische Kommission von Beginn an am BEPS-Projekt beteiligt.[903] Augenscheinlich stimmt die Stoßrichtung der im BEPS-Projekt entwickelten Maßnahmen damit überein, was im Unionsrecht unter dem Aspekt der Vermeidung rein künstlicher Gestaltungen verstanden wird: beide dienen dazu den Nationalstaaten das Werkzeug an die Hand zu geben, um gegen wirtschaftlich nicht gerechtfertigte grenzüberschreitende Gewinnverlagerung vorzugehen.

Trotz dieser augenscheinlichen Gemeinsamkeiten lohnt die genaue Analyse, welche Aspekte des BEPS-Aktionsplans sich auch in rechtlicher Hinsicht auf die unionsrechtliche Lesart der Missbrauchsvermeidung stützen kann. BEPS-Maßnahmen mit beschränkender Wirkung auf den Binnenmarkt können sich in diesem Fall zwar auf den Rechtfertigungsgrund berufen, müssen im Gegenzug aber auch den zuvor entwickelten inhaltlichen Vorgaben des EuGH entsprechen. Für die Sichtweise der Mitgliedstaaten ist es daher unabdingbar, BEPS-Maßnahmen daraufhin einzuschätzen, (i) ob sie dem unionsrechtlichen Verständnis der Vermeidung steuerlichen Missbrauchs inhaltlich zugeordnet werden können und (ii) welche Vorgaben sich hieraus ableiten lassen.

---

898 Dies betrifft maßgeblich die Bereiche des Treaty-Shoppings, der länderbezogenen Berichterstattung, Bekämpfung schädlicher Steuerpraktiken und die Verbesserung von Streitbeilegung, vgl. *OECD*, BEPS Erläuterung (2015), S. 6.

899 *OECD*, BEPS Erläuterung (2015), S. 6.

900 *OECD*, BEPS Erläuterung (2015), S. 6.

901 Dies betrifft maßgeblich die Empfehlungen zu hybriden Gestaltung, Zinsabzugsbeschränkungen und zur Hinzurechnungsbesteuerung, sowie Regelungen zur verbindlichen Offenlegung, *OECD*, BEPS Erläuterung (2015), S. 6.

902 *OECD*, BEPS Action 3 Final Report (2015), S. 10; *OECD*, BEPS Action 6 Final Report (2015), S. 27.

903 Vgl. *OECD*, BEPS Aktionspunkt 2 Abschlussbericht (2015), S. 3.

Kap. 6. Die Maßnahmen der BEPS-Aktionspläne ohne unmittelbaren Bezug zum Missbrauchsbegriff des EuGH

Im Folgenden wird daher im Detail analysiert, welche der BEPS-Maßnahmen am unionsrechtlichen Missbrauchsverständnis gemessen werden können und müssen. Nicht alle BEPS-Maßnahmen eignen sich jedoch für eine nähere Untersuchung unter dem Aspekt des unionsrechtlichen Missbrauchsverständnisses. So betrifft Aktionspunkt 1 die steuerlichen Besonderheiten der *digital economy*, die sich unabhängig materiell-rechtlicher Vorschriften stellen. Mit der, für die Durchsetzung des nationalen Besteuerungsanspruchs essentiellen Informationsbeschaffung, sowie der Informationserhebung über internationale Steuerstrukturen beschäftigen sich die Aktionspunkte 11 und 12. Aktionspunkt 14 behandelt Streitbeilegungsmechanismen und Aktionspunkt 15 die steuerlichen und völkerrechtlichen Aspekte eines sog. multilateralen Instruments. Aktionspunkt 7 behandelt die Aspekte der künstlichen Vermeidung einer steuerlichen Betriebsstätte. Seine Zielrichtung besteht daher in einer Neuinterpretation des Art. 5 OECD-Musterabkommens. Aktionspunkt 5 betrifft dem Titel nach die Fragestellung der wirksamen Bekämpfung schädlicher Steuerpraktiken unter Berücksichtigung von Transparenz und Substanz. Aktionspunkt 5 entwickelt Kriterien, durch deren Anwendung schädliche Steuersysteme unterschiedlicher Staaten einheitlich erkannt werden können. Dies zielt in erster Linie darauf ab, Kriterien dafür herauszuarbeiten, wann präferenzielle Steuerregelungen oder Vorabzusagen der Finanzverwaltung als schädliche Steuerpraktiken einzustufen sind, die dem Ansatzpunkt der OECD zur Verknüpfung des Besteuerungstatbestandes zur wirtschaftlichen Gewinnverursachung widersprechen.[904]

Die vorgenannten Aktionspunkte analysieren zwar allseits Aspekte der internationalen Gewinnverschiebung, stellen jedoch inhaltlich keine Vorgaben dafür auf, wie nach dem Verständnis der OECD materieller-rechtliche Steuernormen auszugestalten sind, die der Vermeidung steuerlichen Missbrauchs dienen können. Sie werden daher im Folgenden nicht näher beleuchtet.

Im weiteren Verlauf dieses Kapitels 6 werden dagegen die Vorgaben und Empfehlungen des BEPS-Projekts aus Aktionspunkt 6 zur Vermeidung des Abkommensmissbrauchs, aus Aktionspunkt 2 zur Vermeidung sog. Hybrid Mismatches und aus Aktionspunkt 8–10 zu Transferpreisregelungen genauer daraufhin analysiert, ob sie ihrer ökonomischen Zielrichtung zur Vermeidung von Gewinnverschiebung entsprechend auch dem unionsrechtlichen Verständnis der Verhinderung steuerlichen Missbrauchs zugeordnet werden können. Das daran anschließende Kapitel 7

---

904 *OECD,* BEPS Aktionspunkt 5 Abschlussbericht (2016), S. 9 ff.

behandelt die Vorgaben der OECD aus Aktionspunkt 3 für sog. *Controlled-Foreign-Companies* und Kapitel 8 analysiert Aktionspunkt 4 für die Gewinnverkürzung durch Finanzierungsgestaltungen jeweils im Hinblick auf ihre Missbrauchsrelevanz im Detail.

6.1. Die Bekämpfung von Hybrid Mismatches

Um Verwerfungen durch die unterschiedliche Anwendung nationaler Rechtssysteme im grenzüberschreitenden Besteuerungssachverhalt in den Griff zu bekommen, stellt die Neutralisierung der Effekte hybrider Gestaltungen (sog. *Hybrid Mismatches*) ein wesentliches Anliegen des BEPS-Projekts der OECD dar.[905] Obschon es die ökonomische Zielrichtung der Vermeidung von grenzüberschreitenden Gewinnverschiebungen nahelegt,[906] ist dennoch die Frage aufzuwerfen, ob das Ziel der Vermeidung von Hybrid Mismatches in rechtlicher Hinsicht anhand des unionsrechtlichen Verständnisses zur Vermeidung steuerlichen Missbrauchs gerechtfertigt werden kann.

Die Sichtweise des EuGH in Bezug hierauf bleibt auch trotz der Vorschrift des Art. 9 Anti-BEPS-Richtlinie[907] von großer Relevanz. Hierin werden die Vorschläge des BEPS-Aktionspunktes 2 aufgenommen: Zwar greift zugunsten des Sekundärrechts im Generellen die Vermutung der Primärrechtskonformität, gleichwohl ist auch Sekundärrecht entsprechend der Grundfreiheiten auszulegen.[908] Da die Mitgliedstaaten bei Umsetzung der sekundärrechtlichen Vorgabe des Art. 9 der Anti-BEPS-Richtlinie somit auch primärrechtliche Vorgaben beachten müssen, ist es von großer Bedeutung, ob die Vermeidung von Hybrid Mismatches im Grunde einer Umsetzung des unionsrechtlichen Missbrauchsbegriffs entspringt.

6.1.1. Die Erscheinungsformen von Hybrid Mismatches

Hybrid Mismatches resultieren aus der differenzierten Bewertung des Status eines Rechtsträgers selbst oder der differenzierten Bewertung einer einzelnen Rechtsbeziehung jeweils im grenzüberschreitenden Kontext[909]: Ein Hybrid Mismatch eines Rechtsträger kann daraus resultieren, dass dieser in einem Staat als steuerlich transparent erachtet wird, während er in einem anderen Staat als steuerlich intransparent eingestuft wird. Zudem kann ein Rechtsträger in zwei Staaten als steuerlich ansässig erachtet werden. Der Hybrid Mismatch einer grenzüberschreitenden Rechtsbeziehung folgt aus der unterschiedlichen steuerlichen Bewertung eines einzelnen

---

905 *OECD*, BEPS Aktionspunkt 2 Abschlussbericht (2015), S. 11.

906 *OECD*, BEPS-Aktionsplan (2014), S. 18.

907 Richtlinie (EU) 2016/1164 des Rates vom 12. Juli 2016, ABl. L 193 vom 19.7.2016, S. 1 ff.

908 *Kahlenberg/Vogel*, StuW 2016, S. 288 (294); *Szudoczky*, The Sources of EU Law and Their Relationships (2014), S. 213.

909 Vgl. *OECD*, Hybrid Mismatch Arrangements (2012), S. 7.

Sachverhalts, insbesondere der Qualifikation von Kapitalüberlassung in Fremd- und Eigenkapital sowie der abweichenden Bewertung der subjektiven Zuordnung von Wirtschaftsgütern.

Die wesentlichen steuerlichen Folgen von Hybrid Mismatches sind darin zu sehen, dass Ausgaben, die in einem Staat als Betriebsausgaben steuerlich abziehbar sind, die Steuerbemessungsgrundlage des Empfängers im anderen Staat aber nicht erhöhen (sog. D/NI-Gestaltungen), oder dass Zahlungen in zwei Staaten steuerlich abzugsfähig sind (sog. DD-Gestaltungen).[910]

Auch die Europäische Union will hybriden Gestaltungen im Rahmen der Anti-BEPS-Richtlinie begegnen. Hierzu sieht Art. 9 Abs. 1 Anti-BEPS-Richtlinie sieht eine Regelung zum Verhinderung von DD-Gestaltungen vor, sowie Art. 9 Abs. 2 Anti-BEPS-Richtlinie einen Lösungsansatz für D/NI-Gestaltungen. Der Entwurf zur Anti-BEPS-Richtlinie führt als Rechtfertigung für die Anti-BEPS-Richtlinie die generelle Begründung an, diese ziele *„u. a. auf Situationen ab, in denen Steuerpflichtige dem eigentlichen Rechtszweck zuwiderhandeln, indem sie sich Unterschiede zwischen den nationalen Steuersystemen zunutze machen, um weniger Steuern zu zahlen.“*[911] Dies lässt auf den ersten Blick darauf schließen, dass auch die Regelung betreffend Hybrid Mismatches zur Bekämpfung von steuerlichem Missbrauch in einem unionsrechtlichen Verständnis dient. Ob dies jedoch mit der Sichtweise des EuGH im Einklang steht, bedarf im Folgenden einer näheren Untersuchung.

6.1.2. Das Missbrauchspotential von Hybrid Mismatches unter Berücksichtigung von BEPS-Aktionspunkt 2

Die Effekte von Hybrid Mismatches analysiert die OECD umfassend im Rahmen des BEPS-Aktionspunktes 2. Ohne letztlich immer feststellen zu können, auf Kosten welches Staates hybride Gestaltungen einen Steuervorteil erzielen, vermindern Hybrid Mismatches aus ökonomischer Sicht letztlich das international der Besteuerung unterliegende Substrat.[912] Die ökonomischen Folgen hybrider Gestaltungen untersuchte die OECD bereits im Jahre 2012: Hybride Gestaltungen zögen eine Begünstigung grenzüberschreitender Tätigkeiten im Wettbewerb nach sich und verzerrten damit wirtschaftliche Entscheidungen mit nachteiliger Auswirkung

910 *OECD*, Hybrid Mismatch Arrangements (2012), S. 7 ff. erkennt als weitere Folge hybrider Gestaltung die Generierung ausländischen Steuerguthabens an. Letzter Punkt wurde jedoch nicht in BEPS-Aktionspunkt 2 übernommen: benennt als weitere Steuerfolge, neben den D/NI- und DD-Gestaltungen, sog. indirect D/NI-Gestaltungen an, die zwar nicht selbst eine hybride Gestaltung begründen, Steuersubstrat zu dem Zweck transferiert werden, eine Besteuerungslücke in einem anderen Staat auch diesbezüglich nutzbar zu machen (sog. imported mismatch).

911 Richtlinienvorschlag der Europäischen Kommission, COM/2016/026 final, S. 3.

912 *OECD*, BEPS Aktionspunkt 5 Abschlussbericht (2016), S. 13.

auf die ökonomische Effizienz.[913] In politischer Hinsicht sei zu bemerken, dass die Gründe einer vom Nominalsatz abweichenden Definitivbesteuerung der Öffentlichkeit kaum darstellbar seien und die Verminderung der Definitivbesteuerung mittels Hybrid Mismatches nur einer bestimmten, üblicherweise hohen Einkommensklasse vorbehalten sei.[914]

Gestaltungen, die sich Hybrid Mismatches zunutze machen, werden daher zurecht als aggressive Steuerplanung verstanden und von der OECD ursächlich für internationale Gewinnverschiebung bewertet.[915] Hybrid Mismatches verfolgen häufig eine rein steuerliche Logik, da der gezielte Einsatz hybrider Rechtsträger bzw. hybrider Rechtsgestaltungen als solcher der bloßen Übertragung steuerlicher Gewinne in Jurisdiktionen dient, in denen gerade keine wirtschaftliche Aktivität stattfindet. Indem Staaten Hybrid Mismatches begünstigen, oder jedenfalls die rechtlichen Voraussetzungen schaffen, dass Steuerpflichtige inkohärente steuerliche Gestaltungen konstruieren, müssen sie sich vorwerfen lassen, selbst eine rein steuerlich betriebene Attraktion von Steuersubstrat zu fördern, sprich schädlichen Steuerwettbewerb zu betreiben.[916]

Normen des materiellen Steuerrechts, die der Verhinderung derartiger Hybrid Mismatches dienen, können sich damit in ökonomischer Sicht – aus dem Blickwinkel des regulatorischen Umfeldes – auf die Rechtfertigung der Verhinderung des schädlichen Steuerwettbewerbs, respektive – aus dem Blickwinkel des Steuerpflichtigen – auf die Vermeidung aggressiver Steuerplanung berufen.

6.1.3. Hybrid Mismatches unter dem Missbrauchsverständnis des EuGH

Unabhängig von der ökonomischen Bewertung von Hybrid Mismatches ist zu Zwecken der rechtlichen Qualifikation entscheidend, ob diese mit dem Missbrauchsverständnis des EuGH in Einklang zu bringen sind. Der hierbei entscheidende, anhand des objektiven Merkmals des Missbrauchs zu suchende Anknüpfungspunkt ist, ob Gestaltungen, die hinsichtlich der Qualifikation eines Rechtsträgers oder einzelner Rechtsbeziehungen unterschiedliche Rechtsfolgen nach sich ziehen, unter Berücksichtigung der Ziele des europäischen Binnenmarkts dessen Freiheiten ungerechtfertigt in Anspruch nehmen.[917]

913 *OECD*, Hybrid Mismatch Arrangements (2012), S. 11; ebenso *De Boer/Marres*, Intertax 2015, S. 14 (37).

914 *OECD*, Hybrid Mismatch Arrangements (2012), S. 11 f.

915 *De Boer/Marres*, Intertax 2015, S. 14 (37 ff.); *Dourado*, Intertax 2015, S. 42 (44).

916 *De Boer/Marres*, Intertax 2015, S. 14 (37 ff.).

917 Vgl. hierzu vorstehend unter Kap. 4.3.2.

6.1.3.1. Die Augangsthese der gegenseitigen Anerkennung von Rechtsbeziehungen im Binnenmarkt

Das Ziel eines gemeinsamen europäischen Binnenmarkts wird nach der Konzeption der Europäischen Verträge dadurch erzielt, dass Beschränkungen im grenzüberschreitenden Handelsverkehr beseitigt werden und so ein in geografischer Hinsicht die Landesgrenzen überspannender einheitlicher ökonomischer Wirtschaftsraum geschaffen wird (vgl. Art. 26 Abs. 2 AEUV). Nach Sichtweise des EuGH ist aus dem Aspekt des einheitlichen europäischen Binnenmarkts die Konsequenz der gegenseitigen Anerkennung von Rechtsbeziehungen zwischen den Mitgliedstaaten abzuleiten.[918] Für den Bereich des Gesellschaftsrechts ist dies maßgeblich an den Entscheidungen *Überseering*[919], sowie *Inspire Art*[920] festzumachen, in denen der EuGH jeweils die grenzüberschreitende Anerkennung der Rechtspersönlichkeit einer Gesellschaft statuierte. Denn, so der EuGH, die Inanspruchnahme der Niederlassungsfreiheit setze zwingend die Anerkennung der Gesellschaften in allen Mitgliedstaaten voraus, in denen sie sich niederlassen wollen.[921] In diesen Entscheidungen vollzog der EuGH im Grunde seine weite Sichtweise der Beschränkung von Grundfreiheiten, die er namentlich in der *Dassonville*-Entscheidung begründet hatte.[922] Bereits hierin war streitentscheidend geworden, ob eine belgische Regelung für den Import schottischen Whiskeys strengere Voraussetzungen vorsehen dürfe, als sie das Recht des in Frankreich ansässigen Alleinimporteuers anlege.[923] Anhand dessen prägte der EuGH das Verständnis, dass jede potentielle Behinderung des grenzüberschreitenden Warenverkehrs eine Beschränkung von Grundfreiheiten darstelle. Es stellt damit eine essentielle Prämisse für das Funktionieren des europäischen Binnenmarktes dar, dass rechtliche Einheiten sowie Rechtsbeziehungen zwischen den Mitgliedstaaten anerkannt werden.

6.1.3.2. Die Missbrauchsbetrachtung des EuGH zu Hybrid Mismatches im harmonisierten Umsatzsteuerrecht

Um ein umfassendes Bild von der steuerlichen Anerkennung grenzüberschreitender Rechtsbeziehungen zu erlangen, ist es an dieser Stelle zielführend einen Blick auf das harmonisierte Umsatzsteuerrecht zu werfen. Der EuGH hatte sich mit den steuerlichen Folgen von grenzüberschreitenden Qualifikationskonflikten im Umsatzsteuerrecht in der Rechtssache *RBS Deutschland Holding*[924] zu befassen. Dem

918 Hierzu eingehend *Fibbe*, EC law aspects of hybrid entities (2009), S. 45 ff.

919 EuGH Rs. C-208/00 (*Überseering*) v. 05.11.2002, Slg. 2002, I-9919.

920 EuGH Rs. C-167/01 (*Inspire Art*) v. 30.09.2003, Slg. 2003, I-10155.

921 EuGH Rs. C-167/01 (*Inspire Art*) v. 30.09.2003, Slg. 2003, I-10155 (Rn. 95 ff.); EuGH Rs. C-208/00 (*Überseering*) v. 05.11.2002, Slg. 2002, I-9919 (Rn. 59 ff.).

922 Vgl. hierzu vorstehend unter Kap. 2.2.2.2.

923 EuGH Rs. C-8/74 (*Dassonville*) v. 11.07.1974, Slg. 1974, 837.

924 EuGH Rs. C-277/09 (*RBS Deutschland Holdings GmbH*) v. 22.12.2010, Slg. 2010, I-13805.

Urteil lag eine Leasingbeziehung über Fahrzeuge einer für Umsatzsteuerzwecke in England ansässigen Leasingnehmerin zu einer in Deutschland ansässigen Leasinggeberin zugrunde. Nach britischem Recht wurde Leasing nur dann als Lieferung erachtet, wenn zum Ende der Vertragslaufzeit das Eigentum auf den Leasingnehmer oder einen Dritten übergeht. Andernfalls lag eine sonstige Leistung vor.[925] Im einschlägigen Fall qualifizierte das Leasing nach britischen Verständnis als sonstige Leistung und war, da – materiell-rechtlich folgerichtig – der Ort der sonstigen Leistung in Deutschland lag, in England nicht umsatzsteuerpflichtig.[926] Nach deutschem Umsatzsteuerrecht wurde das einschlägige Leasingverhältnis jedoch als Lieferung bewertet. Die Leasingentgelte unterlagen auch in Deutschland nicht der Umsatzsteuer, da die Lieferung – ebenso materiell-rechtlich folgerichtig – als am Ort des Leasingnehmers bewirkt angesehen wurde.[927] Der Leasingnehmer machte nunmehr seinen Vorsteuerabzug aus dem eigenem Erwerb der Fahrzeuge in England geltend, der ihm von der britischen Steuerbehörde unter Verweis auf die umsatzsteuerfreie Leasingbeziehung und den Missbrauch der Vertragsgestaltung jedoch versagt wurde.[928]

Nach Vorlage der Rechtssache betonte der EuGH, dass das Recht zum Vorsteuerabzug nach Art. 17 Abs. 2 lit. a) MwStSyst-Richtlinie[929] für im Ausland getätigte Ausgangsumsätze dann bestehe, wenn sie im Inland zum Vorsteuerabzug berechtigten.[930] Die streitgegenständlichen Ausgangsumsätze waren nach Ansicht des EuGH vom Grunde her steuerpflichtig. Das Recht zum Vorsteuerabzug gewährleiste die teleologische Grundvorstellung des Umsatzsteuerrechtes der steuerlichen Neutralität für Eingangsleistungen eines Unternehmers.[931] Da der Leasinggeber die Fahrzeuge für seine, dem Grunde nach steuerpflichtige unternehmerische Tätigkeit erworben hatte, steht ihm auch das Recht des Vorsteuerabzugs zu.[932]

Der EuGH hatte sich deshalb intensiv damit zu beschäftigen, ob das Recht zum Vorsteuerabzug mit der Begründung versagt werden konnte, die Nichtbesteuerung der Ausgangsumsätze beruhe aufgrund des rechtlichen Qualifikationskonflikts auf

925 EuGH Rs. C-277/09 (*RBS Deutschland Holdings GmbH*) v. 22.12.2010, Slg. 2010, I-13805 (Rn. 10).

926 EuGH Rs. C-277/09 (*RBS Deutschland Holdings GmbH*) v. 22.12.2010, Slg. 2010, I-13805 (Rn. 20).

927 EuGH Rs. C-277/09 (*RBS Deutschland Holdings GmbH*) v. 22.12.2010, Slg. 2010, I-13805 (Rn. 20 f.).

928 EuGH Rs. C-277/09 (*RBS Deutschland Holdings GmbH*) v. 22.12.2010, Slg. 2010, I-13805 (Rn. 22 f.).

929 In der Fassung der Sechsten RL 77/388/EWG des Rates v. 17. Mai 1977, ABl. L 145/1.

930 EuGH Rs. C-277/09 (*RBS Deutschland Holdings GmbH*) v. 22.12.2010, Slg. 2010, I-13805 (Rn. 32).

931 EuGH Rs. C-277/09 (*RBS Deutschland Holdings GmbH*) v. 22.12.2010, Slg. 2010, I-13805 (Rn. 38 f.).

932 EuGH Rs. C-277/09 (*RBS Deutschland Holdings GmbH*) v. 22.12.2010, Slg. 2010, I-13805 (Rn. 40 und 46).

einem steuerlichen Gestaltungsmissbrauch.[933] Das Gericht betonte die Zielvorgabe der MwSt-Richtlinie Missbräuche zu verhindern und referenzierte seine Auslegung des Missbrauchs als *„eine künstliche, jeder wirtschaftlichen Realität bare Gestaltung [...], die allein zu dem Zweck erfolgt, einen Steuervorteil zu erhalten."*[934] Der EuGH betonte, dass das Leasingverhältnis unter fremdüblichen Bedingungen vorgenommen wurde und auf wirtschaftlichen Erwägungen der Parteien, insbesondere im Rahmen einer echten wirtschaftlichen Tätigkeit des Leasinggebers beruhte.[935] Darüberhinaus folge jedoch aus den Europäischen Grundfreiheiten, dass Steuerpflichtige ihre Organisationsstrukturen und ihre Geschäftsmodelle so einrichten könnten, dass sich auch die hieraus entstehende Steuerlast in Grenzen halte.[936] Der Vorsteuerabzug konnte im Ergebnis auch nicht wegen eines missbräuchlichen Verhaltens versagt werden.

Im Ergebnis statuierte der EuGH damit, dass das Ausnutzen der Qualifikationsdifferenzen des britischen und deutschen Umsatzsteuerrechts keine künstliche, jeder wirtschaftlichen Realität bare Gestaltung darstelle. Unabhängig von der subjektiven Intention des Steuerpflichtigen vermochte der EuGH noch nicht einmal das objektive Merkmal seines Missbrauchsverständnisses zu bejahen. Vielmehr erachtete er das Ausnutzen von Hybrid Mismatches als eine dem Steuerpflichtigen aus den Grundfreiheiten erwachsende legitime Möglichkeit, die eigene Steuerlast im System des europäischen Steuerwettbewerbs zu vermindern. Hybrid Mismatches hatte der EuGH damit im Umsatzsteuerrecht bereits in der Rechtssache *RBS Deutschland Holdings* argumentativ dem Anwendungsbereich des steuerlichen Missbrauchs entzogen.

6.1.3.3. Die Missbrauchsbetrachtung des EuGH zu Hybrid Mismatches im Recht der direkten Steuern

Qualifikationskonflikte im Recht der direkten Steuern beschäftigten den EuGH bereits mehrfach. Dem EuGH-Urteil in der Rechtssache *SIAT* lagen belgische Steuernormen zugrunde, die für außergewöhnliche oder unentgeltliche Vorteile den steuerlichen Betriebsausgabenabzug nur dann gestatteten, wenn sie aufseiten des Zahlungsempfängers der Besteuerung unterlagen (D/NI-Gestaltung).[937] Die Abzugsbeschränkung galt insbesondere für Zinsen, für Lizenzgebühren auf Patente

---

933 EuGH Rs. C-277/09 (*RBS Deutschland Holdings GmbH*) v. 22.12.2010, Slg. 2010, I-13805 (Rn. 47 ff.).

934 EuGH Rs. C-277/09 (*RBS Deutschland Holdings GmbH*) v. 22.12.2010, Slg. 2010, I-13805 (Rn. 51).

935 EuGH Rs. C-277/09 (*RBS Deutschland Holdings GmbH*) v. 22.12.2010, Slg. 2010, I-13805 (Rn. 52).

936 EuGH Rs. C-277/09 (*RBS Deutschland Holdings GmbH*) v. 22.12.2010, Slg. 2010, I-13805 (Rn. 53 f.), unter Verweis auf EuGH Rs. C-255/02 (*Halifax*) v. 21.02.2006, Slg. 2006, I-1609 (Rn. 73).

937 EuGH Rs. C-318/10 (*SIAT*) v. 05.07.2012, ECLI:EU:C:2012:415 (Rn. 2).

oder Vergütungen für Dienstleistungen, die bei dem ausländischen Zahlungsempfänger keiner Einkommen- bzw. Körperschaftsteuer oder einem vorteilhaften Besteuerungssystem unterlagen, und für die der Steuerpflichtige nicht nachweisen konnte, dass sie als Vergütung eines tatsächlichen und ehrlichen Geschäfts gezahlt wurden.[938] Wie der EuGH feststellte, existierte nach belgischem Steuerrecht jedoch keine Rechts- oder Verwaltungsnorm, die die Merkmale eines außergewöhnlichen Vorteils in der Besteuerung in abstrakt genereller Weise konkretisierte.[939] Über die Einschlägigkeit der Norm entschied damit weitestgehend die Finanzverwaltung.

Der EuGH betonte, dass eine niedrige steuerliche Belastung des Zahlungsempfängers in einem Mitgliedstaat dem anderen Mitgliedstaat nicht das Recht gebe, *„[...] die in seinem Gebiet ansässigen Dienstleistungsempfänger steuerlich ungünstiger zu behandeln.“*[940] Vielmehr müsse die Maßnahme auf die Verhinderung von rein künstlichen, jeder wirtschaftlichen Realität widersprechenden Gestaltungen ausgerichtet sein.[941] Das Gericht erkannte insofern das Interesse der Mitgliedstaaten an, das Aushölen der nationalen Steuerbemessungsgrundlage durch Vergütungen auf nicht erbrachte Leistungen oder in unangemessener Höhe zu verhindern.[942] Dazu könne das nationale Recht dem Steuerpflichtigen die Beweislast dazu auferlegen, dass ein geschäftlicher Vorgang auf wirtschaftlichen Gründen basiere.[943] Letzlich kassierte der EuGH das nationale Recht dennoch mit der Begründung, der Umstand der Ansässigkeit des Zahlungsempfängers in einem anderen Mitgliedstaat ließe keinen Rückschluss darauf zu, ob das zugrunde liegende Geschäft ehrlich und tatsächlich vorgenommen wurde.[944] Auch wenn der EuGH das Missbrauchspotential entsprechender Zahlungen anerkannte, verweigerte das Gericht die Konsequenz, eine steuerliche Benachteiligung des Zahlenden anhand der Besteuerungssituation des Zahlungsempfängers zu rechtfertigen.

Bereits zuvor hatte der EuGH entschieden, dass ein Mitgliedstaat, der keinen Anspruch auf Besteuerung eines ausländischen Steuersubjekts hat, einem inländischen Steuersubjekt keine kompenatorisch höhere Steuerbelastung auferlegen dürfe.[945] In der Rechtssache *SIAT* konstatierte der EuGH, dass nach belgischem Recht der Be-

---

938 EuGH Rs. C-318/10 (*SIAT*) v. 05.07.2012, ECLI:EU:C:2012:415 (Rn. 2).

939 EuGH Rs. C-318/10 (*SIAT*) v. 05.07.2012, ECLI:EU:C:2012:415 (Rn. 25–27).

940 EuGH Rs. C-318/10 (*SIAT*) v. 05.07.2012, ECLI:EU:C:2012:415 (Rn. 39).

941 EuGH Rs. C-318/10 (*SIAT*) v. 05.07.2012, ECLI:EU:C:2012:415 (Rn. 40).

942 EuGH Rs. C-318/10 (*SIAT*) v. 05.07.2012, ECLI:EU:C:2012:415 (Rn. 41–47).

943 EuGH Rs. C-318/10 (*SIAT*) v. 05.07.2012, ECLI:EU:C:2012:415 (Rn. 50), unter Verweis auf EuGH EuGH Rs. C-524/04 (*Test Claimants in the Thin Cap Group Litigation*) v. 13.03.2007, Slg. 2007, I-2107 (Rn. 82); vgl. zur Möglichkeit des Entlastungsbeweises vorstehend unter Kap. 5.2.

944 EuGH Rs. C-318/10 (*SIAT*) v. 05.07.2012, ECLI:EU:C:2012:415 (Rn. 51).

945 EuGH Rs. C-589/13 (*F.E. Familienprivatstiftung Eisenstadt*) v. 17.09.2015, ECLI:EU:C:2015:612 (Rn. 73); unter Konkretisierung der Entscheidungen EuGH Rs. C-182/08 (*Glaxo Wellcome*) v. 17.09.2009, Slg. 2007, I-8591 und EuGH Rs. C-324/00 (*Lankhorst-Hohorst*) v. 12.12.2002, Slg. 2002, I-11779.

triebsausgabenabzug verweigert werden konnte, selbst wenn eine Zahlung tatsächlich, ehrlich und unter Fremdvergleichsgrundsätzen erbracht wurde, sofern die Zahlung beim Empfänger keiner Besteuerung mit Einkommen- bzw. Körperschaftsteuer nach sich zog.[946] Im konkreten Fall urteilte der EuGH, dass die Tatbestandsvoraussetzungen der belgischen Norm daher zu unspezifisch seien, um unter der Zielvorgabe der Verhinderung von steuerlichem Missbrauch eine verhältnismäßige Beschränkung der Grundfreiheiten darzustellen.[947]

Der Gerichtshof betonte daneben mehrfach, dass Mitgliedstaaten beschränkende Maßnahmen nicht mit der Begründung rechtfertigen könnten, die Regelung solle eine Einmalbesteuerung sicherstellen.[948] Sofern die mitgliedstaatliche Regelung nicht dazu diene Missbräuche zu vermeiden, sondern einzig Lücken im Besteuerungssystem zu schließen, widerspreche ein derartiger mitgliedstaatlicher Ansatz den Zielvorstellungen des europäischen Binnenmarkts.[949]

6.1.4. Zusammenfassende Stellungnahme zum Missbrauchscharakter von Hybrid Mismatches

Die für den Binnenmarkt wesentliche Grundaussage des Unionsrechts, dass Rechtsbeziehungen grenzübergreifend anzuerkennen sind, beschränkt sich in erster Linie auf deren rechtliche Anerkennung. Wie GA Kokott in ihren Schlussanträgen in der Rechtssache *Masco Denmark* betonte, basiert das europaische Steuerrecht auf dem Prinzip der Autonomie der Mitgliedstaaten, nach dem auch eine Doppelbesteuerung grenzüberschreitender Sachverhalte nicht *per se* eine Verletzung von Grundfreiheiten nach sich ziehe.[950] Die Europäischen Verträge verlangen damit nicht nach einer

946 EuGH Rs. C-318/10 (*SIAT*) v. 05.07.2012, ECLI:EU:C:2012:415 (Rn. 54).

947 EuGH Rs. C-318/10 (*SIAT*) v. 05.07.2012, ECLI:EU:C:2012:415 (Rn. 58–60).

948 EuGH Rs. C-383/10 (*Kommission/Belgien*) v. 06.06.2013, ECLI:EU:C:2013:364 (Rn. 61 ff.); EuGH Rs. C-285/07 (*A.T.*) v. 11.12.2008, Slg. 2008, I-9329 (Rn. 34); EuGH Rs. C403/03 (*Schempp*) v. 12.07.2005, ECLI:EU:C:2005:446 (Rn. 38); EuGH Rs. C-487/01 und 7/02 (*Gemeente Leusden und Holin Groep*) v. 29.04.2004, Slg. 2004, I-5337 (Rn. 79).

949 EuGH Rs. C-285/07 (*A.T.*) v. 11.12.2008, Slg. 2008, I-9329 (Rn. 34); EuGH Rs. C-487/01 und 7/02 (*Gemeente Leusden und Holin Groep*) v. 29.04.2004, Slg. 2004, I-5337 (Rn. 79); a.A. *Kahlenberg/Vogel*, StuW 2016, S. 288 (299 f.) die eine Rechtfertigung unter Zusammenschluss der Verhinderung von Steuerumgehung und der Aufteilung der Besteuerungsgrundlagen respektive der Vermeidung doppelter Verlustberücksichtigung befürworten. Da es nach der hier vertretenen Auffassung jedoch einer klar konturierten Abgrenzung dieser beiden Rechtfertigungsgründe bedarf (vgl. vorstehend unter Kap. 2.2.3.2), spricht dies gegen eine Anwendung des unionsrechtlichen Missbrauchsverständnisses.

950 Schlussanträge der *GA Kokott*, EuGH Rs. C-593/14 (*Masco Denmark und Damixa*) v. 12.05.2016, ECLI:EU:C:2016:336 (Rn. 19–25).

grenzüberschreitende Qualifikationsverkettung für den Bereich der Steuern, wie sie aus dem europäischen Binnenmarkt für das Zivilrecht selbst abgeleitet wird.[951]

Gleichwohl werden Rechtsnormen, die der Vermeidung von Hybrid Mismatches dienen, oftmals an den Merkmalen des europäischen Missbrauchsverständnisses gemessen.[952] Diese Betrachtung ist im Ergebnis jedoch nicht konform zur Rechtsprechung des EuGH. Für die Prüfung des Missbrauchs stellt der EuGH, wie an den Beispielen *RBS Deutschland Holding*[953] und *SIAT*[954] ersichtlich, auf die allgemeinen Kriterien einer rein künstlichen Gestaltung ab. Das Ausnutzen einer grenzüberschreitenden Qualifikationsdifferenz, wie sie den Hybrid Mismatches zu eigen ist, vermag dagegen keine Missbrauchsvermutung zu begründen. Eine Beschränkung von Grundfreiheiten lässt sich im Ergebnis auch dann nicht unter dem Gesichtspunkt des steuerlichen Gestaltungsmissbrauchs rechtfertigen, wenn der Steuerpflichtige bewusst Besteuerungsdifferenzen zur Senkung seiner Steuerlast in Anspruch nimmt.[955]

Das bewusste Ausnutzen derartiger Verzerrungen in der Besteuerung in Folge von Hybrid Mismatches werden damit zwar zu Recht als Techniken aggressiver Steuerplanung, respektive des schädlichen Steuerwettbewerbs verstanden, eine beschränkende Wirkung im Hinblick auf Grundfreiheiten unterliegt jedoch nicht dem Begriffsverständnis des unionsrechtlichen Missbrauchs nach der Lesart des EuGH.[956] Die Vorgaben des Art. 9 Anti-BEPS-Richtlinie distanzieren sich daher inhaltlich zurecht von den zuvor herausgearbeiteten Kriterien des EuGH zum unionsrechtlichen Missbrauchsbegriff. Auch für die erforderlichen mitgliedstaatlichen Umsetzungsgesetze kann der unionsrechtliche Missbrauchsbegriff daher keine mittelbaren Vorgaben begründen.

6.2. Die Vermeidung von Abkommensmissbrauch

Einen weiterer entscheidender Baustein im Rahmen der Strategie zur Vermeidung internationaler Gewinnverschiebungen behandelt die OECD im BEPS-Aktionspunkt 6 in Bezug auf die Verhinderung von Abkommensmissbrauch.[957] In ökonomischer Sicht steht auch bei BEPS-Aktionspunkt 6 im Mittelpunkt, das Steuersubstrat der Einzelstaaten gegen die ungerechtfertigte Gewinnverlagerung zu schützen und so

951 *Fibbe*, EC law aspects of hybrid entities (2009), S. 175 ff.

952 So *Kahlenberg/Vogel*, StuW 2016, S. 288 (294 ff.); *Richter/Reeb*, IStR 2015, S. 40 (41); *Schanz/Maier*, Ubg 2015, S. 282 (285).

953 EuGH Rs. C-277/09 (*RBS Deutschland Holdings GmbH*) v. 22.12.2010, Slg. 2010, I-13805.

954 EuGH Rs. C-318/10 (*SIAT*) v. 05.07.2012, ECLI:EU:C:2012:415 (Rn. 2).

955 Ebenso *Englisch*, StuW 2009, S. 3 (12); *Vanistendael*, BIT 2016, S. 163 (167).

956 Im Ergebnis ebenso *Kofler*, in: Hüttemann (Hrsg.), DStJG Bd. 33 (2010), S. 213 (232).

957 *OECD*, BEPS Action 6 Final Report (2015), S. 9.

potentiellen Allokationsineffizienzen entgegen zu wirken.[958] Anknüpfungspunkt der Vermeidung von Abkommensmissbrauch ist es daher, grenzüberschreitende Strukturen zu identifizieren, die sich vorteilhafter Rechtsfolgen aus Doppelbesteuerungsabkommen in einer Weise bedienen, die als ungerechtfertigt zu bewerten ist.

Ziel dieses Abschnittes ist es zu analysieren, inwiefern der unionsrechtliche Maßstab für Normen der Missbrauchsvermeidung auf die Verhinderung des Abkommensmissbrauchs einwirkt. Hierzu werden im Folgenden zunächst die Konstellationen erörtert, in denen entsprechend der Bewertung des BEPS-Aktionspunktes 6 ein Abkommensmissbrauch vorliegt und in einem weiteren Schritt deren Verhältnis zum Unionsrecht analysiert.

6.2.1. Die Charakteristika des Abkommensmissbrauchs und deren Vermeidungsstrategien nach BEPS-Aktionspunkt 6

Die OECD befasst sich im Rahmen des Berichts zu BEPS-Aktionspunkts 6 eingehend mit den Erscheinungsformen und potentiellen Gegenmaßnahmen in Bezug darauf, dass steuerliche Privilegien eines Doppelbesteuerungsabkommens in unangemessenen Umständen in Anspruch genommen werden (sog. *Abkommensmissbrauch* oder *Treaty Shopping*). In steuer-materieller Hinsicht ist wichtig, dass auch der Abkommensmissbrauch auf zwei unterschiedlichen Ebenen erfolgen kann[959]: In ersten Ebene wählt ein Steuerpflichtiger eine gewisse Gestaltung, um eine ihm nicht genehme steuerliche Folge des Abkommens selbst zu umgehen. Einer zweiten Ebene sind die Gestaltungen zuzuweisen, in denen ein Steuerpflichtiger mithilfe einer Privilegierung des Abkommens die Beschränkungen des nationalen Rechts zu umgehen versucht. Diese Differenzierung geht in erster Linie auf das System zweier übereinander gelagerten Rechtsebenen zurück, und kann daher in Parallele zu dem Verständnis des Missbrauchs des Unionsrechts selbst bzw. des Missbrauchs nationalen Rechts mithilfe des Unionsrechts verstanden werden.

Die üblicherweise als *Treaty Shopping* bezeichneten Konstellationen finden auf der ersten Ebene statt. Hierunter werden generell Verhaltensweisen zusammengefasst, in denen Steuerpflichtige, die den persönlichen Anwendungsbereich eines Abkommens nicht erfüllen, versuchen sich privilegierende Steuerfolgen eines Abkommens mittelbar zu erschließen.[960] Die OECD empfielt *Treaty Shopping* bereits auf Ebene bilateraler Abkommen mittels sog. Limitation-of-Benefits-Klausel („*LoB-Klausel*") sowie – potentiell flankierend – mittels eines sog. Principal-Purpose-Tests („*PPT*") zu begegnen.[961] Der wesentliche Inhalt von *LoB-Klauseln* ist, die Abkom-

958 *OECD*, BEPS-Aktionsplan (2014), S. 22 f.; vgl. auch *Kahle/Biebinger/Wildermuth*, Ubg 2014, S. 285 (286 f.).

959 *OECD*, BEPS Action 6 Final Report (2015), S. 17.

960 *Pistone/Julien/Cannas*, in: Lang/Pistone/Rust/Schuch/Staringer (Hrsg.), Limitation on Benefits Clause and the EU Fundamental Freedoms (2016), S. 165 (170 f.); *OECD*, BEPS Action 6 Final Report (2015), S. 17.

961 *OECD*, BEPS Action 6 Final Report (2015), S. 18 f.

mensberechtigung eines Steuerpflichtigen an spezifizierte Merkmale zu knüpfen.[962] Dies gilt namentlich in Bezug auf die Abkommensberechtigung juristischer Personen, bei denen eine steuerliche Statusverbesserung durch die Abkommensberechtigung im Vergleich zum Besteuerungsstatus der Gesellschafter einer detaillierten Prüfung unterliegen soll.[963] Der zweite Stützpfeiler der Vermeidung von Abkommensmissbrauch bezieht sich auf eine generalisierenden Missbrauchsvermeidungsnorm in Form des *PPT*. Dieser erlaubt den Entzug einer privilegierenden Rechtsfolge des Abkommens in solchen Gestaltungen, in denen eine Privilegierung nur formalrechtlich erzielt werden sollte, diese ihrem Sinn und Zweck nach jedoch als nicht berechtigt anzusehen ist.[964]

Die Empfehlung eines *PPT* adressiert, neben der Vermeidung des spezifischen Missbrauchsaspekts des Treaty Shoppings – daneben auch in generalisierender Weise die Vermeidung von steuerlichen Abkommensprivilegien für Gestaltungen, in denen diese als unangemessen erachtet werden.[965] Der *PPT* dient maßgeblich dazu, dass die Anwendung der Abkommensvorschriften auch unabhängig davon versagt werden kann, ob das nationale Recht der Staaten eine vergleichbare Missbrauchsbetrachtung anstellt, und ob aufgrund der nationalen Norm auch Abkommensregelungen derogiert werden können.[966] Als spezifische Missbrauchsverhinderungsnormen auf Abkommensebene werden Normen zur Festlegung der Abkommensberechtigung in Bezug auf Betriebsstätten in Drittstaaten[967], zur künstlichen Aufteilung von Rechtsbeziehungen[968], sowie zum Umgang mit der Doppelansässigkeit juristischer Personen[969] diskutiert. Dies betrifft jeweils die Umgehung von Vorschriften des Abkommens selbst.

Die zweite Ebene des Missbrauchs von Abkommensvorschriften betrifft Normen des nationalen Rechts, die verhindern sollen, dass Steuerpflichtige mittels privilegierender Normen des Abkommens Steuervorschriften eines Nationalstaates zu entgehen versuchen: namentlich werden hierbei Strategien zur Steuervermeidung durch Unterkapitalisierung, durch das Zwischenschalten ausländischer Rechtsträger, durch die gezielte Kreation gespaltener Ansässigkeiten oder durch das Ausnutztung von Qualifikationskonflikten genannt.[970] Bei den genannten Strategien handelt es sich im Kern um Aspekte, die sachlich von anderen BEPS-Aktionspunkten abgedeckt sind, und deren Regelungsgehalt auf Abkommensebene koordiniert werden

962 *OECD*, BEPS Action 6 Final Report (2015), S. 20.
963 *OECD*, BEPS Action 6 Final Report (2015), S. 26 ff.
964 *OECD*, BEPS Action 6 Final Report (2015), S. 54 ff.
965 *OECD*, BEPS Action 6 Final Report (2015), S. 54, 69.
966 *OECD*, BEPS Action 6 Final Report (2015), S. 55.
967 *OECD*, BEPS Action 6 Final Report (2015), S. 75 ff.
968 *OECD*, BEPS Action 6 Final Report (2015), S. 69.
969 *OECD*, BEPS Action 6 Final Report (2015), S. 72 ff.
970 *OECD*, BEPS Action 6 Final Report (2015), S. 78.

soll.[971] Daher verbleiben im Rahmen der vorliegend zu untersuchenden Normen auf zweiter Ebene Normen des nationalen Rechts, die die Inanspruchnahme des Abkommens in unangemessenen Fällen verhindern sollen.

6.2.2. Das Missbrauchsverständnis des EuGH in Bezug auf die Bekämpfung von Abkommensmissbrauch

Da insofern auch die Vorschriften zur Bekämpfung des Abkommensmissbrauchs eine spezifische Ausprägung eines einheitlichen Verständnisses von der Verhinderung grenzüberschreitender Gewinnverschiebung statuieren, knüpft daran die Frage an, ob auch diese an den unionsrechtlichen Maßstäben der Missbrauchsvermeidung zu messen sind.

Den entscheidenden unionsrechtlichen Bewertungsmaßstab gibt hierbei das Primärrecht vor. Regelungen, die den sekundärrechtlichen Vorgaben der Zins-/Lizenzgebühren-Richtlinie oder der Mutter-Tochter-Richtlinie entgegenstehen, sind in abkommensrechtlichen Missbrauchsvermeidungsnormen nicht zu erwarten.[972] Denn auf Ebene der Doppelbesteuerungsabkommen wird über die Zuweisung des Besteuerungsrechts entschieden. Die Frage ob und in welcher Höhe ein Mitgliedstaat ein ihm abkommensrechtlich zustehendes Besteuerungsrecht in Anspruch nimmt – und damit verbunden die Frage, ob die materielle Vorgabe der jeweils einschlägigen Richtlinie korrekt umgesetzt wird – entspringt jedoch dem jeweils nationalen materiellen Steuerrecht.[973]

Die abkommensrechltichen Missbrauchsvermeidungsnormen können damit der Prüfungslogik des EuGH zum Primärrecht unterzogen werden. Die Untersuchung der Frage, ob sie dem unionsrechltichen Missbrauchsverständnis zu unterwerfen sind, ist an die zuvor aufgezeigte die Differenzierung der OECD zwischen den Ebenen der Missbrauchsvermeidung im Kontext von Abkommensvorschriften anzuknüpfen.

6.2.2.1. Unionsrechtliche Bewertung abkommensrechtlicher Normen zur Verhinderung deren missbräuchlicher Inanspruchnahme

Die erste Ebene des Abkommensmissbrauchs betrifft Gestaltungen, in denen Steuerpflichtige bestimmte Beschränkungen der Abkommen selbst zu umgehen versuchen, namentlich Gestaltungen des Treaty Shoppings.

---

971 Beispielsweise wird die Unterkapitalisierung in BEPS-Aktionspunkt 4 behandelt, gespaltene Ansässigkeiten und Qualifikationskonflikte betreffen im Kern sog. Hybrid Mismatches des BEPS-Aktionspunkts 2; *OECD*, BEPS Action 6 Final Report (2015), S. 78.

972 Der Anwendungsbereich der Fusionsrichtlinie und der MwStSyst-RL ist von Abkommen regelmäßig nicht berührt.

973 Vgl. EuGH Rs. C-372/04 (*Test Claimants in Class IV of the ACT Group Litigation*) v. 12.12.2012, Slg. 2006, I-11673 (Rn. 60).

Debelva u. a. vertreten, dass abkommensrechtliche Missbrauchsvermeidungsnormen am Maßstab des unionsrechtlichen Missbrauchsverständnisses zu messen seien.[974] Maßgeblich hierfür ist die Annahme, dass Normen auf Abkommensebene zur Vermeidung von Missbrauch beschränkend auf die Grundfreiheiten einwirkten. Der abkommensrechtliche Vorbehalt, wie er beispielsweise aus einer *LoB-Klausel* oder einer *PPT*-Klausel resultiert, bewirke eine Differenzierung der steuerlichen Behandlung anhand der Ansässigkeit bzw. der Nationalität eines Gesellschafters. Die EuGH-Rechtsprechung, die bislang zu dieser Frage ergangen ist, ist nach Ansicht von *Debelva u. a.* jedoch nicht in Einklang zu bringen zu Urteilen, die ohne Bezug zum steuerlichen Abkommensrecht ergangen sind.[975] *LoB-Klauseln* griffen im Ergebnis in europäische Grundfreiheiten ein und müssten den Vorgaben des EuGH zum Rechtfertigungsgrund der Missbrauchsvermeidung entsprechend ausgestaltet werden.[976]

Diese Argumentation hält einer kritischen Würdigung anhand der EuGH-Rechtsprechung nicht stand, die das Verhältnis des Unionsrechts zum Abkommensrecht behandelt. Nach ständiger Rechtsprechung des EuGH bietet das Unionsrecht keinen geeigneten Maßstab für die inhaltliche Überprüfung von Doppelbesteuerungsabkommen. Verdeutlicht hat er dies zuletzt im Urteil *Riskin und Timmermans*.[977] Hierin wendeten sich die in Belgien ansässigen Kläger gegen die Besteuerung von Dividenden, die ihnen als natürliche Personen aus einer in Polen ansässigen Gesellschaft zugeflossen waren. Nach dem einschlägigen Doppelbesteuerungsabkommen zwischen Polen und Belgien konnten die Dividenden in Belgien mit einem Steuersatz von 25 % besteuert werden. Die belgische Finanzverwaltung weigerte sich jedoch eine polnische Quellensteuer auf die belgische Steuer anzurechnen, da das polnisch-belgische Abkommen im Zusammenspiel mit dem nationalen belgischen Recht für die Anrechnung voraussetze, dass die Dividenden in Ausübung einer Berufstätigkeit genutzt würden.[978] Das entscheidende Gericht legte dem EuGH die Sache mit der Frage vor, ob eine Verletzung der Kapitalverkehrsfreiheit nach Art. 63 AEUV daraus resultiere, dass nach dem einschlägigen belgischen-polnischen Doppelbesteuerungsabkommen Dividendenzahlungen im Ergebnis schlechter gestellt

974 *Debelva/Scornos/Van den Berghen/Van Braband*, ECTR 2015, S. 132 ff.

975 *Debelva/Scornos/Van den Berghen/Van Braband*, ECTR 2015, S. 132 (135 ff.) berufen sich hierbei maßgeblich auf das Urteil *Metallgesellschaft* (C-397/98 und C-410/98), in denen der EuGH einer Schlechterstellung aus der Begründung heraus bejaht habe, die steuerliche Behandlung einer im Vereinigten Königreich beschränkt steuerpflichtigen Person habe sich am Vergleichsmaßstab einer dort ansässigen und damit unbeschränkt steuerpflichtigen Person zu messen (S. 137 f.).

976 *Debelva/Scornos/Van den Berghen/Van Braband*, ECTR 2015, S. 132 (138); so im Ergebnis auch *Cordewener/Kofler/van Thiel*, CMLR 2009, S. 1951 (1985 ff.).

977 EuGH Rs. C-176/15 (*Riskin und Timmermans*) v. 30.06.2016, ECLI:EU:C:2016:488.

978 EuGH Rs. C-176/15 (*Riskin und Timmermans*) v. 30.06.2016, ECLI:EU:C:2016:488 (Rn. 10–14).

seien als nach Doppelbesteuerungsabkommen mit Drittstaaten und so Investitionen in Drittstaaten zulasten des europäischen Binnenmarkts begünstigt würden.[979]

Der EuGH hatte sich im Ergebnis mit der Frage zu befassen, ob eine Schlechterstellung eines grenzüberschreitenden Sachverhalts gegenüber einem Vergleichssachverhalt mit einem anderen Staat, eine unzulässige Beschränkung des Binnenmarkts darstellt, wenn diese Schlechterstellung aus der Anwendung gewisser Abkommensnormen resultierte. Im Ergebnis verneinte er diese Frage.[980] Die Aussagekraft im Hinblick auf die vorliegend aufgeworfene Frage des unionsrechtlichen Beurteilungsmaßstabs gewinnt das Urteil insbesondere aus seiner Begründung. Dem EuGH nach fehle bereits die Vergleichbarkeit der Sachverhalte, wenn Doppelbesteuerungsabkommen unterschiedlicher Staaten miteinander verglichen werden sollten.[981] Hierzu stellt er entscheidend auf Art. 65 Abs. 1 lit. a) AEUV ab, nach welchem die Kapitalverkehrsfreiheit nicht denjenigen Vorschriften des Steuerrechts entgegensteht, die Steuerpflichtige mit unterschiedlichem Wohnort oder Kapitalanalgeort unterschiedlich behandelt.[982] Schon hieraus ergebe sich, dass belgische Steuerpflichtige mit Kapitalanlageort in Polen nicht notwendig gleich zu behandeln seien zu Steuerpflichtigen mit Kapitalanlageort in einem Drittstaat.[983]

Der EuGH wählte darüber hinaus einen weiteren Begründungsansatz, indem er klarstellte, dass – nach ständiger Rechtsprechung – Doppelbesteuerungsabkommen als bilaterale Staatsverträge ihren Anwendungsbereich eigenständig festlegten. Abkommensnormen seien daher stets in ihrer Gesamtheit der Bestimmungen des Abkommens anzusehen und trügen insgesamt zur Ausgewogenheit der Beziehungen beider Vertragsstaaten bei.[984] Der EuGH positioniert sich also – wenn zwar im Ergebnis vergleichbar, in der Argumentaition jedoch klarer als im Urteil *D*[985] – dahingehend, dass durch die bilaterale Festlegung des Anwendungsbereichs von Doppelbesteuerungsabkommen sich die Besteuerungsfolgen dem unionsrechtlichen Maßstab entzögen.[986]

---

979 EuGH Rs. C-176/15 (*Riskin und Timmermans*) v. 30.06.2016, ECLI:EU:C:2016:488 (Rn. 15).

980 EuGH Rs. C-176/15 (*Riskin und Timmermans*) v. 30.06.2016, ECLI:EU:C:2016:488 (Rn. 37).

981 EuGH Rs. C-176/15 (*Riskin und Timmermans*) v. 30.06.2016, ECLI:EU:C:2016:488 (Rn. 34).

982 EuGH Rs. C-176/15 (*Riskin und Timmermans*) v. 30.06.2016, ECLI:EU:C:2016:488 (Rn. 28).

983 EuGH Rs. C-176/15 (*Riskin und Timmermans*) v. 30.06.2016, ECLI:EU:C:2016:488 (Rn. 30).

984 EuGH Rs. C-176/15 (*Riskin und Timmermans*) v. 30.06.2016, ECLI:EU:C:2016:488 (Rn. 31).

985 EuGH Rs. C-376/03 (*D*) v. 05.07.2005, Slg. 2005, I-5821 (Rn. 54–61).

986 Ebenso EuGH Rs. C-194/06 (*Orange Europe Small Cap Funds*) v. 20.05.2008, Slg. 2008, I-3747 (Rn. 50 f.); EuGH Rs. C-372/04 (*Test Claimants in Class IV of the ACT Group Litigation*) v. 12.12.2012, Slg. 2006, I-11673 (Rn. 46, 57–65); EuGH Rs. C-307/97 (*Saint-Gobain*) v. 21.09.1999, Slg. 1999, I-6161 (Rn. 57).

Hieraus wird deutlich, dass der EuGH die Bestimmung des persönlichen und sachlichen Anwendungsbereichs eines Doppelbesteuerungsabkommens generell nicht am Maßstab des Unionsrechts für prüfbar erachtet.[987] Dies gilt auch dann, wenn die Abkommensberechtigung durch eine Norm mit dem Ziel der Missbrauchsvermeidung weiter spezifiziert wird. Wird einem Steuerpflichtigen eine privilegierende Steuerfolge eines Abkommens unter Berufung auf eine Abkommensvorschrift versagt, resultiert dies im Ergebnis aus dem zwischen den Vertragsstaaten vereinbarten Rechtsrahmen.[988] Der Anwendungsbereich des Abkommens entzieht sich seinerseits jedoch der Beurteilungssphäre des EuGH.[989]

Im Ergebnis lassen sich Normen, die der Vermeidung von Gestaltungen dienen, die die Grenzen des Abkommens selbst zu umgehen versuchen, daher nicht am Maßstab der unionsrechtlichen Missbrauchsvermeidung messen.

6.2.2.2. Unionsrechtliche Bewertung nationaler Normen zur Verhinderung des Abkommensmissbrauchs

Abkommensregelungen können zudem dazu verwendet werden, nationale Vorschriften im Schutze des Abkommens zu umgehen, um eine im Ergebnis günstigere Besteuerung zu erreichen.

Das deutsche Steuerrecht regelt derartige Normen maßgeblich in § 50d EStG.[990] Namentlich § 50d Abs. 3 EStG enthält Einschränkung im Hinblick auf die Entlastungen der Mutter-Tochter-Richtlinie nach § 43b EStG und die Zins-/Lizenzgebühren-Richtlinie nach § 50g EStG, sowie auf die in Abkommen angeordnete Verminderung des Quellensteuerabzugs und wird deshalb als zentrale Norm des nationalen Steuerrechts zur Verhinderung der missbräuchlichen Inanspruchnahme von Abkommensregelungen und Sekundärrecht gleichermaßen angesehen.[991] Diese Begünstigungen stellt § 50d Abs. 3 EStG für juristische Personen unter den Vorbehalt, dass, sofern

---

987 A.A. *Szudoczky/Koch*, in: Lang/Pistone/Rust/Schuch/Staringer (Hrsg.), Limitation on Benefits: „Qualified Person" (2016), S. 219 (240 ff.), die eine Unionsrechtswidrigkeit maßgeblich in Anlehnung an die „nationality clause" der Entscheidung *Open Skies* (Rs. C-466/98). Dies ist m.A. im Unterschied zum genannten Urteil *Class IV ACT Group Litigation* jedoch der fernliegendere Vergleichsfall, da die *Open Skies*-Entscheidung Luftverkehrsabkommen behandelte und daher keinerlei Bezug zum Steuerrecht aufwies.

988 *Dourado*, Intertax 2015, S. 42 (55); a.A. für sog. „discretionary relief clause", die die Abkommensberechtigung nicht von einem abstrakten Tatbestand, sondern von einer Ermessenentscheidung der Steuerverwaltung abhängig macht, *Pistone/Julien/Cannas*, in: Lang/Pistone/Rust/Schuch/Staringer (Hrsg.), Limitation on Benefits Clause and the EU Fundamental Freedoms (2016), S. 165 (186).

989 Ebenso *Dourado*, Intertax 2015, S. 42 (55); *Garrido*, ECTR 2009, S. 157 (176).

990 In der Fassung des AmtshilfeRLUmsG v. 26.06.2013, BGBl. I 2013, 1809.

991 *Kahle/Biebinger/Wildermuth*, Ubg 2014, S. 285 (294 ff.). § 50d Abs. 3 EStG sei hierbei nur beispielshaft für die Wirkweise derartiger nationaler Normen herausgegriffen. Vergleichbare Rechtsfolgen enthalten zudem § 50d Abs. 8 und Abs. 9 EStG.

Erträge nicht aus einer eigenen wirtschaftlichen Tätigkeit der juristischen Person erzielt werden, die Abkommens- und Richtlinienberechtigung am Maßstab der dahinterstehenden Personen zu prüfen ist.[992] Das nationale Recht ordnet dadurch eine Beschränkung im Sinne einer *LOB-Klausel* dahin gehend an, welchen Personen ein gewisser Abkommensvorteil gewährt werden kann.

Zunächst ist der Prüfungsmaßstab des Unionsrechts festzustellen. Die Normen des nationalen Rechts bewirken, dass gewisse grenzüberschreitende Gestaltungen im Ergebnis unvorteilhafter besteuert werden als andere. Nationale Vorschriften zur Vermeidung von *Treaty Shopping* kollidieren einerseits mit der Ebene der völkervertraglichen Doppelbesteuerungsabkommen.[993] § 50d Abs. 3 EStG zeigt, dass derartige Normen des nationalen Rechts neben dem Abkommensvorteil auch Vorteile entziehen können, die in Umsetzung sekundärrechtlicher Vorgaben, hier der Mutter-Tochter-Richtlinie und der Zins-/Lizenzgebühren-Richtlinie, eingeräumt wurden.

Gleichwohl sind Normen zur Verhinderung von *Treaty Shopping* richtigerweise nur an den primärrechtlichen Vorgaben zu messen. Die häufig in einem Atemzug gemeinsam genannten Problemkreise des Missbrauchs von Sekundärrecht und des Missbrauchs von Abkommensrecht[994] mögen zwar ein ähnliches Symptom, insbesondere durch den Einsatz substanzloser Gesellschaften, zu beschreiben. Eine Frage, ob die Einschränkung sekundärrechtlicher Vorgaben und das *Treaty Shopping* überhaupt am gleichen rechtlichen Maßstab zu prüfen sind, wird jedoch nur unzureichend diskutiert. Beide Problemkreise unterliegen einem voneinander unabhängigen rechtlichen Maßstab. Eine einheitliche rechtliche Prüfung der sich aus beiden Problemfeldern ergebenden Rechtsfragen erscheint nicht zwingend. In einigen Normen ergibt sich zwar schlicht eine Überlagerung des Problemkreises des *Treaty Shopping* mit der Einschränkung sekundärrechtlicher Vorgaben, gleichwohl berührt *Treaty Shopping* nicht *per se* auch europäisches Sekundärrecht.[995]

Normen zur Vermeidung von *Treaty Shopping* werden vielfach an den Vorgaben des unionsrechtlichen Missbrauchsverständnisses gemessen.[996] Die primärrechtliche Prüfung hat vielmehr jedoch zunächst am Merkmal der beschränkenden Wirkung anzusetzen. Die Wirkung nationaler Normen zur Verhinderung von *Treaty Shopping* geht insofern einher mit der Wirkung gleichartiger Normen auf Abkommensebene

992 *Wagner*, in: Blümich, EStG/KStG/GewStG, § 50g EStG Rn. 79 ff.

993 Vgl. zu § 50d Abs. 8 S. 1 EStG: Beschluss des BVerfG v. 15.12.2015, 2 BvL 1/12, DStR 2016, 359. Da dieser Aspekt des treaty overrides keine unionsrechtliche Berührung hat, wird dies an dieser Stelle nicht näher diskutiert.

994 Vgl. *Kahle/Biebinger/Wildermuth*, Ubg 2014, S. 285 ff.; *Poulsen*, Intertax 2013, S. 230 ff.

995 Dies zeigt maßgeblich auch der Beschluss des des BVerfG, der Ausschließlich die völkerrechtliche Zulässigkeit von *treaty override* zum Thema hatte, ohne sich den Fragen der Überschreibung von Sekundärrecht stellen zu müssen, BVerfG v. 15.12.2015, 2 BvL 1/12, DStR 2016, 359.

996 *Kahle/Biebinger/Wildermuth*, Ubg 2014, S. 285 (297); *Poulsen*, Intertax 2013, S. 230 (245).

selbst: Unter den definierten Voraussetzungen wird einem Sachverhalt die begünstigende Wirkung des Abkommens wieder entzogen.[997] Unionsrechtlich gesprochen wird ein bestimmter grenzüberschreitender Sachverhalt schlechter behandelt als ein vergleichbarer – aber ebenfalls – grenzüberschreitender Sachverhalt. Nationale Normen zur Verhinderung von *Treaty Shopping* begründen dagegen als solche nicht die Schlechterstellung gegenüber der Behandlung eines rein nationalen Sachverhalts. Insofern geht aus unionsrechtlicher Sicht die Regelungswirkung derartiger Normen auf Ebene des nationalen Rechts dem Pendant auf Abkommenebene gleich.[998]

Insofern stimmt auch die unionsrechtliche Bewertung nationaler Normen zur Verhinderung von *Treaty Shopping* mit ihren Pendants auf Abkommensebene überein. Die nationale Norm erzeugt keine Schlechterstellung des grenzüberschreitenden Sachverhalts gegenüber einem rein nationalen Sachverhalt. Sie bewirkt schlicht, dass der überprüfte grenzüberschreitende Sachverhalt vergleichsweise zu einem anderen, aber ebenfalls – grenzüberschreitenden Sachverhalt schlechter gestellt wird. Wie im Urteil im *Riskin und Timmermans*[999] statuiert letzteres Vergleichspaar keine mittels Unionsrecht überprüfbare Ungleichbehandlung. Die eigentliche unionsrechtlich relevante Schlechterbehandlung folgt nicht aus dem Entzug eines Abkommensvorteils, sondern aus der im Reflex hieraus anzuwendenden nationalen Besteuerungsfolge. Wenn beispielsweise aufgrund § 50d Abs. 3 EStG die Anwendung des betreffenden Doppelbesteuerungsabkommens versagt wird, ist der Sachverhalt anhand der nationalen Normen für beschränkt Steuerpflichtige zu bewerten. Ergibt sich aus der Behandlung des beschränkt Steuerpflichtigen eine unionsrechtsrelevante Schlechterstellung, kann der Unionsrechtsverstoß jedoch nicht an § 50d Abs. 3 EStG festgemacht werden.

6.2.3. Zwischenergebnis

In ökonomischer Hinsicht verfolgen abkommensrechtliche und nationale Normen zur Verhinderung der missbräuchlichen Inanspruchnahme von Doppelbesteuerungsabkommen das zum Missbrauchsverständnis des EuGH gleichgerichtete Ziel: Ihnen ist gemeinsam, dass mit dem Einsatz einer bestimmten rechtlichen Gestaltung, bestimmte steuerliche Vorteile erzielt werden sollen, die den zugrunde liegenden wirtschaftlichen Verhältnisses jedoch nicht entsprechen.

Normen zur Vermeidung von Treaty Shopping, sei es auf Abkommensebene oder auf Ebene des nationalen Rechts, richten sich aber nur gegen das gleiche Symp-

---

997 *De Broe/Luts*, Intertax 2015, S. 122 (135).

998 Dem folgend schlägt auch die OECD im BEPS-Aktionspunkt 6 vergleichbare Gegenmaßnahmen für Normen auf Abkommensebene sowie auch auf Ebene des nationalen Rechts vor; dies kritisierend *De Broe/Luts*, Intertax 2015, S. 122; Zu dieser Rechtsfolge mittels Missbrauchsnormen auf Abkommensebene, vgl. vorstehend unter Kap. 6.2.2.1.

999 EuGH Rs. C-176/15 (*Riskin und Timmermans*) v. 30.06.2016, ECLI:EU:C:2016:488 (Rn. 19 ff.).

tom wie die Auslegung des EuGH zur Missbrauchsbekämpfung auf Unionsebene. Zwar haben beide Problemkreise einen überlappenden Anwendungsbereich, in rechtlicher Hinsicht dürfen beide jedoch nicht vermengt werden. Denn das unionsrechtliche Missbrauchsverständnis bietet keinen tauglichen Bewertungsmaßstab für Normen zur Verhinderung von *Treaty Shopping*. Während das Sekundärrecht schlicht keine Vorgaben zur Anwendung von Abkommensnormen macht, fehlt es bei Überprüfung von Primärrecht an der Schlechterstellung zu einem tauglichen Vergleichsfall. Die EuGH-Rechtsprechung hat klar herausgearbeitet, dass der relativ ungünstigeren Besteuerung im Vergleich zu einem anderen grenzüberschreitenden Sachverhalt keine unionsrechtliche Relevanz zukommt.

Die unionsrechtlichen Vorgaben zur Missbrauchsverhinderung statuieren damit keinen Maßstab zur Überprüfung von Normen, die sich gegen *Treaty Shopping* wenden.

6.3. Die Vermeidung von Gewinnverschiebung mittels Transferpreisen

Ein weiterer essentieller Baustein des BEPS-Projekts zur Vermeidung der Gewinnverschiebung sind die verbindlichen Vorgaben zu Transferpreisen innerhalb verbundener Unternehmen nach den zusammengefassten Aktionspunkten 8–10.

6.3.1. Die Zielvorgaben des BEPS-Aktionspunkts 8–10 in Bezug auf Transferpreisregelungen

Transferpreisregelungen betreffen – in der Diktion der OECD – sogenannte multinationale Unternehmensgruppen, deren Gewinnallokation bei grenzüberschreitenden Geschäftsbeziehungen für steuerliche Zwecke festgelegt werden soll.[1000] Während bei rechtlich und wirtschaftlich voneinander unabhängigen Parteien die widerstreitenden Interessen sicherstellen, so die grundlegende Einschätzung, dass (i) vertragliche Regelungen den beiderseitigen Interessen entsprächen, (ii) die Einhaltung der Vertragsbeziehung gegenseitig überwacht werde, und (iii), auch wenn von vertraglichen Regelungen abgewichen wird, dies nur im beiderseitigen Interesse erfolge.[1001] In Gegensatz hierzu gründet die Geschäftsbeziehung zwischen verbundenen Unternehmen nicht auf einer derartigen Vermutung des Interessenausgleichs. Sofern die Bedingungen derartiger Geschäftsbeziehungen, einschließlich der Preisfindung, davon abweichen, was unter fremden Dritten vereinbart worden wäre, rechtfertigt dies eine Anpassung der betreffenden Geschäftsbeziehung für steuerliche Zwecke.[1002]

1000 *OECD*, BEPS Actions 8–10 Final Reports (2015), S. 9.
1001 *OECD*, BEPS Actions 8–10 Final Reports (2015), S. 18.
1002 *OECD*, BEPS Actions 8–10 Final Reports (2015), S. 9.

Die internationalen Standards zur Bestimmung des Fremdvergleichs hat die OECD im Rahmen der sog. OECD Transfer Pricing Guidelines niedergelegt.[1003] Davon ausgehend behandelt BEPS-Aktionsplan 8–10 konkret die Transferpreisbestimmung in Bezug auf immaterielle Vermögenswerte, die Gewinnallokation anhand der Risiko- und Kapitalverteilung im Konzern, sowie die Bewertung von Hochrisikogeschäften einschließlich solcher Geschäfte, die nach individueller Risikobewertung des jeweiligen Unternehmens wirtschaftlich nicht gerechtfertigt werden könnten.[1004] Aufgrund deren besonderen Gewichts im Rahmen des BEPS-Projekts sollen die OECD-Vorschläge zu Transferpreisregelungen sicherstellen, dass operative Gewinne entsprechend ihrer wirtschaftlicher Verursachung allokiert werden.[1005] Inhaltlich formuliert BEPS-Aktionsplan 8–10 daher, nach welchen Leitlinien die unter Gesichtspunkten der Transferpreise kritischen Geschäftsbeziehungen identifiziert werden sollen, und vor allem welche Faktoren zur Bestimmung der wirtschaftlich gerechtfertigten Vergleichsbetrachtung zugrunde zu legen sind.[1006] Die Vergütung einer Leistung knüpft nach OECD daran an, welche Funktion das jeweilige Unternehmen im Zuge der Geschäftsbeziehung erfüllt und hat neben dem jeweiligen Wareneinsatz und das jeweils in der Unternehmensgruppe übernommene Risiko zu berücksichtigen.[1007] Nicht zu vergessen sei aber auch, dass einzelne Märkte ihre jeweils eigenen Spezifika mit sich brächten, die in Bezug auf die Festlegung des Fremdvergleichsmaßstab zu beachten seien.[1008]

Neben den vorgenannten Aspekten erläutert der BEPS-Aktionsplan 8–10 weitere Kriterien, die für die Preisfindung zwischen verbundenen Unternehmen von Relevanz sein können. Die Zielrichtung des BEPS-Aktionsplans 8–10 ist es daher, die internationalen Standards zum Fremdvergleich in Bezug auf diese, unter dem Gesichtspunkt der Gewinnverschiebung als besonders kritisch empfundene Problemfelder entsprechend dem Verständnis des internationalen Steuerrechts des BEPS-Projekts zu aktualisieren.

6.3.2. Das Missbrauchsverständnis des EuGH in Bezug auf die Vermeidung von Gewinnverschiebungen mittels Transferpreiskorrekturen

Die vorgeschlagenen Maßnahmen in Hinblick auf die Einkünftekorrektur von Verrechnungspreisen sind am Maßstab der Grundfreiheiten zu messen. Über-

---

1003 *OECD*, OECD-Verrechnungspreisleitlinien 2010 (2011), S. 33 ff.
1004 *OECD*, BEPS Actions 8–10 Final Reports (2015), S. 10.
1005 *OECD*, BEPS-Aktionsplan (2014), S. 16; *OECD*, BEPS Actions 8–10 Final Reports (2015), S. 12.
1006 *OECD*, BEPS Actions 8–10 Final Reports (2015), S. 15.
1007 *OECD*, BEPS Actions 8–10 Final Reports (2015), S. 16, 20 ff.
1008 *OECD*, BEPS Actions 8–10 Final Reports (2015), S. 36 ff.

schneidungen mit europäischem Sekundärrecht können sich im jeweiligen Anwendungsbereich der Richtlinien, bei Einsatz immaterieller Vermögenswerte insbesondere zur Zins-/Lizenzgebühren-Richtlinie, zwar ergeben. Wie die übrigen Richtlinien auch enthält die Zins-/Lizenzgebühren-Richtlinie jedoch keine Vorgaben dahingehend, in welcher Höhe derartige Zahlungen als angemessen zu erachten sind. Sofern nationale Vorschriften eine Korrektur der Zahlung der Höhe nach anstreben, ist diese Korrektur am Primärrecht zu messen.

6.3.2.1. Die Schutzbereichsbestimmung für Transferpreisregelungen

Ob die Verrechnungspreiskorrektur in den Schutzbereich der Niederlassungs- oder der Kapitalverkehrsfreiheit fällt, hängt maßgeblich von der zugrunde liegenden Ausgestaltung der nationalen Normen ab. Der EuGH hatte im Urteil *SGI* belgische Normen, die auf eine Verflechtung der Gesellschaften abstellten, beide Grundfreiheiten als potentiell betroffen erachtet.[1009] Da jedoch in der konkreten Fallgestaltung die beherrschende Gesellschaft mit über 30 % an der Tochtergesellschaft beteiligt war, war folgerichtig nur die Niederlassungsfreiheit prüfungsrelevant.[1010] Letztere Feststellung würde so auch für die deutsche Norm zur Korrektur von Transferpreisen des § 1 AStG gelten, sofern sie auf die in § 1 Abs. 2 Nr. 1 und Nr. 2 AStG getroffene Definition der nahestehenden Person mittels wesentlicher Beherrschung durch gesellschaftsrechtliche Beteiligung von über 25 % abstellt. Alternativ begründet § 1 Abs. 2 Nr. 3 AStG die nahestehende Person allerdings darauf, dass eine Beeinflussungsmöglichkeit außerhalb gesellschaftsrechtlicher Beteiligungsverhältnisse besteht. Da hier gerade keine gesellschaftsrechtliche Beherrschungssituation im Sinne der Niederlassungsfreiheit vorausgesetzt wird, würde im Ergebnis durch § 1 Abs. 2 Nr. 3 AStG die Kapitalverkehrsfreiheit beeinträchtigt.[1011]

In der Literatur wird die Einkünftekorrektur mittels Regelungen zu Transferpreisen zumeist als Eingriff in Grundfreiheiten gewertet.[1012] Auch der EuGH bejahte im Urteil *SGI* den Eingriff der belgischen Korrekturnormen in die Niederlassungsfreiheit.[1013] Dies ist letztlich auch folgerichtig, da die Möglichkeit zur Korrektur durch Transferpreise regelmäßig ausschließlich Auslandssachverhalte betrifft und die Korrekturmechanismen für nationale Sachverhalte – anders als Transferpreiskorrekturen – gerade keine Anwendung auf den übermäßig belasteten Steuer-

---

1009 EuGH Rs. C-311/08 (*SGI*) v. 21.01.2010, Slg. 2010, I-487 (Rn. 23–37).

1010 EuGH Rs. C-311/08 (*SGI*) v. 21.01.2010, Slg. 2010, I-487 (Rn. 34–37).

1011 Ebenso FG Düsseldorf, Urteil v. 19.02.2008, 17 K 894/05 E, IStR 2008, 449 (Rn. 42); *Englisch*, IStR 2010, S. 139 (139).

1012 *Kaminski*, in: Strunk/Kaminski/Köhler, AStG/DBA, § 1 AStG Rn. 68; *Musil/Schulz*, DStR 2013, S. 2205 (2208); *Scheipers/Linn*, IStR 2010, S. 469 (471); *Schön*, IStR 2004, S. 289 (298 f.).

1013 EuGH Rs. C-311/08 (*SGI*) v. 21.01.2010, Slg. 2010, I-487 (Rn. 42–55).

pflichtigen finden.[1014] Eine korrelierende Betrachtung dieser beiden Stuerpflichtigen nimmt das Unionsrecht gerade nicht vor.[1015]

6.3.2.2. Die Missbrauchsvermeidung als Rechtfertigung von Transferpreiskorrekturen?

Ausschlaggebend für die unionsrechtliche Bewertung von Transferpreisregelungen ist daher, in wieweit eine derartige Beschränkung gerechtfertigt werden kann. Vielfach wird gefordert, Transferpreisregelungen müssten zugunsten des Steuerpflichtigen die Möglichkeit eines Gegenbeweises dafür zulassen, dass es wirtschaftlich beachtliche Gründe für einen unangemessen niedrigen Verrechnungspreis gebe.[1016] Diese Forderung lässt sich vordergründig auf die Verhältnismäßigkeitsprüfung des EuGH im Urteil *SGI* stützen[1017] und geht damit auf das Erfordernis des Entlastungsbeweises aus der Rechtsprechung zum Missbrauch zurück.[1018]

Diese Bewertung vermag jedoch aus zweierlei Gründen nicht zu überzeugen: Es erscheint schon denklogisch fragwürdig, ob es für einen unangemessen niedrigen Verrechnungspreis wirtschaftliche Gründe geben kann. Existieren wirtschaftliche Gründe für eine bestimmte Preisgestaltung, handelt es sich vielmehr schon nicht um einen unangemessen niedrigen Verrechnungspreis. Wenn der EuGH im Urteil *SGI* fordert, dass wirtschaftliche Beweggründe zu berücksichtigen seien, ist dies vielmehr bestimmend für das Merkmal des nach belgischem Recht verlangten „außergewöhnlichen oder unentgeltlichen Vorteils“. Auch die dem Urteil zugrundeliegenden belgischen Normen enthielten keinen ausdrücklichen Vorbehalt des Nachweises wirtschaftlicher Gründe durch den Steuerpflichtigen.[1019] Der EuGH erachtete es vielmehr als ausreichend, wenn – wie von der belgischen Regierung vorgetragen[1020] – die allgemeine Beweislastverteilung so ausfalle, dass die Steuerverwaltung belastende Umstände und der Steuerpflichtige entlastende Umstände vorbringen könne.[1021] Einen entsprechenden Vorbehalt im Gesetz foderte das Gericht dagegen nicht.

1014 EuGH Rs. C-311/08 (*SGI*) v. 21.01.2010, Slg. 2010, I-487 (Rn. 51–53); ebenso *Englisch*, IStR 2010, S. 139 (139 f.); *Wassermeyer*, IStR 2001, S. 113 (113).

1015 *Englisch*, IStR 2010, S. 139 (139 f.); *Pohl/Raupach*, in: Bundesrechtsanwaltskammer/Bundesnotarkammer (Hrsg.), FS 50 Jahre Anwaltsinstitut (2003), S. 489 (505); *Schön*, IStR 2009, S. 882 (884).

1016 *Glahe*, IStR 2015, S. 97 (99 f.); *Musil/Schulz*, DStR 2013, S. 2205 (2208); *Kaminski*, in: Strunk/Kaminski/Köhler, AStG/DBA, § 1 AStG Rn. 67; *Scheipers/Linn*, IStR 2010, S. 469 (473).

1017 EuGH Rs. C-311/08 (*SGI*) v. 21.01.2010, Slg. 2010, I-487 (Rn. 71–75).

1018 Vgl. hierzu vorstehend unter Kap. 5.2.

1019 EuGH Rs. C-311/08 (*SGI*) v. 21.01.2010, Slg. 2010, I-487 (Rn. 3–8).

1020 EuGH Rs. C-311/08 (*SGI*) v. 21.01.2010, Slg. 2010, I-487 (Rn. 73 f.).

1021 EuGH Rs. C-311/08 (*SGI*) v. 21.01.2010, Slg. 2010, I-487 (Rn. 75 f.).

Daneben geht der Schluss auf die Missbrauchsrechtsprechung des EuGH auch inhaltlich fehl, da beide Regelungen unterschiedliche Sachverhaltskonstellationen betreffen. *Wassermeyer* stellt hinsichtlich des Verhältnisses von § 1 AStG und § 42 AO zu Recht fest, dass der Missbrauchsvorwurf die individuelle Gestaltung als solche betrifft.[1022] Die Anpassung mittels Verrechnungspreisen richte sich dagegen nur auf die Preisgestaltung, zweifelt jedoch nicht die zugrundeliegende Rechtsbeziehung an.[1023] Die gleiche Wertung kann auch auf das Unionsrecht übertragen werden, da auch der EuGH im Falle des Missbrauchs eine Vertragsbeziehung oder einen Rechtsträger als solchen negiert. Dagegen formuliert der EuGH als Anforderung an die Ausgestaltung der Vertragsbeziehung unter nahestehenden Personen, dass diese in fremdüblicher Weise ausgestaltet seien müssten, ohne jedoch selbst konkrete Vorgaben an die Fremdüblichkeit zu formulieren.[1024] Das Erfordernis des Nachweises wirtschaftlicher Gründe ist daher richtigerweise als inhaltliche Vorgabe im Rahmen der Fremdüblichkeit anzusehen.

6.3.3. Zwischenergebnis

Der Interessengleichlauf verbundener Unternehmen rechtfertigt es, grenzüberschreitende Rechtsbeziehungen in den näheren steuerlichen Fokus zu nehmen. Wirtschaftlich unangemessene, da dem Fremdvergleich nicht entsprechende Gestaltungen können zur Verlagerung der anfallenden Gewinne in spezifische Steuerjurisdiktionen missbraucht werden. Ausgehend von dieser gereiften Erkenntnis formuliert die OECD formuliert in BEPS-Aktionspunkt 8–10 Anforderungen an die nationale Gesetzgebung, um mittels Transferpreisregelungen die Gewinnallokation in den Staaten an die ökonomische Verursachung knüpfen zu können.

Im unionsrechtlichen Sinne begründen derartige unilaterale Maßnahmen der Mitgliedstaaten zwar eine Beschränkung von Grundfreiheiten. Die Rechtfertigung für Transferpreisregelungen ist jedoch nicht in der Verhinderung missbräuchlicher Gestaltungen zu suchen, sondern betrifft im Kern die gerechte Abgrenzung der Besteuerungsgrundlagen zwischen den Mitgliedstaaten.[1025] Eine trennscharfe Abgrenzung dieser beiden Rechtfertigungsgründe nimmt der EuGH selbst freilich

1022 *Wassermeyer*, in: Flick/Wassermeyer/Baumhoff/Schönfeld, Außensteuerrecht, § 1 AStG (Rn. 49).

1023 *Wassermeyer*, in: Flick/Wassermeyer/Baumhoff/Schönfeld, Außensteuerrecht, § 1 AStG (Rn. 49).

1024 Dies entspricht den Vorgaben an die Verhältnismäßigkeit der Transferpreisregelung, vgl. EuGH Rs. C-311/08 (*SGI*) v. 21.01.2010, Slg. 2010, I-487 (Rn. 72); ebenso EuGH Rs. C-282/12 (*Itelcar*) v. 03.10.2013, ECLI:EU:C:2013:629 (Rn. 38); EuGH Rs. C-105/07 (*N. V. Lammers & Van Cleeff*) v. 17.01.2008, Slg. 2008, I-173 (Rn. 29); EuGH Rs. C-524/04 (*Test Claimants in the Thin Cap Group Litigation*) v. 13.03.2007, Slg. 2007, I-2107 (Rn. 80–83).

1025 *Baker*, Intertax 2010, S. 194 (196); *Schön*, IStR 2011, S. 777 (780).

nicht vor, ist jedoch im Sinne einer erhöhten Rechtssicherheit zu fordern.[1026] Da Transferpreisregelungen jedoch nur nach dem „wie“ der Preisgestaltung fragen, missbräuchliche Gestaltungen jedoch eine Vertragsbeziehung als solche negieren würden, finden nach der hier vertretenen Auffassung die spezifischen Vorgaben des EuGH hinsichtlich nationaler Maßnahmen, die der Vermeidung steuerlichen Missbrauchs nach unionsrechtlichem Duktus dienen, keine Anwendung.

6.4. Zusammenfassende Thesen zur Relevanz des Missbrauchs für Maßnahmen der BEPS-Aktionspläne

- Die wesentliche Zielrichtung des BEPS-Projekts ist die Sicherung der Besteuerung am Ort der Wertschöpfung. In ökonomischer Sicht deckt sich daher die Zielvorgabe des BEPS-Projekts mit der ökonomischen Grundprämisse der Missbrauchsvermeidung im unionsrechtlichen Kontext, die sich gegen die Möglichkeit der künstlichen Gewinnverlagerung stemmt. Richtet man den Blick über das Ökonomische hinaus, kommt die Untersuchung des rechtlichen Verständnisses zum Ergebnis, dass die Mehrzahl der im Rahmen des BEPS-Projekts aufgestellten Vorschläge nicht am Maßstab des unionsrechtlichen Missbrauchsbegriffs zu überprüfen sind.
- OECD-Aktionspunkt 2 greift die Verhinderung steuerlicher Übervorteilung durch die Nutzung sog. Hybrid Mismatches auf. Dies betrifft die Ausgestaltung von Rechtsträgern oder von einzelnen Rechtsbeziehungen, die sich die Verwerfung in der Besteuerung resultierend aus einer grenzüberschreitend differierenden steuerlichen Qualifikation zu nutze machen. Der unionsrechtliche Ansatzpunkt hierzu ist, dass Rechtsträger sowie Rechtsbeziehungen grundsätzlich grenzübergreifend anzuerkennen sind. Zum Umsatzsteuerrecht hat der EuGH in der Rechtssache *RBS Deutschland Holding* entschieden, dass eine Nichtbesteuerung nach wörtlicher Auslegung des nationalen Umsatzsteuerrechts nicht unter dem Aspekt der Missbrauchsvermeidung versagt werden dürfe. Die vergleichbare Position nahm der EuGH auch in Urteilen zu Fragen der direkten Steuern ein, in denen er betonte, dass die Missbrauchsvermeidung keine Einschränkung für wirtschaftlich gerechtfertigte Verhaltensweisen begründe und demzufolge nicht als Rechtfertigung dafür dienen könne, Lücken im Besteuerungssystem der Mitgliedstaaten zu schließen.
- Im Zuge des BEPS-Aktionspunktes 6 begegnet die OECD den Risiken des Abkommensmissbrauchs. Im Kern geht die OECD der Frage nach, wie verhindert werden kann, das eine Abkommensberechtigung zu Unrecht erlangt wird. Nach der, maßgeblich in der Entscheidung *Test Claimants in Class IV of the ACT Group Litigation* begründeten Lesart des EuGH, entzieht sich die Überprüfung dessen, wel-

---

1026 *Englisch*, IStR 2010, S. 139 (141); *Scheipers/Linn*, IStR 2010, S. 469 (471 f.); zur Problematik der Abgrenzung der betreffenden Rechtsfertigungsgründe vorstehend unter Kap. 2.2.3.2.

chen steuerlichen Status ein völkerrechtliches Doppelbesteuerungsabkommen welchen Personen zukommen lässt, dem Prüfungsmaßstab des Unionsrechts. Die Argumentation ist insofern belastbar, da sich der Vergleichsmaßstab, an dem eine Beschränkung zu messen ist, nicht aus dem Vergleichzu einer Besteuerungssituation unter Geltung eines anderen Doppelbesteuerungsabkommens ableiten lässt. Doppelbesteuerungsabkommen dienen der Zuweisung eines Besteuerungsrechts. Ob der Mitgliedstaat dieses Besteuerungsrecht in unionsrechtskonformer Weise ausübt, bestimmt sich dagegen nach der jeweiligen materiellen Steuervorschrift.

- Ein entscheidender Stützpfeiler der Verankerung des Besteuerungsrechts zum Ort der Gewinnschöpfung ist die Verhinderung von Gewinnverschiebung mittels Transferpreisgestaltungen, denen die Aktionspunkte 8–10 gewidmet sind. Im Kern gehen diese der Frage nach, wie zwischen verbundenen Unternehmen die Fremdüblichkeit der Handelsbeziehungen sichergestellt werden kann. Der unionsrechtliche Aspekt der Missbrauchsvermeidung kann jedoch für die inhaltliche Bestimmung der „richtigen" Preisgestaltung nicht fruchtbar gemacht werden. Der Missbrauch zielt dagegen darauf ab, eine gesamte Gestaltung oder Rechtsbeziehung aufgrund ihrer Künstlichkeit auszublenden. Über die Feststellung hinaus, dass die Vertragsbeziehung, um nicht als künstlich im Sinne des Missbrauchs zu gelten, nach fremdüblichen Aspekten ausgestaltet sein müsse, lassen sich aus dem Aspekt der Missbrauchsvermeidung keine inhaltlichen Vorgaben auf die Art und Weise der Preisgestaltung ableiten. Gerade diese Vorgabe ist aber Gegenstand der BEPS-Aktionspunkte 8–10.

Kap. 7. Das Zwischenschalten von Rechtsträgern

Die Fallgruppe der Zwischenschaltung von Rechtsträgern betrifft die Fragestellung, inwiefern der Einsatz steuerlich abschirmender Rechtsträger auf einem ökonomisch gerechtfertigten Sachverhalt beruht, und ab wann ihr Einsatz als Ergebnis einer rein steuerlich missbräuchlichen Gestaltung zu werten ist.[1027]

Um die unionsrechtlichen Möglichkeiten und Grenzen nationaler Normen zur Vermeidung missbräuchlicher Zwischenschaltung von Rechtsträgern zu erörtern, sind zunächst das Missbrauchspotential derartiger Gestaltungen, sowie die aus Sicht der OECD im Rahmen des BEPS-Projekts empfohlenen Abwehrmaßnahmen zu erörtern. Die gewonnenen Erkenntnisse sind mit den bisherigen Leitlinien des Unionsrechts abzugleichen. Dem Fokus der vorliegenden Arbeit auf den europäischen Binnenmarkt folgend konzentriert sich die nachfolgende Untersuchung auf die Zwischenschaltung von Rechtsträgern im EU-/EWR-Raum.[1028] Im internationalen Kontext werden Normen, die sich gegen die Zwischenschaltung von Rechtsträgern richten unter dem Schlagwort der *Controlled foreign Company.*[1029] Die bereits sehr vertiefte Diskussion und Reflektion von CFC-Regelungen haben eine große Angleichung der Regelungen im internationalen Vergleich bewirkt. Diese gestattet es, die nachfolgende inhaltliche Diskussion der relevanten Tatbestandsmerkmale anhand einzelner Regelungsmerkmale zu gliedern.

7.1. Charakterisierung des Missbrauchspotentials von Zwischengesellschaften

Das Missbrauchspotential zwischengeschalteter Rechtsträger rührt daher, dass sich Steuerpflichtige die Abschirmwirkung von Kapitalgesellschaften gegenüber der Besteuerung auf Ebene der Anteilseigner zu Nutze machen können.[1030] Das Steuersubstrat bleibt am Ort der, häufig niedrig besteuerten Zwischengesellschaft solange unversteuert, bis diese Gewinne auf die Ebene des Gesellschafters hochgeschleust

---

1027 Im deutschsprachigen Schrifttum wird der Problemkreis häufig unter der Bezeichnung „Basisgesellschaft" abgehandelt, der aufgrund seiner fehlenden Konkretheit nicht den folgenden Ausführungen zugrunde gelegt wird; zum Begriff der Basisgesellschaft als Typusbegriff, vgl. *Schaumburg*, Internationales Steuerrecht (2011), Rn. 10.24 ff.

1028 Zur Erstreckung des Garantiegehalts der Grundfreiheiten aufgrund der Anwendbarkeit der Kapitalverkehrsfreiheit auf Drittstaaten, vgl. nachfolgend unter Kap. 7.2.1.1; zur unionsrechtlichen Rechtfertigung derartiger auf Drittstaaten abzielender CFC-Regelungen, vgl. *Pinto*, Tax Competition and EU Law (2003), S. 332 ff.

1029 Regelungen, die gegen das Zwischenschalten von Rechtsträgern gerichtet sind, werden nachfolgend dem folgend als *„CFC-Regelungen"* bezeichnet.

1030 *Pitzal*, Nicht- und Niedrigbesteuerung (2008), S. 28 f.; *Schaumburg*, Internationales Steuerrecht (2011), Rn. 10.2.; *Wassermeyer*, in: Flick/Wassermeyer/Baumhoff/Schönfeld, Außensteuerrecht, Vor §§ 7–14 AStG Rn. 1.

werden.[1031] Eine endgültige Steuerminderbelastung lässt sich schließlich dadurch erzielen, wenn Gewinne steuerfrei von der Ebene der Kapitalgesellschaft an ihre Anteilseigner ausgeschüttet werden können.[1032]

Der deutsche Gesetzgeber begegnet derartigen Gestaltungen mit den Vorschriften der Hinzurechnungsbesteuerung passiver Einkünfte sogenannter Zwischengesellschaften nach den §§ 7–14 AStG. CFC-Regelungen im Generellen, und so auch die §§ 7 ff. AStG, sollen davor schützen, dass unbeschränkt steuerpflichtige Personen nur den Rechtsmantel unternehmerisch nicht aktiver Gesellschaften dazu verwenden, das internationale Steuergefälle zu ihren Gunsten auszunutzen.[1033] Ihren Regelungsgegestand eint, dass die Abschirmwirkung steuerlich intransparenter Gesellschaften in niedrig besteuerten Ländern durchstoßen wird, um Steuersubstrat und damit Einkommensquellen im Inland der Besteuerung zu unterwerfen.[1034]

Überwiegend wird das Missbrauchsrisiko derartiger Gestaltungen höher eingeschätzt, wenn Steuersubstrat in Kapitalgesellschaften konzentriert wird, die außerhalb der EU ansässig sind.[1035] Zwischengesellschaften innerhalb der EU bergen dennoch ein ebenso hohes Missbrauchsrisiko. Die Attraktivität eines spezifischen Landes kann sowohl auf einer geringeren Steuerbelastung für laufende Gewinne in diesem Mitgliedstaat selbst basieren. Ebenso können Besonderheiten der einschlägigen Doppelbesteuerungsabkommen die letztendliche Herausverlagerung von Steuersubstrat aus der EU in Drittstaaten gänzlich ohne oder unter marginaler Steuerbelastung begünstigen.[1036]

Die Rechtfertigung des Besteuerungszugriffs durch CFC-Regelungen wird daraus gezogen, dass der Steuerpflichtige letztlich in Zuordnungsentscheidungen des internationalen Steuerrechts[1037] eingreift, indem er steuerliche Substanz vom eigentlichen Zuordnungsobjekt weg einem anderen Steuersubjekt zuordnet, das in einem anderen Staat steuerlich ansässig ist.[1038] Dies kann durch zivilrechtliche oder rein wirtschaftliche Übertragung von Wirtschaftsgütern zwischen zwei Steuersub-

---

1031 *Köhler*, in: Strunk/Kaminski/Köhler, AStG/DBA, Vor §§ 7–14 AStG Rn. 1 ff.; *Pitzal*, Nicht- und Niedrigbesteuerung (2008), S. 29; *Quilitzsch*, Die Hinzurechnungsbesteuerung (2013), S. 41 f.; *Wassermeyer*, in: Flick/Wassermeyer/Baumhoff/Schönfeld, Außensteuerrecht, Vor §§ 7–14 AStG Rn. 1; *Ramm*, ITR 2016, S. 2 (2); *Rust*, Intertax 2008, S. 492 (492).

1032 *Köhler*, in: Strunk/Kaminski/Köhler, AStG/DBA, Vor §§ 7–14 AStG (Rn. 4 ff.); *Quilitzsch*, Die Hinzurechnungsbesteuerung (2013), S. 42 f.; *Ramm*, ITR 2016, S. 2 (2).

1033 Vgl. BFH v. 03.05.2006, I R 124/04, BFH/NV 2006, 1729 (Rn. 28); *Chalmers/Davies/Monti*, European Union Law (2014), S. 885.

1034 *OECD*, BEPS Action 3 Final Report (2015), S. 13; *de la Feria*, CMLR 2008, S. 395 (429); *Oellerich*, in: Schaumburg/Englisch, Europäisches Steuerrecht (2015), Rn. 8.144.

1035 *De la Feria*, CMLR 2008, S. 395 (429).

1036 *Tavares/Bogenschneider*, Intertax 2015, S. 484 (486 f.).

1037 Die Zuordnung kann, je nach den geltenden nationalen Grundsätzen des internationalen Steuerrechts, nach dem Territorialitäts- oder dem Welteinkommensprinzip zu bewerten sein, vgl. *OECD*, BEPS Action 3 Final Report (2015), S. 15 f.

1038 *OECD*, BEPS Action 3 Final Report (2015), S. 13.

jekten mit steuerlicher Ansässigkeit in zwei unterschiedlichen Staaten erfolgen. Auch ohne interpersonale Verlagerung kann die staatliche Zuordnung verändert werden, indem ein Wirtschaftsgut beispielsweise einer ausländischen Betriebsstätte zugeordnet wird, oder der nämliche Rechtsträger insgesamt seine Ansässigkeit in einem Staat beendet, um sie in einem anderen Staat zu begründen.

Aus Sicht der Einzelstaaten wäre wünschenswert, die Übertragung von Steuersubstrat ins Ausland zu verhindern, um so die Besteuerung nationalen Steuersubstrats sicherzustellen. Für den Fall, dass eine Verlagerung bereits erfolgt ist, würde ein Besteuerungsdurchgriff auf nachgeschaltete Gesellschaften den Steueranspruch fortsetzen. Nach den Prinzipien des europäischen Binnenmarkts ist die Möglichkeit einer grenzüberschreitenden Verlagerung von Wirtschaftsgütern, die zur Steuerentstrickung führt, für den Steuerwettbewerb jedoch von wesentlicher Bedeutung.[1039] Andererseits haben die Voruntersuchungen gezeigt, dass rein steuerlich getriebene Ansiedlungsentscheidungen einen Aspekt des schädlichen Steuerwettbewerbs repräsentieren, der zur Fehlallokation aus Sicht des Investitionslandes führt.[1040] Die rein steuerlich begründete Steigerung der Attraktivität eines Standorts würde letztlich einen Steuersenkungswettbewerb zwischen den Staaten auslösen, durch den aus gesamtökonomischer Sicht länderübergreifend Steuersubstrat verloren ginge.[1041] Insofern kann es als internationaler Konsens angesehen werden, dass sich Steuerpflichtige nicht frei ein ihnen genehmes Besteuerungsumfeld auswählen dürfen.[1042]

Unter dem Gesichtspunkt der Gewinnverlagerung haben sich sogenannte passive Steuerquellen als besonders kritisch erwiesen.[1043] Derartige Einkünfte eint, dass sie ohne Beeinflussung realökonomischer Parameter, wie beispielsweise Fertigungsmaschinen, Lieferketten oder Personal einem anderen Besteuerungsort zugewiesen werden können. CFC-Regelungen dienen damit aus ökonomischer Sicht dazu, die aus bloßen steuerlichen Gesichtspunkten getriebene Ansiedlung in einem Mitgliedstaat von den Fällen abzugrenzen, in denen die internationalsteuerrechtliche Zuordnung eines Rechtsträgers zu einem Staat auf ökonomische Beweggründe zurückgeführt werden kann.[1044] Die ökonomische Ratio geht damit darauf zurück, wirksame Maßnahmen gegen schädlichen Steuerwettbewerb errichten.[1045] In Bezug

---

1039 *Schön*, in: Kirchhof/Nieskens (Hrsg.), FS Reiss (2008), S. 571 (582 f.); vgl. hierzu vorstehend unter Kap. 3.4.

1040 Vgl. hierzu vorstehend unter Kap. 3.5.2.1.

1041 *Chalmers/Davies/Monti*, European Union Law (2014), S. 825; *Rust*, Intertax 2008, S. 492 (492 f.); ebenso vorstehend unter Kap. 3.5.2.1.

1042 *Schön*, in: Kirchhof/Nieskens (Hrsg.), FS Reiss (2008), S. 571 (581).

1043 Vgl. *OECD*, BEPS Action 11 Final Report (2015), S. 60 f.; vgl. vorstehend unter Kap. 3.5.2.2.

1044 Zur kritischen Bewertung der §§ 7–14 AStG hinsichtlich ihrer Beschränkung auf die Funktion der Missbrauchsvermeidung, vgl. *Köhler*, in: Strunk/Kaminski/Köhler, AStG/DBA, Vor §§ 7–14 AStG Rn. 25 ff.; *Wassermeyer*, in: Flick/Wassermeyer/Baumhoff/Schönfeld, Außensteuerrecht, Vor §§ 7–14 AStG Rn. 21.

1045 Vgl. *OECD*, Harmful Tax Competion (1998), S. 40 f.

auf ihre Funktion im europäischen Binnenmarkt markieren sie aus Sicht der Mitgliedstaaten die Grenze, inwieweit sich ein Steuerpflichtiger auf rechtmäßige Weise den durch den Binnenmarkt geförderten zwischenstaatlichen Steuerwettbewerb zu Nutze machen darf, respektive ab wann eine gewählte Gestaltung wegen Missbrauchs den zulässigen Rahmen der Einkünfteverlagerung verlässt.[1046]

7.2. Die Vorgaben des Unionsrechts zu CFC-Regelungen

Aus rechtlicher Sicht konkurriert der Wunsch der Sicherung des nationalen Steuersubstrats mit dem Trennungsprinzip zwischen der Besteuerung der Kapitalgesellschaft und ihres Anteilsinhabers.[1047] Nationale Regelungen, die einen Missbrauch durch das Zwischenschalten ausländischer Rechtsträger verhindern sollen, verfolgen im Kern das Ziel, den Anteilsinhaber einer Gesellschaft zu besteuern schon bevor Gesellschaftserträge an diesen ausgeschüttet werden.[1048] Die OECD erarbeitete Empfehlungen zu effektiven nationalen CFC-Regelungen im Rahmen des BEPS-Aktionsplans 3.[1049]

In der Regelungstechnik können CFC-Regelungen entweder (i) den Beteiligungswert der Muttergesellschaft anhand des gemeinen Werts ansetzen und durch diesen veränderten Bilanzansatz Wertzuwächse in der Tochtergesellschaft berücksichtigen. Außerdem kann (ii) die Rechtspersönlichkeit der ausländischen Gesellschaft schlicht aberkannt werden, um diese steuerlich als Betriebsstätte der inländischen Muttergesellschaft zu betrachten. Weitere Möglichkeiten bestehen darin (iii) die Einkünfte der inländischen Muttergesellschaft zuzurechnen, oder (iv) eine Gewinnausschüttung der Tochtergesellschaft an die Muttergesellschaft zu fingieren.[1050]

Im Wesentlichen müssen nationale Maßnahmen in personeller Hinsicht diejenigen ausländischen Rechtsträger identifizieren, für die die Abschirmwirkung im internationalen Steuerrecht nicht anerkennenswert erscheint. Der Tatbestand von CFC-Regelungen lässt sich in personeller Sicht vereinfacht auf die folgenden Merkmale herunterbrechen: (i) eine ausländische Gesellschaft steht (ii) unter inländischer Beherrschung, und (iii) unterliegt im Ansässigkeitsstaat einer Niedrigbesteuerung.[1051] In

---

1046 *Kofler*, in: Hüttemann (Hrsg.), DStJG Bd. 33 (2010), S. 213 (215); *Pinto*, Tax Competition and EU Law (2003), S. 296 f.; *Pitzal*, Nicht- und Niedrigbesteuerung (2008) S. 20; *Quilitzsch*, Die Hinzurechnungsbesteuerung (2013), S. 72 f.; *Schaumburg*, Internationales Steuerrecht (2011), Rn. 2.11 und 2.14; *Schönfeld*, StuW 2005, S. 158 (165 f.).

1047 *Quilitzsch*, Die Hinzurechnungsbesteuerung (2013), S. 39.

1048 *Rust*, Intertax 2008, S. 492 (493).

1049 Vgl.*OECD*, BEPS Action 3 Final Report (2015), S. 9 f.; auf die Einzelheiten der Merkmale aus der Empfehlung wird in den nachfolgenden Abschnitten im Einzelnen eingegangen.

1050 *Rust*, Intertax 2008, S. 492 (493); *Terra/Wattel*, European Tax Law (2012), S. 546 f.

1051 Vgl. *OECD*, BEPS Action 3 Final Report (2015), S. 21 ff.; *Köhler*, in: Strunk/Kaminski/Köhler, AStG/DBA, Vor §§ 7–14 AStG Rn. 24; *Quilitzsch*, Die Hinzurechnungsbesteuerung (2013), S. 47 ff.

sachlicher Hinsicht gilt es das hinzurechnungsbedüftige Einkommen der ausländischen Gesellschaft zu identifizieren. Der ökonomischen Rechtfertigung folgend „zwischengeschaltete" Gesellschaften zu besteuern, fokussiert sich die Hinzurechnung auf Einkünfte aus sogenannter passiver Tätigkeit, somit in erster Linie Dividenden, Zins- und Lizenzeinkünfte, Einkünfte aus Versicherungsgeschäften, sowie aus Vertriebs- und Dienstleistungstätigkeiten.[1052] Die deutsche Regelung zur Hinzurechnungsbesteuerung definiert derartige Einkünfte negativ, indem § 8 AStG einen Katalog aktiver Tätigkeiten aufstellt, und die hieraus bezogenen Einkünfte von der Hinzurechnung ausnimmt.

Tatbestandlich ist daher nach dem *status quo* des Unionsrechts der Eingriff von CFC-Regelungen in den Schutzbereich der Grundfreiheiten, sowie in den Regelungsbereich der Mutter-Tochter-Richtlinie zu untersuchen. Unionsrechtliche Vorgaben für zukünftige CFC-Regelungen enthalten Art. 7 und Art. 8 Anti-BEPS-Richtlinie.

7.2.1. Die Beschränkung der Grundfreiheiten

7.2.1.1. Der Ausgangsthese des liberalen Verständnisses vom Binnenmarkt

Die vom Steuerpflichtigen erstrebte Steuerersparnis ist mit den primär- und sekundärrechtlich abgesicherten Freiheiten abzuwägen, die es den Wirtschaftsteilnehmern ermöglichen, sich innerhalb des Binnenmarkts wirtschaflitch frei zu betätigen. Keine Vermutung für ein missbräuchliches Verhalten indiziert nach Ansicht des EuGH der Wechsel der Besteuerungszuständigkeit, da das Steuersubjekt nunmehr dem Besteuerungsrecht des Aufnahmestaats unterliegt.[1053] Selbst wenn die gewählte Gestaltung im Ergebnis eine niedrigere Steuerbelastung nach sich zöge, rechtfertigt dies keine kompensatorische, die Niedrigbesteuerung im Ausland ausgleichende höhere Besteuerung im Inland.[1054] Dem Steuerpflichtigen verbleibt das Recht, sich die Gestaltung mit der niedrigesten Steuerbelastung zu Nutze zu machen.[1055]

Im Hinblick auf den Rechtfertigungsgrund des steuerlichen Gestaltungsmissbrauchs bedeutet dies, dass das Risiko des Verlusts von Steuersubstrat alleine ohne

---

1052 *OECD*, BEPS Action 3 Final Report (2015), S. 43 ff.; *Köhler*, in: Strunk/Kaminski/Köhler, AStG/DBA, Vor §§ 7–14 AStG Rn. 24; *Quilitzsch*, Die Hinzurechnungsbesteuerung (2013), S. 58 ff.

1053 Grundlegend EuGH Rs. C-264/96 (*ICI*) v. 16.07.1998, Slg. 1998, I-4695 ff. (Rn. 26).

1054 EuGH Rs. C-182/08 (*Glaxo Wellcome*) v. 17.09.2009, Slg. 2007, I-8591 (Rn. 82); EuGH Rs. C-324/00 (*Lankhorst-Hohorst*) v. 12.12.2002, Slg. 2002, I-11779 (Rn. 36); EuGH Rs. C-397/98 und C-410/98 (*Metallgesellschaft und Hoechst*) v. 08.03.2001, Slg. 2001, I-1760 (Rn. 59); EuGH Rs. C-35/98 (*Verkoojen*) v. 06.06.2000, Slg. 2000, I-4071 (Rn. 59); EuGH Rs. C-294/97 (*Eurowings*) v. 6.10.1999, Slg. 1999, I-7447 (Rn. 44); EuGH Rs. C-264/96 (*ICI*) v. 16.07.1998, Slg. 1998, I-4695 ff. (Rn. 28); EuGH C-107/94 (*Asscher*) v. 27.06.1996, Slg. 1996, I-3089 (Rn. 52); EuGH Rs. C-196/04 (*Cadbury Schweppes*) v. 12.09.2006, Slg. 2006, I-7995 (Rn. 49).

1055 EuGH Rs. C-103/09 (*Weald Leasing*) v. 22.10.2010, Slg. 2010, I-13589 (Rn. 34).

Hinzutreten besonderer, als Missbrauch zu wertender Umstände die Beschränkung von Grundfreiheiten nicht rechtfertigen kann.[1056]

7.2.1.2. Bestimmung der einschlägigen Grundfreiheit und deren Beschränkung

Der EuGH beurteilte den Anwendungsbereich der einschlägigen Grundfreiheit oftmals anhand der Merkmale des konkreten Sachverhalts, sprich aufgrund einer situativen Betrachtung.[1057] Die situative Betrachtung mag bei Bewertung einer Einzelfallentscheidung zielführend und richtig sein, bei abstrakter Überprüfung der Anforderungen an die nationalen Normen ist die Bewertung der einschlägigen Grundfreiheit jedoch anhand einer abstrakten Bewertung zu treffen. Der Anwendungsbereich der Grundfreiheiten ist an dieser Stelle daher anhand des Gegenstandsbereichs der angegriffenen Norm zu bestimmen.[1058]

CFC-Regelungen stellen auf die Eigenschaft einer ausländischen Gesellschaft als inländerbeherrscht ab. Nach Rechtsprechung des EuGH sind Vorschriften, die einen wesentlichen Einfluss auf die Entscheidungsfindung in der Tochtergesellschaft voraussetzen, an der Niederlassungsfreiheit zu messen.[1059] Da hierfür die jeweils einschlägigen gesellschaftsrechtlichen Vorgaben maßgeblich sind, wurde die Einflussnahme mittels Sperrminorität von 25 % auf *„wichtige[n], für den Fortbestand des Unternehmens maßgebende Entscheidungen“* in der Tochtergesellschaft als ausreichend erachtet.[1060] Stellt der personelle Anwendungsbereich von CFC-Regelungen auf Maßstäbe der rechtlichen Kontrolle über die ausländische Gesellschaft ab, unterliegen diese dem Anwendungsbereich der Niederlassungsfreiheit.

1056 *Cordewener*, Europäische Grundfreiheiten und nationales Steuerrecht (2002), S. 933; *Fischer*, FR 2006, S. 297 (302); *Quilitzsch*, Die Hinzurechnungsbesteuerung (2013), S. 160; *Schön*, in: Kirchhof/Nieskens (Hrsg.), FS Reiss (2008), S. 571 (594); *Vanistendael*, BIT 2016, S. 163 (167).

1057 EuGH Rs. C-105/07 (*N. V. Lammers & Van Cleeff*) v. 17.01.2008, Slg. 2008, I-173 (Rn. 16).

1058 In diesem Sinne auch EuGH Rs. C-464/05 (*Geurts & Vogten*) v. 25.10.2007, Slg. 2007, I-9325 (Rn. 16); EuGH Rs. C-157/05 (*Holböck*) v. 24.05.2007, Slg. 2007, I-4051 (Rn. 22); EuGH Rs. C-375/04 (*Test Claimants in Class IV of the ACT Group Litigation*) v. 12.12.2006, Slg. 2006, I-11673 (Rn. 37 f.); ebenso *Schön*, in: Drüen (Hrsg.), JbFStR 2013/2014 (2013), S. 85 (88).

1059 Stellvertretend EuGH Rs. C-31/11 (*Scheunemann*) v. 19.07.2012, ECLI:EU:C:2012:481 (Rn. 23); EuGH Rs. C-311/08 (*SGI*) v. 21.01.2010, Slg. 2010, I-487 (Rn. 27 f.); EuGH Rs. C-251/98 (*Baars*) v. 13.04.2000, Slg. 2000, I-2787 (Rn. 26); *Bröhmer*, in: Calliess/Ruffert, EUV/AEUV, Art. 63 AEUV Rn. 23; *Ress/Ukrow*, in: Grabitz/Hilf/Nettesheim, Das Recht der Europäischen Union, Art. 63 AEUV Rn. 313.

1060 EuGH C-31/11 (*Scheunemann*) v. 19.07.2012, ECLI:EU:C:2012:481 (Rn. 25 ff.); *Ress/Ukrow*, in: Grabitz/Hilf/Nettesheim, Das Recht der Europäischen Union, Art. 63 AEUV Rn. 315.

Unklar erscheint dies, da die OECD empfiehlt, ergänzend zur rein rechtlichen Bestimmung des Beherrschungsmoments auch auf Merkmale einer wirtschaftlichen Kontrolle, einer *de facto*-Kontrolle, oder eine Kontrolle anhand Konsolidierungsfähigkeit der Gesellschaften abzustellen.[1061] Der EuGH lässt bislang nicht erkennen, dass auch eine faktische oder wirtschaftliche Kontrolle zur Eröffnung des Anwendungsbereichs der Niederlassungsfreiheit genügt.[1062] CFC-Regelungen können nach derzeitiger EuGH-Rechtsprechung daher ebenso dem Anwendungsbereich der Kapitalverkehrsfreiheit nach Art. 63 AEUV unterfallen.[1063] Dies kann einerseits darauf beruhen, dass die nationale CFC-Regelungen – in Übereinstimmung mit den OECD-Empfehlungen – andere Maßstäbe zur Bestimmung der Inländerkontrolle statuieren, als sie der EuGH zur Bestimmung der Einflussnahmemöglichkeit auf den nachgeschalteten Rechtsträgers im Rahmen der Niederlassungsfreiheit heranzieht. Andererseits erkennt die OECD-Empfehlung an, CFC-Regelungen auf Personengruppen auszuweiten, deren Handeln sich als untereinander abgestimmt erweist.[1064] Dies kann genauso gut durch mehrere Personen erfolgen, die jeweils individuell nicht den personellen Anwendungsbereich der Niederlassungsfreiheit erfüllen.[1065]

Eine ausschließliche Anwendung der Niederlassungsfreiheit auf CFC-Regelungen wird zum Teil daraus gefolgert, dass der EuGH Tendenzen zeigt, Direktinvestitionen, deren Ziel die selbstständige wirtschaftliche Betätigung im Ausland ist, ausschließlich unter der Niederlassungsfreiheit zu prüfen.[1066] Namentlich in der *Cadbury Schweppes*-Entscheidung hatte der EuGH alleinig die Niederlassungsfreiheit für CFC-Regelungen als prüfungsrelevant erachtet. Etwaige Beeinträchtigungen der Kapital- und Dienstleistungsfreiheit beurteilte das Gericht als „*[...] unvermeindliche Konsequenz einer eventuellen Beschränkung der Niederlassungsfreiheit*“, die „*[...] jedenfalls keine eigenständige Prüfung [...] im Hinblick auf die Art. 49 EG [Anm.: Dienstleistungsfreiheit, nunmehr Art. 56 AEUV] und Art. 56 EG [Anm.: Kapitalverkehrsfreiheit, nunmehr Art. 63 ff. AEUV]*“ rechtfertigen.[1067] Die zugrundeliegende CFC-Regelung des britischen Steuerrechts war personell jedoch nur auf ausländische Gesellschaften anwendbar, an deren Kapital

---

1061 Zu den Kontrollbegriffen im Einzelnen unter Kap. 7.3.1.2.

1062 Zugunsten einer ausschließlich rechtlichen Betrachtung bspw. EuGH C-182/08 (*Glaxo Wellcome*) v. 17.09.2009, Slg. 2007, I-8591 (Rn. 47 ff.); vgl. zum Meinungsstand m.w.N. *Englisch*, Intertax 2010, S. 197 (200 f.).

1063 *Schön*, in: Drüen (Hrsg.), JbFStR 2013/2014 (2013), S. 85 (88 ff.).

1064 Vgl. hierzu im Nachfolgenden unter Kap. 7.3.1.2.

1065 EuGH Rs. C-446/04 (*Test Claimants in FII Group Litigation*) v. 12.12.2006, Slg. 2006, I-11753 (Rn. 46).

1066 Vgl. *Bröhmer*, in: Calliess/Ruffert, EUV/AEUV, Art. 63 AEUV Rn. 29.

1067 EuGH Rs. C-196/04 (*Cadbury Schweppes*) v. 12.09.2006, Slg. 2006, I-7995 (Rn. 33); hierauf bezugnehmend EuGH Rs. C-201/05 (*Test Claimants in the CFC and Dividend Group Litigation*) v. 23.04.2008, Slg. 2008, I-2875 (Rn. 72 f.).

der inländische Gesellschafter zu mehr als 50 % beteiligt war.[1068] Der EuGH entschied damit lediglich im Kontext der rechtlichen Kontrollmöglichkeit. Sonstige, von der OECD-Empfehlung behandelten Möglichkeiten der wirtschaftlichen, bzw. der *de facto*-Kontrolle, respektive einer an den Konsolidierungsmöglichkeiten nach IFRS-Standards angelehnte Beurteilung waren nicht Gegenstand der Entscheidung. Den EuGH-Urteilen kann daher keine Exklusivität der Niederlassungsfreiheit entnommen werden.

Eine, u.a. von *Schönfeld*[1069] bejahte Beeinträchtigung der Dienstleistungsfreiheit, dürfte jedoch aufgrund des Urteils in der Rechtssache *Test Claimants in FII Group Litigation* überholt sein. Hierin lehnte der Gerichtshof eine Betroffenheit der Dienstleistungsfreiheit mit der Begründung ab, diese sei aufgrund der Untrennbarkeit der Dienstleistung von der Kapitalbewegung stets mitbetroffen und daher im Ergebnis subsidiär.[1070]

Im Ergebnis ist damit die Niederlassungsfreiheit nur hinsichtlich derjenigen CFC-Regelungen ausschließlich anwendbar, die alleine auf eine rechtliche Beherrschung der ausländischen Gesellschaft abstellen.[1071] Werden für die Inländerbeherrschung daneben auch anderweitige Kriterien herangezogen, unterliegen die nationalen Normen gleichermaßen dem Anwendungsbereich der Kapitalverkehrsfreiheit.[1072] Da nach Rechtsprechung des EuGH beide Grundfreiheiten auch parallel anwendbar sein können, müssen sich derartige Normen letztlich an beiden Grundfreiheiten messen lassen.[1073] Dies ist im Ergebnis von höchster Relevanz: Dadurch, dass von Art. 63 AEUV auch der Kapitalverkehr gegenüber Drittstaaten geschützt ist, sind

1068 EuGH Rs. C-196/04 (*Cadbury Schweppes*) v. 12.09.2006, Slg. 2006, I-7995 (Rn. 6); ebenso EuGH Rs. C-201/05 (*Test Claimants in the CFC and Dividend Group Litigation*) v. 23.04.2008, Slg. 2008, I-2875 (Rn. 12).

1069 *Schönfeld*, Hinzurechnungsbesteuerung und europäisches Gemeinschaftsrecht (2005), S. 233 ff.

1070 EuGH Rs. C-446/04 (*Test Claimants in FII Group Litigation*) v. 12.12.2006, Slg. 2006, I-11753 (Rn. 59 f.); EuGH Rs. C-452/04 (*Fidium Finanz*) v. 03.10.2006, Slg. 2006, I-9521; *Tiedje*, in: von der Groeben/Schwarze/Hatje, Europäisches Unionsrecht (2015), Art. 57 AEUV Rn. 30.

1071 EuGH Rs. C-35/11 (*Test Claimants in the FII Group Litigation II*) v. 13.11.2012, ECLI:EU:C:2012:707 (Rn. 88 ff.); *Schön*, in: Drüen (Hrsg.), JbFStR 2013/2014 (2013), S. 85 (88).

1072 Ebenso *Köhler*, in: Strunk/Kaminski/Köhler, AStG/DBA, Vor §§ 7–14 AStG Rn. 43.3; *Quilitzsch*, Die Hinzurechnungsbesteuerung (2013), S. 149 ff.; *Schönfeld*, Hinzurechnungsbesteuerung und europäisches Gemeinschaftsrecht (2005), S. 196 ff.

1073 EuGH Rs. C-446/04 (*Test Claimants in FII Group Litigation*) v. 12.12.2006, Slg. 2006, I-11753 (Rn. 36); EuGH Rs. C-326/07 (*Kommission/Italien*) v. 26.03.2009, Slg. 2009, I-2291 (Rn. 36); *Ress/Ukrow*, in: Grabitz/Hilf/Nettesheim, Das Recht der Europäischen Union, Art. 63 AEUV Rn. 318.

auch Auslandsinvestitionen von EU-Inländern in Drittstaaten unionsrechtlich geschützt.[1074]

CFC-Regelungen bewirken, dass Einkünfte ausländischer Rechtsträger, die die personellen Voraussetzungen erfüllen, – unabhängig von der gewählten Gesetzestechnik – der Besteuerung im Inland unterworfen werden. Aufgrund der personellen Schutzbereichsbestimmung bei Niederlassungs- und Kapitalverkehrsfreiheit ist der typisierte Sachverhalt einer CFC-Regelung mit einem Sachverhalt zu vergleichen, bei dem die Investitionstätigkeit rein innerstaatlich erfolgt.[1075] Anders als im rein nationalen Kontext wird die Abschirmwirkung der Kapitalgesellschaft im Anwendnugsbereich von CFC-Regelungen im grenzüberschreitenden Sachverhalt steuerlich durchbrochen und Einkünfte, die der ausländischen Kapitalgesellschaft zufließen, der Besteuerung beim inländischen Gesellschafter unterworfen. Hierdurch wird der grenzüberschreitende Sachverhalt letztlich schlechter gestellt als der rein nationale Sachverhalt und schränkt somit die jeweils einschlägige Grundfreiheit ein.[1076]

7.2.1.3. Die Missbrauchsvermeidung als Rechtfertigungsgrund für CFC-Regelungen

Dem Grundgedanken des Steuerwettbewerbs folgend rechtfertigt eine derartige Beschränkung nicht schon, dass die Verlagerung von Einkunftsquellen Mindereinnahmen eines Mitgliedsstaats zur Folge hat.[1077] Wie der EuGH auch jüngst betonte, kann eine Niedrig- oder Nichtbesteuerung eines im Ausland ansässigen Rechtsträgers alleine eine Mehrbesteuerung im Inland nicht rechtfertigen.[1078] Eine steuerliche Korrespondenz zwischen einer Wenigerbelasung einerseits und einer Mehrbelastung andererseits wird vom EuGH dann anerkannt, wenn diese letztlich

---

1074 Vgl. *Englisch*, Intertax 2010, S. 197 (199); *Köhler*, in: Strunk/Kaminski/Köhler, AStG/DBA, Vor §§ 7–14 AStG (Rn. 50); *Quilitzsch*, Die Hinzurechnungsbesteuerung (2013), S. 148 f.; *Reimer*, in: Schaumburg/Englisch, Europäisches Steuerrecht (2015), Rn. 7.106 ff.; *Schönfeld*, Hinzurechnungsbesteuerung und europäisches Gemeinschaftsrecht (2005), S. 55.

1075 Vgl. hierzu vorstehend unter Kap. 2.2.2.3.

1076 EuGH Rs. C-201/05 (*Test Claimants in the CFC and Dividend Group Litigation*) v. 23.04.2008, Slg. 2008, I-2875 (Rn. 74 f.); EuGH Rs. C-196/04 (*Cadbury Schweppes*) v. 12.09.2006, Slg. 2006, I-7995 (Rn. 44 f.); *Köhler*, in: Strunk/Kaminski/Köhler, AStG/DBA, Vor §§ 7–14 AStG Rn. 43.3; *Quilitzsch*, Die Hinzurechnungsbesteuerung (2013), S. 156; *Schönfeld*, Hinzurechnungsbesteuerung und europäisches Gemeinschaftsrecht (2005), S. 251; *Vogt*, in: Blümich, EStG/KStG/GewStG, § 8 AStG Rn. 4.

1077 Stellvertretend für den Bereich der CFC–Regelungen, vgl. *Schönfeld*, Hinzurechnungsbesteuerung und europäisches Gemeinschaftsrecht (2005), S. 284 ff.

1078 EuGH Rs. C-589/13 (*F.E. Familienprivatstiftung Eisenstadt*) v. 17.09.2015, ECLI:EU:C:2015:612 (Rn. 73); EuGH Rs. C-196/04 (*Cadbury Schweppes*) v. 12.09.2006, Slg. 2006, I-7995 (Rn. 49).

ein und denselben Rechtsträger betrifft.[1079] *Rust*[1080] und *Schönfeld*[1081] zeigen zwar, dass ausnahmsweise auch eine interpersonelle Korrespondenz bejaht werden könne. Bei CFC-Regelungen scheitere dies aber daran, dass der grenzüberschreitende Sachverhalt gegenüber dem Inlandssachverhalt nicht schlechter gestellt sein dürfte[1082], respektive die Belastungsentscheidung des Mitgliedsstaats in konsequenter Weise angewandt werden müsse.[1083] Der Aspekt einer rechtsträgerübergreifenden Korrespondenz zwischen der niedrig besteuerten ausländischen Gesellschaft und einer vergleichsweise überbesteuerten inländischen Gesellschaft kann die Beschränkungen durch nationale CFC-Regelungen daher nicht rechtfertigen.[1084]

Die völkerrechtliche Rechtfertigung von CFC-Regelungen liegt in einem hinreichenden Inlandsbezug durch die Anforderungen des Kontrollerfordernisses.[1085] Das Kontrollerforderniss dient also letztlich dazu, die territoriale Abgrenzung der Besteuerungsbefugnisse abzusichern. Nach den Ausführungen des Aktionspunktes 3 unter Bezugnahme der Urteile *SGI* und *Oy AA* der OECD könnten CFC-Regelungen unter dem Rechtfertigungsspunkt der ausgewogenen Aufteilung der Besteuerungsgrundlagen gerechtfertigt sein.[1086] Meines Erachtens geht dieser Schluss jedoch fehl. Beide von der OECD zitierten Urteile befassen sich nicht mit nationalen CFC-Regelungen, sondern betreffen im Falle von *SGI* die Angemessenheit von Leistungsbeziehungen nahestehender Personen,[1087] und im Fall *Oy AA* die Zulässigkeit eines grenzüberschreitenden Konzernverbunds.[1088] Beide Entscheidungen verdeutlichen vielmehr die Nähe sowie das Verhältnis der Rechtfertigungsgründe der Aufteilung der Besteuerungsgrundlagen einerseits und der Missbrauchsverhinderung andererseits.[1089] Auch wenn sie das Ziel der gerechten internationalen Gewinnaufteilung un-

---

1079 EuGH Rs. C-168/01 (*Bosal*) v. 18.09.2003, Slg. 2003, I-9409 (Rn. 30); EuGH Rs. C-324/00 (*Lankhorst-Hohorst*) v. 12.12.2002, Slg. 2002, I-11779 ff. (Rn. 42).

1080 *Rust*, Intertax 2008, S. 492 (497 f.).

1081 *Schönfeld*, Hinzurechnungsbesteuerung und europäisches Gemeinschaftsrecht (2005), S. 295 ff.

1082 *Rust*, Intertax 2008, S. 492 (497 f.).

1083 *Schönfeld*, Hinzurechnungsbesteuerung und europäisches Gemeinschaftsrecht (2005), S. 300 ff.; ebenso *Schönfeld*, StuW 2005, S. 158 (165).

1084 EuGH Rs. C-196/04 (*Cadbury Schweppes*) v. 12.09.2006, Slg. 2006, I-7995 (Rn. 49); ebenso *Englisch*, Intertax 2010, S. 197 (206).

1085 *Quilitzsch*, Die Hinzurechnungsbesteuerung (2013), S. 49 f.

1086 *OECD*, BEPS Action 3 Final Report (2015), S. 18.

1087 In der Entscheidung *SGI* wehrt sich die Gesellschaft gegen die Erhöhung ihres steuerlichen Ergebnisses durch eine fiktive Verzinsung auf ein unentgeltliches Darlehen gegenüber einer ausländischen Tochtergesellschaft, sowie durch die Nichtanerkennung von Betriebsausgaben aus Vergütungen an Verwaltungsratsmitglieder an die ausländische Muttergesellschaft, vgl. EuGH Rs. C-311/09 (*SGI*) v. 21.01.2010, Slg. 2010, I-487 (Rn. 9 ff.).

1088 EuGH Rs. C-231/05 (*Oy AA*) v. 18.07.2007, Slg. 2007, I-6373 (Rn. 11 ff.).

1089 Vgl. EuGH Rs. C-311/09 (*SGI*) v. 21.01.2010, Slg. 2010, I-487 (Rn. 65 ff.); EuGH Rs. C-231/05 (*Oy AA*) v. 18.07.2007, Slg. 2007, I-6373 (Rn. 58 ff.).

terstützen, steht aus unionsrechtlicher Sicht die missbräuchliche Inanspruchnahme der Freiheiten des europäischen Binnenmarkts im Fokus von CFC-Regelungen.[1090] Derartige Regelungen stellen, im Sinne der Typisierung spezialgesetzlicher Missbrauchsvorschriften durch *Hey*, unselbstständige Fiskalzwecknormen dar.[1091] Die Belastungsentscheidung kann im Kontext des internationalen Steuerrechts auf die Verständigung der OECD-Staaten zurückgeführt werden, Gewinne dort der Besteuerung zu unterwerfen, wo sie tatsächlich erwirtschaftet werden. Der Ort der Gewinnschöpfung soll demnach übereinstimmen mit dem Ort der Gewinnversteuerung. CFC-Regelungen sichern diese Belastungsentscheidungen ab, statuieren jedoch keine eigenständige Belastungsentscheidung. Eine alleinige unionsrechtliche Rechtfertigung kann der Aspekt der Aufteilung der Besteuerungsgrundlagen daher nicht bieten.[1092]

Das Ziel der CFC-Regelungen ist es vielmehr, den primärrechtlich gebotenen Steuerwettbewerb zwischen den Mitgliedstaaten dahingehend einzuschränken, dass ungerechtfertigte Übervorteilungen einzelner Staaten mittels unilateraler Maßnahmen neutralisiert werden.[1093] Der Zweck von CFC-Regelungen liegt also darin, die Abschirmwirkung intransparenter Gesellschaften an einen wirtschaftlichen Sachverhalt zu knüpfen. Eine rein steuerlich getriebene Allokation von Besteuerungssubstrat soll damit verhindert werden. In den Kategorien der Rechtfertigungsgründe gesprochen dienen CFC-Regelungen der Vermeidung missbräuchlicher Umgehung eines nationalen Besteuerungsanspruchs durch Inanspruchnahme grundfreiheitlicher Garantien.

7.2.2. Der Eingriff in den Regelungsbereich der Mutter-Tochter-Richtlinie

CFC-Regelungen können zudem in den Regelungsbereich der Mutter-Tochter-Richtlinie eingreifen. Ziel der Mutter-Tochter-Richtlinie ist es, die auf Ebene einer Tochter-Gesellschaft erzielten Einkünfte im Rahmen deren „Hochschleusung" auf die Ebene der Mutter-Gesellschaft von einer erneuten Besteuerung freizustellen.[1094] Der EuGH prüfte, soweit ersichtlich, CFC-Regelungen dagegen bislang noch nicht unter dem Aspekt der Mutter-Tochter-Richtlinie.

Der personelle Anwendungsbereich des Art. 3 Abs. 1 lit. a) Mutter-Tochter-Richtlinie, der eine Mindestbeteiligung von 10 % am Kapital der Tochtergesellschaft erfordert, deckt sich jedenfalls mit den Anforderungen der rechtlichen Kontrolle bei CFC-Regelungen und dürfte selbst bei den übrigen Empfehlungen der OECD

1090 Vgl. zur Charakterisierung von CFC-Regelungen als typisierende Missbrauchsvermeidungsnormen vorstehend unter Kap. 7.1.

1091 *Hey*, in: Hüttemann (Hrsg.), DStJG Bd. 33 (2010), S. 139 (146 f.); *Hey*, StuW 2008, S. 167 (171); vgl. hierzu auch vorstehend unter Kap. 2.2.3.2c.

1092 Vgl. zur Korrelation der Rechtfertigungsgründe vorstehend unter Kap. 2.2.3.2.

1093 *Schönfeld*, StuW 2005, S. 158 (165 ff.).

1094 Zu den Zielen der Mutter-Tochter-Richtlinie vorstehend unter Kap. 2.1.1.

zur Kontrollbestimmung regelmäßig erfüllt sein. In sachlicher Hinsicht erfasst die Mutter-Tochter-Richtlinie nach Art. 1 Abs. 1 Gewinnausschüttungen. Diese sind – verkürzt gesprochen – im Quellenstaat sowie im Ansässigkeitsstaat der Muttergesellschaft von der Besteuerung freizustellen (Art. 4 Abs. 1 und Art. 5 Mutter-Tochter-Richtlinie). Die Beurteilung der Anwendbarkeit der Richtlinie beurteilt sich in erster Linie danach, welcher Theorie folgend die Zurechnung der ausländischen Einkünfte im Inland erfolgt.[1095]

Gegen eine Anwendung der Mutter-Tochter-Richtlinie würde sprechen, wenn CFC-Regelungen die Inlandsbesteuerung ausländischer Unternehmensgewinne dadurch verwirklichen, dass auf Ebene des Gesellschafters der Anteil an der ausländischen Gesellschaft steuerlich mit dem gemeinen Wert zu bilanzieren ist.[1096] Eine Ausschüttung im Sinne der Richtlinie würde dann zwar nicht erfolgen, eine Gewinnversteuerung ohne Realisierung widerspräche jedoch geltenden Steuergrundsätzen.[1097]

Gegen eine Anwendung der Mutter-Tochter-Richtlinie spräche zudem, wenn CFC-Regelungen als Ersatz einer inländischen Steuerpflicht der ausländischen Gesellschaft ausgestaltet sind.[1098] Wie *Schönfeld* argumentiert, hole der Gesetzgeber in diesen Fällen *„eine an sich gebotene aber unterbliebene inländische Besteuerung einer ausländischen Gesellschaft auf der Ebene der inländischen Anteilseigner“*[1099] nach. Dass die Steuerpflicht nicht an der ausländischen Gesellschaft anknüpft, gründe auf auf dem völkerrechtlichen Erforderniss eines hinreichenden Inlandsbezugs des Steuerpflichtigen.[1100] Auch wenn eine derartige Ersatzfunktion den Sinn und Zweck von CFC-Regelungen abbildet, vermag sie dagegen keine Regelungstechnik des Gesetzgebers zu charakterisieren.[1101] Denn die durch CFC-Regelungen bewirkte Steuerbelastung obliegt – auch nach den konzeptionellen Vorschlägen des BEPS-Aktionspunkts 3 – dem inländischen Steuerpflichtigen. CFC-Regelungen können

---

1095 Zu den denkbaren Techniken der Einkommenszuweisung im Rahmen von CFC-Gesetzgebung, vgl. vorstehend unter Kap. 7.2; sowie *Rust*, Intertax 2008, S. 492 (493 f.); *Schönfeld*, Hinzurechnungsbesteuerung und europäisches Gemeinschaftsrecht (2005), S. 136 ff.

1096 *Rust*, Intertax 2008, S. 492 (493).

1097 *Rust*, Intertax 2008, S. 492 (493).

1098 *Wassermeyer*, in: Flick/Wassermeyer/Baumhoff/Schönfeld, Außensteuerrecht, Vor §§ 7–14 AStG Rn. 50.

1099 *Schönfeld*, Hinzurechnungsbesteuerung und europäisches Gemeinschaftsrecht (2005), S. 412.

1100 *Schönfeld*, Hinzurechnungsbesteuerung und europäisches Gemeinschaftsrecht (2005), S. 412.

1101 *Wassermeyer* sieht hierin eine *„Steuerpflicht sui generis“* der ausländischen Gesellschaft, die letztlich keine erkennbare steuersystematische Lösung entwickelt, vgl. *Wassermeyer*, in: Flick/Wassermeyer/Baumhoff/Schönfeld, Außensteuerrecht, Vor §§ 7–14 AStG Rn. 50.

damit im Ergebnis konzeptionell damit verglichen werden, dass eine eigentlich im Inland bestehende Steuerpflicht der ausländischen Gesellschaft ersetzt werden solle.

Der Anwendungsbereich der Richtlinie wäre eröffnet, wenn man nach wirtschaftlicher Betrachtung CFC-Regelungen als Hinzurechnung der auf Ebene der ausländischen Gesellschaft erzielten Gewinne bei der inländischen Muttergesellschaft ansieht.[1102] Während die Mutter-Tochter-Richtline den Terminus der Gewinnauschüttung nicht näher definiert, ist verbreitete Ansicht, dass hiervon nicht nur offene Ausschüttungen, sondern auch Zahlungen erfasst werden, die bei wirtschaftlicher Betrachtung als Gewinnausschüttung zu qualifizieren sind.[1103] Die Hinzurechnung bewirke dabei eine Fiktion der Vollausschüttung der von der ausländischen Gesellschaft erzielten Erträge an den inländischen Gesellschafter.[1104]

Die Erstreckung des Anwendungsbereichs der Mutter-Tochter-Richtlinie auf CFC-Regelungen unterstützt zudem Art. 4 Abs. 2 Mutter-Tochter-Richtlinie. Dieser regelt, dass Gewinne hybrider Gesellschaften, die im Ansässigkeitsstaat der Muttergesellschaft als transparente Einheit betrachtet werden, bereits im Zeitpunkt ihrer Entstehung auf Ebene der Tochtergesellschaft auch bei der Muttergesellschaft steuerlich erfasst werden dürfen (Art. 4 Abs. 2 UAbs. 1 Mutter-Tochter-Richtlinie). Die auf diese Weise „hinzugerechneten" Gewinne sind jedoch im Zeitpunkt der tatsächlichen Gewinnausschüttung durch den Ansässigkeitsstaat der Muttergesellschaft freizustellen oder die im Ausland gezahlten Steuern anzurechnen (Art. 4 Abs. 2 UAbs. 2 Mutter-Tochter-Richtlinie). Erfasst man CFC-Regelungen als Durchbrechung der Abschirmwirkung ausländischer Rechtsträger,[1105] indem diese für inländische Steuerzwecke als transparente Einheit betrachtet werden, rechtfertigt

---

1102 Die Technik der fingierten Ausschüttung bezeichnet *Rust* als *„deemed dividend approach"*, *Rust*, Intertax 2008, S. 492 (493 f.).; sich dieser Theorie anschließend *Schönfeld*, Hinzurechnungsbesteuerung und europäisches Gemeinschaftsrecht (2005), S. 413; *Wassermeyer*, IStR 2000, S. 193 (194 f.); *Wassermeyer*, in: Flick/Wassermeyer/Baumhoff/Schönfeld, Außensteuerrecht, Vor §§ 7–14 AStG Rn. 46.

1103 Zur Anwendbarkeit der Mutter-Tochter-Richtlinie auf fingierte Gewinnausschüttungen, vgl. Schlussanträge des GA Mischo, Rs. C-324/00 (*Lankhorst-Hohorst*) v. 26.09.2002, Slg. (Rn. 100–118); ebenso *Quilitzsch*, Die Hinzurechnungsbesteuerung (2013), S. 144 ff.; *Schönfeld*, Hinzurechnungsbesteuerung und europäisches Gemeinschaftsrecht (2005), S. 408; so wohl auch *Terra/Wattel*, European Tax Law (2012), S. 321 f.

1104 *Rust*, Intertax 2008, S. 492 (493 f.); *Schönfeld*, Hinzurechnungsbesteuerung und europäisches Gemeinschaftsrecht (2005), S. 413; *Wassermeyer*, IStR 2000, S. 193 (194 f.); *Wassermeyer*, in: Flick/Wassermeyer/Baumhoff/Schönfeld, Außensteuerrecht, Vor §§ 7–14 AStG Rn. 22 f.

1105 *Rust*, Intertax 2008, S. 492 (493), die transparente steuerliche Behandlung der zwischengeschalteten Gesellschaft wird hierbei als *„piercing the veil approach"* bezeichnet.

sich die Anwendung der Mutter-Tochter-Richtlinie daher aus dem überlappenden Anwendungsbereich mit Art. 4 Abs. 2 Mutter-Tochter-Richtlinie.[1106]

Die Anwendbarkeit der Mutter-Tochter-Richtlinie auf CFC-Regelungen kann sich damit nicht nur auf eine wirtschaftliche Auslegung des Begriffs der Gewinnausschüttung stützen, sondern entspricht ebenfalls der expliziten Behandlung von Gesellschaften, die im Ansässigkeitsstaat der Muttergesellschaft als transparente Einheiten qualifiziert werden.

Die Mutter-Tochter-Richtlinie enthält keinen spezifischen Vorbehalt zugunsten mitgliedstaatlicher Ausnahmevorschriften für CFC-Regelungen, die niedrigbesteuerte Tochtergesellschaften im europäischen Ausland betreffen. Um nicht gegen die Mutter-Tochter-Richtlinie zu verstoßen, müssen CFC-Regelungen nunmehr dem neuformulierten Missbrauchsvorbehalt nach Art. 1 Abs. 2 und Abs. 3 Mutter-Tochter-Richtlinie entsprechen. Anders als die Grundfreiheiten ist die Mutter-Tochter-Richtlinie aufgrund ihres Anwendungsbereichs nach Art. 2 und Art. 3 Mutter-Tochter-Richtlinie ausschließlich bei innergemeinschaftlichen Konstellationen von Belang, Drittstaatssachverhalte sind dagegen nicht erfasst.

7.2.3. Die CFC-Regelungen im Entwurf der Anti-BEPS-Richtlinie

Schon der Entwurf der europäischen Kommission vom 28. Januar 2016 zur Anti-BEPS-Richtlinie enthielt in den Art. 8 und Art. 9 des Entwurfs der Anti-BEPS-Richtlinie Vorgaben für CFC-Regelungen der Mitgliedstaaten. Die Vorschriften wurden im Detail zwar überarbeitet, finden sich jedoch in den Art. 7 und Art. 8 der verabschiedeten Fassung der Anti-BEPS-Richtlinie wieder.

Die CFC-Regelungen setzen am allgemeinen Verständnis an, dass Einkünfte einer im niedrig besteuerten Ausland ansässige Tochtergesellschaft der Muttergesellschaft an ihrem Ansässigkeitsort zugerechnet werden.[1107] Die CFC-Regegelungen entsprechen dabei in ihrer Grundaussage den internationalen Standards, indem an eine ausländische Körperschaft unter Beherrschung durch im Inland unbeschränkt Steuerpflichtige (Art. 7 Abs. 1 lit. a) Anti-BEPS-Richtlinie), und eine Niedrigbesteuerung im Ansässigkeitsstaat (Art. 7 Abs. 1 lit. b) Anti-BEPS-Richtlinie) angeknüpft wird, deren Einkünfte hauptsächlich passiver Natur sind (Art. 7 Abs. 2 lit. a) Anti-BEPS-Richtlinie) oder auf unangemessene Gestaltungen zurückzuführen sind (Art. 7

1106 A.A. wohl *Terra/Wattel*, European Tax Law (2012), S. 322 f., die argumentieren, dass aufgrund dessen, dass Art. 4 Abs. 1 lit. a Mutter-Tochter-Richtlinie auf die Transparenz kraft rechtlicher Charakteristik abstellt, Ausschüttungen aufgrund der Fiktion von CFC-Regelungen gerade nicht Art. 4 Abs. 1 lit. a Mutter-Tochter-Richtlinie unterfielen. Dies widerspricht m. E. der zuvor von den Autoren statuierten, sehr weiten wirtschaftlichen Betrachtung der Ausschüttung im Sinne der Mutter-Tochter-Richtlinie, vgl. *Terra/Wattel*, European Tax Law (2012), S. 321 f.

1107 Vgl. Erwägungsgrund (10) des Richtlinienvorschlags der Europäischen Kommission, COM/2016/026 final.

Abs. 2 lit. b) Anti-BEPS-Richtlinie). Die hinzuzurechnenden Einkünfte definiert Art. 8 Anti-BEPS-Richtlinie. Anders als der ursprüngliche Art. 8 Abs. 1 des Entwurfs zur Anti-BEPS-Richtlinie erstreckt Art. 7 Abs. 1 Anti-BEPS-Richtlinie den personellen Anwendungsbereich nicht nur auf Körperschaften als selbstständige Steuersubjekte, sondern bezieht ebenfalls Betriebsstätten in die Hinzurechnungsbesteuetrung mit ein.[1108]

Nach Art. 7 Abs. 2 lit. a) Anti-BEPS-Richtlinie darf eine Hinzurechnung nur erfolgen, wenn nicht ausgeschüttete Einkünfte des beherrschten Unternehmens oder der Betriebsstätte aus passiven Einkunftsquellen entstammen. Die CFC-Regelung hält jedoch eine Einschränkung für EU-/EWR-Sachverhalte bereit: Eine Hinzurechnung darf im Binnenmarktfall dann nicht erfolgen, wenn das beherrschte ausländische Unternehmen, gestützt auf Personal, Ausstattung, Vermögenswerte und Räumlichkeiten eine wesentliche wirtschaftliche Tätigkeit ausübt und dies auch nachweisen kann, Art. 7 Abs. 2 lit. a) UAbs. 2 Anti-BEPS-Richtlinie. Dass der Ursprung dieser Formulierung in der Missbrauchsrechtsprechung des EuGH liegt, verdeutlicht die Fassung des Art. 8 Abs. 2 des Entwurfs der Anti-BEPS-Richtlinie, der die Hinzurechnung im EU-/EWR-Sachverhalt noch explizit von einer rein künstlichen oder einer unangemessenen Gestaltung abhängig machte. Den Mitgliedstaaten steht es frei, für Sachverhalte in Bezug auf Drittstaaten die Entlastungsmöglichkeit mittels Nachweis einer wirtschaftlichen Tätigkeit durch den Steuerpflichtigen nicht zuzulassen, Art. 7 Abs. 2 lit. a) UAbs. 3 Anti-BEPS-Richtlinie.

7.3. Die Anforderungen zur Bestimmung des personellen Anwendungsbereichs von CFC-Regelungen

7.3.1. Die Empfehlungen des BEPS-Aktionspunkts 3

7.3.1.1. Der von CFC-Regelungen zu erfassende Gesellschaftstypus

Das Missbrauchspotential einer ausländischen zwischengeschalteten Gesellschaft besteht in der Abschirmwirkung zur Besteuerung auf Ebene des Gesellschafters, die in erster Linie Kapitalgesellschaften erzielen.[1109] Eine Gesellschaft ist ausländisch, wenn ihre Einkünfte mangels Sitz oder Geschäftsleitung im Inland nicht unbeschränkt steuerpflichtig sind.[1110]

1108 Dies erfolgte wohl als Reaktion auf die Streichung der allgemeinen *switch-over*-Klausel des Art. 6 des Entwurfs der Anti-BEPS-Richtlinie; vgl. zur personellen Reichweite im Detail nachfolgend unter Kap. 7.3.3.

1109 *OECD*, BEPS Action 3 Final Report (2015), S. 21 f.

1110 Vgl. *Jacobs/Endres/Spengel*, Internationale Unternehmensbesteuerung (2016), S. 406; *Henkel*, in: Mössner/Baumhoff/Dyckmanns, et al., Steuerrecht international tätiger Unternehmen, Rn. 7.55; *Quilitzsch*, Die Hinzurechnungsbesteuerung (2013), S. 47 f.

Die Abschirmwirkung machen sich auch hybride Einheiten zunutze. Dies beruht darauf, dass die Bestimmung der vom Gesellschafter im Inland verwirklichten Besteuerungsmerkmale nach der sog. isolierende Betrachtungsweise unabhängig von der Qualifikation des Ansässigkeitsstaats der Gesellschaft durchgeführt wird, und daher beide Staaten unabhängig voneinander nach eigenen Maßstäben den Rechtstypus bestimmen.[1111] Einheiten, die zwar im Ansässigkeitsstaat der Gesellschaft als transparent beurteilt werden, aus Sicht des Ansässigkeitsstaats des Gesellschafters jedoch als intransparent erachtet werden, sollten nach den Empfahlungen der OECD ebenfalls vom Anwendungsbereich von CFC-Regelungen erfasst werden.[1112]

Ein gleichlaufendes Risiko besteht auch in Fällen, in denen ein Qualifikationskonflikt über die Eigenschaft als Rechtsträger besteht und dieser bewirkt, dass eine wirtschaftliche Einheit in ihrem „Ansässigkeitsstaat" keine Rechtspersönlichkeit hat, der Ansässigkeitsstaat des Gesellschafters der ausländischen Einheit aber einen Rechtssubjektstatus zukommen lässt.[1113] Auch hier wird aus Gesellschaftersicht eine entsprechende Abschirmwirkung erzielt.

Eine der Abschirmwirkung eines ausländischen Rechtsträgers vergleichbare Situation entsteht, wenn der inländische Rechtsträger selbst eine ausländische Betriebsstätte betreibt, die von der Besteuerung bei der im Inland ansässigen Gesellschaft freigestellt ist.[1114]

7.3.1.2. Die Kontrollmöglichkeit des ausländischen Rechtsträgers

Das steuerliche Missbrauchspotential eines ausländischer Rechtsträger besteht unter der Voraussetzung, dass dieser keine eigenständigen wirtschaftlichen Entscheidungen trifft. Der Rechtsträger verhält sich demnach vollumfänglich entsprechend der Willensbildung des oder der berherrschenden Gesellschafter. Das Kontrollerfordernis begründet letztlich den für einen Besteuerungsanspruch im internationalen Steuerrecht erforderlichen Inlandsbezug.[1115] Dieser sogenannte „genuine Link" des Auslandssachverhalts wird nach allgemeinen völkerrechtlichen Kriterien dafür abverlangt, dass ein eigentlich im Ausland verwirklichter Steuersachverhalt eine hinreichende Berührung zum inländischen Steuerpflichtigen erreicht.[1116]

Die OECD empfiehlt für nationale CFC-Regelungen eine Kombination aus einem rechtlichen und einem wirtschaftlichen Kontrolltest, da beide Tests auf Basis einer

---

1111 Vgl. *Jacobs/Endres/Spengel*, Internationale Unternehmensbesteuerung (2016), S. 1274 f.; *Schaumburg*, Internationales Steuerrecht (2011), Rn. 5.130 ff.

1112 *OECD*, BEPS Action 3 Final Report (2015), S. 21 f.

1113 *OECD*, BEPS Action 3 Final Report (2015), S. 22.

1114 *OECD*, BEPS Action 3 Final Report (2015), S. 22.

1115 *Quilitzsch*, Die Hinzurechnungsbesteuerung (2013), S. 49 f.

1116 BVerfG Az. 2 BvR 475/78 v. 22.03.1983, BVerfGE 63, 343 (Rn. 96 ff.); *Englisch/Krüger*, IStR 2013, S. 513 (516 f.); *Quilitzsch*, Die Hinzurechnungsbesteuerung (2013), S. 49 f.; *Schaumburg*, Internationales Steuerrecht (2011), Rn. 3.13.

schematischen Prüfung erfolgen können.[1117] Die rechtliche Kontrolle zielt auf die Bestimmung der in den Anteilsverhältnissen verkörperten Stimmrechtsverhältnisse unter den Anteilsinhaber einer Gesellschaft ab.[1118] Aufgrund der starken Vereinfachung unterliege diese Methode jedoch dem Manko, dass atypische Beteiligungsstrukturen nur unzureichend berücksichtigt werden könnten, wie sie beispielsweise aus dem Einsatz unterschiedlicher Klassen von Gesellschaftern folgten.[1119] Daher sei zudem mit einzubeziehen, ob einer inländische Person das Recht auf laufende Gewinne, sowie im Falle der Auflösung oder Liquidation der Gesellschaft ein Recht auf die Vermögenssubstanz oder die Wirtschaftsgüter zustehe.[1120] In diesem Fall rechtfertige eine wirtschaftliche Betrachtung die Kontrollmöglichkeit über die ausländische Gesellschaft.[1121]

Um Möglichkeiten der Umgehung dieser Tests durch Reorganisation innerhalb einer Unternehmensgruppe zu verhindern, empfiehlt die OECD im BEPS-Aktionspunkt 3 zudem eine Berücksichtigung der faktischen Kontrolle über eine Gesellschaft, was jedoch stets mit einer umfassenden Analyse der Umstände im Einzelfall einher ginge.[1122] Eine schematischere Betrachtung könne daher eine an die Konsolidierungsfähigkeit nach IFRS-Standard 10 angelehnte Bestimmung von Kontrollmöglichkeiten liefern, worin sich wiederum Elemente der beschriebenen rechtlichen und faktischen Kontrolle widerspiegeln.[1123]

Die Gefahr der Gewinnverlagerung sieht die OECD dann gegeben, wenn die inländische Beherrschung über die ausländische Gesellschaft 50 % oder mehr erreicht.[1124] Neben dem unstreitigen Fall der Kontrollausübung durch einen Inländer, kann das Erfordernis auch durch eine Mehrzahl inländischer Personen erfüllt werden, deren Handeln sich als abgestimmtes Verhalten herausstellt.[1125] Neben unmittelbaren Beteiligungen sollen auch mittelbare Beteiligungsstrukturen erfasst sein, die der Obergesellschaft eine hinreichende Kontrolle ermöglichen.[1126]

1117 *OECD*, BEPS Action 3 Final Report (2015), S. 25.

1118 *OECD*, BEPS Action 3 Final Report (2015), S. 24.

1119 *OECD*, BEPS Action 3 Final Report (2015), S. 24.

1120 *OECD*, BEPS Action 3 Final Report (2015), S. 25.

1121 *OECD*, BEPS Action 3 Final Report (2015), S. 25.

1122 *OECD*, BEPS Action 3 Final Report (2015), S. 25.

1123 *OECD*, BEPS Action 3 Final Report (2015), S. 25.

1124 *OECD*, BEPS Action 3 Final Report (2015), S. 25, wobei den Staaten zugestanden wird, CFC-Regelungen bereits bei Inländerkontrolle von genau 50 % oder sogar weniger zugestanden wird.

1125 *OECD*, BEPS Action 3 Final Report (2015), S. 25 ff.; dagegen plädiert *Quilitzsch* für eine individuelle Mindestbeteiligung des beherrschenden Gesellschafters, ohne jedoch vernachlässigenswerte Kleinstbeteiligungen zu quantifizieren, vgl. *Quilitzsch*, Die Hinzurechnungsbesteuerung (2013), S. 51 ff.

1126 *OECD*, BEPS Action 3 Final Report (2015), S. 28 f.

7.3.2. Die Leitlinien der personellen Voraussetzungen nach dem Missbrauchsverständnis des EuGH

CFC-Regelungen müssen, da sie nach dem status quo des Unionsrechts primärrechtlich durch die Niederlassungs- und Kapitalverkehrsfreiheit geschützt werden, sowie dem Anwendungsbereich der Mutter-Tochter-Richtlinie unterliegen, das Missbrauchsverständnis des EuGH widerspiegeln.[1127] Damit sind nationale CFC-Regelungen auf die Verhinderung von Verhaltensweisen abzustimmen, *„die darin bestehen, rein künstliche, jeder wirtschaftlichen Realität bare Konstruktionen zu dem Zweck zu errichten, die Steuer zu umgehen, die normalerweise auf die durch Tätigkeiten im Inland erzielten Gewinne zu zahlen ist.“*[1128] Davon ausgehend sollen die Darstellungen im Folgenden darlegen, welche Merkmale die ausländische Gesellschaft nach der Konkretisierung des bisherigen Missbrauchsverständnisses durch den EuGH zu erfüllen hat, damit Einkünfte einer Hinzurechnung im Inland unterzogen werden dürfen.

7.3.2.1. Der Gesellschaftstypus und die erforderliche Kontrollmöglichkeit der Muttergesellschaft

Den Entscheidungen *Kofoed, Halifax* sowie *Emsland-Stärke* folgend lässt sich eine Vermutung für Missbrauch daraus ableiten, dass eine rechtliche Verflechtung der beteiligten Gesellschaften besteht.[1129] Nicht erforderlich ist, dass die Norm als solche auf eine beherrschende Einflussnahmemöglichkeit im Sinne der Schutzbereichseröffnung der Niederlassungsfreiheit abstellt.[1130] Sofern die Geschäftstätigkeit der ausländischen Tochtergesellschaft eine gewisse Abhängigkeit von der Muttergesellschaft aufweist, bestehe das Risiko, dass die Geschäftsbeziehung keine ausgewogene Einkommensverteilung zwischen den Gesellschaften repräsentieren.[1131] Eine der-

---

1127 Vgl. EuGH Rs. C-311/08 (*SGI*) v. 21.01.2010, Slg. 2010, I-487 (Rn. 27 f.); EuGH Rs. C-201/05 (*Test Claimants in the CFC and Dividend Group Litigation*) v. 23.04.2008, Slg. 2008, I-2875 (Rn. 76 ff.); EuGH Rs. C-196/04 (*Cadbury Schweppes*) v. 12.09.2006, Slg. 2006, I-7995 (Rn. 51); daneben stellt sich für die Rechtfertigung einzelner bestehender nationaler CFC-Regelungen die an dieser Stelle nicht weiter zu überprüfende Frage, inwiefern sie im Einzelfall unter die Bestandsschutzregelung des Art. 64 Abs. 1 AEUV gefasst werden kann, dies bejahend beispielsweise FG Münster, Az. 2 K 618/11 F v. 30.10.2014, EFG 2015, 351, Revision beim BFH anhängig unter Az. I R 78/14.

1128 EuGH Rs. C-201/05 (*Test Claimants in the CFC and Dividend Group Litigation*) v. 23.04.2008, Slg. 2008, I-2875 (Rn. 77).

1129 *Poulsen*, Intertax 2013, S. 230 (246).

1130 EuGH Rs. C-311/08 (*SGI*) v. 21.01.2010, Slg. 2010, I-487 (Rn. 30); zur Bestimmung der zur Schutzbereichseröffnung der Niederlassungsfreiheit erforderlichen Mindestbeteiligung, vgl. vorstehend unter Kap. 7.2.1.1.

1131 EuGH Rs. C-311/08 (*SGI*) v. 21.01.2010, Slg. 2010, I-487 (Rn. 29); *Poulsen*, Intertax 2013, S. 230 (246).

artige Abhängigkeit rechtfertigt das erhöhte Risiko einer Umgehung der Steuerfolgen, die als ungerechtfertigt erachtet werden.

Die Frage des Gesellschaftstypus der ausländischen Gesellschaft beantwortete der EuGH, soweit ersichtlich, bislang nicht explizit.[1132] Der EuGH erkennt Qualifikationskonflikte hybrider Gesellschaften allerdings nicht im Anwendungsbereich der Missbrauchsrechtsprechung.[1133] Daraus lässt sich im Umkehrschluss schließen, dass eine auf einem Qualifikationskonflikt beruhende Niedrigbesteuerung ausländischer Einkünfte mit anderen Mitteln als CFC-Regelungen zu lösen sind. Genausowenig unterfällt die Besteuerung ausländischer Betriebsstätten im Inland der Missbrauchsbetrachtung.[1134]

Im Anwendungsbereich von CFC-Regelungen verbleiben damit Körperschaften, die sowohl aus Sicht des Ansässigkeitsstaats der Gesellschaft selbst wie auch des Gesellschafters steuerlich intransparent sind.

7.3.2.2. Vorgaben der EuGH-Rechtsprechung zu niedrigbesteuerten Betriebsstätten

a. Die Bestimmung des einschlägigen Regelungsrahmens

Die sekundäre Niederlassungsfreiheit schützt die Gründung ausländischer Zweigstellen, deren steuerliches Pendant die Betriebsstätte bildet (Art. 49 Abs. 1 Satz 2 i.V.m. Art. 54 AEUV). Die von der OECD empfohlenen Maßnahmen hierzu unterfallen damit dem Schutzbereich der Niederlassungsfreiheit.

Problematischer ist, ob auch der Schutzbereich der Kapitalverkehrsfreiheit berührt wird.[1135] Der Schutz der Kapitalverkehrsfreiheit bezieht sich auf den freien Kapital- und Zahlungsverkehr zwischen den Mitgliedstaaten, wie z. B. dem Erwerb, dem Halten und der Veräußerung von Kapitalbeteiligungen.[1136] Selbst wenn die im Ausland erwirtschafteten Erträge aus passiven Einkunftsquellen entstammen, wie z. B. eine der Betriebsstätte zugewiesene Holdingtätigkeit, beschränken CFC-Regelungen gerade nicht diese Tätigkeit, denn der Besteuerungszugriff bezieht sich nicht auf die Tätigkeit der Betriebsstätte. Vielmehr betreffen CFC-Regelungen, entsprechend

---

1132 Der EuGH spricht insofern von ausländischen „Gesellschaften" oder „Tochtergesellschaften", vgl. EuGH Rs. C-201/05 (*Test Claimants in the CFC and Dividend Group Litigation*) v. 23.04.2008, Slg. 2008, I-2875; EuGH Rs. C-196/04 (*Cadbury Schweppes*) v. 12.09.2006, Slg. 2006, I-7995; dies entspricht letztlich Art. 54 AEUV, der neben juristischen Personen auch Personengesellschaften umfasst, vgl. *Müller-Graff*, in: Streinz, EUV/AEUV (2012), Art. 54 AEUV Rn. 4.

1133 Vgl. hierzu vorstehend unter Kap. 6.1.

1134 Vgl. hierzu nachfolgend unter Kap. 7.3.2.2.

1135 Dies ließ der EuGH auch in der Entscheidung *Columbus Container Services* offen, EuGH Rs. C-298/05 (*Columbus Container Services*) v. 06.12.2007, Slg. 2007, I-10451 (Rn. 55 ff.).

1136 Vgl. EuGH Rs. C-367/98 (*Kommission/Portugal*) v. 04.06.2002, Slg. 2002, I-4731 (Rn. 36 ff.).

des resultierenden Besteuerungszugriffs, den Vorwurf der Gewinnverlagerung von Seiten der im Inland ansässigen Muttergesellschaft. Die Muttergesellschaft selbst tätigt aber gerade keine Direktinvestition in Form eines Beteiligungserwerbs oder Ähnlichem. Der Anwendungsbereich der Kapitalverkehrsfreiheit wird daher durch Hinzurechnung von Betriebsstättengewinnen nicht berührt.

Von der Hinzurechnung der Erträge ausländischer Betriebsstätten ebenso nicht berührt ist der Anwendungsbereich der Mutter-Tochter-Richtlinie. Denn diese setzt in Art. 1 Abs. 1 stets eine gesellschaftsrechtliche Mutter-Tochter-Beziehung voraus. Die Erwähnung der Betriebsstätten in Art. 1 Abs. 1 lit. c) und d) Mutter-Tochter-Richtlinie erfolgt nur, um die Zuordnung einer Beteiligung zu einer Betriebsstätte zu verdeutlichen. Die Regelungen der Mutter-Tochter-Richtlinie betreffen jedoch nur den Dividendenfluss der Tochtergesellschaft an die Betriebsstätte der Muttergesellschaft. Dagegen setzt die vorliegend relevante Frage am nachgeschalteten Verhältnis zwischen der Betriebsstätte selbst und der Muttergesellschaft an.

Die Durchbrechung der Abschirmwirkung ausländischer Betriebsstäten ist daher letztlich nur am Maßstab der Niederlassungsfreiheit zu prüfen.

b. Die unionsrechtliche Bewertung der Hinzurechnung von Betriebsstätteneinkünften

Um ausländische Betriebsstätteneinkünfte der Besteuerung auf das Besteuerungsniveau im Inland „heraufzuheben“, können im nationalen Recht Ausnahmen von der Freistellung der ausländischen Betriebsstätteneinkünfte angeordnet werden. Alternativ können Einkünfte der ausländischen Betriebsstätte trotz Freistellung dem inländischen Einkommen der Gesellschaft hinzugerechnet. Wirtschaftlich erzielen beide Methoden das gleiche Ergebnis, und können daher unionsrechtlich einheitlich bewertet werden.

Dem EuGH lag im Verfahren *Columbus Container Services* § 20 Abs. 2 AStG a.F. zur Entscheidung vor.[1137] Dieser regelte für Gewinne ausländischer Betriebsstätten, dass sie im Falle der Niedrigbesteuerung nicht von der Besteuerung am Ansässigkeitsort der Gesellschaft freigestellt sind, sondern stattdessen die ausländische Steuer im Inland angerechnet wird (sog. *switch over*-Klausel). Der Gerichtshof sah darin noch nicht einmal eine Beschränkung der Niederlassungsfreiheit, da die Gewinne unabhängig vom Ort der Ansässigkeit demselben Steuersatz unterlagen, wie Gewinne, die in einer deutschen Betriebsstätte anfielen.[1138] Da mangels Harmonisierung dem Unionsrecht keine Kompetenz zur Entscheidung dafür zukomme, auf welche Art und Weise Doppelbesteuerung zu verhindern sei, obliege diese Entscheidung den Mitgliedstaaten selbst.[1139]

1137 EuGH Rs. C-298/05 (*Columbus Container Services*) v. 06.12.2007, Slg. 2007, I-10451.

1138 EuGH Rs. C-298/05 (*Columbus Container Services*) v. 06.12.2007, Slg. 2007, I-10451 (Rn. 40).

1139 EuGH Rs. C-298/05 (*Columbus Container Services*) v. 06.12.2007, Slg. 2007, I-10451 (Rn. 45).

Der BFH[1140] sowie eine Vielzahl an Autoren[1141] wollen auf die *switch over*-Klausel des § 20 Abs. 2 AStG dennoch den Motivtest anwenden, den der EuGH zum Rechtfertigungsgrund der Missbrauchsvermeidung in der Rechtssache *Cadbury Schweppes* formulierte. Diese Diskussion fußt jedoch richtigerweise nicht darauf, ob ein Eingriff in die Niederlassungsfreiheit der Rechtfertigung bedürfe.[1142] Im Zentrum der Diskussion steht vielmehr die Regelungstechnik des deutschen Gesetzgebers, die einen Ausschluss des Motivtests des § 8 Abs. 2 AStG nicht zulasse.[1143]

Dass Grundfreiheiten durch die *switch over*-Klausel nicht betroffen sind, lässt sich auch unter dem Aspekt des europäischen Binnenmarktes gut begründen. Durch den Wechsel von der Freistellungs- zur Anrechnungsmethode wird aus der ursprünglichen Kapitalimportneutralität nun Kapitalexportneutralität.[1144] Grenzüberschreitende Einkünfte werden im Ergebnis aber nicht schlechter behandelt als im rein nationalen Sachverhalt.[1145] Der freie Binnenmarkt gibt hinsichtlich der Art und Weise der Beseitigung von Doppelbesteuerung dagegen keine Vorgaben.[1146]

Eine Binnenmarktrelevanz derartiger CFC-Regelungen lässt sich auch nicht, wie von Klägerseite in der Rechtssache *Columbus Container Services* gerügt, mit der Verzerrung der Allokationsentscheidung begründen. Die Entscheidung über den Ort der Investition ist durch die, im System des Steuerwettbewerbs geltenden Regelungsdifferenzen stets mit Differenzen in der Besteuerung verbunden.[1147] Dies alleine rechtfertigt einen systemfremden schädigenden Steuerwettbewerb nicht. Die Besteuerungsdifferenzen aus der Wahl der Niederlassungsform gehen vielmehr auf eine ureigene wirtschaftliche Entscheidung des Steuerpflichtigen zurück.[1148] Auch

---

1140 BFH, Az. I R 114/08, v. 21.10.2009, BStBl. II 2010, 774 (Rn. 25 ff.).

1141 Vgl. *Kaminski/Strunk/Haase*, IStR 2007, S. 726 (727 f.); *Oellerich*, in: Schaumburg/Englisch, Europäisches Steuerrecht (2015), Rn. 8.151; *Prokopf*, in: Strunk/Kaminski/Köhler, AStG/DBA, § 20 AStG Rn. 93; *Rainer/Müller*, IStR 2007, S. 151 (152); *Wassermeyer/Schönfeld*, in: Flick/Wassermeyer/Baumhoff/Schönfeld, Außensteuerrecht, § 20 AStG Rn. 154.

1142 Einen Eingriff des § 20 Abs. 2 AStG in die Niederlassungsfreiheit bejahen im Ergebnis die Schlussanträge des *GA Mengozzi*, EuGH Rs. C-298/05 (*Columbus Container Services*) v. 29.03.2007, Slg. 2007 I-10451 (Rn. 156); ebenso *Sydow*, IStR 2010, S. 174 (176 f.).

1143 Vgl. BFH v. 21.10.2009, I R 114/08, BStBl. II 2010, 774 (Rn. 27); *Prokopf*, in: Strunk/Kaminski/Köhler, AStG/DBA, § 20 AStG Rn. 101; *Wassermeyer/Schönfeld*, in: Flick/Wassermeyer/Baumhoff/Schönfeld, Außensteuerrecht, § 20 AStG Rn. 59, 154.

1144 *Prokopf*, in: Strunk/Kaminski/Köhler, AStG/DBA, § 20 AStG Rn. 92.

1145 So auch *Prokopf*, in: Strunk/Kaminski/Köhler, AStG/DBA, § 20 AStG Rn. 98, der eine horizontale Vergleichsbetrachtung der steuerlichen Behandlung von Betriebsstätten, die in verschiedenen Staaten ansässig sind, als nicht zulässig erachtet.

1146 Vgl. vorstehend unter Kap. 3.3.3.

1147 Vgl. EuGH Rs. C-298/05 (*Columbus Container Services*) v. 06.12.2007, Slg. 2007, I-10451 (Rn. 50).

1148 Vgl. EuGH Rs. C-298/05 (*Columbus Container Services*) v. 06.12.2007, Slg. 2007, I-10451 (Rn. 52).

hieraus lässt sich kein Aspekt einer, den Eingriff in die Grundfreiheit determinierenden Beschränkung von Grundfreiheiten ableiten.

7.3.3. Die personelle Reichweite der CFC-Regelung in der Anti--BEPS-Richtlinie

Die Anti-BEPS-Richtlinie erstreckt CFC-Regelungen im Ausgangspunkt auf ausländische Unternehmen oder Betriebsstätten, Art. 7 Abs. 1 Anti-BEPS-Richtlinie. Hinsichtlich der Strenge der CFC-Regelungen wird den Mitgliedstaaten eine Abstufung danach erlaubt, ob das Unternehmen im EU-/EWR-Ausland oder aber in einem Drittland ansässig ist, Art. 7 Abs. 2 lit. a) UAbs. 2 und UAbs. 3 Anti-BEPS-Richtlinie.

7.3.3.1. Tatbestandliche Anforderungen an das ausländische Unternehmen oder die ausländische Betriebsstätte

Im Ausgangspunkt sind nach Art. 7 Abs. 1 Anti-BEPS-Richtlinie Einkünfte eines ausländischen Unternehmens unter bestimmten Voraussetzungen der Steuerbemessungsgrundlage des inländischen Steuerpflichtigen hinzuzurechnen.

a. Die Anforderungen an das ausländische Unternehmen

Die Anti-BEPS-Richltinie enthält keine Legaldefinition des Begriffs „Unternehmen".[1149] Art. 7 Abs. 1 lit. b) Anti-BEPS-Richtlinie stellt auf die Besteuerung des Unternehmens mit Körperschaftsteuer ab. Letztlich erscheint entscheidend also eine Qualifikation des ausländischen Unternehmens als Kapitalgesellschaft aus Sicht des Ansässigkeitsstaats des ausländischen Unternehmens.

Augenscheinlich ist die schärfere Beurteilung von Situationen mit Drittlandsbezug, die den Mitgliedstaaten weit größeren Spielraum zur Hinzurechnung ausländischer Einkünfte als im innereuropäischen Sachverhalte zulässt. Hierin spiegelt sich das zuletzt häufig vertretene Verständnis wieder, dass den Mitgliedstaaten hinsichtlich der Begrenzung von Sachverhalten mit Berührung zur Kapitalverkehrsfreiheit ein größerer Handlungsspielraum zugestanden würde, wenn Drittstaaten betroffen sind, als wenn dies gegenüber anderen EU-/EWR-Staaten erfolgen würde.[1150]

Im innereuropäischen Sachverhalt wird die Hinzurechnung nach Art. 7 Abs. 2 UAbs. 2 und UAbs. 3 Anti-BEPS-Richtlinie von folgender Maßgabe abhängig gemacht:

> *„Dieser Buchstabe [die Hinzurechnung passiver Einkünfte] findet keine Anwendung, wenn das beherrschte ausländische Unternehmen, gestützt auf Personal, Ausstattung, Vermö-*

1149 Ebenfalls keine Definition enthält die englische Sprachfassung für den hierin verwendeten Begriff der „entity".

1150 Aufgrund der Fokussierung der vorliegenden Arbeit auf den europäischen Binnenmarkt sei an dieser Stelle lediglich auf die Problematik hingewiesen. Zur Diskussion vgl. *Schön*, in: Drüen (Hrsg.), JbFStR 2013/2014 (2013), S. 85 ff.

genswerte und Räumlichkeiten eine wesentliche wirtschaftliche Tätigkeit ausübt, wie durch relevante Fakten und Umstände nachgewiesen.
Ist das beherrschte ausländische Unternehmen in einem Dirttland ansässig oder belegen, das keine Vetragspartei des EWR-Abkommens ist, so können die Mitgliedstaaten beschließen, Unterabsatz 2 nicht anzuwenden."

Woran sich diese Formulierung anleht, zeigt sich maßgeblich in der Vorgängerfassung des Art. 8 Abs. 2 UAbs. 1 des Entwurfs zur Anti-BEPS-Richtlinie: diese beschränkte die Hinzurechnung im EU-/EWR-Sachverhalt noch explizit auf künstliche Gestaltungen oder unangemessene Gestaltungen des Steuerpflichtigen. Im Vergleich hierzu wurde die finale Fassung weiter dahingehend konkretisiert, auf welche Aspekte bei der Bestimmung zurückzugreifen ist, ob eine wirtschaftliche Betätigung im Ansässigkeitsstaat erfolgt. Die Regelung findet damit ihren Ursprung eindeutig in der Forderung des EuGH, Beschränkungen des Binnenmarkts nur bei solchen Gestaltungen zu erlauben, denen keine wirtschaftliche Betätigung zugrunde liegt. Zur Auslegung der in Art. 7 Abs. 2 UAbs. 2 Anti-BEPS-Richtlinie angeführten Merkmale kann damit auch weiterhin auf die bisherige Rechtsprechung zum Nachweis wirtschaftlicher Gründe von Seiten des Steuerpflichtigen zurückgegriffen werden.[1151]

b. Die Anforderungen an die ausländische Betriebsstätte

Ebenfalls keine Definition enthält die Anti-BEPS-Richtlinie für die ausländische Betriebsstätte. Damit überlässt es der europäische Gesetzgeber der künftigen Rechtsentwicklung, ob hierunter beispielsweise hybride Gestaltungen subsumiert werden können, denen zwar aus Sicht ihres Ansässigkeitsstaats eine Rechtspersönlichkeit zukommt, die der Ansässigkeitsstaat des Gesellschafters jedoch nicht übernimmt. Ob hierfür die Regelung des Art. 9 Anti-BEPS-Richtlinie zu hybriden Gestaltungen letztlich abschließend ist, oder daneben noch Art. 7 Anti-BEPS-Richtlinie angewendet werden kann, ist nach derzeitigem Rechtsstand nicht absehbar.

Eine Besonderheit für Betriebsstätten hält jedoch die vorstehend beschriebene Einschränkung der Hinzurechnung im EU-/EWR-Sachverhalt bereit. Art. 7 Abs. 2 UAbs. 2 Anti-BEPS-Richtlinie bezieht die Voraussetzung der Aktivität alleine auf ausländische Unternehmen. Auf Betriebsstätten ist diese zusätzliche Voraussetzung dagegen nicht anwendbar. Was zunächst ein gesetzgeberisches Versehen vermuten lässt, ist vor dem Hintergrund der EuGH-Rechtsprechung zu den Betriebsstätteneinkünften dagegen folgerichtig. Anders als bei ausländischen Rechtsträgern hat der EuGH das Anheben ausländischer Betriebsstätteneinkünfte auf das inländische Steuerniveau nicht als Eingriff in Grundfreiheiten gewertet. Die *switch-over*-Klauseln, die den Übergang von der Freistellungs- auf die Anrechnungsmethode zur Folge hatten, mussten sich demnach nicht am Maßstab der Vermeidung steuerlichen Missbrauchs messen lassen.[1152] Letztlich hat die Hinzurechnung ausländischer Be-

1151 Vgl. hierzu vorstehend unter Kap. 5.2.
1152 Vgl. hierzu vorstehend unter Kap. 7.3.2.2b.

triebsstätteneinkünfte unter Anrechnung der ausländischen Steuerbelastung eine wirtschaftlich zur *switch-over*-Klausel vergleichbare Wirkung. Es ist demnach primärrechtskonform, wenn die Anti-BEPS-Richtlinie die Einschränkung der Hinzurechnung bei wirtschatlicher Tätigkeit alleine ausländischen Unternehmen erlaubt, denen eine eigene Rechtspersönlichkeit zugesprochen werden kann.

7.3.3.2. Die erforderliche Kontrollmöglichkeit der Muttergesellschaft

Vom Ausgangspunkt anders als die bisherige EuGH-Rechtsprechung zu CFC-Regelungen setzt die Anti-BEPS-Richtlinie erstmalig konkrete Anforderungen an die Kontrollmöglichkeiten, die die Muttergesellschaft über eine ausländische Tochtergesellschaft zu erfüllen hat.

Nach Art. 7 Abs. 1 lit. a) Anti-BEPS-Richtlinie erfüllt die Muttergesellschaft die erforderliche Kontrollmöglichkeit, wenn sie mehr als 50 % der Stimmrechte oder mehr als 50 % des Kapitals des ausländischen Unternehmens hat, oder ihr ein Anspruch auf mehr als 50 % ihrer Gewinne zusteht. Ausweislich des Wortlauts kann die Muttergesellschaft diese Voraussetzungen unmittelbar oder mittelbar erfüllen, sowie in ihrer eigenen Person oder zusammen mit verbundenen Unternehmen.

Für das „verbundene Unternehmen" enthält nunmehr Art. 2 Abs. 4 Anti-BEPS-Richtlinie eine Lagaldefinition, wonach ein Unternehmen dann verbunden ist, wenn der Steuerpflichtige oder eine an ihm selbst beteiligte Person mit mindestens 25 % unmittelbar oder mittelbar beteiligt ist.

Die Richtlinie gibt jedoch keinen Anhaltspunkt, auf welche Weise mittelbare Beteiligungen gemessen werden. Dem Verhältnis des Primärrechts zum Sekundärrecht entspringt, dass die nationale Gesetzgebung im Falle eines Umsetzungsspuielraums der Auslegung des Primärrechts zu entsprechen hat.[1153] Art. 7 Abs. 1 lit. a) Anti-BEPS-Richtlinie ist seinerseits in dogmatischer Sicht jedoch als *lex specialis* zur primärrechtlichen Auslegung anzusehen. Die Anti-BEPS-Richtlinie könnte damit als gesetzliche Spezifizierung der primärrechtlichen Auslegung anzusehen.[1154] Da der den CFC-Regelungen immanente Missbrauchsvorwurf an die Kontrolle durch die jeweilige Obergesellschaft anknüpft, ist zur Bestimmung der mittelbaren Beteiligung danach zu fragen, ob jeweils die Obergesellschaft Kontrollfunktionen auf ihre Tochter-Gesellschaft mittels einer rechtlichen Kontrolle durch mehrheitliche Beteiligung am Kapital oder durch die Mehrheit der Stimmrechte an den zwischengeschalteten Unternehmen übernehmen kann.

1153 *Szudoczky*, The Sources of EU Law and Their Relationships (2014), S. 213.

1154 Eine derartige Indizwirkung wird speziellen Regelungen des Sekundärrechts für die Auslegung unbestimmter Termini des Primärrechts zugesprochen, vgl. *Sypris*, CMLR 2015, S. 461 (477 ff.); *Reimer*, in: Schaumburg/Englisch, Europäisches Steuerrecht (2015), Rn. 7.20; *Szudoczky*, The Sources of EU Law and Their Relationships (2014), S. 198 f.

7.3.4. Kritische Vergleichsbetrachtung der personellen Anforderungen

Die personellen Anforderungen unterscheiden sich entscheidend voneinander. Während die Anti-BEPS-Richtlinie das Verständnis des OECD-BEPS-Projekts in großen Teilen entspricht, weicht das bisherige Verständnis des EuGH hiervon ab.

7.3.4.1. Die Charakterisierung des Missbrauchsrisikos

Entscheidend ist bereits die Differenzierung, dass das Missbrauchsrisiko im Rahmen des BEPS-Aktionspunktes 3 auf einer Beherrschungssituation beruht. Dagegen bedarf es nach der Auslegung des EuGH daneben maßgeblich einer Beurteilung der Tätigkeit der ausländischen Gesellschaft. Erst hiernach beurteilt sich, inwiefern die ausländische Betätigung eine gerechtfertigte Inanspruchnahme der europäischen Grundfreiheiten darstellt. BEPS-Aktionspunkt 3 misst widerum der Bewertung, ob die ausländische Gesellschaft missbräuchlichen Zwecken dient, keine grundsätzliche Bedeutung zu.[1155] Im Ergebnis genießen Unternehmen im europäischen Binnenmarkt damit eine größere Freiheit zur Wahl ihrer steuerlichen Ansässigkeit, den Staaten wird nur ein geringes Schutzniveau ihres nationalen Steuersubstrats ermöglicht.

An die Beurteilung des EuGH schließt sich Art. 7 Abs. 2 UAbs. 2 Anti-BEPS-Richtlinie im Grundsatz an, indem für die Hinzurechnung von Einkünften dann eine Aunahme gemacht wird, wenn eine wesentliche wirtschaftliche Tätigkeit entfaltet wird. Diese Einschränkung findet verpflichtend jedoch nur im EU-/EWR-Sachverhalt Anwendung und betrifft – entsprechend der bisherigen Auslegung der Grundfreiheiten des EuGH – nicht auch ausländische Betriebsstätteneinkünfte.

7.3.4.2. Die der Hinzurechnung unterliegenden ausländischen Rechtsträger

Dem Missbrauchsrisiko entsprechend eint die CFC-Konzepte, dass die ausländische Gesellschaft als Kapitalgesellschaft verfasst sein muss. BEPS-Aktionspunkt 3 stellt hierbei dezidiert auf die Sicht des Ansässigkeitsstaates der Muttergesellschaft ab und bezieht so auch hybride Gesellschaftsformen und Betriebsstätten mit ein, die aus Sicht dieses Staats steuerlich intransparent erscheinen. Dies entspricht letztlich dem Missbrauchsrisiko, da hierfür die Abschirmwirkung aus der Sicht der Gesellschafter ausschlaggebend ist.

Dagegen können nationale CFC-Regelungen nach bisherigem Verständnis des EuGH keine Missbrauchsvermutung mit Qualifikationskonflikten oder der Freistellung ausländischer Betriebsstätten begründen.[1156] Ob die Intransparenz der ausländischen Gesellschaft aus Sicht ihres Ansässigkeitsstaats oder aus Sicht des

1155 *OECD*, BEPS Action 3 Final Report (2015), S. 36.
1156 Vgl. hierzu vorstehend unter Kap. 6.1 bzw. Kap. 7.3.2.2.

Ansässigkeitsstaats der Gesellschafter zu entscheiden ist, musste der EuGH dagegen bislang nicht entscheiden.

Als inkonsequente „Umsetzung" des Aktionspunkts 3 zeigt sich die Anti-BEPS-Richtlinie: Danach ist der personelle Anwendungsbereich für Unternehmen eröffnet, die im ausländischen Staat der Körperschaftsteuer unterliegen. Ausschlaggebend ist demnach die Qualifikation nach dem Ansässigkeitsstaat der ausländischen Gesellschaft. Das eigentliche Missbrauchspotential würden jedoch auch Rechtsträger erfüllen, die alleine nach dem Ansässigkeitsstaat der Gesellschafter steuerlich intransparent sind, nach dem Ansässigkeitsstaat des „Unternehmens" jedoch transparent. Dies kehrt das durch CFC-Regelungen zu entgegnende Missbrauchsrisiko schlicht um und widerspricht den Vorgaben des BEPS-Aktionspunktes 3. Art. 7 Anti-BEPS-Richtlinie weitet die Hinzurechnungsbesteuerung auf die Einkünfte ausländischer Betriebsstätten aus. Wollte der Vorschlag einer Anti-BEPS-Richtlinie tatsächlich die Wiederstandsfähigkeit des Binnenmarkts im Inneren, sowie in Abgrenzung zu Drittstaaten stärken, wäre eine breitere Mindestharmonisierung niedrig besteuerter Betriebsstätteneinkünfte zu fordern.

Das Missbrauchsrisiko von hybriden Einheiten, die aus Sicht der Gesellschafterbesteuerung intransparent sind, bleibt dagegen weitgehend unbeantwortet. Unklar bleibt jedoch, wann hybride Rechtsträger von einer der Regelungen erfasst werden können. Auch im Hinblick auf diese besteht das von der OECD erarbeitete Missbrauchsrisko. Ohne Vorgabe der Anti-BEPS-Richtlinie zur Mindestharmonisierung müssen die Mitgliedstaaten keine Regelung zur Hinzurechnung von Einkünften von Rechtsträgern erlassen, die nur nach Qualifikation des Ansässigkeitsstaats der Gesellschafter transparent ist. Vielmehr können sie, zugunsten einer höheren Steuerdurchlässigkeit des nationalen Systems, auch hierauf verzichten und so, nach wie vor, mit der größeren Attraktivität ihrer Steuersysteme um ausländische Investitionen werben.

7.4. Das Merkmal der Niedrigbesteuerung

7.4.1. Niedrigbesteuerung nach dem Verständnis des BEPS-Aktionspunktes 3

Das Missbrauchspotential von CFC-Gesellschaften rührt daraus, dass Gewinne im Falle ihrer Thesaurierung einer nur unwesentlichen Steuerbelastung unterliegen. Folgerichtig sind CFC-Regelungen auf derartige Situationen zu beschränken, in denen die ausländische Gesellschaft einer Niedrigbesteuerung unterliegt.[1157] Die OECD erkennt in Aktionspunkt 3 die Möglichkeit an, dass Staaten eine Niedrigbesteuerung schematisierend nach dem im ausländischen Staat einschlägigen Steuersatz festlegen und die Einteilung mittels Länderlisten erfolgen kann.[1158] Da-

1157 *OECD*, BEPS Action 3 Final Report (2015), S. 36 f.
1158 *OECD*, BEPS Action 3 Final Report (2015), S. 36 f.

neben könne auch auf die Niedrigbesteuerung im konkreten Einzelfall abgestellt werden, indem die Steuerbelastung im ausländischen Staat mit der Steuerbelastung verglichen wird, die bei einem fiktiven Einbezug zur inländischen Besteuerungsgrundlage im Inland anfallen würde.[1159] Beim Steuersatz könne auf den nominellen Steuersatz des ausländischen Staats, ebenso wie auf die effektive Steuerbelastung im Vergleich zur Steuerbelastung des inländischen Gesellschafters abgestellt werden.[1160] Gleichwohl sei eine Vergleichsbetrachtung anhand der Effektivbesteuerung der ausländischen Gesellschaft vorzugswürdig, da hierbei neben dem Steuersatz auch die steuerliche Bemessungsgrundlage berücksichtigt wird.[1161] Eine Niedrigbesteuerung einer ausländischen Steuerbelastung läge dann vor, wenn diese nur rund 75 % des inländischen Steuerniveaus beträgt.[1162]

7.4.2. Niedrigbesteuerung nach dem Missbrauchsverständnis des EuGH

Dem EuGH lagen in der Entscheidung *Cadbury Schweppes* und *Test Claimants in the CFC and Dividend Group Litigation* jeweils nationale Normen zur Entscheidung vor, die das Merkmal der Niedrigbesteuerung anhand des Vergleichs der effektiven Steuerlast der ausländischen Gesellschaft zur hypothetischen Besteuerung im Inland bestimmten.[1163]

Auch die belgischen Vorschriften einer dem deutschen § 1 AStG ähnlichen Regelung in der Rechtssache *SGI* sahen vor, dass die ausländische Niederlassung im fraglichen Staat *„keiner Einkommensteuer oder einem erheblich vorteilhafteren Besteuerungssystem unterliegen als dem, dem das in Belgien ansässige Unternehmen unterliegt.“*[1164] Das nationale Recht enthielt sich aber einer Bestimmung, ab wann ein erheblicher Vorteil anzunehmen war. Ebenso wenig wurde die konkret zu fordernde Steuererleichterung im Verfahren vor dem EuGH thematisiert.

Eine grobe Vorgabe kann jedoch der Rechtsprechung des EuGH im Verfahren *Test Claimants in the CFC and Dividend Group Litigation* entnommen werden: Dem Ziel der Vermeidung steuerlichen Missbrauchs angemessen erachtete der EuGH die Normen des britischen Steuerrechts, die eine Niedrigbesteuerung dann bejahten,

1159 *OECD*, BEPS Action 3 Final Report (2015), S. 37.
1160 *OECD*, BEPS Action 3 Final Report (2015), S. 37.
1161 *OECD*, BEPS Action 3 Final Report (2015), S. 37.
1162 *OECD*, BEPS Action 3 Final Report (2015), S. 37.
1163 Vgl. EuGH Rs. C-201/05 (*Test Claimants in the CFC and Dividend Group Litigation*) v. 23.04.2008, Slg. 2008, I-2875 (Rn. 13); EuGH Rs. C-196/04 (*Cadbury Schweppes*) v. 12.09.2006, Slg. 2006, I-7995 (Rn. 7).
1164 EuGH Rs. C-311/08 (*SGI*) v. 21.01.2010, Slg. 2010, I-487 (Rn. 3).

wenn die zu entrichtende ausländische Steuer weniger als drei Viertel der im Vereinigten Königreich hypothetisch hierauf zu zahlende Steuer beträgt.[1165]

7.4.3. Die Niedrigbesteuerung in der Anti-BEPS-Richtlinie

Die Anti-BEPS-Richtlinie formuliert die Niedrigbesteuerung der ausländischen Einkünfte als Voraussetzung für deren Hinzurechnung beim inländischen Gesellschafter. Art. 7 Abs. 1 lit. b) Anti-BEPS-Richtlinie stellt dafür auf die effektive Steuerbelastung im Ansässigkeitsstaat der CFC-Gesellschaft ab, die nicht geringer sein darf als die Differenz der im Inland auf diese Gewinne fiktiv anfallende Steuerbelastung zu der im Ausland tatsächlich angefallenden Steuer. Eine Hinzurechnung erfolgt im Ergebnis immer dann, wenn die effektive Besteuerung im Ausland die Hälfte der inländischen fiktiven Steuer beträgt.

Der vorangegangene Entwurf der Anti-BEPS-Richtlinie hatte in Art. 8 Abs. 1 lit. b) die Niedrigbesteuerung noch bei Unterschreiten der Grenze von 40 % der fiktiven inländischen Steuer aufgehängt.

7.4.4. Vergleichsbetrachtung des Merkmals der Niedrigbesteuerung

Das Merkmal der Niedrigbesteuerung ist, neben der Beherrschungssituation, zentral für das Verständnis des BEPS-Aktionspunkts 3 zum Risiko der Gewinnverschiebung. Um größtmögliche Effizienz zu erreichen, sollten nationale CFC-Regelungen daher auf die Effektivbesteuerung abstellen. Eine Niedrigbesteuerung liegt nach Bewertung der OECD vor, wenn die Steuerbelastung rund 75 % der hypothetischen inländischen Steuer beträgt.

Eine geringe Steuerbelastung im Ausland als solche vermag nach dem Verständnis des EuGH einen Missbrauch dagegen nicht zu rechtfertigen.[1166] Die Bestimmung eines konkreten Satzes der Minderbesteuerung im Ausland oder einer Festlegung dahingehend, ob auf die effektive oder die nominale Steuerlast im Ausland abzustellen sei, ist daher nicht zu erwarten. Die Niedrig- oder Nichtbesteuerung im Ausland dient dem EuGH vielmehr nur als Motivation, das ökonomische Problem der Gewinnverschiebung als Problem des Missbrauchs von Unionsrecht anzuerkennen.[1167]

1165 EuGH Rs. C-201/05 (*Test Claimants in the CFC and Dividend Group Litigation*) v. 23.04.2008, Slg. 2008, I-2875 (Rn. 13); ebenso EuGH Rs. C-196/04 (*Cadbury Schweppes*) v. 12.09.2006, Slg. 2006, I-7995 (Rn. 7).

1166 Vgl. *Quilitzsch*, Die Hinzurechnungsbesteuerung (2013), S. 160 f. m.w.N.

1167 EuGH Rs. C-311/08 (*SGI*) v. 21.01.2010, Slg. 2010, I-487 (Rn. 67); EuGH Rs. C-231/05 (*Oy AA*) v. 18.07.2007, Slg. 2007, I-6373 (Rn. 58); vgl. hierzu vorstehend unter Kap. 3.6.2.

Die Anti-BEPS-Richtlinie knüpft in Art. 7 Abs. 1 lit. b) an die Effektivbelastung im Ansässigkeitsstaat an, wobei sie die hypothetische Steuerlast zur Hälfte unterschreiten darf.

7.5. Die Bestimmung der hinzuzurechnenden Einkünfte

Sofern eine ausländische Gesellschaft identifiziert wurde, für die das Risiko der Gewinnverschiebung aus Sicht des inländischen Gesellschafters besteht, ist in einem zweiten Schritt das Einkommen der ausländischen Gesellschaft zu bestimmen, das dem Gesellschafter zur Besteuerung im Inland hinzuzurechnen ist.

7.5.1. Die Vorgaben des BEPS-Aktionspunktes 3 zu den hinzuzurechnenden Einkünften

CFC-Regelungen sollen nach ihrem Regelungsziel Einkünfte erfassen, die die ausländische Gesellschaft selbst erzielt, einschließlich der Einkünfte nachgeschalteter transparenter Einheiten, sowie von etwaigen ausländischen Betriebsstätten.[1168]

Bestehende CFC-Regelungen variieren bei der Frage der hinzuzurechnenden Einkünfte gemäß des Aktionspunktes 3 der OECD stark danach, welche politische Lenkungswirkung erzeugt werden soll: Ansatzpunkte sind einerseits die Mobilität von Einkunftsquellen, sowie Einkünfte, die mithilfe verbundener Unternehmen erzielt wurden, oder aber die CFC-Regelungen differenzieren nach der Einkunftsquelle bzw. dem Grad an wirtschaftlicher Aktivität der CFC-Gesellschaft.[1169]

7.5.1.1. Identifikation von CFC-Einkünften dem Grunde nach

Aktionspunkt 3 stellt keine dezidierte Vorgabe auf, welcher der vorgenannten Anknüpfungspunkte am geeignetsten ist, um internationaler Gewinnverschiebung zu begegnen. Die Eignung richte sich vielmehr nach den politischen Zielen der nationalen CFC-Regelungen und könne nach Ansicht der OECD sogar die Hinzurechnung der gesamten Einkünfte von CFC-Gesellschaften umfassen, um einer langfristigen Verminderung des Steuersubstrats vorzubeugen.[1170] Als Minimalziel ruft Aktionspunkt 3 die Hinzurechnung von Einkünften aus, die eine ausländische Gesellschaft damit erzielt, dass sie als sogenannte „cash box“ des inländischen Gesellschafters fungiert.[1171]

Knüpft die CFC-Regelung an der Mobilität von Einkunftsquellen an, empfiehlt die OECD Einkünfte aus Dividenden, Zinsen, Versicherungsleistungen, sowie Patent- und Lizenzgebühren mit einzubeziehen.[1172] Einkünfte aus Verkaufstätigkeiten der

1168 *OECD*, BEPS Action 3 Final Report (2015), S. 21 f.
1169 Vgl. *OECD*, BEPS Action 3 Final Report (2015), S. 43.
1170 *OECD*, BEPS Action 3 Final Report (2015), S. 43 f.
1171 *OECD*, BEPS Action 3 Final Report (2015), S. 43.
1172 *OECD*, BEPS Action 3 Final Report (2015), S. 44 f.

ausländischen Gesellschaft bzw. von dieser erbrachten Dienstleistungen begründeten dagegen nur ausnahmsweise die Vermutung der Gewinnverschiebung.[1173] Jede der genannten Quellen sei jedoch auf ihre jeweilige charakteristische Eignung zur Gewinnverschiebung zu untersuchen, um wirtschaftlich gerechtfertigtes Einkommen von einer Hinzurechnung auszunehmen.

Relevant für die Beurteilung des Missbrauchspotentials ist nach Aktionspunkt 3 auch, ob die Interessen der ausländischen Gesellschaft mit denen des Gesellschafters identisch sind. Insofern hebt die OECD heraus, dass ein Kriterium zur Feststellung von CFC-Einkünften darstellen kann, ob die fraglichen Geschäfte zwischen verbundenen Unternehmen vorgenommen wurden, und hierbei zu berücksichtigen sei, wie stark das unternehmerische Engagement der ausländischen Gesellschaft war.[1174]

Einen weiteren Ansatzpunkt liefert nach der OECD die Betrachtung, von woher die ausländische Gesellschaft ihre Einkünfte erzielt. Die Überlegung basiert auf der These, dass Einkünfte aus Quellen ihres eigenen Ansässigkeitsstaates einem geringen Risiko der Gewinnverschiebung unterliegen, während ein größeres Risiko bei Einkünften aus ausländischer Quelle besteht.[1175]

Wesentliche Bedeutung spricht die OECD ebenso der Qualifikation von Einkünften entsprechend der Substanz der CFC-Gesellschaft zu, die auf der Feststellung basiert, ob die CFC-Gesellschaft die zur Einkünfteerzielung wesentlichen Tätigkeiten ausführt.[1176] Hierbei seien Aspekte wie Personal- und Sachausstattung, vorhandene Räumlichkeiten und die zugewiesenen Risiken ausschlaggebend.[1177] Gleichwohl eine derartige Analyse das Risiko der Gewinnverschiebung aufgrund der gebotenen Einzelfallbetrachtung sehr akurat abzubilden vermag, empfiehlt die OECD die Substanzbetrachtung auf spezifische Einkunftsquellen zu beschränken, um den Verwaltungsaufwand möglichst überschaubar zu halten.[1178] Eine unbedingte Hinzurechnung sei insbesondere hinsichtlich mobiler Einkunftsquellen vorstellbar.[1179]

7.5.1.2. Bestimmung von CFC-Einkünften der Höhe nach

Neben der Festlegung auf einen Anknüpfungspunkt hinsichtlich der Art der CFC-Einkünfte müssen nationale Regelungen bestimmen, ob lediglich Einünkte spezifischer Geschäftsvorfälle oder aber das gesamte Einkommen der ausländischen Gesellschaft der inländischen Besteuerung hinzuzurechnen ist.[1180] Während der gesellschaftsbezogene Ansatz einen niedrigeren Verwaltungsaufwand für Steuerbehörden

1173 *OECD*, BEPS Action 3 Final Report (2015), S. 45 f.
1174 *OECD*, BEPS Action 3 Final Report (2015), S. 46.
1175 *OECD*, BEPS Action 3 Final Report (2015), S. 46.
1176 *OECD*, BEPS Action 3 Final Report (2015), S. 47.
1177 *OECD*, BEPS Action 3 Final Report (2015), S. 47 f.
1178 *OECD*, BEPS Action 3 Final Report (2015), S. 47.
1179 *OECD*, BEPS Action 3 Final Report (2015), S. 48.
1180 *OECD*, BEPS Action 3 Final Report (2015), S. 50 f.

und Steuerpflichtige verspricht, ließe dieser jedoch beispielsweise eine gezielte Abschirmung passiver Einkünfte in Gesellschaften zu, die unterhalb der Schwelle für CFC-Gesellschaften rangieren.[1181] Eine Betrachtung der spezifischen Geschäftsvorfälle erfordere zwar die Begutachtung einer großen Zahl von ausländischen Unternehmen, sei seinerseits aber zielgenauer anwendbar und entspräche daher dem nach europäischen Recht einzuhaltenden Verhältnismäßgkeitsgrundsatz.[1182]

7.5.2. Der Hinzurechnung unterliegende Einkünfte nach dem Missbrauchsverständnis des EuGH

Der strikteste Ansatz des Aktionspunktes 3, ausländische Einkünfte von CFC-Gesellschaften generell im Inland zu besteuern, ist mit dem geltenden Unionsrecht nicht vereinbar. Nach dem geltenden Konzept des europäischen Binnenmarkt muss es dem Steuerpflichtigen ermöglicht werden, seine wirtschaftlichen Aktivitäten grenzüberschreitend zu verlegen, sprich eine „Exit-Option" zu gewähren.[1183] In der Rechtsprechung des EuGH entspricht dies der Aussage, dass die Begründung einer ausländischen Tochtergesellschaft für sich genommen keine Vermutung einer missbräuchlichen Inanspruchnahme von Grundfreiheiten rechtfertigt, selbst wenn dies mit dem Ziel erfolge vom günstigen Steuerregime zu profitieren.[1184] Ausschlaggebend sei vielmehr, ob die Gründung der ausländischen Gesellschaft der wirtschaftlichen Realität entspreche.[1185]

Auch die Differenzierung nach der Frage, von woher die CFC-Gesellschaft ihre Einkünfte bezieht, steht der Grundidee des europäischen Binnenmarkts grundsätzlich entgegen. Denn der bloße grenzüberschreitende Bezug einer Warenbewegung oder Dienstleistungsbeziehung vermag keine missbrauchsindizierende Aussage zukommen.

7.5.2.1. Die Identifikation von CFC-Einkommen anhand der vorhandenen wirtschafltlichen Substanz

Die Niederlassungsfreiheit dient dem Ziel, die Gründung von Zweigniederlassungen zu ermöglichen, die in stabiler und kontinuierlicher Weise am Wirtschaftsleben eines

1181 *OECD*, BEPS Action 3 Final Report (2015), S. 51.

1182 *OECD*, BEPS Action 3 Final Report (2015), S. 51.

1183 Vgl. hierzu vorstehend unter Kap. 3.4.

1184 EuGH Rs. C-196/04 (*Cadbury Schweppes*) v. 12.09.2006, Slg. 2006, I-7995 (Rn. 37); EuGH Rs. C-212/97 (*Centros*) v. 09.03.1999, Slg. 1999, I-1459 (Rn. 27); EuGH Rs. C-167/01 (*Inspire Art*) v. 30.09.2003, Slg. 2003, I-10155 (Rn. 96).

1185 EuGH Rs. C-201/05 (*Test Claimants in the CFC and Dividend Group Litigation*) v. 23.04.2008, Slg. 2008, I-2875 (Rn. 79).

anderen Mitgliedstaats teilnehmen und hieraus nutzen ziehen.[1186] Der EuGH erachtete es für Auslandsgesellschaften daher als wesentlich, dass die Gesellschaft nach den objektiven Begebenheiten am Ort ihrer Niederlassung einer eigenständigen wirtschaftlichen Tätigkeit nachgeht, wofür in erster Linie auf die Personal- und Sachausstattung, einschließlich der zur Verfügung stehenden Räumlichkeiten abzustellen sei.[1187]

Stellte man jedoch einzig auf die Ausstattung einer Gesellschaft zusammen mit ihrer wirtschaftlichen Tätigkeit zur Bestimmung der Künstlichkeit einer Gestaltung ab, würde die Verhinderung steuerlichen Missbrauchs gleichbedeutend mit der Verhinderung steuerlicher Scheingestaltungen.[1188] Hierfür sprechen dem ersten Anschein nach die Wertungen des EuGH, die das Gericht im Urteil *Test Claimants in the CFC and Dividend Group Litigation* aufgestellt hat:[1189]

> *„Von der Anwendung einer solchen Besteuerungsmaßnahme ist folglich abzusehen, wenn sich auf der Grundlage objektiver und von dritter Seite nachprüfbarer Anhaltspunkte erweist, dass die genannte beherrschte ausländische Gesellschaft ungeachtet des Bestehens von Motiven steuerlicher Art tatsächlich im Aufnahmemitgliedstaat angesiedelt ist und dort wirklichen wirtschaftlichen Tätigkeiten nachgeht […].“*

Der EuGH resümierte zwar, dass aus der Gründung einer Zweigniederlassung in einem Staat, um von dort aus praktisch die gesamte Geschäftstätigkeit einer ausländischen Gesellschaft auszuüben, keine missbräuchliche Inanspruchnahme der Grundfreiheiten folge.[1190] Hieraus ließen sich geringe Anforderungen an die Ausstattung einer Gesellschaft ableiten. Die Aussage des EuGH entstammt jedoch der gesellschaftsrechtlichen Rechtsprechung, die in der Bestimmung der „genuinen wirtschaftlichen Tätigkeit“ als Teil der Feststellung der Anwendbarkeit der Niederlassungsfreiheit auf die in Frage stehende rechtliche Einheit gründet.[1191] Die hierbei entschiedenen Konstellationen lassen sich schon deshalb nicht für CFC-Regelungen fruchtbar machen, da – genau entgegengesetzt zu CFC-Regelungen – die in Frage stehenden Gesellschaften am Ort

---

1186 EuGH Rs. C-196/04 (*Cadbury Schweppes*) v. 12.09.2006, Slg. 2006, I-7995 (Rn. 53); EuGH Rs. C-212/97 (*Centros*) v. 09.03.1999, Slg. 1999, I-1459 (Rn. 27); vgl. vorstehend Kap. 4.3.2.1.

1187 Vgl. EuGH Rs. C-196/04 (*Cadbury Schweppes*) v. 12.09.2006, Slg. 2006, I-7995 (Rn. 66); ebenso EuGH Rs. C-212/97 (*Centros*) v. 09.03.1999, Slg. 1999, I-1459 (Rn. 27).

1188 *Jiménez*, BIT 2012, S. 270 (274 f.); *Oellerich*, in: Schaumburg/Englisch, Europäisches Steuerrecht (2015), Rn. 8.150.

1189 EuGH Rs. C-201/05 (*Test Claimants in the CFC and Dividend Group Litigation*) v. 23.04.2008, Slg. 2008, I-2875 (Rn. 81).

1190 EuGH Rs. C-167/01 (*Inspire Art*) v. 30.09.2003, Slg. 2003, I-10155 (Rn. 87 und 95 ff.); EuGH Rs. C-212/97 (*Centros*) v. 16.07.1998, Slg. 1999, I-1459 (Rn. 29); EuGH Rs. C-79/85 (*Segers*) v. 10.07.1986, Slg. 1986, 2375 (Rn. 16).

1191 Ebenso *Poulsen*, Intertax 2013, S. 230 (245); vgl. vorstehend unter Kap. 2.2.2.5.

ihrer Auslandsniederlassungen ihre volle Geschäftstätigkeit ausübten, und die beherrschende Gesellschaft als leere Hülle fungierte.

Aus der zitierten Passage des Urteils *Test Claimants in the CFC and Dividend Group Litigation* ist daher nicht notwendiger Weise auf eine Begrenzung des Missbrauchsverständnisses auf bloße Scheingestaltungen zu schließen. Entscheidend ist vielmehr, welche Anforderungen an die Geschäftstätigkeit im Sinne einer „wirklichen wirtschaftlichen Tätigkeit" der Tochtergesellschaft vor Ort gestellt werden, denn dies lässt der EuGH in der Entscheidung offen. GA Léger forderte in seinen Schlussanträgen zur Entscheidung *Cadbury Schweppes* über die Beurteilung der „Realität des Standortes" hinaus, dass auch die Kompetenzen sowie Fähigkeiten der in der ausländischen Gesellschaft tätigen Mitarbeiter zu berücksichtigen seien, um anhand dessen eine den Aufgaben der ausländischen Gesellschaft entsprechende Entscheidungsfindung bewerten zu können.[1192] Ebenso von Relevanz für die Künstlichkeit sei danach die Zuordnung der Wertschöpfung, also welche Gegenleistung der Tochtergesellschaft einer Vergütung der Muttergesellschaft gegenübersteht.[1193] GA Léger schwächte diesen Aspekt letztlich jedoch selbst ab, indem er den wirtschaftlichen Wert der Leistungen nur dann als relevant erachtet, wenn die Tätigkeit in der Tochtergesellschaft gänzlich ohne wirtschaftlichen Wert für die Muttergesellschaft ist.[1194]

GA Légers Herangehensweise erscheint konsequent, seine letztlich getroffene Einschränkung zeigt sich dagegen nicht durch das Unionsrecht vorgegeben. Es lässt sich beobachten, dass in der Rechtsprechung des EuGH der Missbrauchsbegriff besonders bei nahestehenden Personen mit der Fremdüblichkeit der gewählten Gestaltung korreliert. Wirtschaftlichen Aspekten einer Gestaltung hat der EuGH selbst in den Urteilen *Halifax* und *RBS Deutschland Holdings* wesentliche Bedeutung zur Feststellung der Missbräuchlichkeit einer Gestaltung zuerkannt.[1195] In der Rechtssache *SGI* erkannte der EuGH:[1196]

> *„Eine nationale Regelung [...] [Anm.: zur Bestimmung einer rein künstlichen Gestlatung] geht nicht über das hinaus, was zur Erreichung der Ziele hinsichtlich der Notwendigkeit, die Ausgewogenheit der Aufteilung der Besteuerungsbefugnisse zu wahren, und der Notwendigkeit, Steuerumgehungen zu verhindern, erforderlich ist, wenn erstens in jedem Fall, in dem der Verdacht besteht, dass ein geschäftlicher Vorgang über das hinausgeht, was die*

1192 Schlussanträge des *GA Léger*, EuGH Rs. C-196/04 (*Cadbury Schweppes*) v. 02.05.2006, Slg. 2006, I-7995 (Rn. 111–113).

1193 Schlussanträge des *GA Léger*, EuGH Rs. C-196/04 (*Cadbury Schweppes*) v. 02.05.2006, Slg. 2006, I-7995 (Rn. 114).

1194 Schlussanträge des *GA Léger*, EuGH Rs. C-196/04 (*Cadbury Schweppes*) v. 02.05.2006, Slg. 2006, I-7995 (Rn. 114).

1195 EuGH Rs. C-277/09 (*RBS Deutschland Holdings GmbH*) v. 22.12.2010, Slg. 2010, I-13805 (Rn. 51 ff.); EuGH Rs. C-255/02 (*Halifax*) v. 21.02.2006, Slg. 2006, I-1609 (Rn. 81); *Korf*, IStR 2011, S. 146 (146 ff.).

1196 EuGH Rs. C-311/08 (*SGI*) v. 21.01.2010, Slg. 2010, I-487 (Rn. 71, Hervorhebungen durch Verfasser).

betreffenden Gesellschafter ***unter Bedingungen des freien Wettbewerbs vereinbart hätten****, dem Steuerpflichtigen, ohne ihn übermäßigen Verwaltungszwängen zu unterwerfen, die Möglichkeit eingeräumt wird, Beweise für etwaige wirtschaftliche Gründe für den Abschluss dieses Geschäfts beizubringen.“*

Die Fremdüblichkeit einer Gestaltung hat der EuGH in einer Reihe weiterer Entscheidungen als entscheidend erachtet.[1197] Bewertet man den missbräuchen Einsatz einer ausländisch kontrollierten Gesellschaft, lässt die Bestimmung der wirtschaftlichen Beweggründe als Teil des unionsrechtlichen Missbrauchsbegriffs eine Bewertung zu, die eng an die Frage der Fremdüblichkeit verbunden ist.[1198] Besonders deutlich wird hierdurch erneut die Funktion der Missbrauchsvermeidung bei verbundenen Gesellschaften zur Sicherstellung der gerechten Aufteilung der Besteuerungsbefugnisse zwischen diesen.[1199]

Entscheidend ist hierzu auf die internationalen Standards des BEPS-Projekts abzustellen, die den Ort der Gewinnversteuerung an den Ort der Gewinnschöpfung zu binden beabsichtigen. Die Künstlichkeit der Errichtung von Gesellschaften beurteilt sich maßgeblich danach, ob die Gewinnschöpfung entsprechend der Chancen- und Risikoverteilung zwischen den Unternehmen erfolgt. Auf Risikoseite bedeutet dies beispielsweise, dass eine mittels Darlehen oder Beteiligung investierende Gesellschaft, auch das unternehmerische Risiko hierfür selbst zu tragen hat.[1200] Auf Chancenseite hat diese Gesellschaft über die Verwendung von Einkünften, die sie mit derartigen Investments erzielt, frei zu entscheiden.[1201] Gesellschaften, deren Gewinnschöpfung primär auf immateriellen Vermögensgegenständen fußt, sind danach zu bewerten, ob die nämliche Gesellschaft auch den Entwicklungsaufwand getragen hat.[1202] Wird einer ausländischen Zwischengesellschaft in diesem Zusammenhang beispielsweise nur eine von vornherein definierte Gewinndifferenz zugewiesen, so spricht dies dafür, dass die Gesellschaft nur den Zweck erfüllt, Gewinne einer dezidierten Jurisdiktion zuzuweisen.[1203]

7.5.2.2. Die Vorgaben zur Höhe der hinzuzurechnenden Einkünfte

Beiden zu CFC-Gesellschaften einschlägigen EuGH-Urteilen lagen britische CFC-Regelungen zugrunde. Diese ordneten eine vollumfängliche Hinzurechnung

---

1197 EuGH Rs. 318/10 (*SIAT*) v. 05.07.2012, ECLI:EU:C:2012:415 (Rn. 53); EuGH Rs. C-103/09 (*Weald Leasing*) v. 22.10.2010, Slg. 2010, I-13589 (Rn. 32 ff.); EuGH Rs. C-524/04 (*Test Claimants in the Thin Cap Group Litigation*) v. 13.03.2007, Slg. 2007, I-2107 (Rn. 47 ff.).

1198 Schlussanträge des *GA Léger*, EuGH Rs. C-196/04 (*Cadbury Schweppes*) v. 02.05.2006, Slg. 2006, I-7995 (Rn. 110); *Poulsen*, Intertax 2013, S. 230 (238).

1199 Vgl. zum Verhältnis der Rechtfertigungsgründe vorstehend unter Kap. 2.2.3.2.

1200 *Poulsen*, Intertax 2013, S. 230 (248).

1201 *Poulsen*, Intertax 2013, S. 230 (248 f.).

1202 *Liebmann/Heyvaert/Oyen*, European Taxation 2016, S. 102 (103 f.).

1203 *Poulsen*, Intertax 2013, S. 230 (249).

ausländischer Einkünfte an, sofern die Gesellschaft als solche dem Vorwurf der Gewinnverlagerung ausgesetzt war.[1204] Das britische Recht verfolgte damit einen rein gesellschaftsbezogenen Ansatz zur Identifikation von CFC-Einkünften. Folgerichtig war die Rechtsfolge darauf bezogen, die gesamten Einkünfte dieser Gesellschaft dem inländischen Gesellschafter hinzuzurechnen.[1205] Von dieser Rechtslage ausgehend sind die Anforderungen des EuGH an eine *„rein künstliche Gestaltung"* im Sinne des unionsrechtlichen Missbrauchsbegriff zu sehen.

Entsprechend des gesellschaftsbezogenen Ansatzes des britschen Rechts hatte der EuGH daher bislang nur Gelegenheit sich hierzu zu äußern. Ein geschäftsvorfallbezogener Ansatz lag dem Gericht bislang, soweit ersichtlich, nicht zur Entscheidung vor.

7.5.3. Die Bestimmung der hinzuzurechnenden Einkünfte nach der Anti-BEPS-Richtlinie

Auch die Anti-BEPS-Richtlinie differenziert zwischen der Identifikation von CFC-Einkünften dem Grunde nach, und der Frage, in welcher Höhe diese beim Gesellschafter zuzurechnen sind.

7.5.3.1. Die Identifikation von CFC-Einkünften dem Grunde nach

Die Einkünfte, hinsichtlich derer ausländische beherrschte Gesellschaften ein Gewinnverschiebungsrisiko in sich bergen, bestimmt Art. 7 Abs. 2 Anti-BEPS-Richtlinie mittels einer doppelten Betrachtungsweise: Art. 7 Abs. 2 lit. a) Anti-BEPS-Richtlinie definiert Einkunftsquellen, die der Hinzurechnung unterliegen. Dies betrifft einerseits passive Einkünfte aus Zinsen und Finanzanlagevermögen (i), Lizenzen und Einkünfte aus geistigem Eigentum (ii), Dividenden und Einkünfte aus der Veräußerungen von Kapitalvermögen (iii), sowie Einkünfte aus Finanzierungsleasing (iv). Gleichfalls unter passive Einkunftsquellen zu fassen sind die unter (v) aufgezählten Einkünfte aus Versicherungs-, sowie Bank- und Finanzdienstleistungstätigkeiten.[1206]

1204 EuGH Rs. C-201/05 (*Test Claimants in the CFC and Dividend Group Litigation*) v. 23.04.2008, Slg. 2008, I-2875 (Rn. 12 ff.); EuGH Rs. C-196/04 (*Cadbury Schweppes*) v. 12.09.2006, Slg. 2006, I-7995 (Rn. 6).

1205 EuGH Rs. C-201/05 (*Test Claimants in the CFC and Dividend Group Litigation*) v. 23.04.2008, Slg. 2008, I-2875 (Rn. 12); EuGH Rs. C-196/04 (*Cadbury Schweppes*) v. 12.09.2006, Slg. 2006, I-7995 (Rn. 6). In EuGH Rs. C-294/97 (*Eurowings*), v. 26.10.1999, Slg. 1999, I-7447 ergab sich die Problematik der Hinzurechnung einzelner Geschäftsvorfälle in anderem Zusammenhang. Thematisiert war hierin die gewerbesteuerliche Hinzurechnung nach § 8 GewStG. Die gewerbesteuerliche Hinzurechnung verfolgt jedoch nicht die gleiche gesetzgeberische Intention wie die Hinzurechnungsbesteuerung nach §§ 7 ff. AStG, und wurde daher folgerichtigt vom EuGH nicht unter dem Aspekt der Missbrauchsvermeidung geprüft.

1206 Die deutsche Sprachfassung von Art. 7 Abs. 2 lit. a) (v) Anti-BEPS-Richtlinie führt hierbei unpräzise Tätigkeiten durch *„Versicherungen, Banken und anderen Finanz-*

Zudem werden Dienstleistungen der ausländischen Gesellschaft an den inländischen Steuerpflichtigen oder an wiederum mit ihm verbundene Unternehmen als hinzuzurechnende Einkünfte qualifiziert (vi), wobei sich die hierdurch begründete Vermutung der Gewinnverschiebung durch die Verbundenheit der Vertragsparteien rechtfertigt.[1207] Art. 8 Abs. 3 Anti-BEPS-Richtlinie sieht eine Opt-Out-Möglichkeit der Mitgliedstaaten für Fälle vor, in denen das Unternehmen oder die Betriebsstätte weniger als ein Drittel seiner Einkünfte aus derartigen Einkunftsquellen bezieht.

Eine anderweitige Anknüpfung zur Bestimmung der Hinzurechnung dem Grunde nach enthält Art. 7 Abs. 2 lit. b) Anti-BEPS-Richtlinie. Der Hinzurechnung unterliegen demnach Einkünfte des Unternehmens oder der Betriebsstätte aus unangemessenen Gestaltungen, deren wesentlicher Zweck darin besteht, einen steuerlichen Vorteil zu erlangen. Art. 7 Abs. 2 lit. b) UAbs. 2 Anti-BEPS-Richtlinie definiert solche Gestaltungen als unangemessen, wenn sie nur aufgrund einer Beherrschungssituation eingegangen wurden. Ausschlaggebend ist hierzu eine Bewertung der übernommenen Risiken und der eingesetzten Waren. Letztlich verknüpft die Anti-BEPS-Richtlinie das aus dem unionsrechtlichen Missbrauchsverständnis herrührende Merkmal der Unangemessenheit mit Erwägungen, die bei Beurteilung der Fremdüblichkeit der Gestaltung, beispielsweise bei Transferpreisregelungen zu finden sind. Die vom EuGH geforderten wirtschaftlichen Gründe sind nach der hier vertretenen Auslegung den Kriterien des Fremdvergleichs sehr ähnlich, die das Gericht zum Rechtfertigungsgrund der Abgrenzung der Besteuerungsgrundlagen, beispielsweise im Bereich der Transferpreisregelungen, einfordert.[1208]

Nach dem Gebot der primärrechtskonformen Auslegung des Sekundärrechts hat darüber hinaus auch die Auslegung des Merkmals des wesentlichen Zwecks eines steuerlichen Vorteils im EU-/EWR-Sachverhalt zwingend unter Berücksichtigung der primärrechtlichen Garantien, und damit entsprechend der bisherigen EuGH-Rechtsprechung zu erfolgen.[1209] Eine Möglichkeit zum Dispens von der Hinzurechnung von Einkünften aus unangemessenen Gestaltungen sieht Art. 8

instituten" auf. Die englische Sprachfassung zeigt deutlich, dass nur die Tätigkeit als solche, nicht aber die Qualifikation des Unternehmens insgesamt als Bank, Versicherung oder Finanzinstitut entscheidend ist („*income from insurance, banking and other financial activities*").

1207 Der Entwurf der Anti-BEPS-Richtlinie sah eine Hinzurechnung darüber hinaus für Einkünfte aus unbeweglichen Gegenständen vor, wenn sie der Ansässigkeitsstaat des Gesellschafters aufgrund eines DBA hätte besteuern dürfen (Art. 8 Abs. 1 lit. c) (v) Entwurf der Anti-BEPS-Richtlinie). Dem Regelungszweck entsprechend sollten damit nur solche Einkünfte aus unbeweglichen Gegenständen der Hinzurechnung unterliegen, wie diesbezüglich der Vorwurf der Gewinnverlagerung gerechtfertigt ist. Die Hinzurechnung von Einkünften aus Immobiliengesellschaften wurde nicht in die endgültige Fassung der Anti-BEPS-Richtlinie übernommen.

1208 Vgl. die Analyse vorstehend unter Kap. 7.5.2.1.

1209 Vgl. hierzu vorstehend unter Kap. 2.3.5.

Abs. 4 Anti-BEPS-Richtlinie für Unternehmen und Betriebsstätten mit niedrigen Einkünften vor.

7.5.3.2. Die Bestimmung der Hinzurechnung der Höhe nach

Für die Hinzurechnung der Höhe nach knüpft Art. 8 Anti-BEPS-Richtlinie an die vorgenannte Differenzierung an. Art. 8 Abs. 1 Anti-BEPS-Richtlinie bestimmt die Hinzurechnung sämtlicher Einkünfte aus den aufgezählten passiven Einkunftsquellen des Art. 7 Abs. 2 lit. a) Anti-BEPS-Richtlinie. Dagegen unterliegen nach Art. 8 Abs. 2 Anti-BEPS-Richtlinie nur der Teil der Einkünfte aus unangemessenen Gestaltungen nach Art. 7 Abs. 2 lit. b) Anti-BEPS-Richtlinie der Hinzurechnung beim Gesellschafter, *„die durch Vermögenswerte und Risiken erzielt werden, die mit Aufgaben von Entscheidungsträgern zusammenhängen, die von der beherrschenden Gesellschaft ausgeführt werden.“* Mit anderen Worten unterliegt hierbei nur der nicht fremdüblich erzielte Teil der Einkünfte der Hinzurechnung. Damit zielt die Kategorie der „unangemessenen Gestaltung“ darauf ab, nur partiell Einkünfte einer ausländischen Gesellschaft der Hinzurechnung zu unterziehen. Sie lässt sich demnach mit der Betrachtung spezifischer Geschäftsvorfälle entsprechend des OECD-Aktionspunkts 3 ableiten.[1210]

Zur Berechnung gibt Art. 8 Anti-BEPS-Richtlinie vor, dass die Einkünfte der ausländischen Gesellschaft entsprechend der quotalen Beteiligung des Gesellschafters zuzurechnen sind (Abs. 3) und bei Vornahme einer tatsächlichen Ausschüttung (Abs. 5) oder einer Veräußerung der Beteiligung an dem ausländischen Rechtsträger (Abs. 6) die zuvor hinzugerechneten Einkünfte in diesem Zeitpunkt nicht erneut einer Besteuerung unterzogen werden dürfen.

7.5.4. Kritische Vergleichsbetrachtung

Die Vorgaben der OECD beschreiben die hinzurechnungsrelevanten Einkünfte der ausländischen Gesellschaft nur sehr vage. Die OECD überlässt es letztlich der Einschätzung der Nationalstaaten, welche Lenkungswirkung von CFC-Regelungen ausgehen soll. Die Wirkung von CFC-Regelungen gegen das Problem der Gewinnverlagerung wird letztlich hierdurch vermindert, da den Einzelstaaten keine Vorgabe gegeben wird, welche Art ausländischer Einkünfte eine Hinzurechnung im Inland rechtfertigt, respektive welche Art ausländischer Einkünfte gerade nicht der Hinzurechnung im Inland zu unterliegen hat. Damit bleibt den Staaten die Möglichkeit erhalten, spezifische Einkunftsquellen fiskalisch zu bevorzugen. Neben der Anknüpfung an spezifische Einkunftsquellen, denen aufgrund ihrer Mobilität ein erhöhtes Risiko der Gewinnverschiebung innewohnt, erlaubt die OECD-Empfehlungen – gegebenfalls in Verbindung mit Erstgenanntem – eine Bestimmung anhand der Substanz der Gesellschaft.

1210 Vgl. hierzu vorstehend unter Kap. 7.5.1.2.

Eine derartige Betrachtung stellen auch die EuGH-Urteile in den Entscheidungen *Cadbury Schweppes* und *Test Claimants in the CFC and Dividend Group Litigation* an, in denen das Gericht jeweils Anforderungen zur Feststellung formulierte, ob die Tätigkeiten der ausländischen Gesellschaft einer wirtschaftlichen Realität entsprächen. Beiden Urteilen lag jedoch eine gesellschaftsbezogene Betrachtung zur Hinzurechnung zugrunde, sprich bei Erfüllung der Tatbestandsmerkmale wurden sämtliche Einkünfte der Gesellschaft der Besteuerung im Inland unterworfen. Die OECD schlägt, insbesondere zur Wahrung der Verhältnismäßigkeit im Unionrecht vor, einen auf einzelne Geschäftsvorfälle bezogenen Ansatz zu wählen, der einzelne Einkunftsquellen hinsichtlich des Risikos der Gewinnverschiebung differenziert. In der Tat ließe dies eine zielgenauere Bewertung des missbräuchlichen Charakters zu. Eine Gelegenheit zur Äußerung in Bezug auf derartige Regelungen hatte der EuGH bislang, soweit ersichtlich, mangels Vorlage jedoch noch nicht.

Die in Aktionspunkt 3 angelegte Differenzierung greift nunmehr auch die Anti-BEPS-Richtlinie auf, indem Art. 7 Abs. 2 lit. a) i.V.m. Art. 8 Abs. 1 Anti-BEPS-Richtlinie einerseits auf passive Einkunftsquellen, und Art. 7 Abs. 2 lit. b) i.V.m. Art. 8 Abs. 2 Anti-BEPS-Richtlinie auf das Vorliegen einer unangemessenen Gestaltung anknüpft. Die Erfassung passiver Einkunftsquellen ist jedenfalls im EU-/EWR-Sachverhalt davon abhängig zu machen, dass die ausländische Gesellschaft keine eigene wesentliche wirtschaftliche Tätigkeit ausübt. Wird dieses Kriterium aber erfüllt, unterliegen sämtliche Einkünfte aus passiven Einkünften auch der Hinzurechnung. Dagegen erstreckt sich die Hinzurechnung bei unangemessenen Gestaltungen ausschließlich auf den nicht fremdüblichen Teil der Einkünfte.

Der Äußerung der Kommission, die Anti-BEPS-Richtlinie stelle eine Maßnahme der Mindestharmonisierung dar, kommt in diesem Zusammenhang im Ergebnis keine Bedeutung zu. Schon aufgrund der weitreichenden Differenzierungen in der Richtlinie selbst und der in großen Teilen einwirkenden Rechtsprechung des EuGH, verbleibt den Mitgliedstaaten kaum Umsetzungsspielraum hinsichtlich schärferer nationaler CFC-Regelungen.

7.6. Die Beweislastverteilung zur Rechtfertigung einer Einkünftehinzurechnung

7.6.1. Vorgaben zur Beweislastverteilung aus OECD-Aktionspunkt 3

OECD-Aktionspunkt 3 äußert sich nicht zur Verteilung der Beweislast zwischen dem Steuerpflichtigen und der Finanzverwaltung. Das Erfordernis der Einzelfallprüfung, ob eine CFC-Gesellschaft im Einzelfall aus dem Motiv der Steuervermeidung heraus agiert, wird jedoch diskutiert.[1211] Eine derartige Voraussetzung wird

1211 *OECD*, BEPS Action 3 Final Report (2015), S. 36.

jedoch als Gefahr für die Effektivität der CFC-Regelungen angesehen und würde den Verwaltungsaufwand andererseits erhöhen. Die OECD spricht sich daher in Aktionspunkt 3 gegen eine individuelle Prüfung eines Steuervermeidungsmotivs aus, da dies nicht erforderlich sei, wenn die CFC-Regelung im Übrigen zielgerecht formuliert ist.[1212]

7.6.2. Die EuGH-Rechtsprechung zur Beweislastverteilung

Die Möglichkeit eines vom Steuerpflichtigen zu führenden Entlastungsbeweises, in dem dieser die wirtschaftliche Motivation für eine gewählte Gestaltung anführt, ist dem Missbrauchsverständnis des EuGH immanent.[1213] Dementsprechend formulierte der EuGH, dass von einer Besteuerung mittels CFC-Regelungen dann abzusehen sei, *„wenn es sich auf der Grundlage objektiver und von dritter Seite nachprüfbarer Anhaltspunkte erweist, dass die [...] beherrschte Gesellschaft ungeachtet des Vorhandenseins von Motiven steuerlicher Art tatsächlich im Aufnahmestaat angesiedelt ist und dort wirklichen wirtschaftlichen Tätigkeiten nachgeht.“*[1214]

Die Beweislast ist nach Auslegung des Missbrauchsbegriffs durch den EuGH grundsätzlich zweigeteilt: Während die objektiven Merkmale der Norm von den Finanzbehörden nachzuweisen sind, kann hieraus zwar eine Vermutung des subjektiven Elements begründet werden, für das dem Steuerpflichtigen wiederum die Möglichkeit einer Exkulpation zuzugestehen ist.[1215]

Objektive Merkmale von CFC-Regelungen sind die Tatbestandselemente, aus denen eine teleologisch nicht gerechtfertigte Inanspruchnahme der Freiheiten des Binnenmarkts zu folgern ist.[1216] Bezogen auf CFC-Regelungen erkannte der EuGH dies hinsichtlich der Merkmale (i) der Niedrigbesteuerung einer ausländischen Gesellschaft, die (ii) einer inländischer Kontrolle unterliegt, und (iii) deren Besteuerungsniveau wesentlich unter dem fiktiven inländischen Besteuerungsniveau liegt.[1217] Dem Beweiserfordernis der Finanzverwaltung ist mit diesen objektiven Merkmalen genügt.

Dem subjektiven Merkmal des Missbrauchs wohnt jedoch inne, dass die Gestaltung *„jeglicher wirtschaftlichen oder kommerziellen Rechtfertigung entbehrt“*, bzw. die

---

1212 *OECD*, BEPS Action 3 Final Report (2015), S. 36.

1213 Vgl. hierzu vorstehend unter Kap. 4.3.3.2.

1214 EuGH Rs. C-196/04 (*Cadbury Schweppes*) v. 12.09.2006, Slg. 2006, I-7995 (Rn. 75); ebenso EuGH Rs. C-201/05 (*Test Claimants in the CFC and Dividend Group Litigation*) v. 23.04.2008, Slg. 2008, I-2875 (Rn. 79).

1215 Vgl. hierzu vorstehend unter Kap. 5.2.

1216 Vgl. hierzu vorstehend unter Kap. 5.3.1.

1217 EuGH Rs. C-201/05 (*Test Claimants in the CFC and Dividend Group Litigation*) v. 23.04.2008, Slg. 2008, I-2875 (Rn. 72); EuGH Rs. C-196/04 (*Cadbury Schweppes*) v. 12.09.2006, Slg. 2006, I-7995 (Rn. 58).

Gestaltung *„nicht auf vernünftigen wirtschaftlichen Gründen beruht"*.[1218] Der EuGH gestattet in ständiger Rechtsprechung, dass ein nicht erbrachter Nachweis zu Lasten des Steuerpflichtigen geht, da dieser am Ehesten zum Nachweis derartiger wirtschaftlicher Begebenheiten in der Lage sei.[1219]

Im Ergebnis erachtete es das Gericht als zulässig, aus den objektiven Umständen der Niedrigbesteuerung einer ausländischen Gesellschaft, die unter inländischer Kontrolle steht, eine gesetzliche Missbrauchsvermutung zu statuieren. Diese zu entkräften ist dem Steuerpflichtigen dadurch zu ermöglichen, dass er wirtschaftliche und kommerzielle Gründe seiner Gestaltung gegenüber der Finanzverwaltung darlegt.

7.6.3. Die Frage der Beweislast in der Anti-BEPS-Richtlinie

Die Anti-BEPS-Richtlinie stellt keine ausdrücklichen Vorgaben zur Verteilung der Beweislast zwischen Steuerpflichtigem und Finanzverwaltung auf. Während Art. 7 Abs. 1 Anti-BEPS-Richtlinie die Merkmale einer niedrigbesteuerten ausländischen Gesellschaft unter inländischer Kontrolle definiert, statuiert Art. 7 Abs. 2 i.V.m. Art. 8 Abs. 1 und 2 Anti-BEPS-Richtlinie die hinzuzurechnenden Einkünfte. Art. 7 Abs. 2 lit. a) UAbs. 2 regelt jedoch, dass passive Einkunftsquellen nur dann hinzugerechnet werden dürfen, wenn das ausländische Unternehmen keine wesentliche wirtschaftliche Tätigkeit ausübt. Vom Wortlaut her ergibt sich demnach keine Differenzierung hinsichtlich der Beweislastverteilung zwischen Steuerpflichtigem und Finanzverwaltung.

Sind die Richtlinienvorgaben in nationale Gesetze umzusetzen, haben die jeweiligen Gesetzgeber daneben auch Vorgaben zu beachten, die aus dem Primärrecht selbst abzuleiten sind.[1220] Da den CFC-Regelungen maßgeblich das Missbrauchsverständnis des EuGH zugrunde liegt, kann auf die hierbei statuierten Leitlinien zur Beweislastverteilung zurückgegriffen werden. Dies unterscheidet zwischen den von der Finanzverwaltung zu beweisenden objektiven Merkmalen einerseits und dem dem Steuerpflichtigen zu gestattenden Nachweis wirtschaftlicher Gründe für die Gestaltung andererseits.[1221]

Jedenfalls im Hinblick auf Art. 7 Abs. 2 lit. a) UAbs. 2 Anti-BEPS-Richtlinie können damit nationale CFC-Regelungen primärrechtskonform die Beweislast auf den Steuerpflichtigen abwälzen. Die übrigen, in Art. 7 Abs. 2 lit. a) und lit. b) Anti-

1218 Vgl. EUGH Rs. C-155/13 (*SICES*) v. 13.04.2014, ECLI:EU:C:2014:145 (Rn. 33); EuGH Rs. 126/10 (*Foggia*) v. 10.11.2011, Slg. 2011, I-10923 (Rn. 36).

1219 EuGH Rs. C-201/05 (*Test Claimants in the CFC and Dividend Group Litigation*) v. 23.04.2008, Slg. 2008, I-2875 (Rn. 82); EuGH Rs. C-196/04 (*Cadbury Schweppes*) v. 12.09.2006, Slg. 2006, I-7995 (Rn. 70); vgl. hierzu zudem vorstehend unter Kap. 5.1.

1220 Vgl. hierzu vorstehend unter Kap. 2.3.5.

1221 Vgl. hierzu vorstehend unter Kap. 7.6.2.

BEPS-Richtlinie genannten Merkmale dienen jedoch der Bestimmung der objektiven Tatbestandsvoraussetzungen, die die jeweilige Finanzverwaltung nachzuweisen hat.

7.6.4. Kritische Vergleichsbetrachtung

Die Frage der Beweislast stellt sich im „Besteuerungsalltag" regelmäßig als für den Steuerpflichtigen entscheidendes Kriterium dar: Einerseits was den erforderlichen Verwaltungsaufwand bei Abgabe von Steuererklärungen angeht, und andererseits im Falle der streitigen Auseinandersetzung mit den Finanzbehörden. Umso überraschender erscheint, dass sich der OECD-Aktionspunkt 3 zu dieser Frage nicht äußert.

Bedeutend für die Umsetzungen der Anti-BEPS-Richtlinie in den Mitgliedstaaten ist, dass auch diese die Beweislast nicht eindeutig regelt. Eine Regelung wäre insbesondere im Hinblick auf die Rechtssicherheit für die nationalen Gesetzgeber vor einer potentiellen Kassation durch den EuGH wünschenswert gewesenn. Die unionsrechtlich zulässige Beweislastverteilung kann damit nur aus dem bisherigen Verständnis des EuGH zum primärrechtlichen Missbrauchsbegriff abgeleitet werden. Danach obliegt im Grundsatz die Beweislast zur Feststellung der objektiven Tatbestandsmerkmale von CFC-Gesellschaften den Finanzbehörden. Vom EuGH wurde jedoch als zulässig erachtet, wenn dem Steuerpflichtigen die Beweislast für die wirtschaftlichen Gründe einer Gestaltung auferlegt wird.[1222]

Übertragen auf die Vorgaben der Anti-BEPS-Richtlinie bedeutet dies, dass hinsichtlich der Tatbestandsmerkmale des Art. 7 Abs. 1 und Abs. 2 lit. a) und lit. b) Anti-BEPS-Richtlinie zwar im Ausgangspunkt die Finanzverwaltung die Beweislast zu tragen hat. Primärrechtskonform kann jedoch der Nachweis einer wesentlichen wirtschaftlichen Tätigkeit der ausländischen Gesellschaft gemäß Art. 7 Abs. 2 lit. b) UAbs. 2 Anti-BEPS-Richtlinie als Entlastungsmöglichkeit mit Beweislast zulasten des Steuerpflichtigen ausgestaltet werden.

7.7. Zusammenfassende Thesen zum Missbrauch mittels zwischengeschalteter Rechtsträger

- Steuerlich intransparente Rechtsträger tragen insofern ein Gestaltungspotential in sich, als Besteuerungssubstrat in einer solchen Gesellschaft mit dem Ziel allokiert werden kann, dieses der Besteuerung auf Gesellschafterebene zu entziehen. Das Missbrauchspotential birgt die durch Abschottung gegenüber der Besteuerung auf der Gesellschafterebene erzielte, zum Teil dauerhafte Steuerstundung nicht ausgeschütteter Gewinne, in viel größerem Maße aber die Aussicht auf Repatriierung von Gewinnen der Gesellschaft auf die Gesellschafterebene unter einer sehr geringen oder mit gar keiner Steuerbelastung. Betroffen sind neben Gesellschaften, die in Drittstaaten ansässig sind, ebenso Gesellschaften, die im

1222 Zur unionsrechtlich indizierten Regelungsstruktur, vgl. Kap. 5.3.

EU-/EWR-Ausland ansässig sind. Denn auch EU-/EWR-Staaten können aufgrund einer niedrigen Steuerbelastung auf laufende Gewinne, oder aufgrund DBA-Regelungen, die sich im einschlägigen Fall als besonders vorteilhaft erweisen, eine rein steuergetriebene Allokation des Standortes begründen.

- Im europäischen Binnenmarkt ist insofern die gerechtfertigte Inanspruchnahme der Binnenmarktgarantien in Abwägung zu bringen mit dem Interesse der Mitgliedstaaten, gegen ungerechtfertigte Steuerverschiebungen vorzugehen. Einschlägige unionsrechtliche Garantien enthält das Sekundärrecht in Form der Mutter-Tochter-Richtlinie, sowie das Primärrecht. Je nach Ausgestaltung der Kriterien zur „Inländerbeherrschung" im nationalen Recht, unterliegen CFC-Regelungen ausschließlich dem Anwendungsbereich der Niederlassungsfreiheit, oder daneben auch der Kapitalverkehrsfreiheit. Dem ökonomischen Zweck der Sicherung des inländischen Steuersubstrats gegen wirtschaftlich nicht gerechtfertigte Inanspruchnahme von Freiheiten des Binnenmarkts folgend, sind CFC-Regelungen in erster Linie am Rechtfertigungsaspekt der Missbrauchsvermeidung zu messen. Einschränkungen der Mutter-Tochter-Richtlinie, sowie der Niederlassungs- und Kapitalverkehrsfreiheit können unter diesem Gesichtspunkt gerechtfertigt sein.
- Die Missbrauchstypisierung der OECD folgt für CFC-Gesellschaften einer von der bisherigen EuGH-Rechtsprechung abweichenden Logik. Während im BEPS-Aktionspunkt 3 alleine die Inländerbeherrschung den Missbrauch einer ausländischen Gesellschaft indiziert, bedarf es nach der EuGH-Rechtsprechung einer Bewertung der von der ausländischen Gesellschaft erbrachten Tätigkeiten. Die Anti-BEPS-Richtlinie gibt den Mitgliedstaaten die Vorgabe, missbrauchsrelevante, passive Einkünfte generell der Hinzurechnungsbesteuerung zu unterwerfen. Jedenfalls im EU-/EWR-Sachverhalt ist die Hinzurechnung aber in Weiterführung der EuGH-Rechtsprechung daraufhin zu untersuchen, ob die ausländische Gesellschaft eine wesentliche wirtschaftliche Tätigkeit erfüllt.
- Nach dem Verständnis der OECD rechtfertigt die Anwendung von CFC-Regelungen, dass die Gesellschaft aus Sicht der Besteuerung der inländischen Gesellschafter steuerlich intransparent ist. Dem Missbrauchsverständnis des EuGH nach ist die Rechtsprechung zu CFC-Regelungen nur auf Gesellschaften anzuwenden, die von beiden Staaten einheitlich als intransparent zu betrachten sind. Dagegen stellt die Anti-BEPS-Richtlinie auf die Besteuerung der ausländischen Gesellschaft mit Körperschaftsteuer in deren Ansässigkeitsstaat ab. Für das, durch die Abschottung zur Besteuerungsebene des Gesellschafters begründete Missbrauchsrisiko ist jedoch umgekehrt die Beurteilung der ausländischen Einheit als steuerlich intransparente Einheit aus Sicht des Ansässigkeitsstaats des Gesellschafters von Bedeutung. Für hybride ausländische Einheiten, die ausschließlich aus Sicht der Besteuerung der Gesellschafter intransparent sind, enthält die Anti-BEPS-Richtlinie damit keine Regelung.
- BEPS-Aktionspunkt 3 gibt hinsichtlich der Art und Weise der Identifikation von CFC-Einkünften nur wenige Vorgaben. Als *best-practices* werden eine Vielzahl von Anknüpfungspunkten anerkannt. Die Bestimmung der CFC-Einkünfte der

Höhe nach könne die gesamten Einkünfte einer Gesellschaft erfassen, wenn die ausländische Gesellschaft insgesamt den Vorwurf der Gewinnverschiebung ausgesetzt ist. Als zielgenauer erachtet die OECD allerdings, einzelne Einkunftsquellen als solche der Hinzurechnung im Inland zu unterwerfen. Dem EuGH lagen zur bestimmung von CFC-Einkünften bislang nur nationale Regelungen zur Entscheidung vor, die einen gesellschaftsbezogenen Ansatz wählten.

- Die Anti-BEPS-Richtlinie definiert CFC-Einkünfte auf zwei unterschiedliche Arten. Der Hinzurechnung nach Art. 7 Abs. 2 lit. a) i.V.m. Art. 8 Abs. 1 Anti-BEPS-Richtlinie unterliegen sämtliche Einkünfte einer ausländischen Gesellschaft aus den aufgezählten passiven Einkunftsquellen. Im EU-/EWR-Sachverhalt erfolgt die Hinzurechnung jedoch nur, wenn die ausländische Gesellschaft keine wesentliche wirtschaftliche Tätigkeit ausübt. Der Hinzurechnung nach Art. 7 Abs. 2 lit. b) i.V.m. Art. 8 Abs. 2 Anti-BEPS-Richtlinie unterliegen dagegen nur Einkünfte, die aus einer unangemessenen Gestaltung herrühren, deren wesentlicher Zweck darin besteht, einen steuerlichen Vorteil zu erlangen. In diesem Fall unterliegt auch nur der Teil der Einkünfte der Hinzurechnung, der tatsächlich als unangemessen anzusehen ist.

Kap. 8. Der Missbrauch der Finanzierungsart

Verglichen mit der vorstehend behandelten Missbrauchsgefahr ausländischer Zwischengesellschaften, setzt der Missbrauch der Finanzierungsart gedanklich eine Ebene dahinter an: Während Erstgenannte das „Warum" der Gründung hinterfragt, fokussiert sich die Untersuchung der Finanzierungsart auf den Missbrauch betreffend des „Wie" der Kapitalausstattung einer Gesellschaft. Anders als bei CFC-Regelungen besteht bislang hinsichtlich der Missbrauchsverhinderung durch die Art und Weise der Finanzierung noch kein derart breiter internationaler Konsens, der eine vergleichende Diskussion einzelnder Tatbestandsmerkmale zuließe.

8.1. Charakterisierung des Missbrauchspotentials von Finanzierungsgestaltungen

Das Missbrauchspotential von Finanzierungsgestaltungen ist darauf zurückzuführen, dass Kapitalgewährung so gestaltet werden kann, dass erwirtschafteter Ertrag einer nur geringen Steuerbelastung unterliegt. Kapital ist für Zwecke der Gewinnverlagerung maßgeblich deshalb sehr attraktiv, da es in hohem Maße mobil ist.[1223]

Typischerweise wird der Gestaltungsmissbrauch im grenzüberschreitenden Kontext angesiedelt: Extern aufgenommenes Fremdkapital dient in Hochsteuerländern dazu, die steuerliche Bemessungsgrundlage zu reduzieren.[1224] Mittels gruppeninterner Darlehensbeziehungen wird im Konzerverbund Zinsaufwand generiert, der den tatsächlichen gegenüber Fremdunternehmen anfallenden Zinsaufwand übersteigt.[1225] Der ökonomische „Upside" wird dadurch verstärkt, dass Zinserträge vielfach steuerbefreit oder als steuergestundete Einnahmen erzielt werden.[1226] Da Fremdkapital sich besonders dazu eignet, trotz hoher operativer Unternehmensgewinne das effektiv zu versteuernde Einkommen signifikant zu senken, führt dies zu einer rein steuerlich begründeten Verzerrung der Entscheidung darüber, auf welche Art und Weise die Kapitalausstattung eines Unternehmens erfolgt.[1227]

International strukturierte Unternehmen können mithilfe derartiger Gestaltungen ihre effektive Steuerbelastung auf Basis von Steuergestaltungen wesentlich reduzieren, die rein national operierenden Unternehmen nicht zur Verfügung ste-

---

1223 *IBFD*, International Tax Structures in the BEPS Era (2015), S. 103; *OECD*, BEPS Aktionspunkt 4 Abschlussbericht (2016), S. 11.

1224 *Millán/Roch*, Intertax 2015, S. 58 (58); *OECD*, BEPS Aktionspunkt 4 Abschlussbericht (2016), S. 11.

1225 *OECD*, BEPS Aktionspunkt 4 Abschlussbericht (2016), S. 11.

1226 *Millán/Roch*, Intertax 2015, S. 58 (59); *OECD*, BEPS Aktionspunkt 4 Abschlussbericht (2016), S. 11.

1227 *Dorenkamp*, in: Hüttemann (Hrsg.), DStJG Bd. 33 (2010), S. 301 (308 f.); *OECD*, BEPS Aktionspunkt 4 Abschlussbericht (2016), S. 15.

hen.[1228] Letztendlich bewirkt der Zinsabzug im Staat des Kapitalempfängers für den ausländischen Investor eine günstigere Besteuerung als für einen inländischen Investor.[1229] Das erhöhte Gestaltungspotential sorgt zudem zu einer ökonomischen Übervorteilung grenzübeschreitender Investments gegenüber nationalen Gesellschaftsbeziehungen.[1230] Die Kapitalausstattung ist damit ein bedeutender Faktor im Rahmen des internationalen Steuerwettbewerbs, der hinsichtlich der Privilegierung von Fremdkapitalfinanzierung zu Fehlallokationen aus Sicht der Investitionsart sowie des Investorenstandortes führt.[1231]

Nationale Maßnahmen, die einer derartigen Gewinnverlagerung entgegentreten werden unter dem Schlagwort der *„thin capitalization"*, also der nur dünnen Eigenkapitalausstattung bei hohem Fremdkapitalanteil, zusammengefasst.[1232] Der deutsche Gesetzgeber ist derartigen Gestaltungen mit der als *„beispiellose Steuerinnovation"*[1233] betitelten Zinsschranke gemäß § 4h EStG und § 8a KStG entgegengetreten.[1234]

Im Regelungsansatz unterscheiden sich beide Systeme: Regelungen, die der dünnen Eigenkapitalausstattung einer Gesellschaft durch Unterkapitalisierung begegnen, setzen an das Verhältnis des Fremdkapitals zum Eigenkapital eines Unternehmens an. Anhand einer gesetzlich typisierten Schwelle wird dann ein Anteil des Fremdkapitals ermittelt, für den der steuerliche Abzug des Zinsaufwands gestattet ist.[1235] Zinsabzugsbeschränkungen bestimmen den abziehbaren Zinsaufwand dagegen unmittelbar anhand eines gesetzlich typisierten Verhältnisses des Zinsaufwands zu den betrieblichen Erträgen.[1236] Letztere knüpfen damit unmittelbar an den Ausgaben eines Unternehmens für seine eigene Kapitalausstattung an. Beide Regelungsformen sollen derartige Finanzierungsgestaltungen vermeiden, die Investoren dazu verwenden, die steuerliche Bemessungsgrundlage mittels eines überhöhten Fremdkapitalaufwandes einer Besteuerung im Inland zu entziehen.[1237] Sie

---

1228 *OECD*, BEPS Aktionspunkt 4 Abschlussbericht (2016), S. 16.

1229 *OECD*, BEPS Aktionspunkt 4 Abschlussbericht (2016), S. 16.

1230 *Kessler/Knörzer*, in: Brähler/Lösel (Hrsg.), FS Djanani (2008), S. 161 (165 ff.).

1231 *Kessler/Knörzer*, in: Brähler/Lösel (Hrsg.), FS Djanani (2008), S. 161 (168); *Traversa*, BTR 2013, S. 607 (607 f.); vgl. hierzu vorstehend unter Kap. 3.5.2.3.

1232 *Traversa*, BTR 2013, S. 607 (608 f).

1233 *Homburg*, FR 2007, S. 717 (717).

1234 Zur Systemumstellung der Gesellschafterfremdfinanzierung des § 8a KStG a. F. zur Zinsschranke, vgl. *Dorenkamp*, in: Hüttemann (Hrsg.), DStJG Bd. 33 (2010), S. 301 (312 f.).

1235 Vgl. *OECD*, BEPS Aktionspunkt 4 Abschlussbericht (2016), S. 39.

1236 Zur deutschen Zinsschranke, vgl. BT-Drs. 16/4841, S. 31.

1237 BT-Drs. 16/4841, S. 31; *IBFD*, International Tax Structures in the BEPS Era (2015), S. 105 ff.; *Gallert*, Abzugsverbote (2013), S. 160 ff.; *Hick*, in: Herrmann/Heuer/Raupach, EStG/KStG, § 4h EStG Rn. 4; *Kahlenberg/Kopec*, IStR 2015, S. 84 (84); *Seiler*, in: Kirchhof, EStG, § 4h EStG Rn. 1.

stellen mitunter typisierende Missbrauchsregelungen zur Bekämpfung schädlichen Steuerwettbewerbs dar.

8.2. Die Empfehlungen der OECD zur Bekämpfung der Gewinnverlagerung durch Zinsaufwendungen

Die OECD resümiert im BEPS-Aktionspunkt 4, unilaterale Maßnahmen hätten, um der Fungibilität und Flexibilität von Kapital effektiv Einhalt zu gebieten, auf international bewährten Regelungen zu Zinsabzugsbeschränkungen aufzubauen.[1238] Der Bericht formuliert einen *best-practices*-Ansatz, der Aspekte wirksamer *thin capitalization*-Regelungen herausarbeitet und Empfehlungen für unilaterale Maßnahmen ausspricht.[1239] Inhalt des Aktionsplans ist es, Vorschläge für bestmögliche unilaterale Regelungen gegen Zinszahlungen zu unterbreiten, die eine ungerechtfertigte Gewinnverkürzung oder Gewinnverlagerung zur Folge haben.[1240] BEPS-Aktionspunkt 4 empfiehlt ein System, das die steuerliche Abziehbarkeit von Zinsaufwand beschränkt und in großen Teilen der deutschen Zinsschranke ähnelt. Dieses System erachtet die OECD vorzugswürdig gegenüber einer Anknüpfung an der Unterkapitalisierung eines Unternehmens. Da Letzteres den abziehbaren Zinsaufwand nur indirekt misst, bleibe hierbei der tatsächlich anfallende Zinsaufwand unberücksichtigt.[1241] Ziel der Zinsabzugsbeschränkung stelle jedoch dar, dass ein bestimmter Anteil des unternehmerischen Gewinns in dem betreffenden Staat versteuert wird.[1242] Indem die OECD das Missbrauchspotential an die Gewinnverschiebung knüpft, bietet die Zinsabzugsbeschränkung letztlich eine zielgenauere Problemlösung.

8.2.1. Identifikation des Adressatenkreises

Die Empfehlungen in BEPS-Aktionspunkt 4 bemühen sich, beim Adressatenkreis von Zinsabzugsbeschränkungen diejenigen Steuerpflichtigen zu identifizieren, bei denen ein Risiko wirtschaftlich nicht gerechtfertigter Gewinnverlagerung und -kürzung besteht.

Das größte Gewinnverlagerungspotential erkennt die OECD innerhalb eines multinationalen Konzerns. Hier könne die einheitliche Kontrolle über die beteiligten Unternehmen dazu missbraucht werden, dass sowohl mittels Investitionen gebietsfremder Unternehmen im Inland, als auch durch Investitionen gebietsansässiger Unternehmen im Ausland Zinszahlungen der Verschiebung steuerlicher Gewinne

1238 *OECD*, BEPS Aktionspunkt 4 Abschlussbericht (2016), S. 18 f.
1239 *OECD*, BEPS Aktionspunkt 4 Abschlussbericht (2016), S. 22 f.
1240 *OECD*, BEPS Aktionspunkt 4 Abschlussbericht (2016), S. 19.
1241 *OECD*, BEPS Aktionspunkt 4 Abschlussbericht (2016), S. 39.
1242 *OECD*, BEPS Aktionspunkt 4 Abschlussbericht (2016), S. 51.

dienen.[1243] Letztlich genüge hierfür bereits, dass ein Unternehmen über eine ausländische Betriebsstätte verfügt.[1244] Vergleichbare Gewinnverschiebungen ermöglichten auch Finanzierungsgestaltungen zwischen nahestehenden Unternehmen, die nach Definition der OECD durch eine untereinander oder über einen Dritten vermittelte Beherrschung durch eine mindestens 25 %-ige Beteiligung am Kapital oder an den Stimmrechten eines Unternehmens gekennzeichnet sind.[1245]

Bei rein national aufgestellten Konzernen und eigenständigen Unternehmen sieht die OECD nur ein deutlich vermindertes Risiko für internationale Gewinnverschiebungen.[1246] Eine internationale Gewinnverschiebung durch derartige Unternehmen setze stets ein konzertiertes Handeln mit einem fremden Dritten voraus. Das Risiko zur Gewinnverschiebung bestünde hierbei dann, wenn beide Unternehmen unter einer einheitlichen Beherrschung derselben Investoren stehen.[1247] Zudem könnten auch Unternehmen oder Konzerne, die selbst nur in einem Mitgliedsstaat ansässig sind, durch strukturierte Finanzierungsgestaltungen mit fremden Dritten, beispielsweise mittels sog. *Back-to-Back*-Gestaltungen, wirtschaftlich nicht gerechtfertigten Finanzierungsaufwand zur Reduktion ihrer steuerlichen Bemessungsgrundlage verwenden.[1248] Da das Risiko von Gewinnverschiebungen für rein national tätige Konzerne und eigenständige Unternehmen nicht in einem zu interntionalen Unternehmensgruppen vergleichbaren Maße bestehe, könnte dem Missbrauchspotential viel besser durch gezielte Maßnahmen begegnet werden, die einzelne Missbrauchsgestaltungen verhindern, namentlich strukturierte Zinszahlungsgestaltungen, Vereinbarungen über Zinszahlungen mit nahestehenden Dritten oder die Verschiebung von Zinsabzugspotential auf andere Konzernunternehmen.[1249]

Ein BEPS-Risiko besteht danach zwar auch bei Unternehmen, die keinem international tätigen Konzern angehören oder mit ausländischen Unternehmen verbunden sind. Die Gefahr internationaler Gewinnverschiebungen betrifft aber nur Zinsaufwendungen, die grenzüberschreitend gezahlt werden. Die OECD erkennt zwar ein Interesse der Staaten an, rein nationale Sachverhalte der Zinsabzugsbeschränkung zu unterwerfen. Entscheidend hierfür seien jedoch allgemeinpolitische Erwägungen zur Förderung der Eigenkapitalfinanzierung oder der drohenden Benachteiligung internationaler Unternehmen, die verfassungsrechtliche und unionsrechtliche Probleme nach sich zögen.[1250]

1243 *OECD*, BEPS Aktionspunkt 4 Abschlussbericht (2016), S. 35.
1244 *OECD*, BEPS Aktionspunkt 4 Abschlussbericht (2016), S. 35, 80 f.
1245 *OECD*, BEPS Aktionspunkt 4 Abschlussbericht (2016), S. 35.
1246 *OECD*, BEPS Aktionspunkt 4 Abschlussbericht (2016), S. 36 f.; dies gilt selbstverständlich auch nur, wenn auch keine verbundenen Unternehmen im Ausland ansässig sind.
1247 *OECD*, BEPS Aktionspunkt 4 Abschlussbericht (2016), S. 36.
1248 *OECD*, BEPS Aktionspunkt 4 Abschlussbericht (2016), S. 37, 81.
1249 *OECD*, BEPS Aktionspunkt 4 Abschlussbericht (2016), S. 98.
1250 *OECD*, BEPS Aktionspunkt 4 Abschlussbericht (2016), S. 37 f.

Da das Risiko von internationalen Gewinnverschiebungen bei niedrigem Nettozinsaufwand nur gering sei, empfiehlt die OECD zudem eine Geringfügigkeitsschwelle für die Anwendbarkeit der Zinsabzugsbeschränkung, die sich anhand des Nettozinsaufwands des Unternehmens bzw. innerhalb eines Inlandskonzerns zu bemessen habe.[1251]

8.2.2. Identifikation des steuerlich abziehbaren Zinsaufwands

Die Identifikation des steuerlich abziehbaren Zinsaufwands geht mit der Frage einher, inwiefern dieser mit der tatsächlichen wirtschaftlichen Tätigkeit eines Unternehmens verknüpft ist.[1252]

Wesentlich für möglichst zielgenaue Vorschriften ist, dass neben Zinsen, auch Zahlungen von den Abzugsbeschränkungen umfasst sind, die Zinsen wirtschaftlich entsprechen.[1253] Die OECD empfiehlt hierzu einen in allen Staaten für sämtliche Steuerzwecke anwendbaren Ansatz, der alle Zahlungen umfasst, *„die mit der Finanzierung eines Unternehmens in Zusammenhang stehen und die ermittelt werden, indem im Zeitverlauf ein fester oder variabler Prozentsatz auf einen tatsächlichen oder fiktiven Kapitalbetrag angewendet wird."*[1254]

Ausgangspunkt für die Abzugsbeschränknug ist ein festgelegtes Verhältnis des Nettozinsaufwands[1255] zum unternehmerischen Gewinn, Letzterer definiert durch das Ergebnis abzüglich Zinsen, Steuern und Abschreibungen (EBITDA).[1256] Dieser schematische Ansatz habe den Vorzug, dass der steuerlich abziehbare Zinsbetrag mittels eines Dreischritts[1257] durch die Finanzverwaltung relativ einfach und damit für den Steuerpflichtigen nachvollziehbar und rechtssicher festgestellt werden kann.[1258] Die OECD empfiehlt einen Referenzwert für die Quote aus Nettozinsaufwand zum EBITDA von 10 % bis 30 %, wobei ein hoher Referenzwert durch anderweitige strengere Regelungen aufgewogen sein könne.[1259]

Ein derartig festgelegter Prozentsatz spiegele jedoch die ökonomische Realität insofern nicht wieder, da Unternehmen – unabhängig von einer steuerlichen Moti-

1251 *OECD*, BEPS Aktionspunkt 4 Abschlussbericht (2016), S. 29.

1252 *OECD*, BEPS Aktionspunkt 4 Abschlussbericht (2016), S. 28.

1253 *OECD*, BEPS Aktionspunkt 4 Abschlussbericht (2016), S. 31.

1254 *OECD*, BEPS Aktionspunkt 4 Abschlussbericht (2016), S. 31.

1255 Dies entspricht der Differenz des insgesamt gezahlten Zinsaufwands abzüglich der erhaltenen Zinserträge. Eine Inbezugnahme des Bruttozinsertrags berge das Risiko der Doppelbesteuerung; vgl. *OECD*, BEPS Aktionspunkt 4 Abschlussbericht (2016), S. 39 f.

1256 *OECD*, BEPS Aktionspunkt 4 Abschlussbericht (2016), S. 28.

1257 Der Dreischritt besteht aus (i) Berechnung des unternehmerischen EBITDA, (ii) Anwendung des gesetzlich vorgegebenen Prozentsatzes, (iii) Vergleich des sich hieraus ergebenden Höchstbetrags mit dem tatsächlich angefallenen Nettozinsaufwand; vgl. *OECD*, BEPS Aktionspunkt 4 Abschlussbericht (2016), S. 52.

1258 *OECD*, BEPS Aktionspunkt 4 Abschlussbericht (2016), S. 28.

1259 *OECD*, BEPS Aktionspunkt 4 Abschlussbericht (2016), S. 53 ff.

vation – je nach ihrem Tätigkeitsgebiets und ihrer historischen Entwicklung einen unterschiedlich hohen Fremdkapitalbedarf aufwiesen.[1260] Daher empfiehlt die OECD zusätzlich, das Verhältnis des Nettozinsaufwands des Gesamtkonzerns gegenüber Dritten zum Konzern-EBITDA anzusehen.[1261] Nur wenn der Nettozinsaufwand des betreffenden Unternehmens neben dem unternehmensinternen Referenzwert auch die konzernweite Fremdkapitalquote übersteigt, sei der Zinsaufwand wirtschaftlich nicht gerechtfertigt und trüge zur Gewinnverkürzung beim betreffenden Unternehmens bei.[1262] Eine ähnliche Wirkungsweise wird auch der in Deutschland üblichen sog. Eigenkapital-Escape-Klausel zugesprochen, wenn auch aufgrund der abweichenden Bezugsgrößen eine andere wirtschaftliche Akzentuierung zugunsten einer niedrigen Fremdkapitalausstattung als solcher erreicht wird.[1263]

Um Zinsabzugsbeschränkungen auf das Ziel der Gewinnverschiebungen zu fokussieren, schlägt Aktionspunkt 4 zudem eine Geringfügigkeitsschwelle vor, um risikoarme Unternehmen aus dem sonst zwingenden Festquotenvergleich auszunehmen. Zur einfachen Bestimmung empfiehlt die OECD eine Geringfügigkeitsschwelle auf Basis des Nettozinsaufwands, ohne jedoch eine Empfehlung der Höhe nach auszusprechen.[1264]

Die OECD weist darauf hin, dass in zeitlicher Hinsicht dadurch, dass die Unternehmenskennzahlen eines Jahres ausschlaggebend sind, zwar Schwankungen zwischen Nettozinsaufwand und Erlösen dieses Jahres ausgeglichen würden, nicht jedoch wenn Verschiebungen in größeren Zeitabständen auftreten.[1265] Damit derartige zeitliche Inkongruenzen keine Definitivbesteuerung bewirkten, wird empfohlen, einen Vor- und Rücktrag nicht abziehbarer Zinsaufwendungen einerseits und nicht genutzten Zinsabzugspotentials andererseits zu ermöglichen.[1266]

8.3. Die Vorgaben des Unionsrechts für mitgliedstaatliche Zinsabzugsbeschränkungen

8.3.1. Keine Beeinträchtigung der Sekundärrechtsakte durch Zinsabzugsbeschränkungen

Mangels Anknüpfung von Zinsabzugsbeschränkungen an einer steuerlichen Gewinnausschüttung, unterliegt diese nicht dem in Art. 1 Abs. 1 formulierten Anwendungsbereich der Mutter-Tochter-Richtlinie. Spezifizierte Regelungen zur Verteilung

1260 *OECD*, BEPS Aktionspunkt 4 Abschlussbericht (2016), S. 28.
1261 *OECD*, BEPS Aktionspunkt 4 Abschlussbericht (2016), S. 65 ff.
1262 *OECD*, BEPS Aktionspunkt 4 Abschlussbericht (2016), S. 61 f.
1263 *OECD*, BEPS Aktionspunkt 4 Abschlussbericht (2016), S. 62 f.
1264 Zur Geringfügigkeitsschwelle, vgl. *OECD*, BEPS Aktionspunkt 4 Abschlussbericht (2016), S. 37 f.
1265 Beispielsweise bei anlaufenden Projekten mit anfänglich hohem Finanzierungsaufwand, deren Erlöse erst in späteren Zeiträumen anfallen; vgl. *OECD*, BEPS Aktionspunkt 4 Abschlussbericht (2016), S. 73 f.
1266 *OECD*, BEPS Aktionspunkt 4 Abschlussbericht (2016), S. 74 ff.

der Besteuerungsrechte regelt die Zins-/Lizenzgebühren-Richtlinie. Diese sieht in Art. 1 Abs. 1 ein Verbot eines Quellensteuerabzugs auf innereuropäisch zwischen verbundenen Unternehmen gezahlte Zinsen und Lizenzgebühren vor. Da es die Zielsetzung der Richtlinie ist, eine wirtschaftliche Doppelbesteuerung von grenzüberschreitenden Zinszahlungen zu verhindern, werden Zinsabzugsbeschränkungen vielfach als Verstoß gegen die Zins-/Lizenzgebühren-Richtlinie angesehen.[1267]

Eine derartige Bewertung kann vor dem Hintergrund der EuGH-Rechtsprechung jedoch keinen Bestand haben. In der Entscheidung *Scheuten Solar* stellte der EuGH klar, dass die Zins-/Lizenzgebühren-Richtlinie ausschließlich Vorgaben zur Besteuerung auf Seiten des Zahlungsempfängers vorsehe, und sich gegen eine juristische Doppelbesteuerung beim Zahlungsempfänger richte. Eine wirtschaftliche Doppelbesteuerung durch Nichtabzugsfähigkeit der Zinszahlungen beim Zinsschuldner verbiete die Richtlinie dagegen nicht.[1268]

Die bestehenden sekundärrechtlichen Vorgaben sind daher von Zinsabzugsbeschränkungen nicht betroffen.

8.3.2. Die Bestimmung der von Zinsabzugsbeschränkungen betroffenen Grundfreiheiten

Regelungen über die beschränkte Abzugsfähigkeit von Zinsen greifen regelmäßig in die Garantien der Grundfreiheiten ein. Die Unionsrechtskonformität von Zinsabzugsbeschränkungen werden oftmals dem Prüfungsmaßstab der Niederlassungsfreiheit gemäß Art. 49, 54 AEUV unterzogen.[1269] Auch der EuGH prüfte in der Entscheidung *Lankhorst-Hohorst*[1270] die Umqualifikation des Betriebsausgabenabzugs für Fremdkapital in eine steuerlich nicht abziehbare verdeckte Gewinnausschüttung nach § 8a KStG a.F. anhand der Niederlassungsfreiheit. Die nationale Regelung knüpfte die Umqualifikation zwar nicht an eine Beherrschungssituation, sondern verlangte nur nach einer gesellschaftlichen Beteiligung.[1271] Die Anwendbarkeit der Niederlassungsfreiheit in Fällen von Zinsabzugsbeschränkungen wird überwiegend damit begründet, dass die Normen regelmäßig eine wesentliche Beteiligung des Gesellschafters voraussetzten und daher die Anforderungen der Niederlassungsfreiheit erfüllt seien.[1272]

Die ausschließliche Prüfung der Niederlassungsfreiheit kann m. E. jedoch nicht generalisierend auf Zinsabzugsbeschränkungen übertragen werden, da sie sich

1267 *Bauer*, StuW 2009, S. 163 (169); *Hick*, in: Herrmann/Heuer/Raupach, EStG/KStG, § 4h EStG Rn. 6; *Homburg*, FR 2007, S. 717 (725); *Loukota*, SWI 2009, S. 105 (106).

1268 EuGH Rs. C-397/09 (*Scheuten Solar Technology*) v. 21.07.2011, Slg. 2011, I-6455 (Rn. 20–36).

1269 Schlussanträge der *GA Kokott*, EuGH Rs. C-593/14 (*Masco Denmark und Damixa*) v. 12.05.2016, ECLI:EU:C:2016:336 (Rn. 16–18); *Schön*, IStR 2009, S. 882 (883).

1270 EuGH Rs. C. 324/00 (*Lankhorst-Hohorst*) v. 12.12.2002, Slg. 2002, I-11779 ff.

1271 EuGH Rs. C. 324/00 (*Lankhorst-Hohorst*) v. 12.12.2002, Slg. 2002, I-11779 ff. (Rn. 32).

1272 *Schön*, IStR 2009, S. 882 (883).

in den einschlägigen EuGH-Urteilen alleine nach den konkreten Umständen des vorgelegten Falles ergaben. Denn die kapitalgewährende Gesellschaft war entweder zugleich Alleingesellschafterin[1273] bzw. mit mehr als 75 % am Kapital der Zinsschuldnerin beteiligt[1274] oder aufgrund der gleichzeitigen Organstellung als Geschäftsführer beherrschend[1275]. Diese situative Betrachtung des EuGH kann jedoch nicht zum Zwecke einer generalisierenden Prüfung der Norm herangezogen werden.[1276] Konsequent ist es vielmehr, die einschlägige Grundfreiheit nach dem Gegenstand der nationalen Norm zu bestimmen und nicht auf die im Einzelfall gegebene, sondern auf die nach der Norm vorausgesetzte Höhe der Kapitalbeteiligung abzustellen.[1277]

Im Rahmen der Entscheidung *Itelcar* befasste sich der EuGH mit einer portugiesischen Steuernorm, die den Betriebsausgabenabzug für Zinszahlungen mit Zahlungsempfänger in einem Drittstaat im Falle der Unterkapitalisierung der ansässigen Gesellschaft ausschloss.[1278] Vorausgesetzt wurde, dass die ansässige Gesellschaft in einer „besonderen Beziehung" zum Zinsempfänger stand, die durch Merkmale persönlicher Nähebeziehungen, der gegenseitigen Kapitalbeteiligung von mindestens 10 % bzw. durch rechtliche oder faktische Abhängigkeiten definiert wurde.[1279] Anknüpfend an den Merkmalen der besonderen Beziehung argumentierte die portugiesische Regierung, dass die Regelung an der Niederlassungsfreiheit zu messen sei.[1280] Der EuGH folgte der Argumentation jedoch nicht, da die Zinsabzugsbeschränkung nicht voraussetze, dass der Zahlungsgläubiger entscheidenden Einfluss auf die Zinsschuldnerin ausüben könne.[1281]

1273 EuGH Rs. C. 324/00 (*Lankhorst-Hohorst*) v. 12.12.2002, Slg. 2002, I-11779 ff. (Rn. 6).

1274 EuGH Rs. C-524/04 (*Test Claimants in the Thin Cap Group Litigation*) v. 13.03.2007, Slg. 2007, I-2107 (Rn. 17 und 26–35).

1275 EuGH Rs. C-105/07 (*N. V. Lammers & Van Cleeff*) v. 17.01.2008, Slg. 2008, I-173 (Rn. 16).

1276 Zur situativen Betrachtung der einschlägigen Grundfreiheit, vgl. EuGH Rs. C-446/04 (*Test Claimants in the FII Group Litigation*) v. 12.12.2006, Slg. 2006, I-11753 (Rn. 37 f.); EuGH Rs. C-251/98 (*Baars*) v. 13.04.2000, Slg. 2000, I-2787 (Rn. 19 ff.); ebenso Schlussanträge der *GA Kokott*, EuGH Rs. C-593/14 (*Masco Denmark und Damixa*) v. 12.05.2016, ECLI:EU:C:2016:336 (Rn. 16); *Panayi*, European Union Corporate Tax Law (2013), S. 140.

1277 EuGH Rs. C–464/05 (*Geurts & Vogten*) v. 25.10.2007, Slg. 2007, I-9325 (Rn. 16); EuGH Rs. C-157/05 (*Holböck*) v. 24.05.2007, Slg. 2007, I-4051 (Rn. 22); EuGH Rs. C-375/04 (*Test Claimants in Class IV of the ACT Group Litigation*) v. 12.12.2006, Slg. 2006, I-11673 (Rn. 37 f.); ebenso *Schön*, in: Drüen (Hrsg.), JbFStR 2013/2014 (2013), S. 85 (88).

1278 EuGH Rs. C-282/12 (*Itelcar*) v. 03.10.2013, ECLI:EU:C:2013:629 (Rn. 3).

1279 EuGH Rs. C-282/12 (*Itelcar*) v. 03.10.2013, ECLI:EU:C:2013:629 (Rn. 4).

1280 EuGH Rs. C-282/12 (*Itelcar*) v. 03.10.2013, ECLI:EU:C:2013:629 (Rn. 15).

1281 EuGH Rs. C-282/12 (*Itelcar*) v. 03.10.2013, ECLI:EU:C:2013:629 (Rn. 18). Dies klang letztlich bereits in der Entscheidung *Test Claimants in the Thin Cap Group Litigation* an, bei der der EuGH sich nicht auf eine Exklusivität der Niederlassungs-

Anders als CFC-Regelungen knüpft das typisierte Missbrauchsrisiko von Zinsabzugsbeschränkungen gerade nicht daran an, dass eine Kontrollbeziehung zu einer ausländischen Gesellschaft besteht. Typisiert wird, dass nach normativer Vermutung der geltend gemachte Zinsabzug nicht durch eine wirtschaftliche Tätigkeit des Unternehmens gerechtfertigt sein kann.[1282] Unstrittig lässt sich der Fremdkapitalaufwand bei Unternehmen grenzüberschreitend agierender Konzerne am einfachsten für wirtschaftlich nicht gerechtfertigte Gewinnverschiebungen verwenden.[1283] Ein gleichlaufendes Risiko existiert jedoch auch bei Unternehmen, die mit anderen Unternehmen im Einfluss einer einheitlichen Investorengruppe stehen ohne dass von einer unmittelbaren Beherrschung auszugehen ist, oder die gar keiner Beherrschung unterliegen, aber sog. strukturierte Gestaltungen mit fremden Dritten vornehmen.[1284]

Wie der EuGH dies im Urteil *Itelcar* zur portugiesischen Regelung entschieden hat, betreffen Normen zu Zinsabzugsbeschränkungen regelmäßig die Kapitalverkehrsfreiheit, da eine für die Niederlassungsfreiheit typische Beherrschungssituation kein Merkmal des Gewinnverschiebungsrisikos darstellt.

8.3.3. Der Eingriff in Grundfreiheiten durch Zinsabzugsbeschränkungen

8.3.3.1. Keine Beschränkung von Grundfreiheiten durch unterschiedslos anwendbare Zinsabzugsbeschränkungen

Im Falle von Zinsabzugsbeschränkungen, die unterschiedslos auf innerstaatliche und grenzüberschreitende Zahlungen anzuwenden sind, ist eine Beschränkung der Grundfreiheiten, namentlich der Niederlassungs- und Kapitalverkehrsfreiheit zu verneinen.[1285] Es entspricht der ständigen Rechtsprechung des EuGH zur Beschränkung, dass diese eine Schlechterstellung eines grenzüberschreitenden Sachverhalts gegenüber einer hypothetischen, rein innerstaatlichen Vergleichskonstellation erfordert.[1286] Eine drohende wirtschaftliche Doppelbesteuerung bei grenzüberschreitenden Sachverhalten begründet danach keine Beschränkung von Grundfreiheiten.[1287] GA Kokott führte dies maßgeblich auf die Autonomie der

---

freiheit festlegen wollte, EuGH Rs. C-524/04 (*Test Claimants in the Thin Cap Group Litigation*) v. 13.03.2007, Slg. 2007, I-2107 (Rn. 34).

1282 Vgl. hierzu vorstehend unter Kap. 8.1.

1283 *IBFD*, International Tax Structures in the BEPS Era (2015), S. 103 f.

1284 Vgl. hierzu vorstehend unter Kap. 8.1.

1285 Unter dem Aspekt des Eingriffs in die Niederlassungsfreiheit, vgl. Schlussanträge der *GA Kokott*, EuGH Rs. C-593/14 (*Masco Denmark und Damixa*) v. 12.05.2016, ECLI:EU:C:2016:336 (Rn. 34).

1286 EuGH Rs. C-322/11 (*K*) v. 07.11.2013, ECLI:EU:C:2013:716 (Rn. 28); vgl. hierzu vorstehend unter Kap. 2.2.2.2.

1287 EuGH Rs. C-322/11 (*K*) v. 07.11.2013, ECLI:EU:C:2013:716 (Rn. 29); EuGH Rs. C-298/05 (*Columbus Container Services*) v. 06.12.2007, Slg. 2007, I-10451 (Rn. 51).

Mitgliedstaaten im Bereich des nationalen Steuerrechts zurück, da aus den europäischen Verträgen keine Verpflichtung zur Koordination der mitgliedstaatlichen Steuersysteme untereinander folge.[1288] Soll eine drohende Doppelbesteuerung verhindert werden, bedarf es nach Bekundung des EuGH entweder einer unionsweiten Harmonisierung, oder eines völkervertraglichen Doppelbsteuerungsabkommens.[1289]

Der EuGH verdeutlichte, dass es eine systemische Entscheidung des europäischen Steuerrechts darstelle, Ungleichheiten zwischen den nationalen Steuersystemen nicht durch das Unionsrecht per se angleichen zu wollen und dies sowohl Vor- als auch Nachteile für Steuerpflichtige mit sich bringen könne.[1290] Eine vollständige Neutralität grenzüberschreitender Tätigkeiten garantiert das geltenden System des zwischenstaatlichen Steuerwettbewerbs demnach nicht.

Auch wenn Zinsabzugsbeschränkungen wirtschaftlich zu einer Doppelbesteuerung führen, da beim Zahlenden der Betriebsausgabenabzug verwehrt wird, während der Zahlungsempfänger die entsprechenden Einnahmen als Gewinne zu versteuern hat, resultiert hieraus kein Verstoß gegen europäische Grundfreiheiten.

8.3.3.2. Die Beschränkung von Grundfreiheiten durch Zinsabzugsbeschränkungen mit Ausrichtung auf grenzüberschreitende Zahlungen

Aktionspunkt 4 des BEPS-Projekts betont, dass die Problematik der Gewinnverschiebung mittels überhöhter Zinsen maßgeblich bei grenzüberschreitenden Zinszahlungen bestehe.[1291] Würden unilaterale Maßnahmen europäischer Mitgliedstaaten die Zinsabzugsbeschränkung von einem grenzüberschreitenden Bezug abhängig machen, begründete dies einen Eingriff in europäische Grundfreiheiten. Denn für das betreffende Unternehmen würde eine Kapitalaufnahme aus dem Inland bessergestellt als aus dem Ausland, da im letzteren Fall nur aufgrund des grenzüberschreitenden Bezugs durch Beschränkung des Zinsabzugs eine höhere Steuerbelastung bei identischen Investitionsverhalten droht.

1288 Schlussanträge der *GA Kokott*, EuGH Rs. C-593/14 (*Masco Denmark und Damixa*) v. 12.05.2016, ECLI:EU:C:2016:336 (Rn. 19 ff.); ebenso *Terra/Wattel*, European Tax Law (2012), S. 458 f.

1289 EuGH Rs. C-322/11 (*K*) v. 07.11.2013, ECLI:EU:C:2013:716 (Rn. 41); EuGH Rs. C-157/07 (*Krankenheim Ruhesitz am Wannsee-Seniorenheimstatt*) v. 23.10.2008, Slg. 2008, I-8061 (Rn. 48); EuGH Rs. C-293/06 (*Deutsche Shell*) v. 28.02.2008, Slg. 2008, I-1129 (Rn. 41); EuGH Rs. C-231/05 (Oy AA) v. 28.07.2007, Slg. 2007, I-6373 (Rn. 52); EuGH Rs. C-524/04 (*Test Claimants in the Thin Cap Group Litigation*) v. 13.03.2007, Slg. 2007, I-2107 (Rn. 49); EuGH Rs. C-513/04 (*Kerkhaert und Morres*) v. 14.11.2006, Slg. 2006, I-10967 (Rn. 22 f.).

1290 So ausdrücklich EuGH Rs. C-293/06 (*Deutsche Shell*) v. 28.02.2008, Slg. 2008, I-1129 (Rn. 43).

1291 *OECD*, BEPS Aktionspunkt 4 Abschlussbericht (2016), S. 22 f.

Auch das der Stellungnahme von GA Kokott in der Rechtssache *Masco Denmark und Damixa* zugrundeliegende dänische Recht bewirkte letztlich eine Besteuerung der Zinszahlungen in Dänemark nur für den Fall, dass diese an einen ausländischen Zinsgläubiger gezahlt wurden.[1292] Nach dem einschlägigen dänischen Recht kam zwar die Zinsabzugsbeschränkung unabhängig von der Ansässigkeit des Investors zur Geltung.[1293] Flossen nichtabziehbare Zinsen jedoch dänischen Gläubigern zu, wurden die korrespondierenden Einnahmen beim Zahlungsempfänger von der Besteuerung befreit.[1294] Effektiv wurde eine Doppelbesteuerung im nationalen Kontext trotz Zinsabzugsbeschränkung verhindert.

GA Kokott verneinte bereits den Eingriff der dänischen Regelungen in europäische Grundfreiheiten, da einerseits die Nichtanerkennung von Betriebsausgaben aufgrund ihrer unterschiedslosen Anwendung keinen Eingriff in Grundfreiheiten statuierten.[1295] Angesichts der Gesetzgebungsautonomie der Mitgliedstaaten im Bereich der direkten Steuern stünden die Grundfreiheiten andererseits auch nicht der Befreiung der Zinseinnahmen beim Zahlungsempfänger entgegen.[1296] Zwar könne die Befreiung bewirken, dass Zinseinnahmen aus ausländischer Quelle mangels Freistellung beim Empfänger einer wirtschaftlichen Doppelbelastung unterlägen, während sie im nationalen Sachverhalt aufgrund der korrespondierenden Freistellung hiervon befreit seien.[1297] Entscheidend sei nach Ansicht der GA Kokott, dass im Falle der streitentscheidenden Normen die wirtschaftliche Doppelbelastung des grenzüberschreitenden Sachverhalts aus der Inkongruenz zweier Steuersysteme folge, während der EuGH in der Rechtssache *Manninen*[1298] eine Vorschrift verworfen habe, gemäß der die Nichtanrechnung ausländischer Steuer durch die Regelung eines Mitgliedsstaats angeordnet wurde.[1299] Der EuGH überließe es aber den Mit-

1292 Schlussanträge der *GA Kokott*, EuGH Rs. C-593/14 (*Masco Denmark und Damixa*) v. 12.05.2016, ECLI:EU:C:2016:336 (Rn. 6 ff.).

1293 Schlussanträge der *GA Kokott*, EuGH Rs. C-593/14 (*Masco Denmark und Damixa*) v. 12.05.2016, ECLI:EU:C:2016:336 (Rn. 7).

1294 Schlussanträge der *GA Kokott*, EuGH Rs. C-593/14 (*Masco Denmark und Damixa*) v. 12.05.2016, ECLI:EU:C:2016:336 (Rn. 8).

1295 Zur Argumentation der GA Kokott vgl. vorstehend unter Kap. 8.3.3.1.

1296 Schlussanträge der *GA Kokott*, EuGH Rs. C-593/14 (*Masco Denmark und Damixa*) v. 12.05.2016, ECLI:EU:C:2016:336 (Rn. 33).

1297 Schlussanträge der *GA Kokott*, EuGH Rs. C-593/14 (*Masco Denmark und Damixa*) v. 12.05.2016, ECLI:EU:C:2016:336 (Rn. 28–31), worin GA Kokott explizit auf die Entscheidung des EuGH in der Rechtssache *Manninen* verwies. Hierin verwarf das Gericht eine nationale Norm, die die Anrechnung von Körperschaftsteuer, die auf Ebene der Gesellschaft gezahlt wurde, auf die persönliche Steuerschuld des Gesellschafters nur bei Dividendenbezug aus dem Inland zuließ. Denn sofern die Dividende von einer ausländischen Gesellschaft bezogen wurde, erlaubte die nationale Norm keine Anrechnung.

1298 EuGH Rs. C-319/02 (*Manninen*) v. 07.09.2004, Slg. 2004, I-7477.

1299 Schlussanträge der *GA Kokott*, EuGH Rs. C-593/14 (*Masco Denmark und Damixa*) v. 12.05.2016, ECLI:EU:C:2016:336 (Rn. 31).

gliedstaaten, ob ausländische Beteiligungserträge von der inländischen Besteuerung freigestellt oder angerechnet würden.[1300] GA Kokott erkannte daher weder in der generellen Zinsabzugsbeschränkung als solcher, noch in Zusammenhang mit der Gefahr der effektiven Doppelbesteuerung ausländischer Zinserträge einen Eingriff in die Grundfreiheiten.

Eine derartige Beurteilung trägt das Unionsrecht m. E. jedoch nicht. Mit GA Kokott übereinstimmend stellt zwar die generelle Zinsabzugsbeschränkung keinen Eingriff in das Primärrecht dar.[1301] Indem die Anrechnungsmöglichkeit nicht abziehbarer Zinsen nur nationale Zahlungsvorgänge umfasst, stellt das dänische Recht ausländische Zahlungsvorgänge jedoch im Vergleich schlechter. Das dänische Recht bewirkt letztlich, dass Zinsen im nationalen Sachverhalt effektiv wie Dividenden besteuert werden, indem sie nur auf Ebene des Zahlungsleistenden besteuert werden und beim Empfänger, vergleichbar Schachteldividenden, von der Besteuerung freigestellt werden.

Dem EuGH lag in der Rechtssache *Test Claimants in the Thin Cap Group Litigation* die Regelung des britischen Rechts zur Entscheidung vor, wonach grenzüberschreitende Zinsen, die an eine andere Gesellschaft derselben Unternehmensgruppe gezahlt werden, beim Schuldner von steuerlich abziehbaren Zinsen in zu versteuernde Dividenden umqualifiziert wurden.[1302] Bei Ansässigkeit beider Parteien im Vereinigten Königreich wurde die Umqualifikation dagegen nur vorgenommen, wenn der Zinsbetrag den angemessenen wirtschaftlichen Ertrag überstieg.[1303] Eine vergleichbare Umqualifikation nur grenzüberschreitender Zinszahlungen bewirkten auch die streitigen Normen des belgischen Rechts in der Rechtssache *N.V. Lammers & Van Cleef*.[1304] Beide Sachverhalte beurteile der EuGH als Eingriff in die – als einschlägig erachtete – Niederlassungsfreiheit.[1305]

Abweichend hierzu erfolgt die Umqualifikation von Zinsen durch die, der Rechtssache *Masco Denmark und Damixa* zugrundeliegenden Normen nicht im rechtlichen Sinne auf Ebene des Zinszahlenden. Indem die Zahlungen auf Ebene des Zinsgläubigers steuerlich freigestellt werden, werden die Zinszahlungen im Ergebnis wie

---

1300 Schlussanträge der *GA Kokott*, EuGH Rs. C-593/14 (*Masco Denmark und Damixa*) v. 12.05.2016, ECLI:EU:C:2016:336 (Rn. 32 f.).

1301 Vgl. vorstehend unter Kap. 8.3.3.1.

1302 Vgl. EuGH Rs. C-524/04 (*Test Claimants in the Thin Cap Group Litigation*) v. 13.03.2007, Slg. 2007, I-2107 (Rn. 3 ff., 38 ff.).

1303 Vgl. EuGH Rs. C-524/04 (*Test Claimants in the Thin Cap Group Litigation*) v. 13.03.2007, Slg. 2007, I-2107 (Rn. 41 f.).

1304 EuGH Rs. C-105/07 (*N. V. Lammers & Van Cleeff*) v. 17.01.2008, Slg. 2008, I-173 (Rn. 20 ff.).

1305 EuGH Rs. C-105/07 (*N. V. Lammers & Van Cleeff*) v. 17.01.2008, Slg. 2008, I-173 (Rn. 23); EuGH Rs. C-524/04 (*Test Claimants in the Thin Cap Group Litigation*) v. 13.03.2007, Slg. 2007, I-2107 (Rn. 41 f); ebenso *Schön*, IStR 2009, S. 882 (884), der darauf hinweist, dass die Benachteiligung beim Zinsschuldner regelmäßig nicht durch eine kompensatorische Besserstellung des Zinsgläubigers beseitigt werden könne.

Dividenden nur auf Ebene des Schuldners versteuert. GA Kokott argumentierte hierzu, dass aufgrund der Technik der dänischen Regelung, nach der Person des Zinsgläubigers zu differenzieren, es nicht das dänische Recht allein sei, aus dem die Schlechterstellung eines ausländischen Gesellschafters resultiere.[1306] Dem liegt zugrunde, dass Zinserträge, die den fremdüblichen Betrag nicht übersteigen gemäß der Zins-/Lizengebühren-Richtlinie, sowie Art. 11 OECD-MA dem Besteuerungsrecht im Ansässigkeitsstaat des Zinsgläubigers unterliegen. Die Besteuerung der Zinserträge für ausländische Gesellschafter entzieht sich danach dem Regelungsbereich des dänischen Steuerrechts.

Die Stellungnahme von GA Kokott betrachtet jedoch, ausgehend von der Grundthese der Einschlägigkeit der Niederlassungsfreiheit, nur die Investorenseite. Der Schutzbereich des Art. 63 Abs. AEUV ist dagegen sachbezogen auf den Kapitalverkehr definiert, der jede primär zu Anlagezwecken erfolgte grenzüberschreitende Übertragung von Geld- oder Sachkapital erfasst.[1307] Die Kapitalverkehrsfreiheit schützt daher nicht nur die Investorenseite, sondern im Sinne der passiven Kapitalverkehrsfreiheit auch die Person des Kapitalaufnehmenden als desjenigen, der die Investition nachfragt.[1308] Die fehlende Kompensationsmöglichkeit für ausländische Zinsgläubiger begünstigt letztlich einseitig die Kapitalaufnahme im Inland, da nur hier keine im Rahmen der Investitionskosten zu berücksichtigende Effektivbesteuerung der Zinsbeträge entsteht, die der Zinsabzugsbeschränkung unterliegen.[1309] Für eine dänische Gesellschaft wird die Kapitalaufnahme bei einem ausländischen Investor aufgrund der, im Rahmen der Kapitalkosten zu berücksichtigen Zinsabzugsbeschränkung dagegen wesentlich erschwert. Diese beschwerte Möglichkeit der Kapitalaufnahme begründet daher ihrerseits einen Eingriff in die Kapitalverkehrsfreiheit.[1310]

Zinsabzugsbeschränkungen, die rechtlich oder wirtschaftlich alleine grenzüberschreitende Zinszahlungen der Effektivbesteuerung unterwerfen, hiervon inner-

---

1306 Schlussanträge der *GA Kokott*, EuGH Rs. C-593/14 (*Masco Denmark und Damixa*) v. 12.05.2016, ECLI:EU:C:2016:336 (Rn. 18).

1307 *Bröhmer*, in: Calliess/Ruffert, EUV/AEUV, Art. 63 AEUV Rn. 8; *Ress/Ukrow*, in: Grabitz/Hilf/Nettesheim, Das Recht der Europäischen Union, Art. 63 AEUV Rn. 133; *Schön*, in: Drüen (Hrsg.), JbFStR 2013/2014 (2013), S. 85 (88).

1308 *Jacobs/Endres/Spengel*, Internationale Unternehmensbesteuerung (2016), S. 202; *Ress/Ukrow*, in: Grabitz/Hilf/Nettesheim, Das Recht der Europäischen Union, Art. 63 AEUV Rn. 133, 158; *Sedlaczek/Züger*, in: Streinz, EUV/AEUV (2012), Art. 63 AEUV Rn. 16.

1309 Insofern erzielt die dänische Regelung eine gleich gelagerte Wirkung wie die deutsche Norm des § 15 Satz 1 Nr. 3 KStG, der für inländische Konzerne eine Ausnahme zur Zinsschranke im Falle der Organschaft gewährt. Vgl. hierzu *Hey*, in: Brähler/Lösel (Hrsg.), FS Djanani (2008), S. 109 (113 ff.).

1310 Vgl. EuGH Rs. C-20/09 (*Kommission/Portugal*) v. 07.04.2011, Slg. 2011, I-2637 (Rn. 54); EuGH Rs. C-484/93 (*Svensson und Gustavsson*) v. 14.11.1995, Slg. 1995, I-3955 (Rn. 10).

staatliche Zahlungsvorgänge aber ausnehmen, begründen daher eine Beschränkung der Kapitalverkehrsfreiheit.[1311]

8.3.4. Unionsrechtliche Rechtfertigungsgründe für Zinsabzugsbeschränkungen

Auch im Rahmen der Bekämpfung von ungerechtfertigtem Zinsabzugs stellt sich die Frage, ob ein Eingriff anhand des Rechtfertigungsgrunds der Missbrauchsvermeidung legitimiert sein kann. Fraglich ist hierzu bereits, ob eine Zinsabzugsbeschränkung dem Ziel dient, missbräuchliche Gestaltungen zu verhindern.

8.3.4.1. Die Rechtfertigungsaspekte nach Ansicht von GA Kokott in der Rechtssache Masco Denmark und Damixa

GA Kokott bejaht in ihrer Stellungnahme zur Rechtssache *Masco Denmark und Damixa,* – hilfsweise, nachdem ihrer Auffassung nach die Normen bereits keinen Eingriff begründeten –, die Rechtfertigung der dänischen Hinzurechnungsbesteuerung unter den Aspekten der Aufteilung der Besteuerungsgrundlagen und der steuerlichen Kohärenz.[1312] Bereits die Zins-/Lizenzgebühren-Richtlinie weise das Besteuerungsrecht für Zinseinnahmen dem Ansässigkeitsstaat des Gläubigers zu. Insofern führe die dänische Vorschrift das Besteuerungsrecht konsequent fort, wenn sie nur Zinsabzugsbeträge kompensatorisch berücksichtigte, die in Dänemark der Zinsabzugsbeschränkung unterliegen. Würden auch Zinsbeträge beim in Dänemark ansässigen Zinsgläubiger kompensatorisch berücksichtigt, die aufgrund einer Zinsabzugsbeschränkung eines anderen Mitgliedsstaats beim Zahlenden nicht abziehbar sind, würde im Ergebnis der Quellenstaat Zinserträge versteuern.[1313]

Daneben bejaht GA Kokott eine Rechtfertigung aus Gründen der steuerlichen Kohärenz. Zwar habe sich der EuGH *„verschiedentlich"* dahingehend geäußert, dass dieser Rechtfertigungsgrund nur dann eingreife, wenn sich in der Person eines Steuerpflichtigen Vor- und Nachteil gegenüberstünden. Im Urteil *Papillon* habe der EuGH aber auch *„implizit"* die spiegelbildliche Betrachtung bei Betroffenheit zweier Steuerpflichtiger anerkannt, wenn die Ergebnisse verschiedener Konzerngesellschaften durch Konsolidierung neutralisiert würden. Eine Berücksichtigung

---

1311 Ebenso *Hey*, in: Brähler/Lösel (Hrsg.), FS Djanani (2008), S. 109 (112 f.) zur Befreiung von Inlandskonzernen von der deutschen Zinsschranke mittels Organschaft nach § 14 Satz 1 Nr. 3 KStG.

1312 Schlussanträge der *GA Kokott*, EuGH Rs. C-593/14 (*Masco Denmark und Damixa*) v. 12.05.2016, ECLI:EU:C:2016:336 (Rn. 35–47).

1313 Schlussanträge der *GA Kokott*, EuGH Rs. C-593/14 (*Masco Denmark und Damixa*) v. 12.05.2016, ECLI:EU:C:2016:336 (Rn. 37–41).

ausländischer Umstände, die nicht der eigenen Steuerhoheit unterlägen und dem Besteuerungsziel widersprächen, schreibe das Unionsrecht nicht vor.[1314]

Damit sei die Zinsabzugsbeschränkung in Verbindung mit der auf den inländischen Gesellschafter beschränkten Anrechnungsmöglichkeit nichtabziehbarer Zinsen – hilfsweise – jedenfalls unter dem Aspekt der steuerlichen Kohärenz und der Aufteilung der Besteuerungsgrundlagen gerechtfertigt.[1315]

8.3.4.2. Die Bewertung der von GA Kokott herangezogenen Rechtfertigungsgründe

Die Argumentation von GA Kokott vermag in Hinsicht auf beide angeführte Rechtfertigungsgründe nicht zu überzeugen.

Die Rechtfertigung der steuerlichen Kohärenz wurde vom EuGH im Ausgangspunkt für Fälle entwickelt, in denen ein Steuervorteil mit einem Steuernachteil beim gleichen Steuerpflichtigen korrespondiert.[1316] Dies setzt auch *Cordewender* seiner Analyse des Kohärenzgesichtspunktes voraus, der darauf abziele, eine „ausgewogene Trennlinie" zwischen den dem Steuerpflichtigen zukommenden Vorteilen des Marktzutritts und der gerechten Lastenverteilung im Vergleich zu ansässigen Steuerpflichtigen andererseits zu ziehen.[1317] Davon ausgehend hat der EuGH auch Normen unter dem Kohärenzgedanken gerechtfertigt, die zwar gesellschaftsübergreifend Anwendung fanden, aber einen unmittelbaren Zusammenhang eines Steuervorteils einer der Gesellschaften zu einem Steuernachteil bei der anderen forderten.[1318] Dies wurde namentlich im Falle der Konzernbesteuerung für Steuervorteile einer Gesellschaft zu korrespondierenden Nachteilen einer anderen Gesellschaft anerkannt, nicht jedoch zwischen fremden Dritten.[1319]

Den unmittelbaren, vom Telos der dänischen Norm getragenen Zusammenhang zwischen Nichtabzugsfähigkeit von Zinsen beim Zahlenden und der Erleichterung beim Zinsgläubiger begründet GA Kokott nicht. Ein solcher kann m. E. nur darin gesehen werden, dass die Zinsabzugsbeschränkung einer Gewinnverschiebung ins

---

1314 Schlussanträge der *GA Kokott*, EuGH Rs. C-593/14 (*Masco Denmark und Damixa*) v. 12.05.2016, ECLI:EU:C:2016:336 (Rn. 45 f.) mit Verweis auf EuGH Rs. C-418/07 (*Papillon*) v. 27.11.2008, Slg. 2008, I-8947.

1315 Schlussanträge der *GA Kokott*, EuGH Rs. C-593/14 (*Masco Denmark und Damixa*) v. 12.05.2016, ECLI:EU:C:2016:336 (Rn. 47).

1316 Grundlegend EuGH Rs. C-204/90 (*Bachmann*) v. 28.01.1992, Slg. 1992, I-249 (Rn. 21); EuGH Rs. C-300/90 (*Kommission/Belgien*) v. 28.01.1992, Slg. 1992, I-305 (Rn. 14 ff.); EuGH Rs. C. 324/00 (*Lankhorst-Hohorst*) v. 12.12.2002, Slg. 2002, I-11779 (Rn. 42).

1317 *Cordewener*, Europäische Grundfreiheiten und nationales Steuerrecht (2002), S. 963 f.

1318 EuGH Rs. C-322/11 (*K*) v. 07.11.2013, ECLI:EU:C:2013:716 (Rn. 66); EuGH Rs. C-418/07 (*Papillon*) v. 27.11.2008, Slg. 2008, I-8947 (Rn. 43 ff.); EuGH Rs. C-293/06 (*Deutsche Shell*) v. 28.02.2008, Slg. 2008, I-1129 (Rn. 38).

1319 *Schön*, IStR 2009, S. 882 (885).

Ausland vorbeugen solle, deren Gefahr im reinen Inlandssachverhalt nicht besteht. Insofern wäre eine Anknüpfung an die Besteuerung des Zinsgläubigers jedoch inkonsequent, da das Verschiebungspotential an dem erhöhten Zinsabzug des Schuldners ansetzt, nicht aber an der fehlenden Inlandsbesteuerung des Zinsertrags. Rückt man das eigentliche Ziel des Rechtfertigungsgrundes in den Fokus, eine kohärente Besteuerung des Steuerinländers zum Steuerausländer zu garantieren, müsste man vielmehr ein gänzliche Nichtbesteuerung von Zinsertrag beim Steuerausländer voraussetzen – eine Unterstellung, die sich jedenfalls mit der Besteuerungsaufteilung der Zins-/Lizenzgebühren-Richtlinie nicht verträgt.[1320]

Die Aufteilung der Besteuerungsgrundlagen kann die auf den Inlandssachverhalt beschränkte Anrechnung der Zinsabzugsbeträge ebenfalls nicht rechtfertigen, da die Regelung gerade nicht dazu dient, das nationale Besteuerungsrecht anhand der Vorgaben des internationalen Steuerrechts, respektive des Unionsrechts, voneinander abzugrenzen. Die Nichtanrechnung ausländischer Zinsabzugsbeträge begründet keine Abgrenzung der Besteuerungshoheiten, sondern sichert diese nur ab. Wollte die dänische Regelung im Ergebnis eine Besteuerung von Zinserträgen erreichen, ist dieses Ziel nicht durch Zuweisung eines fiktiven Gewinns durch Versagung des Zinsabzugs zu verfolgen, sondern es stünde – unter den Voraussetzungen der Zins-/Lizenzgebühren-Richtlinie – die Möglichkeit einer Quellenbesteuerung zur Verfügung.[1321] Unterstellt man die von GA Kokott begründete Funktion der Norm, ist der entsprechende Rechtfertigungsgrund zum Schutz der Abgrenzung der Besteuerungsgrundlagen vor missbräuchlicher Verlagerung aber in der Vermeidung steuerlichen Missbrauchs zu suchen.[1322]

8.3.4.3. Rechtfertigung unter dem Gesichtspunkt der Vermeidung steuerlichen Missbrauchs

Hey vertritt die Meinung, dass sich die Zinsschranke im nationalen Kontext vom Missbrauchsgedanken des § 42 AO entfernt habe.[1323] Die Entscheidung zum nationalen Steuerzugriff treffe § 49 EStG unter Berücksichtigung von Doppelbesteuerungsabkommen und europäischen Richtlinien, die durch Gewinnverlagerung ins Ausland nicht *per se* umgangen würden.[1324] Die Missbrauchstypisierung komme bei § 4h EStG und § 8a KStG nur noch ansatzweise in den Merkmalen der Konzernzugehörigkeit, der Eigenkapitalquote und der sogenannten Escapeklausel zum Ausdruck.[1325] Dem ausdrücklichen Regelungsziel des Gesetzgebers, gegen grenzüberschreitende Gewinnverlagerung vorzugehen, widerspreche es, dass die Regelung auch Sachverhalte ohne

1320 *Cordewener*, Europäische Grundfreiheiten und nationales Steuerrecht (2002), S. 963 f.; *Schön*, IStR 2009, S. 882 (885).
1321 *Schön*, IStR 2009, S. 882 (886).
1322 *Hey*, in: Brähler/Lösel (Hrsg.), FS Djanani (2008), S. 109 (115 f.); vgl. zum Verhältnis der Rechtfertigungsgründe vorstehend unter Kap. 2.2.3.2.
1323 *Hey*, StuW 2008, S. 167 (172).
1324 *Hey*, StuW 2008, S. 167 (172).
1325 *Hey*, StuW 2008, S. 167 (172).

grenzüberschreitenden Bezug umfasse.[1326] Die allein steuerliche Motivation des Steuerpflichtigen sei ausweislich der Gesetzesbegründung ohne Relevanz.[1327]

M.E. kann dieser Begründungsansatz nicht auf den Kontext des unionsrechtlichen Missbrauchsverständnisses übertragen werden. Die Rechtfertigung eines nationalen Steuerzugriffs lässt sich nach Abstimmung der OECD-Staaten darauf zurückführen, dass Gewinnversteuerung am Ort der Wertschöpfung erfolgen solle.[1328] Die Geltendmachung eines wirtschaftlich nicht gerechtfertigten Zinsabzugs bewirkt, dass Gewinne unversteuert vom Ort der Wertschöpfung wegverlagert werden. Entscheidend für die Qualifikation als Missbrauch ist, in welchem Maße eine Finanzierungsgestaltung als fremdüblich auch steuerlich anerkannt werden muss, respektive ab wann eine missbräuchliche Ausnutzung steuerlicher Gestaltungsrechte vorliegt. Diese Abgrenzung des Missbrauchs nehmen Regelungen zur Zinsabzugsbeschränkung in typisierter Weise vor. Sie statuieren damit keine eigenständige steuerliche Belastungsentscheidung, sondern sichern die Besteuerung am Ort der Wertschöpfung gegen Missbrauch ab und unterstützen damit die zwischenstaatliche Aufteilung der Besteuerungsgrundlagen.[1329] Die abweichende Beurteilung, Zinsabzugsbeschränkungen dienten in erster Linie der Vermeidung von Qualifikationskonflikten[1330], vermag dagegen nicht zu überzeugen, da Zinsabzugsbeschränkungen einen derartigen Regelungskonflikt nicht typisierend voraussetzen.

Auch wenn den Schlussanträgen von GA Kokott in der Rechtssache *Masco Denmark und Damixa* hinsichtlich der Begründungsansätze gewichtige Argumente entgegen zu halten sind, so zeigt sich hieraus jedenfalls die Bereitschaft, die Sicherung der Besteuerungsgrundlagen durch die Mitgliedstaaten nicht auf Unionsebene zu untergraben.[1331] Die Grundausrichtung grenzüberschreitender Darlehensgewährung, auch wenn sie konzernintern erfolgt, baut daher auf der folgenden Aussage des EuGH auf:[1332]

1326 *Hey*, StuW 2008, S. 167 (172).

1327 *Hey*, StuW 2008, S. 167 (172); gegen die Eignung der Zinsschranke als typisierende Missbrauchsnorm sprechen sich zudem aus *Hick*, in: Herrmann/Heuer/Raupach, EStG/KStG, § 4h EStG Rn. 5; *Gallert*, Abzugsverbote (2013), S. 164 ff.; *Seiler*, in: Kirchhof, EStG, § 4h EStG Rn. 1.

1328 *OECD*, BEPS Action 11 Final Report (2015), S. 82 und 110.

1329 *Hey*, in: Brähler/Lösel (Hrsg.), FS Djanani (2008), S. 109 (115); *Schön*, IStR 2009, S. 882 (886); *Terra/Wattel*, European Tax Law (2012), S. 486.

1330 In diesem Sinne *Dourado*, Intertax 2015, S. 42 (49); ebenso die Geeignetheit zur Missbrauchsvermeidung anzweifelnd, *Hiller*, Zinsschranke (2010), S. 144 ff.

1331 Zu dem vorangehenden – letztlich aber gescheiterten – Versuch von Seiten GA Kokott, den EuGH zu einer grundsätzlichen Revision seiner Rechtsprechung zu bewegen, sowie der europäischen Grundtendenz zu einem Mehr an nationaler Steuersouveränität, vgl. *Englisch*, IStR 2014, S. 561 (561 ff.).

1332 EuGH Rs. C-105/07 (*N. V. Lammers & Van Cleeff*) v. 17.01.2008, Slg. 2008, I-173 (Rn. 27); ebenso EuGH C-524/04 (*Test Claimants in the Thin Cap Group Litigation*) v. 13.03.2007, Slg. 2007, I-2107 (Rn. 73).

„Der Umstand allein, dass einer gebietsansässigen Gesellschaft ein Darlehen von einer in einem anderen Mitgliedstaat ansässigen verbundenen Gesellschaft gewährt wird, kann keine allgemeine Vermutung für missbräuchliche Praktiken begründen und keine Maßnahme rechtfertigen, die die Ausübung einer vom Vertrag garantierten Grundfreiheit beeinträchtigt [...].“

Dies bedeutet, dass mitgliedstaatliche Zinsabzugsbeschränkungen – sofern diese durch Schlechterstellung des grenzüberschreitenden zum rein nationalen Sachverhalt die Eingriffsschwelle übersteigen – dem unionsrechtlichen Missbrauchskonzept zu entsprechen haben.[1333]

8.3.5. Die Leitlinien für nationale Zinsabzugsbeschränkungen nach dem unionsrechtlichen Missbrauchsverständnis

Dem Zweck der Missbrauchsabwehr entsprechend haben sich Zinsabzugsbeschränkungen gegen Vertragsgestaltungen zu richten, die mangels Bezugs zu einer wirtschaftlichen Realität Verzerrungen im Binnenmarkt nach sich ziehen und daher keines grundfreiheitlichen Schutzes bedürfen.[1334]

8.3.5.1. Die Typisierung missbräuchlicher Gestaltungen

In objektiver Hinsicht hat die Regelung zu typisieren, warum ein uneingeschränkter Zinsabzug dem Telos des freien Kapitalverkehrs im Binnenmarkt widerspricht.[1335]

In der Entscheidung *N.V. Lammers & Van Cleef* wiederholte der EuGH seine Aussage, *„dass die von einer gebietsansässigen Tochtergesellschaft an eine gebietsfremde Muttergesellschaft gezahlten Zinsen nur insoweit als ausgeschüttete Gewinne behandelt werden dürfen, als sie den Betrag übersteigen, den diese Gesellschaften unter Bedingungen des freien Wettbewerbs vereinbart hätten, d. h. wirtschaftlichen Bedingungen, über die sich solche Gesellschaften hätten einigen können, wenn sie nicht derselben Unternehmensgruppe angehört hätten.“*[1336]

Der EuGH verwarf in *Lankhorst-Hohorst* die deutsche Regelung des § 8a KStG mit der Begründung, sie erfasse generell jede Situation, in der die Muttergesellschaft in einem anderen Staat ansässig ist und richte sich daher nicht gegen die Gefahr der Steuerumgehung.[1337] Ebenso knüpften die im Urteil *N.V. Lammers & Van Cleef* verworfenen Regelungen an die Geschäftsführungsbefugnis eines Gesell-

1333 So auch *Hey*, in: Brähler/Lösel (Hrsg.), FS Djanani (2008), S. 109 (115 ff.); *Schön*, IStR 2009, S. 882 (886 f.).

1334 *Schön*, IStR 2009, S. 882 (886).

1335 Vgl. zum objektiven Merkmal des Missbrauchsbegriffs vorstehend unter Kap. 4.3.2.1., sowie zur entsprechenden Typisierung Kap. 5.3.1.

1336 EuGH Rs. C-105/07 (*N. V. Lammers & Van Cleeff*) v. 17.01.2008, Slg. 2008, I-173 (Rn. 29); ebenso EuGH Rs. C-524/04 (*Test Claimants in the Thin Cap Group Litigation*) v. 13.03.2007, Slg. 2007, I-2107 (Rn. 83).

1337 EuGH Rs. C. 324/00 (*Lankhorst-Hohorst*) v. 12.12.2002, Slg. 2002, I-11779 (Rn. 37).

schafters an, um die Nichtabziehbarkeit der Darlehenszinsen durch Umqualifikation in Dividenden zu begründen.[1338] Die Tatsache allein, dass das Darlehen von einer Muttergesellschaft an einen Steuerpflichtigen gewährt wurde, der in einem anderen Mitgliedstaat ansässig ist, vermochte keine Missbrauchsvermutung zu begründen.[1339]

Zu berücksichtigen ist, dass die bislang vom EuGH entschiedenen Fälle den Missbrauch neben dem Merkmal der Grenzüberschreitung, an die Unterkapitalisierung des Zinszahlenden knüpften.[1340] Die Unterkapitalisierung als solche charakterisiert das Missbrauchspotential in Hinblick auf potentielle Gewinnverschiebungen dagegen nur unzureichend.[1341] Bislang nicht zur Entscheidung gekommen ist die Eignung von Vorschriften, die entsprechend des von der OECD geäußerten Vorschlags an ein Verhältnis der Zinszahlungen zu den Erlösen der Gesellschaft anknüpfte.[1342]

In der Rechtssache *Test Claimants in the Thin Cap Group Litigation* erklärte der EuGH die britischen Regelung als dem Grunde nach mit dem Unionsrecht vereinbar, die eine Umqualifikation von Zinsen bewirkte, die von einer gebietsansässigen Gesellschaft an eine gebietsfremde Gesellschaft gezahlt wurden unter Bedingungen, die sie im Falle des freien Wettbewerbs nicht vereinbart hätten.[1343] Das Kriterium der Bedingungen des freien Wettbewerbs sei nach Ansicht des EuGH für Dritte nachprüfbar und bewerte sich nach der Höhe des Zinssatzes respektive der Darlehensgewährung zugrunde liegenden konkreten Umständen des Einzelfalls.[1344]

Der EuGH öffnet in der Entscheidung die Türe für nationale Regelungen, die (i) dem Risiko der Gewinnverschiebung folgend nur im grenzüberschreitenden Kontext zur Anwendung kommen und (ii) den Betriebsausgabenabzug wirtschaftlich nicht gerechtfertigter Zinszahlungen beschränken.

1338 EuGH Rs. C-105/07 (*N. V. Lammers & Van Cleeff*) v. 17.01.2008, Slg. 2008, I-173 (Rn. 21).

1339 EuGH Rs. C-524/04 (*Test Claimants in the Thin Cap Group Litigation*) v. 13.03.2007, Slg. 2007, I-2107 (Rn. 81).

1340 EuGH Rs. C-105/07 (*N. V. Lammers & Van Cleeff*) v. 17.01.2008, Slg. 2008, I-173 (Rn. 29); ebenso EuGH Rs. C-524/04 (*Test Claimants in the Thin Cap Group Litigation*) v. 13.03.2007, Slg. 2007, I-2107 (Rn. 83).

1341 *OECD*, BEPS Aktionspunkt 4 Abschlussbericht (2016), S. 39.

1342 Auch die im Verfahren EuGH Rs. C-593/14 (*Masco Denmark und Damixa*) zur Entscheidung kommende dänische Regelung knüpft an eine Unterkapitalisierung von mehr als 4:1 des Verhältnisses Verbindlichkeiten zu Eigenkapital.

1343 EuGH Rs. C-524/04 (*Test Claimants in the Thin Cap Group Litigation*) v. 13.03.2007, Slg. 2007, I-2107 (Rn. 81).

1344 EuGH Rs. C-524/04 (*Test Claimants in the Thin Cap Group Litigation*) v. 13.03.2007, Slg. 2007, I-2107 (Rn. 81).

a. Anwendung der Zinsabzugsbeschränkung im grenzüberschreitenden Fall

Das Spezifikum des BEPS-Projekts stellt es dar, internationaler Gewinnverschiebung zu begegnen, die ohne Rückkopplung an eine wirtschaftliche Substanz erfolgt.[1345] Das entsprechende Risiko bei Zinsabzugsbeschränkungen besteht in erster Linie, wenn gezielt Kapital, das bei fremden Dritten aufgenommen wird, hochbesteuerten Gesellschaften zugewiesen wird, oder wenn mittels konzerninterner Darlehensbeziehungen einzelnen Gesellschaften eine dem Konzernvergleich übersteigende Zinslast zugewiesen wird, um hiermit jeweils die steuerlichen Gewinne zu reduzieren.[1346] Darüber hinaus besteht die Gefahr, dass Finanzierungen durch Qualifikationskonflikte der Erzielung sogenannter weißer Einkünfte dienen.[1347] Das Risiko der Gewinnverschiebung konzentriert sich insgesamt jedoch auf grenzüberschreitende Darlehensbeziehungen, bei denen die Nutzung des internationalen Steuergefälles das Ziel der Steuergestaltung darstellen.

Entsprechend argumentierte GA Gelhoed in seiner Stellungenahme zur Rechtssache *Test Claimants in the Thin Cap Group Litigation*, dass das spezifische Missbrauchsrisiko im grenzüberschreitenden Bezug liege. Die Erstreckung von Zinsabzugsbeschränkungen auf rein nationale Sachverhalte *„aus rein formalistischen Gründen mit der Folge eines beträchtlichen zusätzlichen Verwaltungsaufwands für die innerstaatlichen Gesellschaften und die Steuerverwaltung [sei] völlig sinnlos und für die wirtschaftliche Effizienz kontraproduktiv."*[1348] Auch der EuGH positionierte sich hierzu eindeutig: Eine Norm zur Verhinderung steuerlichen Missbrauchs dürfe nur dann nicht auf grenzüberschreitende Gestaltungen beschränkt werden, wenn der rein nationale Sachverhalt das gleiche Missbrauchspotential berge.[1349] Im Umkehrschluss lässt das Unionsrecht eine auf grenzüberschreitende Gestaltung begrenzte Missbrauchsregelung zu, wenn nationale Sachverhalte eine abweichende Risikobewertung unterliegen.

Die OECD-Empfehlung kommt dieser Charakterisierung des Missbrauchsrisikos dadurch nach, indem sie es für zweckmäßig erachtet, den Festquotenvergleich auf Unternehmen zu beschränken, die einem multinationalen Konzern angehören.[1350] Dem Risiko der Gewinnverschiebung von Unternehmen, die nicht dieser Gruppe zuzuordnen seien, könne dagegen mit spezifizierten Regelungen begegnet werden.[1351]

Entsprechend dieser Risikoanalyse ist es gerechtfertigt, die generalisierende Wirkung der Zinsabzugsbeschränkung anhand eines Festquotenvergleichs des Netto-

---

1345 *OECD*, BEPS Aktionspunkt 4 Abschlussbericht (2016), S. 39.

1346 *OECD*, BEPS Aktionspunkt 4 Abschlussbericht (2016), S. 11.

1347 *OECD*, BEPS Aktionspunkt 4 Abschlussbericht (2016), S. 11.

1348 Schlussanträge des *GA Gelhoed*, EuGH Rs. C-524/04 (*Test Claimants in the Thin Cap Group Litigation*) v. 29.06.2006, ECLI:EU:C:2006:436 (Rn. 68).

1349 EuGH Rs. C-383/10 (*Kommission/Belgien*) v. 06.06.2013, ECLI:EU:C:2013:364 (Rn. 62); vgl. hierzu vorstehend unter Kap. 5.1.

1350 *OECD*, BEPS Aktionspunkt 4 Abschlussbericht (2016), S. 36.

1351 *OECD*, BEPS Aktionspunkt 4 Abschlussbericht (2016), S. 98, sowie vorstehend unter Kap. 8.2.1.

zinsaufwands zum EBITDA eines Unternehmens ausschließlich für multinationale Konzerne entsprechend der Definition der OECD anzuwenden. Dies entspricht, wie auch GA Gelhoed äußert,[1352] letztlich dem Ziel, die missbräuchliche Inanspruchnahme der Freiheiten des europäischen Binnenmarkts zu sanktionieren. Da von Fremdkapitalfinanzierungen, deren Rechtsbeziehung keinen steuerlichen Auslandsbezug aufweist, kein entsprechendes Missbrauchsrisiko im Hinblick auf den freien Binnenmarkt ausgeht,[1353] kann die Zinsabzugsbeschränkung unionsrechtskonform auf grenzüberschreitende Sachverhalte begrenzt werden.

b. Wirtschaftlich nicht gerechtfertigte Zinszahlungen

Die Charakterisierung wirtschaftlich nicht gerechtfertigter Zinsen nimmt die OECD im Rahmen ihres Aktionspunktes 4 vor. Das Verhältnis des Nettozinsaufwands zum EBITDA wird als effektivste Methode eingeschätzt, um den zulässigen Zinsabzug anhand der wirtschaftliche Tätigkeit eines Unternehmens zu messen.[1354] Die Möglichkeit des Vor- und Rücktrags nicht abziehbarer Zinsen und ungenutzten Zinsabzugspotential diene der Vermeidung von Härtefällen, in denen eine Periodenverschiebung eine nur vorrübergehend hohe Zinslast begründe.[1355] Die OECD empfiehlt, Nettozinsaufwand darüber hinaus bis zur Höhe des konzernweiten Verhälnisses des Nettozinsaufwands zum EBITDA zuzulassen, um branchen- bzw. betriebsabhängige Besonderheiten bei der Finanzierung zu berücksichtigen.[1356] Alles in allem zielen die Empfehlungen der OECD im Rahmen des BEPS-Aktionspunktes 4 darauf ab, den Zinsaufwand eines Unternehmens zu ermitteln, der nicht mit einer wirtschaftlichen Tätigkeit korreliert. Insofern sind die Zinsabzugsbeschränkungen als geeignete Typisierung zur Vermeidung von missbräuchlichem Zinsabzug zu bewerten.

Hinsichtlich der zulässigen Höhe des letztlich im Ansässigkeitsstaat des Zinszahlenden zu versteuernden Betrags äußerte sich der EuGH in der Entscheidung *Test Claimants in the Thin Cap Group Litigation*, dass nur Zahlungen erfasst werden dürften, die *„den Betrag übersteigen, der ohne eine besondere Beziehung zwischen den Vertragspartnern oder zwischen diesen und einem Dritten vereinbart worden wäre."*[1357] Generalisierend ausgedrückt ist darauf zu achten, dass mitgliedstaatliche

1352 Schlussanträge des *GA Gelhoed*, EuGH Rs. C-524/04 (*Test Claimants in the Thin Cap Group Litigation*) v. 29.06.2006, ECLI:EU:C:2006:436 (Rn. 68).

1353 BFH v. 14.10.2015, Az. I R 20/15, BFHE 252, 44 (Rn. 38); BFH v. 18.12.2013, Az. I B 85/13, BStBl II 2014, 947 Rn. 23 ff.; *Hey*, StuW 2008, S. 167 (172); *Hick*, in: Herrmann/Heuer/Raupach, EStG/KStG, § 4h EStG Rn. 5; *Gallert*, Abzugsverbote (2013), S. 164 ff.; *Seiler*, in: Kirchhof, EStG, § 4h EStG Rn. 1.

1354 *OECD*, BEPS Aktionspunkt 4 Abschlussbericht (2016), S. 48.

1355 *OECD*, BEPS Aktionspunkt 4 Abschlussbericht (2016), S. 74.

1356 *OECD*, BEPS Aktionspunkt 4 Abschlussbericht (2016), S. 61 ff.

1357 EuGH Rs. C-524/04 (*Test Claimants in the Thin Cap Group Litigation*) v. 13.03.2007, Slg. 2007, I-2107 (Rn. 83).

Regelung auf den Betrag zu begrenzen sind, der dem fremdüblichen Zinsaufwand für Fremdkapital übersteigt. Das Verhältnis des Nettozinsaufkommens zu den unternehmerischen Gewinnen erscheint daher als geeigneter Ansatzpunkt, um Gewinnverschiebungen ins Ausland zu typisieren.[1358] Aktionspunkt 4 empfiehlt den Mitgliedstaaten eine Festquote innerhalb eines Korridors von 10 % bis 30 %,[1359] der den Mitgliedstaaten ausreichend Spielraum zur Typisierung eines angemessenen Fremdkapitalaufwandes einräumt.

Kritisch erscheint eine Zinsabzugsbeschränkung der Höhe nach angesichts der Anforderungen des EuGH an die Verhältnismäßigkeit. Eine beschränkende Maßnahme müsse sich demnach auf den Teil beschränken, der auf die missbräuchliche Inanspruchnahme der Grundfreiheiten entfällt.[1360] Eine Überkompensation mit Strafcharakter ließe das Unionsrecht dagegen nicht zu. Zinszahlungen würden jedoch, sofern ein Unternehmen Teil eines multinationalen Konzerns ist, gänzlich unabhängig davon der Abzugsbeschränkung unterliegen, ob die konkreten Darlehensbeziehungen selbst grenzüberschreitend strukturiert sind. Die Zinsabzugsbeschränkung fände damit auch auf rein nationale Darlehensbeziehungen Anwendung, und würde auch Zinsen vom Betriebsausgabenabzug ausschließen, von denen selbst kein konkretes Missbrauchsrisiko ausgeht. Die Zinsabzugsbeschränkung kollidiert insofern mit den Missbrauchsvorgaben des EuGH.

8.3.5.2. Die Umsetzung des subjektiven Elements

Eine unwiderlegliche Missbrauchsvermutung anhand objektiver Typisierungen wäre nach Auslegung des EuGH eine unverhältnismäßige Beschränkung des europäischen Binnenmarktes.[1361] Um eine Anwendung beschränkender Normen über den notwendigen Umfang hinaus zu vermeiden, ist Steuerpflichtigen der Nachweis einer wirtschaftlichen Rechtfertigung der gewählten Gestaltung zu gewähren.[1362] Die Entlastungsmöglichkeit hat dem Steuerpflichtigen den Nachweis zu gestatten, dass eine Gestaltung nicht im Wesentlichen oder hauptsächlich durch steuerliche

1358 *Hey*, in: Brähler/Lösel (Hrsg.), FS Djanani (2008), S. 109 (115); a.A. *Schön*, IStR 2009, S. 882 (887).

1359 *OECD*, BEPS Aktionspunkt 4 Abschlussbericht (2016), S. 28.

1360 Grundlegend EuGH Rs. C-255/02 (*Halifax*) v. 21.02.2006, Slg. 2006, I-1609 (Rn. 93 ff.); vgl. vorstehend unter Kap. 5.2.4.

1361 Vgl. vorstehend unter Kap. 5.2.1.

1362 EuGH Rs. C-282/12 (*Itelcar*) v. 03.10.2013, ECLI:EU:C:2013:629 (Rn. 37); EuGH Rs. 318/10 (*SIAT*) v. 05.07.2012, ECLI:EU:C:2012:415 (Rn. 50); EuGH Rs. C-182/08 (*Glaxo Wellcome*) v. 17.09.2009, Slg. 2009, I-8659 (Rn. 100); EuGH Rs. C-524/04 (*Test Claimants in the Thin Cap Group Litigation*) v. 13.03.2007, Slg. 2007, I-2107 (Rn. 80); EuGH Rs. C-28/95 (*Loer-Bloem*) v. 17.07.1997, Slg. 1997, I-4161 (Rn. 44); *Tumpel/Prechtl*, in: Lang/Schuch/Staringer (Hrsg.), Die Grenzen der Gestaltungsmöglichkeiten im internationalen Steuerrecht (2009), S. 67 (87); *Weber*, in: de la Feria/Vogenauer (Hrsg.), Prohibition of Abuse of Law (2011), S. 395 (403); *Schön*, IStR 2009, S. 882 (888).

Ziele motiviert ist, sondern auf vernünftigen wirtschaftlichen oder kommerziellen Erwägungen beruht.[1363]

Die Beschränkung des Betriebsausgabenabzugsverbots auf Sachverhalte ohne wirtschaftliche Verursachung liegt der von der OECD befürwortetete Ausnahme der sogenannten Konzernklausel zugrunde. Diese soll es dem Steuerpflichitgen ermöglichen, einen branchen- sowie konzernspezifisch hohen Bedarf an Fremdkapital respektive hohe Finanzierungskosten nachzuweisen.[1364] Eine konzerninterne Gewinnverschiebung erfolgt demnach nur, wenn aus einer Konzerngesellschaft mehr Gewinn durch Zahlungen auf Fremdkapital abgeleitetet wird als im Konzernvergleich üblich.

Ob die Ausnahme eines Konzernvergleichs unionsrechtlich als ausreichend für den Nachweis wirtschaftlicher Gründe bewertet werden kann, ist indes fraglich. Der Konzeption entsprechend ermöglicht die Konzernklausel nur die Darlegung von Gründen, deren Ursache gesellschaftsübergreifend besteht. Wirtschaftliche Gründe, die einen singulär hohen Fremdkapitalbedarf respektive Fremdkapitalfinanzierungsaufwand einer Gesellschaft rechtfertigen, bleiben letztlich vom Entlastungsnachweis ausgeschlossen. Um die Steuerbelastung eines singulär hohen Fremdkapitalaufwands abzufedern, empfiehlt die OECD den Vor- und Rücktrag nicht abziehbaren Zinsaufwands einerseits und des nicht genutzten EBITDA andererseits.[1365] Periodenübergreifend trägt dies zum Ausgleich von Spitzenbelastungen bei. Den konkreten Nachweis wirtschaftlicher Gründe einer spezifischen Gestaltung anhand der konkreten Umstände des Einzelfalles lässt auch der Peiodenübertrag dagegen nicht zu.

8.3.6. Zwischenergebnis zur Unionsrechtskonformität von Zinsabzugsbeschränkungen

Die unionsrechtliche Zulässigkeit von Zinsabzugsbeschränkungen ist maßgeblich an der Grundfreiheit des freien Kapitalverkehrs zu messen. Das typisierte Risiko der Gewinnverlagerung durch einen erhöhten Zinsaufwand lässt sich nicht auf Situationen beschränken, die der Niederlassungsfreiheit zuzuschreiben wären, in denen der Zinsgläubiger zugleich beherrschenden Einfluss auf den Zinsschuldner ausüben kann.

Nach dem rechtlichen *status quo* hat die Bewertung wesentlich danach zu unterscheiden, ob die Normen unterschiedslos anwendbar sind, oder sie sich ihrer tatbestandlichen Anwendung nach auf grenzüberschreitende Finanzierungsbeziehungen beschränken. Unterschiedslos anwendbare Zinsabzugsbeschränkun-

1363 EuGH Rs. C-282/12 (*Itelcar*) v. 03.10.2013, ECLI:EU:C:2013:629 (Rn. 38); EuGH Rs. C-126/10 (*Foggia*) v. 10.11.2011, Slg. 2011, I-10923 (Rn. 36); EuGH Rs. C-255/02 (*Halifax*) v. 21.02.2006, Slg. 2006, I-1609 (Rn. 75).

1364 *OECD*, BEPS Aktionspunkt 4 Abschlussbericht (2016), S. 28.

1365 *OECD*, BEPS Aktionspunkt 4 Abschlussbericht (2016), S. 74 ff.

gen stellen schon keine Beschränkung von Grundfreiheiten dar, da hierbei keine Schlechterstellung eines grenzüberschreitenden Sachverhalts gegenüber einem rein innerstaatlichen Vergleichsmaßstab erfolgt.

Dennoch beugen Zinsabzugsbeschränkungendem in aller erster Linie dem Risiko vor, Finanzierungsgestaltungen zum Abzug von Steuersubstrat aus hochbesteuerten Ländern auszunutzen. Dem folgend ist es konsequent und entspricht der Risikoanalyse der OECD im BEPS-Aktionspunkt 4, den Anwendungsbereich spezifisch auf grenzüberschreitende Gestaltungen zu beschränken. Zinsabzugsbeschränkungen stellen, unionsrechtlich gesprochen, dann zwar eine Beschränkung von Grundfreiheiten dar, können jedoch dem Grunde nach den Rechtfertigungsgrund der Vermeidung steuerlichen Missbrauchs nutzbar machen.

Der tatbestandlichen Fokussierung von Zinsabzugsbeschränkungen auf grenzüberschreitende Gestaltungen steht das Unionsrecht dabei nicht grundsätzlich entgegen. Die konkrete Ausgestaltung der von der OECD erarbeiteten *best-practices*-Empfehlung stößt jedoch auf Basis der derzeitigen Rechtsprechungslinie dann auf unionsrechtliche Grenzen, wenn Zinszahlungen vom Betriebsausgabenabzug ausgeschlossen werden, in denen sich im Einzelfall kein Missbrauchsrisiko verwirklicht. Dies trifft namentlich auf Zinszahlungen einer Gesellschaft eines multinationalen Konzerns zu, die selbst keinen grenzüberschreitenden Finanzierungsaufwand geltend macht, sowie Zinszahlungen, denen trotz wirtschaftlicher Rechtfertigung mangels individueller Entlastungsmöglichkeit der Abzug untersagt wird.

8.4. Die Zinsabzugsbeschränkung der Anti-BEPS-Richtlinie

Auch die Europäische Kommission erkennt das Potential von Finanzierungsgestaltungen, um Gewinne aus hochbesteuerten Gebieten abzuleiten.[1366] Um dem vorzubeugen hatte die Europäische Kommission im Rahmen des Entwurfs zur Anti-BEPS-Richtlinie vorgeschlagen, eine Zinsabzugsbeschränkung in einer der deutschen Zinsschranke nach § 4h EStG bzw. § 8a KStG sehr stark angenäherten Form unionsweit einzuführen (Art. 4 des Entwurfs zur Anti-BEPS-Richtlinie). Auch der Rat ist dieser Einschätzung gefolgt und hat die Regelungen zur Zinsschranke der Anti-BEPS-Richtlinie in der Fassung vom 12. Juli 2016 verabschiedet (Art. 4 Anti-BEPS-Richtlinie).

Entsprechend der Grundentscheidung der Anti-BEPS-Richtlinie handelt es sich auch hierbei um eine Maßnahme der Mindestharmonisierung, die die Mitgliedstaaten zwar hinsichtlich des Regelungskonzeptes zur Umsetzung ins nationale Steuerrecht verpflichtet, ihnen gleichwohl Spielraum zur Einführung schärferer Maßnahmen zugestehen soll.[1367] Die Einführung einer europaweiten Zinsabzugs-

1366 Richtlinienvorschlag v. 28.01.2016, COM(2016) 26 final, S. 7 f.
1367 Vgl. Erwägungsgrund (6) der RL 2016/1164/EU.

beschränkung soll der Widerstandsfähigkeit des Binnenmarkts gegen aggressive Steuerplanung durch innereuropäische wie auch drittlandsbezogene Gestaltungen dienen und einer Zersplitterung des Binnenmarkts im Falle unilateraler Umsetzungsmaßnahmen der BEPS-Empfehlungen vorbeugen.[1368]

In der Regelungstechnik entspricht die Zinsabzugsbeschränkung nach Art. 4 Anti-BEPS-Richtlinie den Vorschlägen der OECD, indem angeordnet wird, dass Zinsausgaben in Höhe der Zinseinnahmen stets abzugsfähig sind (Art. 4 Abs. 1 Anti-BEPS-Richtlinie). Nach Art. 4 Abs. 1 Anti-BEPS-Richtlinie sind Nettozinsaufwendungen bis zur Schwelle von 30 % des unternehmerischen EBITDA abzugsfähig. Die Anti-BEPS-Richtlinie weist in diesem Zusammenhang explizit darauf hin, dass die Mitgliedstaaten diesen Satz auch weiter senken oder befristet anwenden können, um ein höheres Schutzniveau anzustrengen.[1369]

8.4.1. Der Adressatenkreis der Zinsabzugsbeschränkung

In Erwägungsgrund (6) der Anti-BEPS-Richtlinie wird das Missbrauchsrisiko, dem die Zinsabzugsbeschränkung entgegentreten soll, damit beschrieben, dass Unternehmensgruppen Zinszahlungen zunehmend dafür verwendeten, um hierdurch Gewinnverschiebung zu betreiben.[1370] Dem selbst gesteckten Ziel wird die Vorgabe zur Zinsabzugsbeschränkung aus Art. 4 Anti-BEPS-Richtlinie jedoch nicht gerecht.

Art. 4 Abs. 1 UAbs. 1 Anti-BEPS-Richtlinie bezieht sich schlicht auf die Fremdkapitalkosten *eines Steuerpflichtigen. Als Steuerpflichtigen* können die Mitgliedstaaten auch eine Gruppe ansehen, Art. 4 Abs. 1 UAbs. 2 Anti-BEPS-Richtlinie. Eine Reduktion des persönlichen Anwendungsbereichs entsprechend der Risikoanalyse der OECD auf Unternehmen eines multinationalen Konzerns sowie verbundene Unternehmen[1371] erfolgt nicht. Die Konzernzugehörigkeit kommt nur im Rahmen von Art. 4 Abs. 5 Anti-BEPS-Richtlinie zur Geltung, der einen sogenannten Eigenkapital-Escape durch Vergleichswerte im Konzern gestattet.

Den Mitgliedstaaten wird jedoch die Möglichkeit eingeräumt, Einzelunternehmen vom Anwendungsbereich der Zinsschranke auszuklammern, Art. 4 Abs. 3 lit. b) Anti-BEPS-Richtlinie.[1372] Werden auch Einzelunternehmen in die Zinsschranke einbezogen, steht diesen Unternehmen die zusätzliche Entlastungsmöglichkeit über den Eigenkapital-Escape jedoch nicht zur Verfügung. Eine Erleichterung können Mitgliedstaaten kleineren Unternehmen bzw. Unternehmensgruppen gewähren,

---

1368 Richtlinienvorschlag v. 28.01.2016, COM(2016) 26 final, S. 4 f.

1369 Richtlinienvorschlag v. 28.01.2016, COM(2016) 26 final, S. 8.

1370 Erwägungsgrund (6) der RL 2016/1164/EU; ebenso schon Richtlinienvorschlag v. 28.01.2016, COM(2016) 26 final, S. 13.

1371 Vgl. vorstehend unter Kap. 8.2.1.

1372 Dies entspricht der bisherigen Rechtslage der deutschen Zinsschranke, vgl. § 4h Abs. 2 Satz 1 lit. b) EStG, ggf. i.V.m. § 8a Abs. 2 KStG.

indem der Grundsockel von bis zu EUR 3.000.000 an Nettofremdkapitalaufwand als stets abziehbar gestellt werden darf.[1373]

8.4.2. Der sachliche Anwendungsbereich der Zinsabzugsbeschränkung

Die Zinsabzugsbeschränkung umfasst in sachlicher Hinsicht Fremdkapitalkosten, die in Art. 2 Abs. 1 Anti-BEPS-Richtlinie legaldefiniert werden. Die Richtlinie folgt dem weiten Finanzierungsbegriff der OECD,[1374] indem als Zinsaufwendungen sämtliche *„Zinsaufwendungen für alle Arten von Forderungen, sonstige Kosten, die nach nationalem Recht wirtschaftlich gleichwertig mit Zinsen und Aufwendungen im Zusammenhang mit der Beschaffung von Kapital"* definiert werden, und ein breiter Katalog an Regelbeispielen angefügt wird.

Derartiger Zinsaufwand ist nach Art. 4 Abs. 1 Anti-BEPS-Richtlinie stets bis zur Höhe der steuerbaren Zinserträge oder sonstiger wirtschaftlich gleichwertiger steuerbarer Ertäge abziehbar[1375] Für darüber hinausgehende sog. überschüssige Fremdkapitalkosten, sprich Nettozinsaufwand im Sinne des Aktionspunktes 4 der OECD, enthält Art. 4 Abs. 3 Anti-BEPS-Richtlinie den genannten Sockelfreibetrag von EUR 3.000.000. Daneben bleibt Nettozinsaufwand abzugsfähig, der die Quote von bis zu 30 % des EBITDA nicht übersteigt, Art. 4 Abs. 1 UAbs. 1 Anti-BEPS-Richtlinie.

Konzerngesellschaften kann nach Art. 4 Abs. 5 lit. a) Anti-BEPS-Richtlinie zugestanden werden, dass Fremdkapitalaufwand auch dann abzugsfähig bleibt, wenn das Verhältnis des Eigenkapitals zum Wert der gesamten Vermögensgegenstände der Gesellschaft nicht oder nur geringfügig niedriger ist als im Konzernvergleich.[1376] Alternativ können Mitgliedstaaten auch den Abzug überschüssiger Fremdkapitalkosten bis zur Höhe des konzernweiten Verhältnisses des Nettozinsaufwands zum EBITDA zulassen. Die OECD empfiehlt letzteren Ansatz, da er dem Ziel der Gewinnverschiebung zielgenauer entgegensteuern könne, erkennt im Eigenkapital-Escape jedoch einen *best-practices*-Ansatz an, sofern er generellen Zielen dient, wie namentlich der Stärkung der Eigenkapitalfinanzierung von Konzernen.[1377]

Die spezielle Missbrauchsnorm zur Vermeidung der Beeinflussung der Eigenkapitalquote, die noch Art. 4 Abs. 3 lit. d) des Entwurfs zur Anti-BEPS-Richtlinie

---

1373 Vgl. Art. 4 Abs. 3 UAbs. 1 lit. a) i.V.m. Art. 4 Abs. 3 UAbs. 2 Anti-BEPS-Richtlnie. Art. 4 Abs. 2 Richtlienievorschlags sah dagegen noch den Betrag von EUR 1.000.000 als stets abziehbar vor.

1374 Vgl. vorstehend unter Kap. 8.2.2.

1375 Vgl. Art. 2 Abs. 2 Anti-BEPS-Richtlinie.

1376 Für den Vergleichswert stellt der Richtlinienentwurf auf die Konsolidierungsfähigkeit bzw. die Werteermittlung nach IFRS ab, vgl. Art. 4 Abs. 8 Anti-BEPS-Richtlinie.

1377 *OECD*, BEPS Aktionspunkt 4 Abschlussbericht (2016), S. 61 ff.

vorsah, wurde in der endgültigen Fassung gestrichen.[1378] Hinsichtlich des nicht verwendeten EBITDA-Potentials sowie nicht abziehbarer Fremdkapitalkosten räumt Art. 4 Abs. 6 Anti-BEPS-Richtlinie den Mitgliedstaaten Umsetzungsspielraum zur Bestimmung von Vor- und Rücktragsmöglichkeiten ein.[1379]

8.4.3. Stellungnahme zur Primärrechtswidrigkeit der „Umsetzung“ der OECD-Empfehlungen in der Anti-BEPS-Richtlinie

Der Richtlinienentwurf der Europäischen Kommission schießt hinsichtlich der Zinsabzugsbeschränkungen über das von der OECD vorgegebene Ziel deutlich hinaus.

Am eklatantesten offenbart sich dies zur Frage des persönlichen Anwendungsbereichs der Richtlinienvorgabe: Art. 4 Anti-BEPS-Richtlinie unterwirft generell alle Körperschaftsteuerpflichtigen der Zinsabzugsbeschränkung[1380], ohne die differenzierte Risikoanalyse der OECD im Aktionspunkt 4 zu reflektieren. Hierin wird klar vorgegeben, dass das größte Risiko zur Gewinnverschiebung mittels Fremdkapitalgestaltungen bei multinationalen Konzernen sowie verbundenen Unternehmen, jeweils aber für grenzüberschreitende Rechtsbeziehungen besteht.[1381] Dem folgend erachtet es die OECD als ausreichend, um dem Risiko der Gewinnverschiebung zu begegnen, auch nur solche Finanzierungsgestaltungen einer generellen Zinsschranke zu unterwerfen. Das Gewinnverschiebungspotential von Einzelunternehmen und rein nationalen Konzernen könne dagegen mit spezifizierten Regelungen begegnet werden.[1382]

Art. 4 Abs. 3 lit. b) Anti-BEPS-Richtlinie erlaubt zwar einen Dispens von der Zinsschranke für Einzelunternehmen, differenziert jedoch generell nicht danach, ob grenzüberschreitende Finanzierungsbeziehungen vorliegen. Eine übermäßige Beanspruchung will die europäische Zinsschranke mit einem hohen Grundsockel von bis zu EUR 3.000.000 als unbeschränkt abziehbarem Zinsaufwand entgegnen, dessen Wirkung als Entlastung des Steuerpflichtigen dahingestellt, in erster Linie sicherlich den Verwaltungsaufwand der Steuerverwaltungen reduziert. Im Ergebnis sieht die europäische Zinsschranke jedoch eine verpflichtende Einfürung des Betriebsausgabenabzugs für alle Körperschaftsteuerpflichtigen vor, und zwar auch für eine Vielzahl von Gesellschaften, für die ein die Regelung rechtfertigendes Missbrauchsrisiko nicht besteht.

1378 Die deutsche Sprachfassung verwendet den Begriff „Beiträge“; dagegen erscheint der Begriff „Einlagen“ die passende Übersetzung des in der englischen Sprachfassung verwendeten “contributions”.

1379 Art. 4 Abs. 5 des Entwurfs der Anti-BEPS-Richtlinie erlaubte dagegen ausschließlich den Vortrag in künftige Steuerjahre.

1380 Es genügt die steuerliche Ansässigkeit einer Körperschaft in einem Mitgliedstaat, vgl. Art. 1 Anti-BEPS-Richtlinie.

1381 Vgl. *OECD*, BEPS Aktionspunkt 4 Abschlussbericht (2016), S. 36, 57.

1382 Vgl. vorstehend unter Kap. 8.2.1.

Art. 5 Abs. 3 UAbs. 2 EUV gibt den Unionsorganen den Auftrag, das Subsidiaritätsprinzip nach dem Protokoll über die Anwendung der Grundsätze der Subsidiarität und der Verhältnismäßigkeit anzuwenden. In Ausfüllung desses verpflichtet Art. 5 Abs. 4 EUV, unionsrechtliche Maßnahmen inhaltlich sowie formal auf das zur Zielerreichung erforderliche Maß zu begrenzen. Inhaltliche Verhältnismäßigkeit bedeutet dabei, dass die Regelungsintensität nicht über das zur Erreichung der Vertragsziele erforderliche Maß hinausgehen darf.[1383]

Die Anti-BEPS-Richtlinie legitimiert sich vor dem Hintergrund des BEPS-Projektes der OECD und soll maßgeblich die Zersplitterung des Binnenmarkts durch unilaterale Umsetzungsmaßnahmen der Mitgliedstaaten vermeiden.[1384] Eine unionsweite Regelung rechtfertigt sich jedoch nur in dem Umfang, wie ein Risiko der Gewinnverschiebung zwischen den Staaten existiert. Die Beweggründe, auch Sachverhalte ohne Gewinnverschiebungspotential der generellen Zinsabzugsbeschränkung zu unterwerfen, bestehen nach der Analyse der OECD in Aktionspunkt 4 in der *„Umsetzung anderer Politikziele [...], wie z.B. der Vermeidung ungleicher Wettbewerbsbedingungen für nationale und multinationale Konzerne, dem Abbau der allgemeinen steuerlichen Begünstigung der Fremdkapitalfinanzierung gegenüber der Eigenkapitalfinanzierung oder der Erfüllung verfassungsrechtlicher Verpflichtungen zur Gleichbehandlung der Steuerpflichtigen.“*[1385]

Weshalb die zuletzt genannten Erwägungen eine unionsweite Regelung einer generellen Zinsabzugsbeschränkung gebieten, erläutern weder die endgültige Fassung der Anti-BEPS-Richtlinie, noch der Richtlinienentwurf der Kommission, noch sind sie aus sich heraus ersichtlich. Eine Zinsabzugsbeschränkung durch eine europäische Richtlinie könnte vielmehr darauf ausgerichtet werden, Gestaltungen mit tatsächlichem Gewinnverschiebungspotential, sprich mit grenzüberschreitenden Bezügen, zu bekämpfen.[1386] Das allgemeine Politikziele zur Stärkung der Eigenkapitalfinanzierung lässt schon deshalb keine Zersplitterung des Europäischen Binnenmarkts befürchten, da das Eigenkapitalrecht als solches nur fragmentarisch harmonisiert ist.[1387]

1383 *Kadelbach*, in: von der Groeben/Schwarze/Hatje, Europäisches Unionsrecht (2015), Art. 5 EUV Rn. 52; *Lienbacher*, in: Schwarze/Becker/Hatje/Schoo, EU-Kommentar (2012), Art. 5 EUV Rn. 36.

1384 Richtlinienvorschlag v. 28.01.2016, COM(2016) 26 final, S. 4 f.

1385 *OECD*, BEPS Aktionspunkt 4 Abschlussbericht (2016), S. 36.

1386 Zur Primärrechtskonformität von Regelungen, die sich auf das Missbrauchsrisiko grenzüberschreitender Gestaltungen fokussieren, vgl. vorstehend unter Kap. 8.3.5.1a.

1387 Bei Kapitalgesellschaften schreibt die Kapital-Richtlinie lediglich für Aktiengesellschaften ein Mindestkapital von EUR 25.000 vor, vgl. *Kalss/Klampfl*, in: Dauses, EU-Wirtschaftsrecht, E.III. (Rn. 309 ff.); zum Überblick über den Stand der europäischen Harmonisierung im Gesellschaftsrecht, vgl. *Klinke*, in: Heidel, Aktien- und Kapitalmarktrecht, Rn. 32 ff.

Indem die Anti-BEPS-Richtlinie eine generalisierende Beschränkung des Zinsabzugs formuliert, übersteigt die vorgeschlagene Zinsschrankenregelung die Erforderlichkeit eines unionsweiten Tätigwerdens. Der Richtlinienentwurf verstößt insofern gegen das Subsidiaritätsgebot des Art. 5 Abs. 3 UAbs. 2 und Abs. 4 EUV.

8.5. Zusammenfassende Thesen zum Missbrauch der Finanzierungsart

- Durch Gestaltung der Kapitalausstattung kann erzielt werden, dass operative Gewinne einer ertragbringenden Gesellschaft im Sitzstaat nicht der Besteuerung unterliegen. Neben dem international diskutierten und angewendeten Modell zur Bestimmung der angemessenen Fremdkapitalausstattung anhand eines Eigen-/Fremdkapital-Vergleichs (sogenannte *thin capitalization*-Regelungen) hatte die deutsche Rechtspraxis in jüngerer Zeit die sog. Zinsschranke entwickelt. Letztere bestimmt den Anteil des steuerlich abziehbaren Zinsaufwands auf direkte Weise, während, *thin capitalization*-Regelungen diesen nur mittelbar über eine Fremdkapitalquote festlegt. Daher erachtet die OECD die Zinsschranke als zielgenauere Regelung, um ungerechtfertigte Gewinnverschiebungen zu bekämpfen.
- Die OECD erkennt das primäre Missbrauchsrisiko für Gestaltungen mit übermäßigem Zinsaufwand bei multinational operierenden Unternehmen und bei verbundenen Unternehmen, da diese sich das unterschiedliche Besteuerungsniveau der Einzelstaaten zunutze machen könnten. Ein ungleich geringeres Missbrauchspotential trügen dagegen rein national aufgestellte Unternehmensgruppen oder Einzelunternehmen in sich. Steuerlich unangemessener Zinsaufwand könne zwar auch durch Unternehmen in diesen Gruppen kreiert werden. Da die Gewinnverschiebung durch missbräuchliche Finanzierungsgestaltungen für diese jedoch stets Geschäfte mit fremden Dritten betreffe, könne dem Missbrauchspotential durch Einzelfallregelungen genügt werden. Die OECD befürwortet daher, nur multinationale und verbundene Unternehmen einer generellen Zinsabzugsbeschränkung zu unterwerfen. Das Missbrauchspotential von Einzelunternehmen und rein national operierenden Unternehmensgruppen könne dagegen zielgenauer mit spezifischen Missbrauchsregelungen begegnet werden.
- Zinsabzugsbeschränkungen sind regelmäßig am Maßstab der Kapitalverkehrsfreiheit zu prüfen, da sie – anders als CFC-Regelungen – gerade nicht die der Niederlassungsfreiheit innewohnende Beherrschungssituation als typisiertes Merkmal eines Missbrauchs voraussetzen. Aus der bisherigen EuGH-Rechtsprechung ist zu schließen, dass unterschiedslos anwendbare Zinsabzugsbeschränkungen keine Beschränkung von Grundfreiheiten begründen. Zinsabzugsbeschränkungen, die den Fokus auf grenzüberschreitende Finanzierungsbeziehungen richten, greifen jedoch in die Kapitalverkehrsfreiheit ein, und zwar – entgegen der von GA Kokott in der Rechtssache *Masco Denmark und Damixa* getroffenen Analyse – unabhängig von ihrer rechtstechnischen Umsetzung.

- Anders als in der von GA Kokott vorgebrachten Position können Zinsabzugsbeschränkungen nicht aus Gründen der steuerlichen Kohärenz und der Abgrenzung der Besteuerungsgrundlagen als solche gerechtfertigt sein. Der Beschränkung des Tatbestands der Grundfreiheiten steht jedoch die Möglichkeit der Rechtfertigung aufgrund der Vermeidung steuerlichen Missbrauchs gegenüber. Dieser Rechtfertigungsgrund zeigt sich bei international steuerlicher Betrachtung seinem Sinn und Zweck nach als einschlägig. Denn der Telos von Zinsabzugsbeschränkungen ist es, die nationalen Steuersubstrate gegenüber Gestaltungen zu schützen, deren Motivation – nach typisierender Betrachtung – rein steuerlicher Natur ist und sich nicht durch wirtschaftliche Beweggründe erklärt.
- Das Unionsrecht erlaubt es entsprechend der Empfehlungen des BEPS-Aktionspunktes 4 unter dem Gesichtspunkt der Vermeidung steuerlichen Gestaltungsmissbrauchs Zinsabzugsbeschränkungen alleine auf grenzüberschreitende Sachverhalte zu beziehen, denen ein tatsächliches Gewinnverschiebungsrisiko innewohnt. Bei Bestimmung des nichtabzugsfähigen Zinsaufwands ist jedoch besonders darauf zu achten, dass Zinsbeträge der Höhe nach nur insoweit betroffen sein dürfen, wie die Zahlungen wirtschaftlich nicht gerechtfertigt werden können. Dies muss sich entsprechend auf subjektiver Tatbestandsseite insofern spiegeln, dass individuelle Beweggründe des Steuerpflichtigen berücksichtigt werden müssen, mit denen die pauschale Missbrauchsvermutung entkräftet werden kann.
- Die Einführung einer unionsweiten Zinsschranke sieht Art. 4 Anti-BEPS-Richtlinie vor. Dies erfolgt maßgeblich vor dem Hintergrund der OECD-Empfehlungen und deckt sich inhaltlich in großen Teilen mit dem aus § 4h EStG und § 8a KStG bekannten Regelungskonzept. Beschränkt wird in genereller Weise der Abzug von Nettozinsaufwand, sofern dieser 30 % des EBITDA übersteigt. Die Richtlinie nimmt die Empfehlungen der OECD in vielen Bereichen auf. Nicht konform zur OECD-Vorgabe verhält sich die Richtlinie gleichwohl darin, dass – mit der Möglichkeit des Dispenses für Einzelunternehmen – sämtliche Unternehmen der Zinsschranke unterworfen werden. Die unionsweite Zinsschranke reflektiert damit das von der OECD formulierte Missbrauchspotential nur im Ansatz, schießt im Ergebnis jedoch weit über das Ziel der Missbrauchsvermeidung hinaus. Jene überschießende Wirkung lässt darauf schließen, dass die Anti-BEPS-Richtlinie im Hinblick auf die angeordnete Zinsschranke gegen das Gebot der Verhältnismäßigkeit nach Art. 5 Abs. 4 EUV verstößt.

Schlussbetrachtung

Der Aussage *Planiols*, wonach das Recht nur soweit Geltung beanspruche, wie daraus kein Missbrauch entspringe, kommt auch nach gut über einhundert Jahren in einer Rechtsordnung große Bedeutung zu, die zum Zeitpunkt des Ausspruchs noch gar nicht vorstellbar war.

Der Vermeidung von Missbrauch nimmt auch im Bezug auf die Vorgaben des Unionsrechts auf das internationale Steuerrecht eine bedeutende Stellung ein. Das unionsrechtliche Verständnis des Gestaltungsmissbrauchs prägt die Chancen und Grenzen dafür, wie stark die Mitgliedstaaten das jeweilige nationale Steuersubstrat gegen ungewollte Verlagerung abschotten dürfen. Gleichwohl darf der rechtliche Aspekt der Missbrauchsverhinderung nicht unreflektiert mit den Maßnahmen gleichgesetzt werden, die im Rahmen der internationalen Bemühungen des BEPS-Projekts eine bessere Verankerung des Orts der Besteuerung mit dem Ort der wirtschaftlichen Gewinnschöpfung sicherstellen sollen. Auch wenn sich nach ökonomischer Bewertung auch der Rechtfertigungsgrund der Missbrauchsvermeidung gegen eine künstliche Verlagerung von Steuersubstrat stemmt, sind bei rechtlicher Würdigung des Aspekts stets die Zielvorgaben der Europäischen Verträge, und hierbei maßgeblich des europäischen Binnenmarkts zu beachten.

Diese Zielvorgaben basieren auf den Grundentscheidungen der Europäischen Union, der, mangels eines Harmonisierungsauftrags im Bereich der direkten Steuern, das Verständnis des Steuerwettbewerbs immanent ist. Gemäß der, auf *Tiebout* zurückgehenden Analyse ist diesem stets die Option immanent, dass sich der Steuerpflichtige dem Besteuerungszugriff eines Staates entziehen kann. Diese freiheitliche Wertung ist auf die Auslegung der primärrechtlichen Grundfreiheiten, welche auf umfassende Art und Weise in die Besteuerungsrechte der Mitgliedstaaten zu den direkten Steuern hineinreichen, genauso wie auf die Auslegung der die direkten Steuern betreffenden Sekundärrechtakte zu übertragen.

Die verbindliche Auslegung der unionsrechtlichen Vorgaben durch den EuGH erlaubt es den Mitgliedstaaten, dem steuerlichen Missbrauch mittels typisierender Gesetzgebung entgegen zu treten. Das nationale Recht hat dann festzulegen, welchen künstlichen Gestaltungen aufgrund des Telos des einschlägigen Unionsrechts Privilegierungen des Primär- oder Sekundärrechts versagt werden können. Sofern die mitgliedstaatliche Maßnahme in „Umsetzung" des unionsrechtlichen Missbrauchsverständnisses erfolgt, ist dem Steuerpflichtigen die Möglichkeit zuzugestehen, dass er seinerseits den Missbrauchsvorwurf durch Nachweis wirtschaftlicher Gründe entkräftet. Nationale Vorschriften, die einen steuerlichen Vorteil bei Annahme einer objektiven Künstlichkeit pauschal versagen, verstoßen gegen das Gebot der Angemessenheit mitgliedstaatlicher Beschränkungen.

Das rechtliche Verständnis des steuerlichen Gestaltungsmissbrauchs liegt dem Kern nach dem Problemkreis der CFC-Regelungen des Maßnahmenpakets zu BEPS-Aktionspunkt 3 zugrunde. Denn CFC-Regelungen dienen dem Ziel, ein wirtschaftlich nicht begründetes Zwischenschalten ausländischer Rechtsträger zu vermeiden und so einem Missbrauch der Freiheiten des europäischen Binnenmarkts zu begegnen. Gleiches gilt in Bezug Fremdfinanzierungsgestaltungen, die die Freiheiten des Binnenmarkts für wirtschaftlich nicht gerechtfertigte Gestaltungen missbraucht. Diesen soll nach den Vorgaben des BEPS-Aktionspunkt 4 durch steuerliche Abzugsbeschränkungen im Sinne der deutschen Zinsschranke begegnet werden. Die weiteren Maßnahmen des BEPS-Projekts, die zwar steuer-ökonomisch eine vergleichbare Zielrichtung einnehmen, können im Kontext des Unionsrechts dagegen nicht am Maßstab der Missbrauchsvermeidung gemessen werden.

Das politische Momentum des BEPS-Projekts wurde auf Ebene der Europäischen Union insofern nutzbar gemacht, dass – durch einstimmigen Beschluss aller Mitgliedstaaten im Europäischen Rat – auf Grundlage des Art. 115 AEUV die Richtlinie 2016/1164/EU mit Vorschriften zur Bekämpfung von Steuervermeidungspraktiken mit unmittelbaren Auswirkungen auf das Funktionieren des Binnenmarkts verabschiedet wurde. Diese enthält eine Fülle an Vorschriften, die es den Mitgliedstaaten erlauben, die Mitgliedstaaten aber erstmalig auch verpflichten, gegen steuerlich missbräuchliche Gestaltungen vorzugehen. Dieser legislativen Entscheidung zum Trotz lassen sich viele Fragen zur Auslegung der Richtlinie selbst, und im Besonderen auch Fragen zu nationalen Missbrauchsvermeidungsnormen, die über den Regelungsgegenstand der Anti-BEPS-Richtlinie hinausgehen, auch zukünftig nur unter Rekurs auf die tradierte Rechtsprechungspraxis des EuGH beantworten.

Die von *Planiol* aufgezeigte, auch dem Unionsrecht immanente Wertungsebene wird daher, trotz der fortschreitenden Normierung spezialgesetzlicher Missbrauchsnormen, auch zukünftig wesentlich darüber bestimmen, welche Chancen und Grenzen den mitgliedstaatlichen Regelungen zugestanden werden, die den Missbrauch steuerlicher Gestaltungen im System des grenzüberschreitenden Steuerwettbewerbs verhindern sollen.

Literaturverzeichnis

AXER, Georg: Der Europäische Gerichtshof auf dem Weg zur „doppelten Kohärenz“ – Eine Zukunft der Hinzurechnungsbesteuerung nach dem Cadbury Schweppes-Urteil, Internationales Steuerrecht 2007, S. 162 ff. (zitiert: *Autor*, IStR 2007, S. 162)

BAKER, Philip: Transfer Pricing and Community Law: The SGI Case, Intertax 2010, S. 194 ff. (zitiert: *Autor*, Intertax 2010, S. 194)

BAUER, Anna: Unterkapitalisierungsregelungen in Europa – eine Analyse, Steuer und Wirtschaft 2009, S. 163 ff. (zitiert: *Autor*, StuW 2009, S. 163)

BDI/EY/VDA: OECD/G20-Projekt BEPS, 2015 (zitiert: *Autor*, OECD/G20-Projekt BEPS (2015))

BERGMANN, Sebastian: Missbrauch im Anwendungsbereich der Mutter-Tochter-Richtlinie, Steuer und Wirtschaft 2010, S. 246 ff. (zitiert: *Autor*, StuW 2010, S. 246)

BERGMANN, Sebastian: Steuerhinterziehungs- und Missbrauchsterminologie im europäischen Steuerrecht, Steuer und Wirtschaft International 2010, S. 477 ff. (zitiert: *Autor*, SWI 2010, S. 477)

BLÜMICH, Walter (Hrsg.): Einkommensteuergesetz, Körperschaftsteuergesetz, Gewerbesteuergesetz, Loseblatt-Kommentar, 132. Ergänzungslieferung Mai 2016 (zitiert: *Bearbeiter*, in: Blümich, EStG/KStG/GewStG)

BÖING, Christian: Steuerlicher Gestaltungsmissbrauch in Europa – Eine rechtsvergleichende und gemeinschaftsrechtliche Untersuchung von Konzeptionen zur Bekämpfung des Gestaltungsmissbrauchs, zugl. Dissertation Westfälische Wilhelms-Universität Münster, 2006 (zitiert: *Autor*, Steuerlicher Gestaltungsmissbrauch in Europa (2006))

BREDERODE, Robert F. van/KREVER, Richard: Legal Interpretation of Tax Law: The European Union, in: Brederode, Robert F. van/Krever, Richard (Hrsg.), Legal Interpretation of Tax Law, 2014, S. 107 ff. (zitiert: *Autor*, in: Brederode/Krever (Hrsg.), Legal Interpretation of Tax Law (2014), S. 107)

CALLIESS, Christian/RUFFERT, Matthias (Hrsg.): EUV/AEUV – Das Verfassungsrecht der Europäischen Union mit Europäischer Grundrechtscharta – Kommentar, 4. Auflage 2011 (zitiert: *Bearbeiter*, in: Calliess/Ruffert, EUV/AEUV)

CERIONI, Luca: The Abuse of Rights in EU Company and EU Tax Law: A Re-reading of The ECJ Case law and the Quest for a Unitary Notion, European Business Law Review 2010, S. 783 ff. (zitiert: *Autor*, EBLR 2010, S. 783)

CHALMERS, Damian/DAVIES, Gareth/MONTI, Giorgio: European Union Law: Text and Materials, 3. Auflage 2014 (zitiert: *Autor*, European Union Law (2014))

CNOSSEN, Sijbren/SHOUP, Carl S.: Coordination of Value Added Tax, in: Cnossen, Sijbren (Hrsg.), Tax Coordination in the European Union, 1987, S. 59 ff. (zitiert: *Autor*, Coordination of Value Added Tax (1987), S. 59)

Cordewener, Axel: Europäische Grundfreiheiten und nationales Steuerrecht, zugl. Dissertation Rheinische Friedrich-Wilhelms-Universität Bonn, 2002 (zitiert: *Autor*, Europäische Grundfreiheiten und nationales Steuerrecht (2002))

Cordewener, Axel/Kofler, Georg/van Thiel, Servaas: The Clash between European Freedoms and National Direct Tax Law: Public Interest Defences available to the Member States, Common Market Law Review 2009, S. 1951 ff. (zitiert: *Autor*, CMLR 2009, S. 1951)

Danon, Robert/Glauser, Pierre-Marie: Cross-Border Dividends from the Perspective of Switzerland as the Source State – Selected Issues under Article 15 of the Swiss-EU Savings Agreements, Intertax 2005, S. 503 ff. (zitiert: *Autor*, Intertax 2005, S. 503)

Dauses, Manfred A. (Hrsg.): Handbuch des EU-Wirtschaftsrechts, 38. Ergänzungslieferung September 2015 (zitiert: *Bearbeiter*, in: Dauses, EU-Wirtschaftsrecht)

De Boer, Reinout/Marres, Otto: BEPS Action 2: Neutralizing the Effects on Hybrid Mismatch Agreements, Intertax 2015, S. 14 ff. (zitiert: *Autor*, Intertax 2015, S. 14)

De Broe, Luc/Luts, Joris: BEPS Action 6: Tax Treaty Abuse, Intertax 2015, S. 122 ff. (zitiert: *Autor*, Intertax 2015, S. 122)

De la Feria, Rita: Prohibition of Abuse of (Community) Law: The Creation of a new General Principle of EC Law through Tax, Common Market Law Review 2008, S. 395 ff. (zitiert: *Autor*, CMLR 2008, S. 395)

De la Feria, Rita: The EU VAT System and the Internal Market, zugl. Dissertation University of Dublin, Trinity College, 2009 (zitiert: *Autor*, The EU VAT System and the Internal Market (2009))

Debelva, Filip/Scornos, Dina/Van den Berghen, Jan/Van Braband, Pieter: LOB Clauses and EU-Law Compatibility: A Debate Revived by BEPS?, EC Tax Review 2015, S. 132 ff. (zitiert: *Autor*, ECTR 2015, S. 132)

Dorenkamp, Christian: Eigen-und Fremdkapitalfinanzierung im Steuerrecht, in: Hüttemann, Rainer (Hrsg.), Gestaltungsfreiheit und Gestaltungsmissbrauch im Steuerrecht, DStJG Band 33 2010, S. 301 ff. (zitiert: *Autor*, in: Hüttemann (Hrsg.), DStJG Bd. 33 (2010), S. 301)

Dourado, Ana Paula: Aggressive Tax Planning in EU Law and in the Light of BEPS: The EC Recommendation on Aggressive Tax Planning and BEPS Action 2 and 6, Intertax 2015, S. 42 ff. (zitiert: *Autor*, Intertax 2015, S. 42)

Drüen, Klaus-Dieter: Präzisierung und Effektuierung des § 42 AO durch das Jahressteuergesetz 2008, Die Unternehmensbesteuerung 2008, S. 31 ff. (zitiert: *Autor*, Ubg 2008, S. 31)

Dubovitskaya, Elena: Niederlassungsfreiheit und Harmonisierung des Gesellschaftsrechts in Europa: Eine schwierige Beziehung, Rechtstheorie 2014, S. 517 ff. (zitiert: *Autor*, Rechtstheorie 2014, S. 517)

Ehlers, Dirk: Europäische Grundrechte und Grundfreiheiten, 4. Auflage 2014 (zitiert: *Autor*, Europäische Grundrechte und Grundfreiheiten (2014))

Eidenmüller, Horst/Rehm, Gebhard: Niederlassungsfreiheit versus Schutz des inländischen Rechtsverkehrs: Konturen des Europäischen Internationalen Gesellschaftsrechts, Zeitschrift für Unternehmens- und Gesellschaftsrecht 2004, S. 159 ff. (zitiert: *Autor*, ZGR 2004, S. 159)

Englisch, Joachim: Verbot des Rechtsmissbrauchs – ein allgemeiner Rechtsgrundsatz des Gemeinschaftsrechts?, Steuer und Wirtschaft 2009, S. 3 ff. (zitiert: *Autor*, StuW 2009, S. 3)

Englisch, Joachim: Einige Schlussfolgerungen zur Grundfreiheitskompatibilität des § 1 AStG – zugleich Anmerkung zum Urteil des EuGH in der Rs. SGI, Internationales Steuerrecht 2010, S. 139 ff. (zitiert: *Autor*, IStR 2010, S. 139)

Englisch, Joachim: Taxation of Cross-Border Dividends and EC Fundamental Freedoms, Intertax 2010, S. 197 ff. (zitiert: *Autor*, Intertax 2010, S. 197)

Englisch, Joachim: Nordea Bank – ein weiterer Meilenstein der EuGH-Judikatur, Internationales Steuerrecht 2014, S. 561 ff. (zitiert: *Autor*, IStR 2014, S. 561)

Englisch, Joachim/Krüger, Christiane: Zur Völkerrechtswidrigkeit extraterritorialer Effekte der französischen Finanztransaktionssteuer, Internationales Steuerrecht 2013, S. 513 ff. (zitiert: *Autor*, IStR 2013, S. 513)

Everett, Mary: Der Einfluss der EuGH-Rechtsprechung auf die direkten Steuern, Deutsche Steuer-Zeitung 2006, S. 357 ff. (zitiert: *Autor*, DStZ 2006, S. 357)

Feil, Kathrin/Weigl, Robert/Rothballer, Tanja: Neuregelung der Ortsbestimmung bei an Nichtunternehmer erbrachten elektronischen Dienstleistungen, Betriebs Berater 2014, S. 2072 ff. (zitiert: *Autor*, BB 2014, S. 2072)

Fibbe, Gijs: EC law aspects of hybrid entities = : EG rechtelijke aspecte van hybride entiteiten, zugl. Dissertation Rotterdam Erasmus Universiteit, 2009 (zitiert: *Autor*, EC law aspects of hybrid entities (2009))

Fischer, Peter: Gedanken zum Gesamtplan im deutschen und europäischen Recht, Finanz-Rundschau 2006, S. 297 ff. (zitiert: *Autor*, FR 2006, S. 297)

Fischer, Peter: Überlegungen zum fraus-legis-Gedanken nach deutschem und europäischem Recht, in: Kirchhof, Paul/Nieskens, Hans (Hrsg.), Festschrift für Wolfram Reiss zum 65. Geburtstag, 2008, S. 621 ff. (zitiert: *Autor*, in: Kirchhof/Nieskens (Hrsg.), FS Reiss (2008), S. 621)

Fleischer, Holger: Der Rechtsmissbrauch zwischen Gemeineuropäischem Privatrecht und Gemeinschaftsrecht, JuristenZeitung 2003, S. 865 ff. (zitiert: *Autor*, JZ 2003, S. 865)

Flick, Hans/Wassermeyer, Franz/Baumhoff, Hubertus/Schönfeld, Jens (Hrsg.): Außensteuerrecht – Kommentar, 78. Aktualisierung April 2016 (zitiert: *Bearbeiter*, in: Flick/Wassermeyer/Baumhoff/Schönfeld, Außensteuerrecht)

FLORSTEDT, Tim: Die allgemeine Missbrauchsregel in der Richtlinie über eine Gemeinsame konsolidierte Körperschaftsteuer-Bemessungsgrundlage, Finanz-Rundschau 2016, S. 1 ff. (zitiert: *Autor*, FR 2016, S. 1)

FREEDMAN, Judith: The Anatomy of Tax Avoidance Counteraction: Abuse of Law in a Tax Context at Member State and European Level, in: de la Feria, Rita/Vogenauer, Stefan (Hrsg.), Prohibition of Abuse of Law – A New General Principle of EU Law?, 2011, S. 365 ff. (zitiert: *Autor*, in: de la Feria/Vogenauer (Hrsg.), The Anatomy of Tax Avoidance Counteraction (2011), S. 365)

FREEDMAN, Judith: GAAR as a process and the process of discussing the GAAR, British Tax Review 2012, S. 22 ff. (zitiert: *Autor*, BTR 2012, S. 22)

FRENZ, Walter: Handbuch Europarecht – Band 1 Europäische Grundfreiheiten, 2. Auflage 2012 (zitiert: *Autor*, Handbuch Europarecht Band 1 (2012))

FUEST, Clemens: Steuersysteme in Europa – Quo Vadis?, in: Reimer, Ekkehart/ Waldhoff, Christian (Hrsg.), Die Rechtsprechung des EuGH in ihrer Bedeutung für das nationale und internationale Recht der direkten Steuern 2008, S. 167 ff. (zitiert: *Autor*, in: Reimer/Waldhoff (Hrsg.), Steuersysteme in Europa – Quo Vadis? (2008), S. 167)

FUEST, Clemens/HUBER, Bernd/MINTZ, Jack: Capital Mobility and Tax Competition, Foundation and Trends in Microeconomics 2005, S. 1 ff. (zitiert: *Autor*, Foundation and Trends in Microeconomics 2005, S. 1)

FÜLLBIER, Andree: Wertpapierleihgeschäfte als Missbrauch von rechtlichen Gestaltungsmöglichkeiten i. S. d. § 42 AO?, Betriebs Berater 2012, S. 1769 ff. (zitiert: *Autor*, BB 2012, S. 1769)

GALLERT, Jan: Abzugsverbote für Betriebsausgaben und Werbungskosten als Verfassungsproblem: Durchbrechungen des objektiven Nettoprinzips im Einkommensteuerrecht, zugl. Dissertation Bucerius Law School, Hamburg, 2013 (zitiert: *Autor*, Abzugsverbote (2013))

GARRIDO, Bruno: Interaction between the Interpretation of the Non-discrimination Provisions in Tax Treaties and in the EC Treaty: An Apparent Rather than Real Conflict, EC Tax Review 2009, S. 157 ff. (zitiert: *Autor*, ECTR 2009, S. 157)

GERKEN, Lüder/MÄRKT, Jörg/SCHICK, Gerhard: Internationaler Steuerwettbewerb, Untersuchungen zur Ordnungstheorie und Ordnungspolitik, 2000 (zitiert: *Autor*, Internationaler Steuerwettbewerb (2000))

GHOSH, Julian: Cadbury Schweppes: Breach, Abuse Justification and Why They Are Different, in: de la Feria, Rita/Vogenauer, Stefan (Hrsg.), Prohibition of Abuse of Law – A New General Principle of EU Law?, 2011, S. 459 ff. (zitiert: *Autor*, in: de la Feria/Vogenauer (Hrsg.), Prohibition of Abuse of Law (2011), S. 459)

GILLE, Michael: Missbrauchstypisierungen im neuen Umwandlungssteuerrecht: Verstoß gegen die Fusionsrichtlinie?, Internationales Steuerrecht 2007, S. 194 ff. (zitiert: *Autor*, IStR 2007, S. 194)

GLAHE, Moritz: Verlangt das Unionsrecht eine Möglichkeit zum Nachweis wirtschaftlicher Gründe im Fall fremdunüblicher Verrechnungspreise, Internationales Steuerrecht 2015, S. 97 ff. (zitiert: *Autor*, IStR 2015, S. 97)

GLAHE, Moritz: Verfassungsmäßigkeit der sog. Zinsschranke, Internationale Steuer-Rundschau 2016, S. 86 ff. (zitiert: *Autor*, ISR 2016, S. 86)

GLAHE, Moritz: Zur zeitlichen und inhaltlichen Begrenzung einer möglichen Vorwirkung der Anti-BEPS-Richtlinie, Finanz-Rundschau 2016, S. 829 ff. (zitiert: *Autor*, FR 2016, S. 829)

GRABITZ, Eberhard/HILF, Meinhard/NETTESHEIM, Martin. (Hrsg.): Das Recht der Europäischen Union, 58. Ergänzungslieferung Juli 2016 (zitiert: *Bearbeiter*, in: Grabitz/Hilf/Nettesheim, Das Recht der Europäischen Union)

HAHN, Hartmut: § 42 AO und Steuerkultur – zu einem unbekannten Standortfaktor, Deutsche Steuer-Zeitung 2005, S. 183 ff. (zitiert: *Autor*, DStZ 2005, S. 183)

HAHN, Hartmut: Bemerkungen zum EuGH-Urteil "Cadbury Schweppes", Internationales Steuerrecht 2006, S. 667 ff. (zitiert: *Autor*, IStR 2006, S. 667)

HEIDEL, Thomas (Hrsg.): Aktienrecht und Kapitalmarktrecht, 4. Auflage 2014 (zitiert: *Bearbeiter*, in: Heidel, Aktien- und Kapitalmarktrecht)

HEIDENBAUER, Sabine: Die Grenzen steuerlicher Gestaltung in der Rechtssprechung des EuGH zum Primärrecht, in: Lang, Michael/Schuch, Josef/Staringer, Claus (Hrsg.), Die Grenzen der Gestaltungsmöglichkeiten im internationalen Steuerrecht, 2009, S. 49 ff. (zitiert: *Autor*, in: Lang/Schuch/Staringer (Hrsg.), Die Grenzen der Gestaltungsmöglichkeiten im internationalen Steuerrecht (2009), S. 49)

HERRMANN, Carl/HEUER, Gerhard/RAUPACH, Arndt (Hrsg.): Einkommensteuer- und Körperschaftsteuergesetz, 275. Ergänzungslieferung August 2016 (zitiert: *Bearbeiter*, in: Herrmann/Heuer/Raupach, EStG/KStG)

HEY, Johanna: Harmonisierung der Unternehmensbesteuerung in Europa, zugl. Dissertation Universität zu Köln, 1997 (zitiert: *Autor*, Harmonisierung der Unternehmensbesteuerung in Europa (1997))

HEY, Johanna: Wettbewerb der Rechtsordnungen oder Europäisierung des Steuerrechts, in: Dillmann, Meiko/Laier, Matthias/Lammel, Stefan/Reimer, Ekkehart/Schmitz, Matthias M. (Hrsg.), Europäisches Gesellschafts- und Steuerrecht, 2007, S. 295 ff. (zitiert: *Autor*, Wettbewerb der Rechtsordnungen oder Europäisierung des Steuerrechts (2007), S. 295)

HEY, Johanna: Die Zinsschranke als Maßnahme zur Sicherung des inländischen Steuersubstrats, in: Brähler, Gernot/Lösel, Christian (Hrsg.), Deutsches und internationales Steuerrecht: Gegenwart und Zukunft; Festschrift für Christiana Djanani zum 60. Geburtstag, 2008, S. 109 ff. (zitiert: *Autor*, in: Brähler/Lösel (Hrsg.), FS Djanani (2008), S. 109)

Hey, Johanna: Spezialgesetzliche Missbrauchsgesetzgebung aus steuersystematischer, verfassungs- und europarechtlicher Sicht, Steuer und Wirtschaft 2008, S. 167 ff. (zitiert: *Autor*, StuW 2008, S. 167)

Hey, Johanna: Nationale Missbrauchsvorschriften im Spannungsfeld von DBA- und EU-Recht, in: Lüdicke, Jürgen (Hrsg.), Forum der Internationalen Besteuerung, Band 35 2009, S. 137 ff. (zitiert: *Autor*, in: Lüdicke (Hrsg.), Forum der Internationalen Besteuerung Bd. 35 (2009), S. 137)

Hey, Johanna: Spezialgesetzgebung und Typologie zum Gestaltungsmissbrauch, in: Hüttemann, Rainer (Hrsg.), Gestaltungsfreiheit und Gestaltungsmissbrauch im Steuerrecht, DStJG Band 33 2010, S. 139 ff. (zitiert: *Autor*, in: Hüttemann (Hrsg.), DStJG Bd. 33 (2010), S. 139)

Hiller, Tobias: Die Zinsschranke im Lichte des europäischen Gemeinschaftsrechts, zugl. Dissertation Universität Augsburg, 2010 (zitiert: *Autor*, Zinsschranke (2010))

Hilling, Maria: Justifications and Proportionality: An Analysis of the ECJ's Assessment of National Rules for the Prevention of Tax Avoidance, Intertax 2013, S. 294 ff. (zitiert: *Autor*, Intertax 2013, S. 294)

Homburg, Stefan: Die Zinsschranke – eine beispiellose Steuerinnovation, Finanz-Rundschau 2007, S. 717 ff. (zitiert: *Autor*, FR 2007, S. 717)

Homburg, Stefan: Allgemeine Steuerlehre, 6. Auflage 2010 (zitiert: *Autor*, Allgemeine Steuerlehre (2010))

Hübschmann, Walter/Hepp, Ernst/Spitaler, Armin (Hrsg.): Abgabenordnung – Finanzgerichtsordnung, 238. Ergänzungslieferung Juli 2016 (zitiert: *Bearbeiter*, in: Hübschmann/Hepp/Spitaler, AO/FGO)

Hüttemann, Rainer: Steuerrechtssprechung und Steuerumgehung, Deutsches Steuerrecht 2015, S. 1146 ff. (zitiert: *Autor*, DStR 2015, S. 1146)

IBFD: International Tax Structures in the BEPS Era, 2015 (zitiert: *Autor*, International Tax Structures in the BEPS Era (2015))

Isensee, Josef/Kirchhof, Paul (Hrsg.): Handbuch des Staatsrechts, 3. Auflage 2013 (zitiert: *Bearbeiter*, in: Isensee/Kirchhof, Handbuch des Staatsrechts (2013))

Jacobs, Otto H./Endres, Dieter/Spengel, Christoph: Internationale Unternehmensbesteuerung, 2016 (zitiert: *Autor*, Internationale Unternehmensbesteuerung (2016))

Jarass, Hans D.: Elemente einer Dogmatik der Grundfreiheiten II, Europarecht 2000, S. 705 ff. (zitiert: *Autor*, EuR 2000, S. 705)

Jarass, Lorenz: Gewinnverkürzung und Gewinnverlagerung (BEPS): Nationale Maßnahmen sind möglich und hilfreich, Internationales Steuerrecht 2014, S. 741 ff. (zitiert: *Autor*, IStR 2014, S. 741)

Jiménez, Adolfo Martín: Towards a Homogeneous Theory of Abuse in EU (Direct) Tax Law, Bulletin for International Taxation 2012, S. 270 ff. (zitiert: *Autor*, BIT 2012, S. 270)

Joecks, Wolfgang/Miebach, Klaus (Hrsg.): Münchner Kommentar zum StGB – Band 1, 2. Auflage 2011 (zitiert: *Bearbeiter*, in: MünchKomm StGB)

Kahle, Holger/Biebinger, Christian/Wildermuth, Marcel: Aggressive Steuerplanung und Treaty-/Directive-Shopping im Binnenmarkt, Die Unternehmensbesteuerung 2014, S. 285 ff. (zitiert: *Autor*, Ubg 2014, S. 285)

Kahlenberg, Christian/Kopec, Agnieszka: Unterkapitalisierungsvorschriften in der EU – eine Analyse im Vorfeld des OECD-Berichts zur Maßnahme 4 des BEPS-Aktionsplans, Internationales Steuerrecht 2015, S. 84 ff. (zitiert: *Autor*, IStR 2015, S. 84)

Kahlenberg, Christian/Vogel, Nina: Unionsrechtsvereinbarkeit der durch Korrespondenzregeln ausgelösten Ungleichbehandlung? Eine Untersuchung des BEPS-Aktionspunkts 2, Steuer und Wirtschaft 2016, S. 288 ff. (zitiert: *Autor*, StuW 2016, S. 288)

Kaminski, Bert/Strunk, Günther/Haase, Florian: Anmerkung zu § 20 Absatz 2 AStG in der Entwurfsfassung des Jahressteuergesetzes 2008, Internationales Steuerrecht 2007, S. 726 ff. (zitiert: *Autor*, IStR 2007, S. 726)

Kärgel, Andrea: Steuerrechtliche Anti-Missbrauchs-Regeln in Konflikt mit Europäischem Gemeinschaftsrecht, zugl. Dissertation Freie Universität Berlin, 2003 (zitiert: *Autor*, Steuerrechtliche Anti-Missbrauchs-Regeln in Konflikt mit Europäischem Gemeinschaftsrecht (2003))

Kelsen, Hans: Allgemeine Staatslehre, 1966 (zitiert: *Autor*, Allgemeine Staatslehre (1966))

Kempf, Andreas/Gelsdorf, Frederik: Umsetzung der Mutter-Tochter-Richtlinie in deutsches Steuerrecht – eine alte Kamelle, Internationales Steuerrecht 2011, S. 173 ff. (zitiert: *Autor*, IStR 2011, S. 173)

Kessler, Wolfgang/Knörzer, Daniel: Steuerwettbewerb und Zinsabzug: Eine Bestandsaufnahme, in: Brähler, Gernot/Lösel, Christian (Hrsg.), Festschrift für Christiana Djanani zum 60. Geburtstag, 2008, S. 161 ff. (zitiert: *Autor*, in: Brähler/Lösel (Hrsg.), FS Djanani (2008), S. 161)

Kiekebeld, Ben: Anti-abuse in the Field of Taxation: Is There One Overall Concept, EC Tax Review 2009, S. 144 ff. (zitiert: *Autor*, ECTR 2009, S. 144)

Kingston, Suzanne: A Light in the Darkness: Recent Developments in the ECJ'S Direct Tax Jurisprudence, Common Market Law Review 2007, S. 1321 ff. (zitiert: *Autor*, CMLR 2007, S. 1321)

Kirchhof, Paul (Hrsg.): Einkommensteuergesetz – Kommentar, 15. Auflage 2016 (zitiert: *Bearbeiter*, in: Kirchhof, EStG)

Klein, Franz (Hrsg.): Abgabenordnung – einschließlich Steuerstrafrecht, 12. Auflage 2014 (zitiert: *Bearbeiter*, in: Klein, AO)

KNOBBE-KEUK, Brigitte: Die beiden Unternehmenssteuerrichtlinien – Insbesondere die Missbrauchsklauseln und die Mängel der deutschen Umsetzung, Europäische Zeitschrift für Wirtschaftsrecht 1992, S. 336 ff. (zitiert: *Autor*, EuZW 1992, S. 336)

KOFLER, Georg: Steuergestaltung im Europäischen und Internationalen Recht, in: Hüttemann, Rainer (Hrsg.), Gestaltungsfreiheit und Gestaltungsmissbrauch im Steuerrecht, DStJG Band 33 2010, S. 213 ff. (zitiert: *Autor*, in: Hüttemann (Hrsg.), DStJG Bd. 33 (2010), S. 213)

KOKOTT, Juliane/HENZE, Thomas: Tendenzen der EuGH-Rechtsprechung im Bereich der direkten Steuern, in: Lüdicke, Jürgen (Hrsg.), Forum der Internationalen Besteuerung, Band 30 2005, S. 67 ff. (zitiert: *Autor*, in: Lüdicke (Hrsg.), Forum der Internationalen Besteuerung Bd. 30 (2005), S. 67)

KÖNIG, Ulrich (Hrsg.): Abgabenordnung – Kommentar, 3. Auflage 2014 (zitiert: *Bearbeiter*, in: König, AO)

KONRAD, Kai/SCHJELDERUP, Guttorm: Fortress Building in Global Tax Competition, Journal of Urban Economics 1999, S. 156 ff. (zitiert: *Autor*, Journal of Urban Economics 1999, S. 156)

KORF, Ralph: Neues zum Missbrauch – Anmerkungen zu den EuGH-Urteilen RBS Deutschland Holdings und Weald Leasing Ltd, Internationales Steuerrecht 2011, S. 146 ff. (zitiert: *Autor*, IStR 2011, S. 146)

KREIENBAUM, Martin: Seminar J: Impact of EU-Law on the BEPS-Initiative, Internationales Steuerrecht 2014, S. 721 ff. (zitiert: *Autor*, IStR 2014, S. 721)

LACKUM, Jens von: Die Gesetzesumgehung im Europarecht, zugl. Dissertation Universität Heidelberg, 2009 (zitiert: *Autor*, Die Gesetzesumgehung im Europarecht (2009))

LANG, Joachim: Unternehmensbesteuerung im internationalen Wettbewerb, Steuer und Wirtschaft 2011, S. 144 ff. (zitiert: *Autor*, StuW 2011, S. 144)

LIEBMANN, Howard M./HEYVAERT, Werner/OYEN, Valérie: Countering Harmful Tax Practices: BEPS Action 5 and EU Initiatives – Past Progress, Current Status and Prospects, European Taxation 2016, S. 102 ff. (zitiert: *Autor*, European Taxation 2016, S. 102)

LOHSE, Christian W.: Verwirrende Begriffsvielfalt im Gemeinschaftsrecht, in: Kirchhof, Paul/Nieskens, Hans (Hrsg.), Festschrift für Wolfram Reiss zum 65. Geburtstag, 2008, S. 645 ff. (zitiert: *Autor*, in: Kirchhof/Nieskens (Hrsg.), FS Reiss (2008), S. 645)

LOUKOTA, Helmut: Internationale Probleme mit der deutschen Zinsschranke, Steuer und Wirtschaft International 2009, S. 105 ff. (zitiert: *Autor*, SWI 2009, S. 105)

MILLÁN, Emilio Cencerrado/ROCH, María Teresa Soler: Limit Base Erosion via Interest Deduction and Others, Intertax 2015, S. 58 ff. (zitiert: *Autor*, Intertax 2015, S. 58)

MITSCHKE, Wolfgang: Zinsschranke wirklich verfassungswidrig?, Finanz-Rundschau 2016, S. 412 ff. (zitiert: *Autor*, FR 2016, S. 412)

MITSCHKE, Wolfgang: Zur zeitlichen und inhaltlichen Begrenzung einer möglichen Vorwirkung der Anti-BEPS-Richtlinie, Finanz-Rundschau 2016, S. 834 ff. (zitiert: *Autor*, FR 2016, S. 834)

MOLLE, Willem: The Economics of European Integration: theory, practice, policy, 2006 (zitiert: *Autor*, The Economics of European Integration (2006))

MONÈS, Sébastien de/DURAND, Pierre-Henri/MANDELBAUM, Jean-Florent, et al.: Abuse of Tax Law across Europe 'Part Two', EC Tax Review 2010, S. 123 ff. (zitiert: *Autor*, ECTR 2010, S. 123)

MONÈS, Sébastien de/DURAND, Pierre-Henri/MANDELBAUM, Jean-Florent, et al.: Abuse of Tax Law across Europe, EC Tax Review 2010 S. 85 ff. (zitiert: *Autor*, ECTR 2010 S. 85)

MONOPOLKOMMISSION: Systemwettbewerb – Sondergutachten der Monopolkommission gemäß § 24b Abs. 5 Satz 4 GWB, Sondergutachten der Monopolkommission; Bd. 27, 1998 (zitiert: *Autor*, Systemwettbewerb – Sondergutachten der Monopolkommission gemäß § 24b Abs. 5 Satz 4 GWB (1998))

MÖSSNER, Jörg Manfred/BAUMHOFF, Hubertus/DYCKMANNS, Jan, et al. (Hrsg.): Steuerrecht international tätiger Unternehmen – Handbuch der Besteuerung von Auslandsaktivitäten inländischer Unternehmen und von Inlandsaktivitäten ausländischer Unternehmen, 4. Auflage 2012 (zitiert: *Bearbeiter*, in: Mössner/Baumhoff/Dyckmanns, Steuerrecht international tätiger Unternehmen)

MUSGRAVE, Peggy B.: Interjurisdictional coordination of taxes on capital income, in: Cnossen, Sijbren (Hrsg.), Tax Coordination in the European Community, 1987, S. 197 ff. (zitiert: *Autor*, in: Cnossen (Hrsg.), Interjurisdictional coordination of taxes on capital income (1987), S. 197)

MUSGRAVE, Richard A.: The Theory of Public Finance – A Study in Public Economy, 1961 (zitiert: *Autor*, The Theory of Public Finance (1961))

MUSIL, Andreas/SCHULZ, Jan: Grenzüberschreitende Einkünfteverlagerungen in verbundenen Unternehmen und europarechtliche Handlungsspielräume der Mitgliedstaaten, Deutsches Steuerrecht 2013, S. 2205 ff. (zitiert: *Autor*, DStR 2013, S. 2205)

NIEMANN, Alice: Der allgemeine Missbrauchsvorbehalt nach der Rechtsprechung des EuGH und seine Auswirkungen auf die Anwendung des § 42 AO, zugl. Dissertation Universität Heidelberg, 2012 (zitiert: *Autor*, Der allgemeine Missbrauchsvorbehalt (2012))

OECD: Harmful Tax Competition – An Emerging Global Issue, 1998 (zitiert: *OECD*, Harmful Tax Competition (1998))

OECD: OECD-Verrechnungspreisleitlinien für multinationale Unternehmen und Steuerverwaltungen 2010, 2011 (zitiert: *OECD*, OECD-Verrechnungspreisleitlinien 2010 (2011))

OECD: Hybrid Mismatch Arrangements, Tax Policy and Compliance Issues, 2012 (zitiert: *OECD*, Hybrid Mismatch Arrangements (2012))

OECD: Aktionsplan zur Bekämpfung der Gewinnkürzung und Gewinnverlagerung, 2014 (zitiert: *OECD*, BEPS-Aktionsplan (2014))

OECD: Aligning Transfer Pricing Outcomes with Value Creation, Actions 8–10 – 2015 Final Reports, 2015 (zitiert: *OECD*, BEPS Actions 8–10 Final Reports (2015))

OECD: Designing Effective Controlled Foreign Company Rules, Action 3–2015 Final Report, 2015 (zitiert: *OECD*, BEPS Action 3 Final Report (2015))

OECD: Erläuterung, OECD/G20-Projekt Gewinnverkürzung und Gewinnverlagerung, 2015 (zitiert: *OECD*, BEPS Erläuterung (2015))

OECD: Measuring and Monitoring BEPS, Action 11–2015 Final Report, 2015 (zitiert: *OECD*, BEPS Action 11 Final Report (2015))

OECD: Neutralisierung der Effekte hybrider Gestaltungen, Aktionspunkt 2 – Abschlussbericht 2015, 2015 (zitiert: *OECD*, BEPS Aktionspunkt 2 Abschlussbericht (2015))

OECD: Preventing the Granting of Treaty Benefits in Inappropriate Circumstances, Action 6–2015 Final Report, 2015 (zitiert: *OECD*, BEPS Action 6 Final Report (2015))

OECD: Begrenzung der Gewinnverkürzung durch Zins- und wirtschaftlich vergleichbare Aufwendungen, Aktionspunkt 4 – Abschlussbericht 2015, 2016 (zitiert: *OECD*, BEPS Aktionspunkt 4 Abschlussbericht (2016))

OECD: Wirksamere Bekämpfung schädlicher Steuerpraktiken unter Berücksichtigung von Transparenz und Substanz, Aktionspunkt 5 – Abschlussbericht 2015, 2016 (zitiert: *OECD*, BEPS Aktionspunkt 5 Abschlussbericht (2016))

Panayi, Christiana Hji: European Union Corporate Tax Law, 2013 (zitiert: *Autor*, European Union Corporate Tax Law (2013))

Parquet, Muriel: Introduction générale au droit, 4. Auflage 2007 (zitiert: *Autor*, Introduction générale au droit (2007))

Piantavigna, Paolo: Tax Abuse in European Union Law: A Theory, EC Tax Review 2011, S. 134 ff. (zitiert: *Autor*, ECTR 2011, S. 134)

Pinto, Carlos: Tax Competition and EU Law, EUCOTAX Series on European Taxation, Volume 7 2003 (zitiert: *Autor*, Tax Competition and EU Law (2003))

Pistone, Pasquale: Abuse of Law in the Context of Indirect Taxation: From (Before) Emsland-Stärke 1 to Halifax, in: de la Feria, Rita/Vogenauer, Stefan (Hrsg.), Prohibition of Abuse of Law – A New General Principle of EU Law?, 2011, S. 381 ff. (zitiert: *Autor*, in: de la Feria/Vogenauer (Hrsg.), Abuse of Law in the Context of Indirect Taxation (2011), S. 381)

PISTONE, Pasquale/JULIEN, Rita/CANNAS, Francesco: Can the Derivative Benefits Provision and the Competent Authority Discretionary Relief Provision Render the OECD-Proposed Limitation on Benefits Clause Compatible with EU Fundamental Freedoms?, in: Lang, Michael/Pistone, Pasquale/Rust, Alexander/Schuch, Josef/Staringer, Claus (Hrsg.), Base Erosion and Profit Shifting (BEPS) – The Proposal to Revise the OECD Model Convention, 2016, S. 165 ff. (zitiert: *Autor*, in: Lang/Pistone/Rust/Schuch/Staringer (Hrsg.), Limitation on Benefits Clause and the EU Fundamental Freedoms (2016), S. 165)

PITZAL, Christian: Nicht- und Niedrigbesteuerung in Vorschriften des nationalen Außensteuerrechts und des Abkommensrechts, zugl. Dissertation Bucerius Law School, Hamburg, 2008 (zitiert: *Autor*, Nicht- und Niedrigbesteuerung (2008))

POHL, Dirk/RAUPACH, Arndt: Einwirkung des Europarechts auf das Internationale Steuerrecht, in: Bundesrechtsanwaltskammer/Bundesnotarkammer (Hrsg.), Festschrift 50 Jahre Deutsches Anwaltsinstitut e. V. 2003, S. 489 ff. (zitiert: *Autor*, in: Bundesrechtsanwaltskammer/Bundesnotarkammer (Hrsg.), FS 50 Jahre Anwaltsinstitut (2003), S. 489)

POULSEN, Martin: Freedom of Establishment and the Balanced Allocation of Tax Jurisdiction, Intertax 2012, S. 200 ff. (zitiert: *Autor*, Intertax 2012, S. 200)

POULSEN, Martin: Treaty/Directive Shopping and Abuse of EU Law, Intertax 2013, S. 230 ff. (zitiert: *Autor*, Intertax 2013, S. 230)

QUILITZSCH, Carsten: Die Hinzurechnungsbesteuerung: eine rechtsökonomische Analyse der Regelungen in Deutschland und Japan, zugl. Dissertation Martin-Luther-Universität Halle-Wittenberg, 2013 (zitiert: *Autor*, Die Hinzurechnungsbesteuerung (2013))

RAINER, Anno/MÜLLER, Stefan: Hinzurechnungsbesteuerung nach dem AStG, Internationales Steuerrecht 2007, S. 151 ff. (zitiert: *Autor*, IStR 2007, S. 151)

RAMM, Kate: Action 3: Designing effective controlled foreign company rules, International Tax Review 2016, S. 2 ff. (zitiert: *Autor*, ITR 2016, S. 2)

RICHTER, Lutz/REEB, Dominik: Zur Ausdehnung des materiellen Korrespondenzprinzips in § 8b Abs. 1 S. 2 KStG durch das AmtshilfeRLUmsG im Spannungsfeld von Europa- und Völkerrecht, Internationales Steuerrecht 2015, S. 40 ff. (zitiert: *Autor*, IStR 2015, S. 40)

RIESE, Christoph/NOLL, Paul: Europarechtliche und verfassungsrechtliche Aspekte der Inländerdiskriminierung, Neue Zeitschrift für Verwaltungsrecht 2007, S. 516 ff. (zitiert: *Autor*, NVwZ 2007, S. 516)

RIESENHUBER, Karl (Hrsg.): Europäische Methodenlehre: Handbuch für Ausbildung und Praxis, 3. Auflage 2014 (zitiert: *Bearbeiter*, in: Riesenhuber, Europäische Methodenlehre (2014))

RISDALE, Michael: Abuse of rights, fiscal neutrality and VAT, EC Tax Review 2005, S. 82 ff. (zitiert: *Autor*, ECTR 2005, S. 82)

Rose, Manfred: Optimal tax perspective on tax coordination, in: Cnossen, Sijbren (Hrsg.), Tax Coordination in the European Community, 1987, S. 113 ff. (zitiert: *Autor*, in: Cnossen (Hrsg.), Optimal tax perspective on tax coordination (1987), S. 113)

Rudat, Lars: Steuerneutralität im Europäischen Binnenmarkt, zugl. Dissertation Universität Siegen, 2010 (zitiert: *Autor*, Steuerneutralität im Europäischen Binnenmarkt (2010))

Ruding-Report: Report of the Committee of Independent Experts on Company Taxation, 1992 (zitiert: Ruding-Report (1992))

Rust, Alexander: CFC Legislation and EC Law, Intertax 2008, S. 492 ff. (zitiert: *Autor*, Intertax 2008, S. 492)

Saydé, Alexandre: Defining the Concept of Abuse of Union Law, Yearbook of European Law 2014, S. 138 ff. (zitiert: *Autor*, Yearbook of European Law 2014, S. 138)

Schanz, Deborah/Maier, Christoph: Hybride Finanzierungen – Status quo und Ausblick (Teil II), Die Unternehmensbesteuerung 2015, S. 282 ff. (zitiert: *Autor*, Ubg 2015, S. 282)

Schaper, Nils Ingmar: Steuerstaat im Wettbewerb, zugl. Dissertation Hamburg, 2013 (zitiert: *Autor*, Steuerstaat im Wettbewerb (2013))

Schaumburg, Harald: Internationales Steuerrecht, Außensteuerrecht, Doppelbesteuerungsabkommen, 3. Auflage 2011 (zitiert: *Autor*, Internationales Steuerrecht (2011))

Schaumburg, Harald/Englisch, Joachim (Hrsg.): Europäisches Steuerrecht, 2. Auflage 2015 (zitiert: *Bearbeiter*, in: Schaumburg/Englisch, Europäisches Steuerrecht (2015))

Scheipers, Thomas/Linn, Alexander: Einkünfteberichtigung nach § 1 Abs. 1 AStG bei Nutzungsüberlassungen im Konzern – Auswirkungen des EuGH-Urteils SGI, Internationales Steuerrecht 2010, S. 469 ff. (zitiert: *Autor*, IStR 2010, S. 469)

Schön, Wolfgang: Gestaltungsmissbrauch im europäischen Steuerrecht, Internationales Steuerrecht – Beihefter zu Heft 2 1996, S. 1 ff. (zitiert: *Autor*, IStR-Beihefter Heft 2 1996, S. 1)

Schön, Wolfgang: Tax competition in Europe – the legal perspective, EC Tax Review 2000, S. 90 ff. (zitiert: *Autor*, ECTR 2000, S. 90)

Schön, Wolfgang: Der „Rechtsmissbrauch" im Europäischen Gesellschaftsrecht, in: Wank, Rolf/Hirte, Heribert/Frey, Kaspar/Fleischer, Holger/Thüsing, Gregor (Hrsg.), Festschrift für Herbert Wiedemann zum 70. Geburtstag, 2002, S. 1271 ff. (zitiert: *Autor*, in: Wank/Hirte/Frey/Fleischer/Thüsing (Hrsg.), FS Wiedemann (2002), S. 1271)

Schön, Wolfgang: Besteuerung im Binnenmarkt – die Rechtsprechung des EuGH zu den direkten Steuern, Internationales Steuerrecht 2004, S. 289 ff. (zitiert: *Autor*, IStR 2004, S. 289)

Schön, Wolfgang: Playing different Games? Regulatory Competition in Tax and Company Law compared, Common Market Law Review 2005, S. 331 ff. (zitiert: *Autor*, CMLR 2005, S. 331)

Schön, Wolfgang: Rechtsmissbrauch und Europäisches Steuerrecht, in: Kirchhof, Paul/Nieskens, Hans (Hrsg.), Festschrift für Wolfram Reiss zum 65. Geburtstag, 2008, S. 571 ff. (zitiert: *Autor*, in: Kirchhof/Nieskens (Hrsg.), FS Reiss (2008), S. 571)

Schön, Wolfgang: Zurück in die Zukunft? Gesellschafter-Fremdfinanzierung im Lichte der EuGH-Rechtsprechung, Internationales Steuerrecht 2009, S. 882 ff. (zitiert: *Autor*, IStR 2009, S. 882)

Schön, Wolfgang: Der Fremdvergleich, der Europäische Gerichtshof und die „Theory of the Firm", Internationales Steuerrecht 2011, S. 777 ff. (zitiert: *Autor*, IStR 2011, S. 777)

Schön, Wolfgang: Kapitalverkehrsfreiheit und Drittstaaten (Hinzurechnungsbesteuerung), in: Drüen, Klaus-Dieter (Hrsg.), Jahrbuch der Fachanwälte für Steuerrecht 2013/2014, 2013, S. 85 ff. (zitiert: *Autor*, in: Drüen (Hrsg.), JbFStR 2013/2014 (2013), S. 85)

Schönfeld, Jens: Hinzurechnungsbesteuerung und europäisches Gemeinschaftsrecht, zugl. Dissertation Universität zu Köln, 2005 (zitiert: *Autor*, Hinzurechnungsbesteuerung und europäisches Gemeinschaftsrecht (2005))

Schönfeld, Jens: Hinzurechnungsbesteuerung zwischen Steuerwettbewerb und Europäischen Grundfreiheiten, Steuer und Wirtschaft 2005, S. 158 ff. (zitiert: *Autor*, StuW 2005, S. 158)

Schwarze, Jürgen/Becker, Ulrich/Hatje, Armin/Schoo, Johann (Hrsg.): EU-Kommentar, 3. Auflage 2012 (zitiert: *Bearbeiter*, in: Schwarze/Becker/Hatje/Schoo, EU-Kommentar (2012))

Streinz, Rudolf: Gespaltene Tabakregelungen – kein Problem für den Binnenmarkt?, Zeitschrift für das gesamte Lebensmittelrecht 2005, S. 427 ff. (zitiert: *Autor*, ZLR 2005, S. 427)

Streinz, Rudolf (Hrsg.): EUV/AEUV – Vertrag über die Europäische Union und Vertrag über die Arbeitsweise der Europäischen Union, 2. Auflage 2012 (zitiert: *Bearbeiter*, in: Streinz, EUV/AEUV (2012))

Strunk, Günther/Kaminski, Bert/Köhler, Stefan (Hrsg.): Außensteuergesetz – Doppelbesteuerungsabkommen, 43. Ergänzungslieferung Dezember 2015 (zitiert: *Bearbeiter*, in: Strunk/Kaminski/Köhler, AStG/DBA)

Suchowerskyj, Tanja: Der Begriff des Missbrauchs im europäischen Steuerrecht, zugl. Dissertation Eberhard-Karls-Universität Tübingen, 2007 (zitiert: *Autor*, Der Begriff des Missbrauchs im europäischen Steuerrecht (2007))

Sydow, Sabine: Anmerkung zur BFH-Entscheidung I R 114/08 vom 21. 10. 2009, Internationales Steuerrecht 2010, S. 174 ff. (zitiert: *Autor*, IStR 2010, S. 174)

Sypris, Phil: The Relationship between Primary and Secondary Law in the EU, Common Market Law Review 2015, S. 461 ff. (zitiert: *Autor*, CMLR 2015, S. 461)

Szudoczky, Rita: The Sources of EU Law and Their Relationships: Lessons for the Field of Taxation, zugl. Dissertation Universiteit van Amsterdam, 2014 (zitiert: *Autor*, The Sources of EU Law and Their Relationships (2014))

Szudoczky, Rita/Koch, Petra: Limitation on Benefits: "Qualified Person" – Article X(1) and (2) of the OECD Model, in: Lang, Michael/Pistone, Pasquale/Rust, Alexander/Schuch, Josef/Staringer, Claus (Hrsg.), Base Erosion and Profit Shifting (BEPS) – The Proposal to Revise the OECD Model Convention, 2016, S. 219 ff. (zitiert: *Autor*, in: Lang/Pistone/Rust/Schuch/Staringer (Hrsg.), Limitation on Benefits: "Qualified Person" (2016), S. 219)

Tavares, Romero/Bogenschneider, Bret: The New De Minimis Anti-abuse Rule in the Parent-Subsidiary Directive: Validating EU Tax Competition and Corporate Tax Avoidance, Intertax 2015, S. 484 ff. (zitiert: *Autor*, Intertax 2015, S. 484)

Teichmann, Arndt: Die Gesetzesumgehung, Göttinger rechtswissenschaftliche Studien: 46, 1962 (zitiert: *Autor*, Die Gesetzesumgehung (1962))

Terra, Ben J.M./Wattel, Peter J.: European Tax Law – Abridged Student Edition, Sixth Edition 2012 (zitiert: *Autor*, European Tax Law (2012))

Thömmes, Otmar: Missbrauch und Missbrauchsverhütung aus EG-rechtlicher Sicht, in: Gocke, Rudolf/Gosch, Dietmar/Lang, Michael (Hrsg.), Festschrift für Franz Wassermeyer zum 65. Geburtstag, 2005, S. 207 ff. (zitiert: *Autor*, in: Gocke/Gosch/Lang (Hrsg.), FS Wassermeyer (2005), S. 207)

Tiebout, Charles M.: A Pure Theory of Local Expenditures, The Journal of Political Economy 1956, S. 416 ff. (zitiert: *Autor*, The Journal of Political Economy 1956, S. 416)

Tipke, Klaus/Kruse, Heinz Wilhelm (Hrsg.): Abgabenordnung – Finanzgerichtsordnung, Kommentar zur AO (ohne Steuerstrafrecht) und FGO, 145. Ergänzungslieferung August 2016 (zitiert: *Bearbeiter*, in: Tipke/Kruse, AO/FGO)

Tipke, Klaus/Lang, Joachim (Hrsg.): Steuerrecht, 22. Auflage 2015 (zitiert: *Bearbeiter*, in: Tipke/Lang, Steuerrecht (2015))

Traversa, Edoardo: Interest Deductibility and the BEPS Action Plan: nihil novi sub sole?, British Tax Review 2013, S. 607 ff. (zitiert: *Autor*, BTR 2013, S. 607)

Tumpel, Michael/Prechtl, Babette: Die Grenzen steuerlicher Gestaltung in der Rechtssprechung des EuGH zum Sekundärrecht, in: Lang, Michael/Schuch, Josef/Staringer, Claus (Hrsg.), Die Grenzen der Gestaltungsmöglichkeiten im internationalen Steuerrecht, 2009, S. 67 ff. (zitiert: *Autor*, in: Lang/Schuch/Staringer (Hrsg.), Die Grenzen der Gestaltungsmöglichkeiten im internationalen Steuerrecht (2009), S. 67)

Vanistendael, Frans: Is Tax Avoidance the Same Thing under the OECD Base Erosion and Profit Shifting Action Plan, National Tax Law and EU Law?, Bulletin for International Taxation 2016, S. 163 ff. (zitiert: *Autor*, BIT 2016, S. 163)

Vogel, Klaus: Harmonisierung des Internationalen Steuerrechts in Europa als Alternative zur Harmonisierung des (materiellen) Körperschaftsteuerrechts, Steuer und Wirtschaft 1993, S. 380 ff. (zitiert: *Autor*, StuW 1993, S. 380)

Vogenauer, Stefan: The Prohibition of Abuse of Law: An Emerging General Principle of EU Law, in: de la Feria, Rita/Vogenauer, Stefan (Hrsg.), Prohibition of Abuse of Law – A New General Principle of EU Law?, 2011, S. 521 ff. (zitiert: *Autor*, in: de la Feria/Vogenauer (Hrsg.), Prohibition of Abuse of Law (2011), S. 521)

Von der Groeben, Hans/Schwarze, Jürgen/Hatje, Armin (Hrsg.): Europäisches Unionsrecht, 7. Auflage 2015 (zitiert: *Bearbeiter*, in: von der Groeben/Schwarze/Hatje, Europäisches Unionsrecht (2015))

Wassermeyer, Franz: Die im Entwurf eines Steuersenkungsgesetzes vorgesehenen Änderungen der Hinzurechnungsbesteuerung, Internationales Steuerrecht 2000, S. 193 ff. (zitiert: *Autor*, IStR 2000, S. 193)

Wassermeyer, Franz: Die Fortentwicklung der Besteuerung von Auslandsbeziehungen – Anmerkungen zu den derzeitigen Überlegungen zur Reform des Außensteuerrechts, Internationales Steuerrecht 2001, S. 113 ff. (zitiert: *Autor*, IStR 2001, S. 113)

Weber, Dennis: Abuse of Law in the Context of Indirect Taxation: Why We Need the Subjektive Intention Test, When is Combating Abuse an Obligation and Other Comments, in: de la Feria, Rita/Vogenauer, Stefan (Hrsg.), Prohibition of Abuse of Law – A New General Principle of EU Law?, 2011, S. 395 ff. (zitiert: *Autor*, in: de la Feria/Vogenauer (Hrsg.), Prohibition of Abuse of Law (2011), S. 395)

Zalasinski, Adam: Proportionality of Anti-Avoidance and Anti-Abuse Measures in the ECJ's Direct Tax Case Law, Intertax 2007, S. 310 ff. (zitiert: *Autor*, Intertax 2007, S. 310)

www.ingramcontent.com/pod-product-compliance
Ingram Content Group UK Ltd.
Pitfield, Milton Keynes, MK11 3LW, UK
UKHW021914290926
8980IPUK00015B/1258

9 783631 746202